2019

连云港统计年鉴

LIANYUNGANG STATISTICAL YEARBOOK

连 云 港 市 统 计 局
国家统计局连云港调查队 编

中国统计出版社
China Statistics Press

图书在版编目(CIP)数据

连云港统计年鉴. 2019 / 连云港市统计局，国家统计局连云港调查队编. —北京：中国统计出版社，2019.10

ISBN 978-7-5037-8943-4

Ⅰ.①连… Ⅱ.①连… ②国… Ⅲ.①统计资料—连云港—2019—年鉴 Ⅳ.①C832.533-54

中国版本图书馆 CIP 数据核字(2019)第 183080 号

连云港统计年鉴-2019

作　　者 / 连云港市统计局　国家统计局连云港调查队
责任编辑 / 钟　钰
装帧设计 / 张清香
出版发行 / 中国统计出版社有限公司
地　　址 / 北京市丰台区西三环南路甲 6 号
邮政编码 / 100073
电　　话 / 邮购(010)63376909　书店(010)68783171
网　　址 / http://www.zgtjcbs.com
印　　刷 / 连云港淮盐印刷有限公司
经　　销 / 新华书店
开　　本 / 890mm×1240mm　1/16
字　　数 / 1900 千字
印　　张 / 38.25
版　　别 / 2019 年 10 月第 1 版
版　　次 / 2019 年 10 月第 1 次印刷
定　　价 / 350.00 元

《连云港统计年鉴——2019》
编委会和编辑人员

编 者 说 明

一、《连云港统计年鉴 —— 2019》是一本信息密集的资料工具书。本书通过大量统计数据真实的记录了2018年连云港市经济、科技、社会各方面的发展进程变化,是各级领导、理论研究工作者和国内外企业家、投资者必备的工具书,是社会各界人士了解、认识连云港的重要窗口。本年鉴在往年年鉴的基础上作了进一步调整和改进,版本在编辑、内容结构、指标数据等方面与前几年保持了连贯性。

二、本年鉴的内容包括:(1)文稿部分:连云港市2018年国民经济和社会发展统计公报;(2)统计资料部分:1.综合,2.人口、就业和工资,3.人民生活、价格指数,4.固定资产投资,5.财政、金融,6.对外经济贸易,7.农业,8.工业、能源,9.建筑业,10.交通运输、邮电和服务业,11.批发零售、住宿餐饮,12.科技、教育、文化、卫生,13.民政、司法、城建、环保,14.江苏市县社会经济,15.区域经济(淮海经济区、沿海开放城市)。

三、本年鉴辑入的统计数字以2018年为主，为方便读者使用,主要指标还列有以往主要年份的统计数据。读者在使用以往历史资料时,凡与本年鉴有出入的,均以本年鉴为准。

四、在《年鉴》编辑过程中,得到了有关部门和人员的大力支持。对此,深表谢意。由于水平有限,时间仓促,难免有不足之处,欢迎读者批评指正,以便进一步改进统计年鉴的编辑工作。

目　录

2018年连云港市国民经济和社会发展统计公报

一、综　合

表1-1　全市行政区划 …………（11）

表1-2　全市土地面积现状 …………（11）

表1-3　全市乡、镇、街道办事处概况 …………（12）

表1-4　国民经济主要指标 …………（13）

表1-5　国民经济主要比例(比重)关系 …………（16）

表1-6　连云港的一天 …………（17）

表1-7　社会经济主要指标年人均水平 …………（18）

表1-8　按地区分社会经济主要指标 …………（19）

表1-9　全市主要年份地区生产总值 …………（22）

表1-10　全市主要年份地区生产总值定基指数 …………（23）

表1-11　全市主要年份地区生产总值指数 …………（24）

表1-12　全市主要年份地区生产总值构成 …………（25）

表1-13　主要年份分地区生产总值 …………（26）

二、人口、就业和工资

表2-1　主要年份人口数 …………（29）

表2-2　主要年份人口构成 …………（30）

表2-3　市区主要年份年末人口情况 …………（31）

表2-4　年末总人口数及构成 …………（32）

表2-5　总户数、平均人口及人口密度 …………（32）

表2-6　人口自然变动情况 …………（33）

表2-7　人口机械变动情况 …………（33）

表2-8　计划生育情况 …………（34）

表2-9　分县区年末常住人口 …………（35）

表 2-10　主要年份城镇化水平 …………………………………………………………………（35）
表 2-11　分县区常住人口出生率、死亡率和自然增长率 ………………………………………（36）
表 2-12　主要年份从业人员数 …………………………………………………………………（37）
表 2-13　主要年份分三次产业从业人员数 ……………………………………………………（38）
表 2-14　主要年份城镇非私营单位职工人数 …………………………………………………（39）
表 2-15　主要年份城镇非私营单位职工年平均工资 …………………………………………（40）
表 2-16　城镇非私营单位从业人员数 …………………………………………………………（41）
表 2-17　城镇非私营单位女性从业人员数 ……………………………………………………（42）
表 2-18　城镇非私营单位在岗职工人数 ………………………………………………………（43）
表 2-19　城镇非私营单位从业人员平均工资 …………………………………………………（44）
表 2-20　城镇非私营单位在岗职工平均工资 …………………………………………………（45）
表 2-21　城镇非私营其他单位从业人员、平均工资 …………………………………………（46）
表 2-22　城镇非私营单位各行业从业人员数和从业人员平均工资 …………………………（47）
三、人民生活、价格指数
表 3-1　主要年份居民生活收支情况 …………………………………………………………（53）
表 3-2　分地区全体居民基本情况 ……………………………………………………………（55）
表 3-3　分地区全体居民平均每人收入情况 …………………………………………………（56）
表 3-4　分地区全体居民平均每人支出情况 …………………………………………………（57）
表 3-5　分地区全体居民居住情况 ……………………………………………………………（58）
表 3-6　分地区全体居民平均每百户耐用消费品拥有量 ……………………………………（59）
表 3-7　分地区全体居民平均每百人主要消费品消费量 ……………………………………（60）
表 3-8　分地区城镇居民基本情况 ……………………………………………………………（61）
表 3-9　分地区城镇居民平均每人收入情况 …………………………………………………（62）
表 3-10　分地区城镇居民平均每人支出情况 …………………………………………………（63）
表 3-11　分地区城镇居民居住情况 ……………………………………………………………（64）
表 3-12　分地区城镇居民平均每百户耐用消费品拥有量 ……………………………………（65）
表 3-13　分地区城镇居民平均每百人主要消费品消费量 ……………………………………（66）
表 3-14　分地区农村居民基本情况 ……………………………………………………………（67）
表 3-15　分地区农村居民平均每人收入情况 …………………………………………………（68）
表 3-16　分地区农村居民平均每人支出情况 …………………………………………………（69）
表 3-17　分地区农村居民居住情况 ……………………………………………………………（70）
表 3-18　分地区农村居民平均每百户耐用消费品拥有量 ……………………………………（71）

表 3-19　分地区农村居民平均每百人主要消费品消费量 …………………………（72）
表 3-20　历年物价指数 ……………………………………………………………（73）
表 3-21　居民消费价格总指数(一)…………………………………………………（74）
表 3-22　居民消费价格总指数(二)…………………………………………………（75）
表 3-23　商品零售价格总指数 ……………………………………………………（76）

四、固定资产投资

表 4-1　全社会固定资产投资完成情况 ……………………………………………（79）
表 4-2　分县区全社会投资完成情况 ………………………………………………（79）
表 4-3　主要年份全社会固定资产投资完成额 ……………………………………（80）
表 4-4　全市规模以上项目投资增减情况 …………………………………………（81）
表 4-5　全市规模以上工业项目投资增减情况 ……………………………………（87）
表 4-6　分地区规模以上固定资产投资完成情况 …………………………………（90）
表 4-7　固定资产投资竣工的房屋建筑面积 ……………………………………（100）
表 4-8　固定资产投资竣工的住宅建筑面积 ……………………………………（101）
表 4-9　高新技术产业投资完成情况 ……………………………………………（102）
表 4-10　民间投资完成情况 ………………………………………………………（104）
表 4-11　基础设施行业投资完成情况 ……………………………………………（110）
表 4-12　工业技改投资完成情况 …………………………………………………（112）
表 4-13　房地产开发投资 …………………………………………………………（115）
表 4-14　按地区分房地产开发投资情况 …………………………………………（116）
表 4-15　按地区分房地产开发资金情况 …………………………………………（118）
表 4-16　按登记注册类型分房地产开发投资情况 ………………………………（120）
表 4-17　按登记注册类型分房地产开发资金情况 ………………………………（121）
表 4-18　按地区分商品房施工和销售情况 ………………………………………（122）
表 4-19　按地区分房地产企业财务状况 …………………………………………（126）

五、财政、金融

表 5-1　主要年份分地区一般公共预算收入 ……………………………………（133）
表 5-2　主要年份分地区一般公共预算支出 ……………………………………（134）
表 5-3　财政预算收入 ……………………………………………………………（135）
表 5-4　财政预算支出 ……………………………………………………………（137）
表 5-5　主要年份金融机构存款余额 ……………………………………………（139）
表 5-6　主要年份居民储蓄存款余额 ……………………………………………（140）

表 5-7　主要年份金融机构贷款余额 …………………………………………………………（141）
表 5-8　金融机构存贷款(本外币) ……………………………………………………………（142）
表 5-9　金融机构存贷款(人民币) ……………………………………………………………（143）
表 5-10　近年全市保险费收入 ………………………………………………………………（144）
表 5-11　近年全市保险赔付支出 ……………………………………………………………（144）

六、对外经济贸易

表 6-1　主要年份全市利用外资情况 …………………………………………………………（147）
表 6-2　主要年份分地区利用外资签订合同数 ………………………………………………（148）
表 6-3　主要年份分地区合同利用外资额 ……………………………………………………（149）
表 6-4　主要年份分地区实际利用外资额 ……………………………………………………（150）
表 6-5　外国和港澳台直接投资情况 …………………………………………………………（151）
表 6-6　分地区利用外资情况 …………………………………………………………………（153）
表 6-7　主要年份对外承包和劳务合作情况 …………………………………………………（154）
表 6-8　主要年份分地区进出口总额 …………………………………………………………（155）
表 6-9　主要年份分地区出口总额 ……………………………………………………………（156）
表 6-10　连云港经济技术开发区主要综合指标 ……………………………………………（157）

七、农业

表 7-1　农村基本情况 …………………………………………………………………………（161）
表 7-2　主要年份农林牧渔业总产值 …………………………………………………………（162）
表 7-3　主要年份农林牧渔业总产值指数 ……………………………………………………（163）
表 7-4　主要年份农林牧渔业总产值 …………………………………………………………（164）
表 7-5　主要年份农林牧渔业总产值指数 ……………………………………………………（165）
表 7-6　主要年份主要农产品产量 ……………………………………………………………（166）
表 7-7　农业总产值 ……………………………………………………………………………（167）
表 7-8　农业总产值构成 ………………………………………………………………………（167）
表 7-9　农业增加值 ……………………………………………………………………………（168）
表 7-10　分地区农业增加值 …………………………………………………………………（168）
表 7-11　农业总产值分项情况 ………………………………………………………………（169）
表 7-12　农作物播种面积 ……………………………………………………………………（170）
表 7-13　农作物总产量和单产 ………………………………………………………………（171）

八、工业、能源

表 8-1　全市及分县规模以上工业企业单位数 ………………………………………………（175）

表 8-2　全市及分县规模以上工业总产值 …………………………………………… (177)
表 8-3　主要工业产品产量 ……………………………………………………… (179)
表 8-4　规模以上工业企业主要经济指标 ………………………………………… (184)
表 8-5　规模以上工业企业主要经济效益指标 …………………………………… (199)
表 8-6　国有控股工业企业主要经济指标 ………………………………………… (202)
表 8-7　集体工业企业主要经济指标 ……………………………………………… (207)
表 8-8　“三资”工业企业主要经济指标 …………………………………………… (208)
表 8-9　分地区规模以上工业企业主要经济指标 ………………………………… (213)
表 8-10　资产总计最大的 50 家企业 ……………………………………………… (215)
表 8-11　工业总产值最高的 50 家企业 …………………………………………… (216)
表 8-12　主营业务收入最高的 50 家企业 ………………………………………… (217)
表 8-13　利润总额最高的 50 家企业 ……………………………………………… (218)
表 8-14　从业人员最多的 50 家企业 ……………………………………………… (219)
表 8-15　大中型工业企业一览表 ………………………………………………… (220)
表 8-16　分县区历年工业企业能源综合消耗量 ………………………………… (223)
表 8-17　工业企业主要能源消费量 ……………………………………………… (224)
表 8-18　主要能源品种分行业消费量 …………………………………………… (225)
表 8-19　工业企业综合能耗分行业 ……………………………………………… (227)
表 8-20　工业企业综合能耗分县区 ……………………………………………… (229)
表 8-21　工业企业水消费综合表 ………………………………………………… (249)
表 8-22　工业企业用水量分行业 ………………………………………………… (250)
表 8-23　全社会用电情况 ………………………………………………………… (252)
九、建筑业
表 9-1　分地区建筑业生产情况 …………………………………………………… (255)
表 9-2　建筑业企业生产情况 ……………………………………………………… (257)
表 9-3　分地区建筑业企业财务状况 ……………………………………………… (263)
表 9-4　建筑业企业财务状况 ……………………………………………………… (265)
十、交通运输、邮电和服务业
表 10-1　全市交通运输基本情况 ………………………………………………… (275)
表 10-2　全社会公路总里程 ……………………………………………………… (276)
表 10-3　全市机动车保有量 ……………………………………………………… (277)
表 10-4　全市分县区机动车保有量 ……………………………………………… (278)

表 10-5　交通运输行业营业户数及从业人员 …………………………………………………… (279)
表 10-6　全市港口码头总体情况 …………………………………………………………… (279)
表 10-7　连云港港码头泊位及库场情况 …………………………………………………… (280)
表 10-8　连云港港设施及装备情况 ………………………………………………………… (281)
表 10-9　全市内河航运航道情况 …………………………………………………………… (282)
表 10-10　内河港口设施及装备情况 ………………………………………………………… (283)
表 10-11　水路运输船舶拥有量 ……………………………………………………………… (284)
表 10-12　主要年份全社会客货运输量 ……………………………………………………… (285)
表 10-13　全社会客货运输(吞吐)量 ………………………………………………………… (286)
表 10-14　连云港境内铁路客运量 …………………………………………………………… (287)
表 10-15　连云港境内铁路货运量 …………………………………………………………… (287)
表 10-16　主要年份连云港港口吞吐量 ……………………………………………………… (288)
表 10-17　连云港港口货物吞吐量 …………………………………………………………… (289)
表 10-18　连云港港口货物集运情况 ………………………………………………………… (290)
表 10-19　连云港港口货物疏运情况 ………………………………………………………… (291)
表 10-20　连云港港口集装箱吞吐量 ………………………………………………………… (292)
表 10-21　全社会内河港口吞吐量 …………………………………………………………… (293)
表 10-22　内河港口货物分类吞吐量 ………………………………………………………… (293)
表 10-23　连云港轮渡进出港旅客人数 ……………………………………………………… (294)
表 10-24　营业性交通运输客货运输量 ……………………………………………………… (295)
表 10-25　公路旅客营运车辆拥有量 ………………………………………………………… (296)
表 10-26　公路货物营运车辆拥有量 ………………………………………………………… (296)
表 10-27　城市客运情况主要指标 …………………………………………………………… (298)
表 10-28　交通基础设施全行业投资完成情况 ……………………………………………… (299)
表 10-29　民航连云港机场主要指标 ………………………………………………………… (300)
表 10-30　主要年份邮电通讯主要指标 ……………………………………………………… (301)
表 10-31　邮政速递业务主要指标 …………………………………………………………… (302)
表 10-32　通讯业务主要指标 ………………………………………………………………… (303)
表 10-33　全市规模以上服务业主要经济状况 ……………………………………………… (304)
表 10-34　全市规模以上服务业主要经济指标(分类型) …………………………………… (306)
表 10-35　全市规模以上服务业主要经济指标(分行业) …………………………………… (326)
表 10-36　全市规模以上服务业主要经济指标(分县区) …………………………………… (346)

表 10-37　全市全部联网直报企业信息化和电子商务主要指标(分类型) …………………（366）
表 10-38　全市全部联网直报企业信息化和电子商务主要指标(分行业) …………………（374）
表 10-39　全市全部联网直报企业信息化和电子商务主要指标(分县区) …………………（398）

十一、批发零售、住宿餐饮

表 11-1　主要年份分地区社会消费品零售总额 ……………………………………………（409）
表 11-2　社会消费品零售总额 ………………………………………………………………（410）
表 11-3　市区社会消费品零售总额 …………………………………………………………（411）
表 11-4　批发和零售业商品销售表 …………………………………………………………（412）
表 11-5　住宿和餐饮业经营情况表 …………………………………………………………（412）
表 11-6　限额以上批发零售贸易业基本情况 ………………………………………………（413）
表 11-7　限额以上住宿和餐饮业基本情况 …………………………………………………（414）
表 11-8　限额以上批发零售贸易业商品购、销、存总额 …………………………………（415）
表 11-9　星级住宿业和限额以上餐饮企业财务状况 ………………………………………（423）
表 11-10　限额以上批发零售贸易企业财务状况 …………………………………………（427）
表 11-11　星级住宿业和限额以上餐饮业经营情况 ………………………………………（432）

十二、科技、教育、文化、卫生

表 12-1　科学技术基本情况 …………………………………………………………………（437）
表 12-2　各级各类学校数 ……………………………………………………………………（438）
表 12-3　各级各类学校在校学生数 …………………………………………………………（440）
表 12-4　各类学校专任教师数 ………………………………………………………………（442）
表 12-5　每一专任教师平均负担学生数 ……………………………………………………（443）
表 12-6　各类学校和在校学生数 ……………………………………………………………（444）
表 12-7　各类学校招生数和毕业生数 ………………………………………………………（445）
表 12-8　各类学校教职员工数和专任教师数 ………………………………………………（446）
表 12-9　入学率和升学率 ……………………………………………………………………（446）
表 12-10　成人教育基本情况 …………………………………………………………………（447）
表 12-11　幼儿教育基本情况 …………………………………………………………………（447）
表 12-12　艺术事业基本情况 …………………………………………………………………（448）
表 12-13　图书馆、博物馆基本情况 …………………………………………………………（448）
表 12-14　电视台及节目制作情况 ……………………………………………………………（449）
表 12-15　广播电台及节目制作情况 …………………………………………………………（449）
表 12-16　主要年份卫生机构、床位、人员数 ………………………………………………（450）

表 12-17　全市卫生机构、床位、人员数 …… (451)
表 12-18　分县卫生机构情况 …… (452)
表 12-19　分县床位数 …… (452)
表 12-20　各类卫生技术人员数 …… (453)
表 12-21　医院工作情况 …… (454)
表 12-22　医院、卫生院运营情况 …… (456)
十三、民政、司法、城建、环保
表 13-1　优抚、社会救济和扶贫情况 …… (459)
表 13-2　社会福利事业基本情况 …… (460)
表 13-3　婚姻登记情况 …… (461)
表 13-4　律师公证和调解工作 …… (462)
表 13-5　社会治安主要指标 …… (463)
表 13-6　城市建设用地和市政设施情况 …… (464)
表 13-7　城市园林绿化和环境卫生情况 …… (465)
表 13-8　城市供水和城市燃气情况 …… (466)
表 13-9　工业“三废”排放及处理情况 …… (467)
十四、江苏市县社会经济
表 14-1　三大区域主要指标 …… (471)
表 14-2　沿海地区主要指标 …… (472)
表 14-3　沿东陇海线地区主要指标 …… (479)
表 14-4　各市市区主要指标 …… (481)
表 14-5　市辖区主要指标 …… (492)
表 14-6　市县主要指标 …… (505)
十五、区域经济
表 15-1　首批沿海开放城市主要经济指标 …… (547)
表 15-2　淮海经济区主要经济指标 …… (554)

2018年连云港市国民经济和社会发展统计公报

连云港市统计局　　国家统计局连云港调查队

2018年，全市上下紧紧围绕“高质发展、后发先至”主题主线，凝心聚力推进三年行动计划，努力打造“一带一路”支点城市，统筹抓好稳增长、促改革、调结构、惠民生、防风险各项工作，经济发展稳中有进，转型升级步伐加快，改革开放持续深入，生态建设成效显著，民生福祉不断增进，各项事业实现新的进步。

一、综合

经济总量不断扩大。2018年，全市实现地区生产总值2771.70亿元，比上年增加131.39亿元，增长4.7%。其中，第一产业增加值325.57亿元，增长2.6%；第二产业增加值1207.39亿元，增长1.9%；第三产业增加值1238.74亿元，增长8.2%。人均地区生产总值61332元，增长4.5%。

地区生产总值

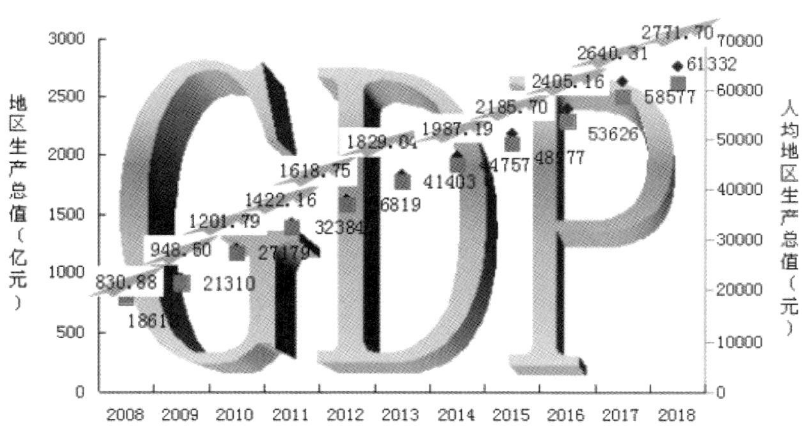

高质量发展步伐加快。一是产业结构优化，第三产业占比20年来首次超过第二产业，三次产业结构调整为11.7:43.6:44.7；二是消费对经济增长的贡献率上升，2018年达到52.0%，已经成为拉动经济增长“三驾马车”中的首要因素；三是财政收入质量提升，税收占比达到80%；四是创新成效显现，高新技术产业产值占规模以上工业比重达43.7%。

就业创业形势稳中向好。年末城镇登记失业率1.8%，比上年末下降0.06个百分点。深入落实“鼓励全面创业政策28条”，全年新增城镇就业6.27万人，支持成功自主创业1.5万人，转移农村劳动力2.5

万人。发放创业补贴、创业担保贷款等各类扶持资金1.06亿元，惠及创业者1.96万人次，创业带动就业5.6万人，新增自主创业大学生1601人。“智能化海鲜储运系统”项目获创新组全省第一名，代表省参加国赛并获“创翼之星”奖。

市场活力进一步释放。全力推进“准入环境便捷行动”、“民营经济壮大行动”，持续深化商事制度改革，大众创业成效明显。全年新增私营企业1.97万户，年末实有私营企业9.08万户；新增私营企业从业人员5.96万人，年末达到54.39万人。新增个体工商户6.32万户，年末实有个体工商户28.53万户；新增个体从业人员9.96万人，年末达到43.96万人。

物价温和上涨。全年居民消费价格上涨2.3%，八大类商品和服务项目价格指数全部上涨。其中，教育文化和娱乐类价格上涨3.6%，涨幅最大；其他依次为居住、生活用品及服务、交通和通信、医疗保健、衣着、食品烟酒、其他用品和服务，分别上涨2.8%、2.7%、2.7%、2.3%、1.6%、1.5%、1.3%。工业生产者出厂价格小幅上涨1.5%，其中生产资料类上涨3.9%，生活资料类下降6.7%；工业生产者购进价格上涨3.6%。

连云港市CPI八大类指数情况

项目名称	2018年同比指数
居民消费价格总指数	102.3
一、食品烟酒	101.5
二、衣着	101.6
三、居住	102.8
四、生活用品及服务	102.7
五、交通和通信	102.7
六、教育文化和娱乐	103.6
七、医疗保健	102.3
八、其他用品和服务	101.3

全市经济社会发展仍存在一些不足，主要表现在：经济总量小，产业层次低，发展速度放缓；产能过剩、要素限制、环保约束等因素影响加大；银行信贷趋紧，融资成本提高，劳动力成本刚性增长，企业利润空间受到挤压；公共服务供给不足，民生保障存在短板，社会事业不平衡等。

二、农林牧渔业

农业生产结构进一步调整。全年实现农林牧渔业总产值636.65亿元，可比价计算增长2.4%。其中，农业产值304.65亿元，增长1.8%；林业产值16.0亿元，下降1.1%；牧业产值115.89亿元，下降0.5%；渔业产值155.49亿元,增长4.4%;农林牧渔服务业产值45.38亿元,增长8.7%。

粮食生产稳中有升。全年粮食总产量364.03万吨,增长0.5%。其中,夏粮亩产388公斤,下降2.1%,总产为141.12万吨,下降1.5%;秋粮亩产为565公斤,增长0.7%,总产为222.91万吨,增长1.8%。

现代农业加快发展。全市有国家级龙头企业2家,省级龙头企业49家,市级龙头企业230家。高标准农田、高效设施农业占比分别达到59%和20%,"合作社+家庭农场+基地+农户"等多种经营快速推进,葡萄架下养鸡养鹅、稻虾共生等立体种养模式进一步推广,种养效益和农产品质量显著提升。

三次产业融合发展步伐加快。农业信息化快速发展,9家单位入选省农委公布的农业信息化示范基地名单,创建涉农电商产业园11个,利用网络开展农业营销的各类主体数量8400多家。国家农业开放合作试验区建设全面启动,农产品出口超6亿美元。

三、工业和建筑业

工业结构调整步伐加快。全市主动抓创新、促转型,大力淘汰落后产能,高新产业快速发展。全年高新技术产业占规模以上工业比重达43.7%,比上年提高8.9个百分点。其中,新医药、新材料、新能源和高端装备制造等"三新一高"产业占高新技术产业产值比重达97.0%。实现新产品产值494.5亿元,增长12.5%,高于规模以上工业20.6个百分点。

重点企业较快增长。全市30强工业企业产值增长15.7%,高于全市平均水平24.6个百分点,拉动全市工业产值增长8.4个百分点。其中,镔鑫钢铁增速达59.7%,兴鑫钢铁、斯尔邦、虹港石化、润众制药等企业增速超过30%。销售过百亿企业达到7家。

工业出口增速明显回升。全年规模以上工业实现出口交货值126.22亿元,增长12.2%,比上年提高9.1个百分点。

工业企业效益下行。全年规模以上工业实现主营业务收入2493.70亿元,下降7.9%。在统的34个行业大类中9个实现正增长,占比26.4%。实现利润总额230.47亿元,下降10.4%。企业亏损面、亏损额双增长,亏损企业298家,增长56.8%,亏损企业亏损额25.18亿元,增长131.4%。

建筑业平稳发展。全年实现建筑业增加值245.50亿元,增长3.0%。资质以上建筑业企业完成总产值719.22亿元,增长1.0%;房屋施工面积5945.08万平方米,下降0.6%;房屋竣工面积2380.43万平方米,与上年基本持平。

四、固定资产投资

固定资产投资稳步增长。全年固定资产投资1859.28亿元,增长6.7%,比全省平均水平高1.2个百分点。其中,工业投资1073.92亿元,增长13.7%;房地产开发投资341.52亿元,增长24.2%;民间投资1075.10亿元,增长14.1%。

制造业投资快速增长。全年完成制造业投资929.17亿元,增长18.1%,比全市平均水平高11.4个百分点;占全市项目投资比重61.2%,比上年提高7.6个百分点;拉动全市投资增长8.2个百分点。

高新技术产业投资拉动作用上升。全年完成高新技术产业投资235.51亿元,增长23.5%,比全市平均水平高 16.8 个百分点，占全部投资的比重为 12.7%，比上年提高 1.8 个百分点，对全市投资增长贡献率达 38.3%。

五、国内贸易

消费品市场运行良好。全年实现社会消费品零售总额 1121.31 亿元，增长 8.3%。其中，批发业实现零售额 209.54 亿元，增长 60.5%；零售业实现零售额 748.53 亿元，下降 2.3%；住宿业实现零售额 31.22 亿元，增长 70.7%；餐饮业实现零售额 132.02 亿元，增长 9.0%。

城乡消费均衡增长。居民收入快速增长，城镇化步伐不断加快，农村消费不断升级，农村消费需求旺盛。三县实现零售额 467.46 亿元，增长 8.2%，市区实现零售额 653.85 亿元，增长 8.4%。

六、开放型经济

进出口总额较快增长。全年完成进出口总额 95.47 亿美元，增长 16.2%，居全省第三位。其中，进口总额 53.88 亿元，增长 25.4%，拉动全市进出口增长 13.3 个百分点；出口总额 41.59 亿美元，增长 6.0%，拉动全市进出口增长 2.9 个百分点。其中，医药产业技术出口表现抢眼，恒瑞医药与美国企业累计签订价值 5.7 亿美元的技术转让许可协议。

实际利用外资下降。全年实际利用外资 6.03 亿美元，下降 11.0%。其中，新设项目平均规模 2983 万美元，增长 43.9%。

"一带一路"支点建设成效明显。上合物流园铁路装卸场站地基处理全部完工，园区公路、内河、铁路、保税等功能优势逐步显现。上合物流园成功获批江苏省级粮食物流产业园，全年物流业总收入 2.3 亿元，增长超过 50%。中哈物流基地效益提高，从连云港中哈物流基地发出的国际班列实现中亚地区主要站点全覆盖，并延伸形成至土耳其伊斯坦布尔、德国杜伊斯堡南北两条中欧班列线路，运营水平从日均 0.8 列递增至 2.1 列，特别是连云港至阿拉木图、塔什干点对点直达班列，领先优势明显。中哈物流基地全年接卸铁合金、小麦、棉纱等货物的东行集装箱超过 1 万车，比上年增长近 40%。

七、交通、邮电和旅游

港口向高质量发展阶段迈进。连云港绿色智能港口建设与运营科技示范工程经过 6 年奋斗，顺利通过交通运输部验收。工程结合连云港港口建设与运营实际，紧扣"绿色、智能、创新、示范"主题，实施完成了新型岸壁结构、疏浚土筑堤、高压岸电以及铁水联运信息平台等 11 个建设类和运营类项目，取得了丰硕的科技成果，培养了一批工程科技创新人才，经济效益、社会效益和环境效益显著。全年港口货物吞吐量 2.36 亿吨，增长 3.2%；集装箱 474.56 万标箱，增长 0.7%。海河联运完成 1189 万吨，增长 38.6%。

铁路运输进入高速时代。连云港铁路综合客运枢纽投入使用，连青、连盐铁路实现通车运营，动车直达首都北京，连镇、连徐铁路加快建设，港城阔步跨入高铁时代。全年铁路客运总量 404.48 万人次，增长 2.0%；货运总量突破 5000 万吨，达到 5473.17 万吨，增长 11.1%。

民航旅客吞吐量大幅增长。机场在运航线 30 条，通达北京、上海、广州、徐州、厦门、哈尔滨等 27 个国内城市和泰国曼谷。全年飞机起降 1.50 万架次，增长 33.4%；旅客吞吐量继上年首次突破百万基础上一跃跨上150万台阶，达151.62万人次，增长38.7%；货邮行吞吐量8188吨，增长52.0%。花果山国际机场开工，千万人次级别的航空枢纽建设拉开序幕。

邮政通讯业务较快增长。全年邮政通讯总收入55.61亿元，增长12.4%。其中，邮政速递业务收入17.36亿元，增长24.8%；通讯业务总收入38.25亿元，增长7.5%。邮政寄递服务完成7755万件，增长11.1%；快递业务量达到13242万件，增长39.4%。年末，全市电话用户540.71万户，增长7.5%。其中，移动电话用户483.75万户，增长9.7%。互联网用户519.27万户，增长10.9%。其中，固定宽带用户153.95万户，移动电话上网用户365.32万户，分别增长8.7%和11.9%。

旅游经济表现活跃。新增灌云伊甸园、伊芦山梅园和赣榆秦山岛等三家3A级旅游景区，年末全市国家等级旅游景区总数达42家。其中，4A级及以上景区11家，3A级景区20家，2A级景区11家。灌云县潮河湾景区继青松岭森林公园、连岛海滨旅游度假区创成“江苏省自驾游基地”。旅行社116家，星级饭店20家，特色旅游镇村15个。全年旅游接待人数达到3805万人，增长12.4%；实现旅游收入首次跨上500亿台阶达531亿元，增长15.9%。

八、财政、金融

财政收入稳定增长。全年实现一般公共预算收入234.31亿元，增长9.1%。其中，税收收入187.45亿元，增长17.6%，税收占比达80.0%，比上年提高5.8个百分点。增值税（含营业税）90.0亿元，增长16.8%；企业所得税28.38亿元，增长47.2%；个人所得税8.51亿元，增长14.2%。

金融信贷较快增长。年末，全市金融机构存款余额为3261.64亿元，比年初增加284.66亿元，同比增长9.6%。其中，住户存款余额1429.18亿元，比年初增加139.25亿元，同比增长10.8%。贷款余额为2945.04亿元，比年初增加468.96亿元，同比增长18.9%，增速居全省第一位。

保险市场快速发展。全市保险业务总收入突破百亿，达到103.41亿元，增长12.5%，居全省第三位。其中，财产险27.87亿元，增长7.1%；寿险61.58亿元，增长10.0%；健康险12.28亿元，增长46.0%，居全省第一位。

九、科学技术和教育

创新平台建设力度加大。国家创新型城市、国家知识产权试点城市建设稳步推进，高效低碳燃气轮机试验装置国家重大科技基础设施项目获批建设。新增市级众创空间8家、省级众创空间2家、省级孵化器1家、省级加速器1家。综合保税区、国家海洋经济发展示范区成功获批，高新区获批省级“苗圃－孵化器－加速器”科技创业孵化链条试点，东海高新区获批省级开发区。

科技创新成果丰硕。中复神鹰碳纤维项目荣获国家科技进步一等奖，22个项目入围国家级、省级科学技术奖。万人有效发明专利6.2件，比上年增加0.8件。新药创制获批16项国家科技重大专项，四大药企跻身中国药品研发20强。716研究所获批省级高价值专利培育示范中心建设，全市总数达5家，列全省第三；赣榆区获批创建2018年度知识产权强省建设示范区域。

教育事业加快发展。全年新建中小学、幼儿园42所，改造中小学校舍45.9万平方米，义务教育学校实现集团办学、结对共建全覆盖。教育现代化加快推进，创建省职业教育现代化示范校和优质特色学校

2所、省现代化实训基地项目5个,“云海在线”服务平台推广应用,全市学生在线听课达37万人次,应用“微课”师生数达2415万人次。28名教师获评省特级教师,17名教师通过正高级教师评审,省“师陶杯”、“教海探航”论文竞赛、省信息化教学能手决赛成绩居全省第一,第八届江苏省职业教育创新大赛综合成绩列全省第四、苏北第一。

十、文化、卫生和体育

文化服务水平提升。全年建成综合性文化服务中心803个,全市覆盖率达到87.1%。市文化馆公共服务数字推广业绩全省领先,国家级试点项目“连云港市图书馆服务标准化”通过中期评估,8家公共图书馆均被评为国家一级馆。持续开展文化惠民活动,组织举办群众性展演展映活动2万余场次,获评省“紫金文化艺术节”优秀组织奖。小戏《孤岛夫妻哨》参加2018年戏曲百戏(昆山)开幕式及央视新年戏曲晚会,女子民乐团获2018上海“周浦杯”全国民族管弦乐及地方曲种邀请赛金奖。

健康城市建设有序推进。医疗卫生服务不断优化,医联体建设实现全覆盖,市妇幼保健院扩建、省海滨康复医院等工程有序推进。基层诊疗人次占总诊疗人次比例达到70.1%,县域内就诊率90.3%。基本药物制度巩固提高,基层医疗机构和二级及以上医疗机构基药占比分别达80%、60%以上,超省定标准。国家卫生县城和省级卫生乡镇实现全覆盖,灌云、赣榆建成全省基层卫生十强县区。“健康宝贝”工程全面实施,出生缺陷防治工作走在全国前列。

体育事业稳步发展。山海休闲体育城市加快打造,成功举办中国首个“齐天大圣”元素品牌的西游文化精品赛事——第二届(2018)连云港花果山国际越野赛,全国各地900多名运动员参加。全民健身活动蓬勃开展,连云港市首届全民健身运动会(农民部)比赛圆满成功,参赛运动员达5万人次,参与群众超过100万人次,历史上参与人数最多、规模档次最高、持续时间最长。

十一、城市建设、环境保护和节能减排

城市建设不断提升。城市组团加快发展,赣榆加速融入主城区,海州老城区加快改造更新,连云新城规划开发全面提速。城市配套不断完善,市区新改建主次干道50公里,新增供水、燃气、污水管道125公里。改造供电线路2211公里。调整优化公交线路11条,新增智慧站点100个。新开工海绵城市项目7个、地下综合管廊15.6公里。国内首条生活垃圾干化生产线投用,162个小区实现垃圾分类,垃圾分类集中处理率达到62.7%。

全面推进环境综合治理。建立完善政府行政主要负责人抓环保制度,在全省率先成立生态环境犯罪侦查支队。以“河长制”“湾长制”为抓手,全面打响水环境治理攻坚战,城市和建制镇污水处理设施基本实现全覆盖,治理黑臭水体11条,地表水国省考断面全面消除劣V类。近岸海域水质优良率达91.7%,比年初上升58.4个百分点,劣IV类海水全部消除,入海河流水质明显改善。科学推进生态保护修复,严格落实“三线一单”管理,在全省率先出台实施海洋生态红线保护规划。全面展开国家生态文明建设示范市、国家森林城市创建,新增造林面积20万亩,森林覆盖率达28.3%,空气优良率77.3%,居全省前列。

节能减排扎实推进。积极推进生产方式绿色化转型,加强重点领域节能减排,扎实开展“263”专项

行动,灌云、灌南化工园区企业全面停产整治,关停取缔企业 75 家。全市单位 GDP 能耗下降 3.8%。

十二、人口、人民生活和社会保障

人口总量保持稳定。年末户籍人口 534.34 万人,比上年末增加 1.81 万人,增长 0.3%。年末常住人口 452.0 万人,比上年末增加 0.16 万人,增长 0.04%。其中,城镇常住人口 282.95 万人,比上年末增加 4.17 万人,增长 1.5%。常住人口城镇化率 62.6%,比上年提高 0.9 个百分点。

居民收入较快增长。根据城乡一体化住户抽样调查,全市居民人均可支配收入 25864 元,增长 8.8%。其中,城镇常住居民人均可支配收入 32749 元,增长 8.1%;农村常住居民人均可支配收入 16607 元,增长 8.7%。

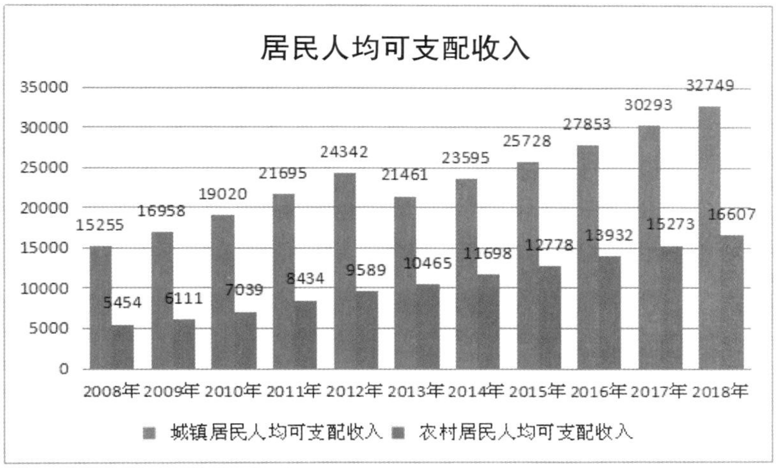

保障体系不断完善。全面提高城乡居民医保住院、门诊及生育等待遇,医保报销比例稳步提高,城镇职工医保、城乡居民医保住院费用报销比例分别为 89.1%、70.2%。城乡居民养老、居民医保参保人数分别为 103 万人、380 万人,基本实现参保全覆盖。企业职工养老保险净增 2.28 万人,基金征缴 62.93 亿元,增长 24%;市区五险保费征缴总收入 63.76 亿元,增长 20.7%。企业退休人员基本养老金实现 14 连调,城乡居保基础养老金 7 连调,被征地农民社会保障待遇 5 连调。

注:1、公报中地区生产总值和各产业增加值绝对值按现行价格计算,增长速度按可比价格计算。

2、公报中部分数据为初步统计数,正式统计数据以《连云港统计年鉴》为准。

1

综　合

全　市　行　政　区　划

表 1—1

地　　区	乡人民政府	镇人民政府	街道办事处	村民委员会	居民委员会
全　市	**9**	**51**	**30**	**1429**	**265**
一、市　区	1	19	27	560	205
连云区	1		8	19	28
海州区		4	11	79	100
赣榆区		15		427	42
开发区			3	16	17
云台山风景区			1	9	2
徐圩新区			1	2	2
高新区			3	8	14
二、三　县	8	32	3	869	60
东海县	6	11	2	346	16
灌云县	2	10	1	302	27
灌南县		11		221	17

全　市　土　地　面　积　现　状

表 1—2　　（2018 年）　　单位:平方公里

地　　区	全市	市区				东海县	灌云县	灌南县
			连云区	海州区	赣榆区			
土地总面积	**7615.71**	**3012.31**	**797.52**	**700.71**	**1514.08**	**2036.66**	**1538.33**	**1028.41**
1、农用地	5140.18	1735.60	286.43	477.19	971.98	1573.55	1104.38	726.65
耕地	3916.08	1188.88	162.38	326.51	699.99	1222.94	916.71	587.55
园地	152.71	63.17	8.05	9.88	45.24	83.68	2.45	3.42
林地	145.85	115.13	60.60	49.48	5.05	26.86	3.87	0.00
2、建设用地	1804.41	942.69	379.58	185.56	377.56	382.71	303.88	175.13
居民及工矿用地	1439.26	775.65	325.71	144.75	305.19	242.05	255.94	165.62
交通运输用地	337.65	154.79	40.48	39.56	74.75	97.50	52.00	33.35
水利设施用地	1532.03	684.99	191.59	119.71	373.70	325.57	298.92	222.55
3、未利用地	671.12	334.02	131.52	37.96	164.54	80.40	130.08	126.63

注:连云区包含连云、徐圩新区、开发区三个区域;赣榆区包含青口盐场。

全市乡、镇、街道办事处概况

表 1—3

（2018 年）

地区	个数(个)	名称
连云区：街道办事处	8	墟沟、连云、云山、板桥、连岛、海州湾、宿城、高公岛
乡	1	前三岛
海州区：街道办事处	11	朐阳、新海、新浦、海州、幸福路、洪门、宁海、浦西、新东、新南、路南
镇	4	锦屏、新坝、板浦、浦南
赣榆区：镇	15	青口、柘汪、石桥、金山、黑林、厉庄、海头、塔山、赣马、班庄、城头、城西、宋庄、沙河、墩尚
市开发区：街道办事处	3	中云、猴嘴、朝阳
市高新区：街道办事处	3	花果山、南城、郁州
云台山风景区：街道办事处	1	云台
徐圩新区：街道办事处	1	徐圩
东海县：街道办事处	2	牛山、石榴
乡	6	驼峰、李埝、山左口、石湖、曲阳、张湾
镇	11	白塔埠、黄川、石梁河、青湖、温泉、双店、桃林、洪庄、安峰、房山、平明
灌云县：街道办事处	1	侍庄
乡	2	小伊、南岗
镇	10	伊山、杨集、燕尾港、同兴、四队、圩丰、龙苴、下车、图河、东王集
灌南县：镇	11	新安、堆沟港、田楼、北陈集、张店、三口、孟兴庄、汤沟、百禄、新集、李集

国 民 经 济 主 要 指 标

表 1—4

指 标	单 位	2010	2011	2012	2013	2014	2015	2016	2017	2018
一、人 口										
年末常住人口	万人	439.71	438.61	440.69	442.83	445.17	447.37	449.64	451.84	452.00
年末户籍人口	万人	497.73	505.18	510.99	520.18	526.52	530.56	533.99	532.53	534.34
二、从业人员数	万人	302.08	308.18	249.20	250.2	251.10	250.30	250.50	250.60	250.50
# 城镇非私营单位职工人数	万人	30.61	33.09	33.48	43.84	44.47	43.86	43.71	42.14	43.02
三、地区生产总值(当年价)	亿元	1201.79	1422.16	1618.75	1829.04	1987.19	2185.7	2405.16	2640.31	2771.70
第一产业	亿元	182.60	204.11	232.4	245.26	261.98	282.69	301.56	313.42	325.57
第二产业	亿元	552.92	665.1	750.64	834.17	909.91	982.87	1074.19	1179.86	1207.39
# 工业	亿元	439.69	528.64	597.81	664.72	727.15	791.14	876.11	958.61	961.89
第 三产业	亿元	466.27	552.95	635.71	749.61	815.3	920.14	1029.41	1147.03	1238.74
四、农业总产值(当年价)	亿元	322.80	376.53	426.24	474.24	507.39	549.03	589.42	615.41	636.65
粮食产量	万吨	339.36	345.99	361.35	354.73	359.33	362.15	360.80	362.35	364.03
五、规模以上工业										
工业总产值(当年价)	亿元	1936.28	2630.52	3413.38	4101.08	4862.74	5433.14	5974.81	5484.19	2575.42
主营业务收入	亿元	1905.48	2601.68	3346.45	4083.66	4812.14	5356.08	5946.41	5338.77	2525.51
利润总额	亿元	165.82	190.10	273.20	316.09	372.28	434.64	496.53	447.48	242.20
六、能源消耗										
单位 GDP 能耗	吨标准煤/万元	0.83	0.82	1.33	0.864	0.837	0.836	0.6	0.574	0.552
单位 GDP 电耗	千瓦时/万元	870.11	769.34	763.45	794.82	842.21	804.03	713.02	722.26	673.42
单位工业增加值能耗	吨标准煤/万元	1.164	1.238	0.974	0.904	0.774	0.699	0.6945	0.711	1.398
全社会用电量	亿千瓦时	83.52	103.71	115.97	134.94	157.51	166.68	166.15	182.79	178.51
# 工业	亿千瓦时	53.99	69.84	75.91	88.73	110.44	116.57	110.00	120.59	106.52

表 1—4 续表 1

指　　标	单 位	2010	2011	2012	2013	2014	2015	2016	2017	2018
七、运输和邮电										
全社会客运量	万人	13481	14428	15948	6007	6117	5627	5188	5127	4882
全社会货运量	万吨	13937	12901	14832	13796	15016	15382	14569	16202	17462
沿海港口货物吞吐量	万吨	13506	16628	18528	20165	21008	21075	22135	22841	23560
集装箱运量	万标箱	387.1	485.2	502	548.77	500.54	500.92	470.33	471.07	474.56
邮电通讯业务收入	亿元	27.04	29.72	34.24	36.88	37.99	38.69	43.63	48.96	54.82
八、固定资产投资										
全社会固定资产投资总额	亿元	1234.25	1240.93	1519.94	1664.77	2090.36	2522.55	2852.54	2628.63	1878.90
# 规模以上投资	亿元	1093.93	1043.19	1280.88	1350.12	1716.57	2077.35	2385.16	2603.63	1859.28
房地产投资	亿元	132.36	164.65	162.23	174.07	189.28	205.42	235.41	274.93	341.52
九、内外贸易										
社会消费品零售总额	亿元	430.65	500.23	575.49	655.57	740.47	830.71	933.31	1038.31	1121.31
进出口总额	亿美元	50.76	69.00	80.04	66.41	80.30	80.35	70.40	82.14	95.47
# 出口总额	亿美元	26.01	37.36	36.03	37.84	43.55	40.56	36.84	39.22	41.59
实际利用外资金额	亿美元	11.01	6.10	7.34	8.70	9.54	8.01	5.50	7.09	6.03
十、财　　政										
一般公共预算收入	亿元	141.39	180.08	208.94	233.30	261.77	291.77	211.47	214.85	234.31
一般公共预算支出	亿元	202.75	274.63	304.88	362.38	375.95	425.92	373.12	390.56	419.57

表 1—4 续表 2

指　　标	单 位	2010	2011	2012	2013	2014	2015	2016	2017	2018
十一、金　融										
年末金融机构存款余款	亿元	1243.81	1388.69	1503.66	1709.93	1887.31	2163.92	2555.48	2976.98	3261.64
年末金融机构贷款余款	亿元	946.26	1088.17	1196.58	1425.50	1607.42	1827.40	2093.90	2476.09	2945.04
保费收入	亿元	33.42	35.17	38.99	44.06	49.52	62.16	75.52	91.89	103.41
# 财产险	亿元	9.32	10.92	15.52	15.67	22.70	19.99	23.56	26.03	27.87
赔款支出	亿元	7.68	9.27	11.52	15.70	17.17	19.59	25.57	28.93	29.19
# 财产险	亿元	4.13	5.30	7.01	8.72	10.79	9.77	12.75	13.63	15.46
十二、物　价										
居民消费价格指数	上年 =100	103.5	104.9	102.3	102.2	102.4	101.8	102.1	101.8	102.3
十三、教　育										
各类学校在校学生	万人	74.81	72.66	72.56	69.13	70.65	72.76	75.39	79.13	103.99
# 高等学校	万人	3.45	3.39	3.38	3.76	3.80	3.86	3.86	3.99	4.21
中等专业学校	万人	5.32	4.81	5.06	4.30	3.63	3.48	3.75	3.66	5.05
普通中学	万人	30.91	28.61	26.85	23.15	22.53	22.48	23.01	23.97	25.85
小　学	万人	32.71	33.60	35.00	35.52	38.42	41.08	43.20	44.46	45.22
十四、卫　生										
卫生机构数	个	831	2666	2619	2616	2702	2708	2726	2703	2700
床 位 数	万张	1.22	1.30	1.65	1.75	1.81	1.90	2.33	2.42	2.62
卫生技术人员	万人	1.58	1.72	1.90	2.05	2.19	2.31	2.62	2.75	2.88
十五、人民生活										
城镇非私营单位在岗职工年平均工资	元	33843	38817	44124	46250	50189	56154	61262	69726	75808
居民人均可支配收入	元				16103	17798	19418	21230	23768	25864
居民人均消费性支出	元				11264	12247	13260	14333	15627	16649
住户存款	亿元	538.24	629.42	732.79	850.95	953.41	1055.97	1179.91	1289.74	1429.18

国民经济主要比例(比 重)关系

表 1—5

项　　目	1995	2005	2010	2011	2012	2013	2014	2015	2016	2017	2018
一、从业人员中一、二、三产业比例											
第一产业	59.8	43.8	30.5	28.6	33.3	32.7	31.6	31.5	31.4	31.1	31.0
第二产业	20.3	26.1	31.7	32.7	31.2	31.3	32.2	32.2	32.2	32.5	32.6
第三产业	19.9	30.1	37.8	38.7	35.5	36.0	36.2	36.3	36.4	36.4	36.4
二、地区生产总值中一、二、三产业比例											
第一产业	38.9	20.5	15.3	14.5	14.5	13.7	13.3	13.1	12.5	11.9	11.7
第二产业	30.9	42.3	45.7	46.4	45.9	45.2	45.3	44.4	44.8	44.7	43.6
第三产业	30.2	37.2	39.0	39.1	39.6	41.1	41.4	42.5	42.7	43.4	44.7
三、固定资产投资与 GDP 之比	43.6	71.0	103.4	88.0	94.8	93.2	106.3	116.7	118.6	99.6	67.79
社会消费品零售总额与 GDP 之比	50.1	39.9	36.1	35.5	35.9	36.7	37.7	38.4	38.8	39.3	40.5
四、外贸依存度	16.0	36.1	28.6	31.6	31.4	23.0	24.9	23.0	19.3	21.1	22.8
出口依存度	12.7	16.5	14.7	17.1	14.1	13.1	13.5	11.6	10.1	10.1	9.9
五、一般公共预算收入占 GDP 比重	7.6	4.9	11.8	12.7	12.9	12.8	13.2	13.3	8.8	8.1	8.5
金融存贷比	106.7	71.1	76.1	78.4	79.6	83.4	85.2	84.4	81.9	83.2	90.3
六、工业增加值占 GDP 比重	25.6	33.8	36.6	37.2	36.9	36.3	36.6	36.2	36.4	36.3	34.7
七、全体居民恩格尔系数						32.9	32.4	32.8	32.4	31.9	31.6
城镇居民恩格尔系数	47.7	38.6	39.1	38.1	37.1	32.6	32.3	32.7	32.3	31.8	31.6
农村居民恩格尔系数	59.2	46.1	40.9	36.7	36.4	33.6	32.7	33.0	32.6	32.1	31.5

连 云 港 的 一 天

表1—6

指标	单位	2005	2010	2011	2012	2013	2014	2015	2016	2017	2018
地区生产总值(当年价)	万元	13626	32926	38963	44349	50111	54444	59882	65895	72337	75937
农业总产值(当年价)	万元	4768	8844	10316	11678	12993	13901	15042	16148	16861	17443
一般公共预算收入	万元	674	3874	4934	5724	6392	7172	7994	5794	5886	6419
社会消费品零售额	万元	4988	11799	13705	15767	17961	20287	22759	25570	28447	30721
固定资产投资额	万元	8865	33815	33998	41642	45610	57270	69111	78152	72017	51477
全社会货运量	万吨	15.42	38.18	35.35	40.64	37.80	41.14	42.14	39.91	44.39	47.84
全社会客运量	万人	21.74	36.93	39.53	43.69	16.46	16.76	15.42	14.22	14.05	13.38
出生人数	人	172	188	183	263	299	267	220	169	209	206
死亡人数	人	66	120	42	99	51	78	60	41	192	95
结婚对数	对	82.6	161	174	184	182	168	146	134	130	125
离婚对数	对	8.2	17.8	20.7	23.1	27.2	30.1	33.0	37.1	42.3	43.6

社 会 经 济 主 要 指 标 年 人 均 水 平

表 1—7

指　　标	单位	2010	2011	2012	2013	2014	2015	2016	2017	2018
一、地区生产总值(当年价格)	元	27179	32384	36819	41403	44757	48977	53626	58577	61332
二、农业总产值(当年价格)	元	7300	8574	9695	10735	11428	12303	13142	13653	14088
三、一般公共预算收入	元	3198	4101	4752	5281	5896	6538	4715	4767	5185
一般公共预算支出	元	4585	6254	6935	8203	8467	9544	8319	8665	9284
四、粮食产量	公斤	767	788	822	803	809	812	804	804	806
五、社会消费品零售总额	元	9739	11391	13090	14840	16677	18615	20809	23036	24812
六、每千人拥有固定电话机数	部	250.5	237.3	235.1	214.3	199.1	175.5	152.7	137.3	126.0
每千人拥有移动电话机数	部	697.5	837.7	869.6	935.4	973.7	952.3	948.1	975.5	1070.2
七、教　　育										
每万人拥有各类专业技术人员	人	481.7	494.4	608.1	648.0	734.0	806.5	849.1	889.7	
每万人拥有高校在校学生	人	78.5	77.2	76.8	84.9	85.5	86.3	86.0	88.2	93.1
八、卫　　生										
每万人拥有卫生机构床位数	张	24.6	28.6	35.6	38.7	39.7	41.5	50.4	51.9	54.0
每万人拥有医生	人	12.6	14.6	16.6	17.3	18.1	19.4	24.4	25.5	26.8
九、人民生活										
城镇非私营单位在岗职工平均工资	元	33843	38817	44124	46250	50189	56154	61262	69726	75808
居民人均可支配收入	元				16103	17798	19418	21230	23768	25864
# 城镇居民人均可支配收入	元	19020	21695	24342	26898	23595	25728	27853	30293	32749
农村居民人均可支配收入	元	7039	8434	9589	10317	11698	12778	13932	15273	16607
居民人均消费性支出	元				11264	12247	13260	14333	15627	16649
# 城镇居民人均消费性支出	元	12293	14110	15615	17172	16016	17259	18344	19315	20445
农村居民人均消费性支出	元	4766	5498	6210	6932	8282	9052	10113	10825	11545
住户存款	元	12172	14350	16628	19216	21417	23604	26241	28544	31619
居民人均现住房建筑面积	平方米					46.40	46.72	47.25	49.00	49.80
# 城镇居民人均现住房建筑面积	平方米					45.26	45.63	46.10	48.00	48.77
农村居民人均现住房建筑面积	平方米					47.87	48.17	48.70	51.00	51.90
城乡居民人均日生活用电量	度	0.96	1.05	1.27	1.48	1.44	1.52	1.72	1.88	2.12

注:按常住人口计算。

按地区分社会经济主要指标

表1—8

（2018年）

指　　标	全　市	市　区	连云区	海州区	赣榆区	开发区	高新区	东海县	灌云县	灌南县
一、人口及土地面积										
年末户籍人口（万人）	534.34	224.06	17.58	71.81	119.97	7.36	7.34	124.62	103.74	81.92
年末常住人口（万人）	452.00	210.35	19.36	85.55	96.90	8.54		97.10	80.83	63.72
从业人员（万人）	250.50	109.62	7.81	40.54	57.47	3.80		56.59	47.85	36.44
第一产业	77.70	25.96	0.33	7.13	18.31	0.19		18.41	18.37	14.96
第二产业	81.70	39.50	2.22	12.64	22.36	2.28		18.03	13.08	11.09
第三产业	91.10	44.18	5.27	20.78	16.80	1.32		20.14	16.39	10.39
二、地区生产总值（当年价、亿元）	2771.70	1549.29	145.65	364.04	608.26	325.98	56.3	494.42	375.00	352.99
第一产业	325.57	125.72	5.38	18.26	91.26	0.45	0.47	73.46	69.15	57.24
第二产业	1207.39	678.43	52.69	97.50	280.79	266.23	13.33	207.78	159.06	162.12
#工业	961.89	525.44	44.48	77.54	206.44	259.17	12.01	176.92	119.46	140.07
第三产业	1238.74	745.14	87.58	248.28	236.21	59.30	42.50	213.18	146.79	133.63
人均地区生产总值（元）	61332	73695	97555	52523	62775	448082	40723	50916	46374	55397
三、固定资产投资										
全社会固定资产投资（亿元）	1878.90	1201.93	179.88	349.08	238.06	249.74		334.40	214.13	128.46
# 规模以上	1859.28	1194.30	178.83	347.08	234.56	248.84	77.94	329.40	210.13	125.46
#工业投资	1073.92	607.05	109.46	126.65	159.67	161.50	4.72	252.61	143.17	71.08
#项目投资	1517.75	921.26	151.14	244.93	205.58	208.01	9.47	304.17	190.91	101.41
#房地产投资	341.52	273.04	27.70	102.15	28.97	40.83	68.47	25.23	19.21	24.04
四、财政、金融										
一般公共预算收入（亿元）	234.31	166.48	12.26	34.79	25.81	41.65	12.35	23.00	22.33	22.50
一般公共预算支出（亿元）	419.57	242.84	12.04	34.44	69.59	23.17	4.97	66.75	56.57	53.41
年末金融机构存款余款（亿元）	3261.64	1852.97			402.51			415.18	320.33	270.65
# 住户存款	1429.18	573.83			271.77			273.02	177.22	133.34
年末金融机构贷款余款（亿元）	2945.04	1796.24			356.18			333.00	244.12	215.51

注：人口数据中连云区含徐圩新区；海州区户籍人口含风景区，海州区常住人口含风景区和部分高新区，开发区常住人口含部分高新区。

表 1—8 续表 1　　　　　　　　　　(2018 年)

指　　标	全 市	市 区	连云区	海州区	赣榆区	开发区	高新区	东海县	灌云县	灌南县
五、规模以上工业										
单位数(个)	1022	499	38	101	236	94	16	290	96	137
工业总产值(当年价、亿元)	2575.42	2053.27	116.42	305.76	506.08	728.38	60.61	187.93	66.87	267.35
主营业务收入(亿元)	2525.51	2000.57	110.56	327.31	516.49	682.02	58.42	178.90	64.86	281.18
利润总额(亿元)	242.20	225.30	5.92	50.38	24.35	107.63	4.06	10.01	-2.06	8.94
六、农　　业										
农业总产值(当年价、亿元)	636.65	246.84	10.42	37.28	178.32	0.86		144.43	138.70	106.69
粮食总产量(万吨)	364.03	45.64			51.61			116.32	86.87	63.59
油料总产量(吨)	83514	137			46480			35280	599	1018
七、邮电通信、电力										
邮电通讯业务收入(亿元)	54.82	33.44			9.19			9.83	6.55	5.00
固定电话用户(万户)	56.97	36.19			10.71			8.11	7.09	5.58
移动电话用户(万户)	483.73	266.49			93.63			94.66	68.00	54.58
全社会用电量(亿千瓦时)	178.51	109.93			36.11			26.83	13.56	28.19
# 工业	106.52	67.11			22.98			14.33	5.00	20.07
八、批发零售贸易、外经										
社会消费品零售总额(亿元)	1121.31	653.85	86.75	297.56	206.41	29.18	33.96	211.88	143.49	112.08
进出口总额(亿美元)	95.47	86.74	20.48	10.26	6.23	4.73	2.04	1.96	32.91	5.02
# 出口总额	41.59	34.38	6.29	8.75	4.99	3.89	1.84	1.48	11.14	2.96
新签协议(合同)(个)	72	50	10	12	11	13	4	14	4	4
协议外资金额(万美元)	106995	63004	9218	14071	16298	19277	480	12161	5590	26240
实际利用外资(万美元)	60345	39971	7199	8227	9509	7743	188	9911	2117	8346

表1—8续表2　　　　　　　　　　　　（2018年）

指　　　标	全 市	市　区					东海县	灌云县	灌南县
			连云区	海州区	赣榆区	开发区			
九、教育、科技、卫生									
学校总数（个）	1246	510	53	178	252	27	303	254	179
在校学生总数（万人）	103.99	48.92	2.89	21.37	22.91	1.75	25.51	15.93	13.62
专任教师总数（人）	65216	32925	2315	13022	16181	1407	16912	7140	8239
初中毕业升学率（%）	95.44	95.78			95.77		95.72	94.72	94.89
卫生机构数（个）	2700	1383	183	489	711		535	416	366
# 医院、卫生院	180	83	10	34	39		36	32	29
卫生机构床位数（张）	26197	13989	1730	7533	4726		4734	3623	3851
# 医院、卫生院	24395	12263	1027	6590	4646		4734	3578	3820
卫生技术人员（人）	28847	16525	2131	9358	5036		4601	4012	3709
# 执业（助理）医师	12102	6623	919	3522	2182		2105	1759	1615
注册护士	12601	7467	920	4487	2060		1906	1637	1591
十、人民生活									
城镇非私营单位在岗职工人数（人）	430203	297523			75751		47192	36450	49038
城镇非私营单位在岗职工平均工资（元）	75808	82016	74204	89921	65131	81798	66769	65630	57594
居民人均可支配收入（元）	25864	29958		33736	24742		24513	20802	21227
# 城镇居民人均可支配收入（元）	32749	35379	40399	36353	31954		32228	27086	28819
农村居民人均可支配收入（元）	16607	17596		17850	17524		17291	15493	14826
居民人均消费性支出（元）	16649	18268		22822	15291		15646	12794	13715
# 城镇居民人均消费性支出（元）	20445	20931	25696	24556	18346		20263	15493	17843
农村居民人均消费性支出（元）	11545	12196		12299	12233		11324	10515	10235
十一、社会治安									
刑事案件立案数（件）	5236	3328	275	1054	743	237	768	689	451
罪犯人数（人）	4506	2699	269	1070	760	178	748	704	355
民事案件发案数（件）	57178	32549			11987		10659	7540	6430
交通事故（起）	397	194			85		76	69	58
火灾事故（起）	857	340			28		225	62	230

全市主要年份地区生产总值

表1－9　　（当年价格）　　单位:亿元

年　　份	地区生产总值	第一产业	第二产业	#工业	第三产业	人均地区生产总值（元）
1978	10.45	4.81	3.84	3.45	1.79	321
1980	12.56	6.04	4.35	3.86	2.17	381
1983	20.26	10.33	6.12	4.98	3.82	585
1985	29.64	13.78	8.74	6.97	7.12	833
1990	55.19	25.45	14.70	12.18	15.03	1391
1991	59.51	26.26	15.88	13.07	17.37	1456
1992	68.92	26.62	20.99	17.75	21.31	1660
1993	86.26	32.50	28.58	24.38	25.18	2058
1994	110.61	42.25	35.47	30.68	32.89	2620
1995	139.29	54.14	43.09	35.67	42.06	3240
1996	169.52	63.18	51.17	42.13	55.17	3939
1997	195.86	68.35	62.38	50.21	65.13	4501
1998	216.51	71.91	73.87	58.75	70.73	4916
1999	232.24	74.44	81.11	63.49	76.69	5209
2000	249.07	69.82	94.28	73.95	84.97	5512
2001	269.29	73.86	101.66	78.23	93.77	5884
2002	296.84	77.58	113.41	86.04	105.85	6427
2003	332.75	81.00	129.81	96.55	121.94	7141
2004	392.80	89.27	164.14	121.22	139.39	8579
2005	497.34	101.31	211.30	168.30	184.73	10910
2006	597.43	112.71	268.08	214.52	216.64	13204
2007	704.81	126.64	322.70	262.56	255.47	15706
2008	830.88	142.30	383.18	308.39	305.40	18618
2009	948.50	154.46	442.51	348.65	351.53	21310
2010	1201.79	182.60	552.92	439.69	466.27	27179
2011	1422.16	204.11	665.10	528.64	552.95	32384
2012	1618.75	232.40	750.64	597.81	635.71	36819
2013	1829.04	245.26	834.17	664.72	749.61	41403
2014	1987.19	261.98	909.91	727.15	815.30	44757
2015	2185.70	282.69	982.87	791.14	920.14	48977
2016	2405.16	301.56	1074.19	876.11	1029.41	53626
2017	2640.31	313.42	1179.86	958.61	1147.03	58577
2018	2771.70	325.57	1207.39	961.89	1238.74	61332

注:2016年R&D支出纳入地区生产总值核算,历史数据调整至2004年,下同。

全市主要年份地区生产总值定基指数

表 1—10

（按可比价格计算,1978 年 =100）

年份	地区生产总值	第一产业	第二产业	# 工业	第三产业	人均地区生产总值指数
1978	100.00	100.00	100.00	100.00	100.00	100.00
1980	118.00	122.30	112.00	111.10	112.90	116.60
1983	173.10	170.70	161.90	148.60	194.80	162.60
1985	219.10	181.60	224.80	201.90	323.30	200.50
1990	280.90	226.00	315.00	292.20	399.10	230.70
1991	300.20	242.60	328.70	305.00	434.00	239.00
1992	335.50	243.60	410.60	382.17	509.50	263.10
1993	362.68	252.61	473.83	439.11	543.64	281.85
1994	408.01	271.31	558.65	515.51	615.94	314.90
1995	453.71	290.03	642.45	586.65	691.70	347.31
1996	514.05	323.09	716.33	644.73	815.52	389.32
1997	584.47	345.38	855.29	760.14	937.03	437.64
1998	661.63	369.21	1046.02	928.13	1021.36	489.47
1999	722.50	393.95	1170.50	1030.22	1105.11	528.06
2000	785.35	390.80	1349.59	1191.97	1206.78	566.06
2001	845.04	413.86	1461.60	1271.83	1305.74	601.49
2002	911.80	432.48	1584.38	1363.40	1437.62	643.26
2003	1007.54	449.78	1814.11	1569.28	1594.32	704.37
2004	1147.58	485.31	2138.84	1859.59	1812.74	814.96
2005	1310.54	501.33	2566.61	2224.07	2082.84	934.76
2006	1508.43	542.44	3049.13	2686.68	2391.10	1084.32
2007	1736.20	585.29	3607.12	3197.15	2754.54	1258.90
2008	1963.65	619.24	4137.37	3718.28	3159.46	1432.62
2009	2230.70	644.01	4795.21	4272.31	3639.70	1631.76
2010	2534.08	676.85	5600.81	5028.51	4120.14	1866.73
2011	2863.51	703.92	6485.73	5908.49	4672.24	2124.34
2012	3227.18	744.05	7419.68	6824.31	5288.97	2392.01
2013	3607.98	761.16	8384.24	7786.54	5987.12	2662.30
2014	3976.00	786.28	9365.19	8791.00	6615.76	2920.55
2015	4405.40	814.59	10423.46	9889.88	7429.50	3221.36
2016	4749.03	827.62	11236.49	10740.41	8157.59	3456.52
2017	5100.45	849.96	12045.52	11599.64	8883.62	3691.57
2018	5340.18	872.06	12274.38	11796.83	9612.08	3857.69

全市主要年份地区生产总值指数

表 1—11

（按可比价格计算,上年 =100）

年份	地区生产总值	第一产业	第二产业	# 工业	第三产业	人均地区生产总值指数
1978	108.0	103.8	120.5	119.5	108.2	106.6
1979	110.0	113.0	104.2	104.5	109.1	109.4
1980	107.3	108.2	107.5	106.3	103.5	106.6
1981	112.6	114.6	109.6	110.1	110.4	110.9
1982	118.2	115.6	114.3	111.8	131.9	115.9
1983	110.2	105.3	115.5	108.7	118.5	108.5
1984	111.6	105.9	113.8	111.2	124.4	110.2
1985	113.4	100.4	122.0	122.2	133.4	111.9
1986	110.9	114.8	108.6	105.5	106.5	109.2
1987	106.0	105.9	108.8	110.2	103.6	104.2
1988	100.3	95.9	105.4	107.0	103.4	98.2
1989	99.9	102.7	99.9	104.4	95.1	97.9
1990	108.8	104.0	112.6	111.4	113.7	105.2
1991	106.9	107.3	104.3	104.4	108.7	103.6
1992	111.8	100.4	124.9	134.8	117.4	110.1
1993	108.1	103.7	115.4	114.9	106.7	107.1
1994	112.5	107.4	117.9	117.4	113.3	111.7
1995	111.2	106.9	115.0	113.8	112.3	110.3
1996	113.3	111.4	111.5	109.9	117.9	112.1
1997	113.7	106.9	119.4	117.9	114.9	112.4
1998	113.2	106.9	122.3	122.1	109.0	111.8
1999	109.2	106.7	111.9	111.0	108.2	107.9
2000	108.7	99.2	115.3	115.7	109.2	107.2
2001	107.6	105.9	108.3	106.7	108.2	106.3
2002	107.9	104.5	108.4	107.2	110.1	106.9
2003	110.5	104.0	114.5	115.1	110.9	109.5
2004	113.9	107.9	117.9	118.5	113.7	115.7
2005	114.2	103.3	120.0	119.6	114.9	114.7
2006	115.1	108.2	118.8	120.8	114.8	116.0
2007	115.1	107.9	118.3	119.0	115.2	116.1
2008	113.1	105.8	114.7	116.3	114.7	113.8
2009	113.6	104.0	115.9	114.9	115.2	113.9
2010	113.6	105.1	116.8	117.7	113.2	114.4
2011	113.0	104.0	115.8	117.5	113.4	113.8
2012	112.7	105.7	114.4	115.5	113.2	112.6
2013	111.8	102.3	113.0	114.1	113.2	111.3
2014	110.2	103.3	111.7	112.9	110.5	109.7
2015	110.8	103.6	111.3	112.5	112.3	110.3
2016	107.8	101.6	107.8	108.6	109.8	107.3
2017	107.4	102.7	107.2	108.0	108.9	106.8
2018	104.7	102.6	101.9	101.7	108.2	104.5

全市主要年份地区生产总值构成

表1—12　（当年价格）　单位:%

年份	地区生产总值	第一产业	第二产业	#工业	第三产业
1978	100	46.1	36.8	33.0	17.1
1980	100	48.1	34.6	22.8	17.3
1983	100	51.0	30.2	24.6	18.8
1985	100	46.5	29.5	23.5	24.0
1990	100	46.1	26.6	22.1	27.3
1991	100	44.1	26.7	22.0	29.2
1992	100	38.6	30.5	25.8	30.9
1993	100	37.7	33.1	28.3	29.2
1994	100	38.2	32.1	27.7	29.7
1995	100	38.9	30.9	25.6	30.2
1996	100	37.3	30.2	24.9	32.5
1997	100	34.9	31.8	25.6	33.3
1998	100	33.2	34.1	27.1	32.7
1999	100	32.1	34.9	27.3	33.0
2000	100	28.0	37.9	29.7	34.1
2001	100	27.4	37.8	29.1	34.8
2002	100	26.1	38.2	29.0	35.7
2003	100	24.3	39.0	29.0	36.7
2004	100	22.7	41.8	30.9	35.5
2005	100	20.4	42.5	33.8	37.1
2006	100	18.9	44.9	35.9	36.2
2007	100	18.0	45.8	37.3	36.2
2008	100	17.1	46.1	37.1	36.8
2009	100	16.3	46.6	36.8	37.1
2010	100	15.2	46.0	36.6	38.8
2011	100	14.3	46.8	37.2	38.9
2012	100	14.3	46.4	36.9	39.3
2013	100	13.4	45.6	36.3	41.0
2014	100	13.2	45.8	36.6	41.0
2015	100	12.9	45.0	36.2	42.1
2016	100	12.5	44.7	36.4	42.8
2017	100	11.9	44.7	36.3	43.4
2018	100	11.7	43.6	34.7	44.7

主要年份分地区生产总值

表1—13　　（当年价格）　　单位:亿元

年份	全市	市区	#赣榆区	东海县	灌云县	灌南县
1978	10.45	6.11	2.16	1.89	1.60	0.85
1980	12.56	7.12	2.72	2.50	1.90	1.04
1983	20.26	11.11	4.36	4.23	3.31	1.61
1985	29.64	16.82	6.13	6.40	4.31	2.11
1990	55.19	29.14	10.39	10.47	10.53	5.05
1991	59.51	32.07	10.93	10.96	10.72	5.76
1992	68.92	39.73	12.87	12.22	10.16	6.81
1993	86.26	49.67	16.33	17.15	10.46	8.98
1994	110.61	57.47	21.70	26.38	14.63	12.13
1995	139.29	70.52	28.82	34.94	20.69	13.14
1996	169.52	92.06	36.44	38.13	23.89	15.44
1997	195.86	107.99	40.54	42.33	27.29	18.25
1998	216.51	119.46	44.38	47.38	28.86	20.81
1999	232.24	129.07	46.99	49.40	31.04	22.73
2000	249.07	148.13	49.39	51.04	27.89	22.01
2001	269.29	158.26	54.21	55.42	31.72	23.89
2002	296.84	176.17	59.58	59.69	34.56	26.42
2003	332.75	208.45	60.66	58.28	36.92	29.10
2004	392.80	250.79	64.01	67.08	40.52	34.41
2005	497.34	332.99	74.80	77.82	46.48	40.05
2006	597.43	399.74	91.82	92.73	55.93	49.03
2007	704.81	458.24	113.34	114.06	69.98	62.53
2008	830.88	503.39	153.89	137.23	100.41	89.85
2009	948.50	559.35	182.44	162.69	119.36	107.10
2010	1201.79	711.44	223.07	200.14	150.13	140.08
2011	1422.16	801.94	283.07	245.67	192.22	182.33
2012	1618.75	910.69	331.36	277.3	220.29	210.47
2013	1829.04	1022.05	376.41	320.17	250.92	235.90
2014	1987.19	1093.64	426.87	359.32	274.98	259.25
2015	2185.70	1210.40	473.57	393.54	300.13	281.63
2016	2405.16	1336.27	519.21	433.43	328.66	306.80
2017	2640.31	1447.84	586.02	483.82	366.44	342.21
2018	2771.70	1549.29	608.26	494.42	375.00	352.99

2

人口、就业和工资

主 要 年 份 人 口 数

表 2—1 单位:万人

年 份	年末人口(万人)						年平均人口(万人)
	全 市	市 区	#赣榆区	东海县	灌云县	灌南县	
1978	323.20	113.29	77.38	79.74	77.80	52.37	321.35
1980	327.84	115.63	77.93	81.40	77.97	52.84	326.00
1983	347.84	126.26	81.02	85.88	79.85	55.85	344.38
1985	358.24	130.68	82.87	88.13	81.82	57.61	355.65
1990	405.05	149.36	95.10	100.20	90.72	64.77	396.29
1991	412.40	151.95	96.77	102.03	92.24	66.18	408.73
1992	417.54	154.29	97.27	103.67	92.66	66.92	414.97
1993	420.41	155.16	98.24	104.33	93.72	67.20	418.98
1994	423.72	157.08	99.04	104.72	94.43	67.49	422.07
1995	427.78	159.15	99.89	105.43	95.04	68.16	425.75
1996	432.96	161.21	100.89	107.07	96.30	68.39	430.37
1997	437.25	163.11	101.58	107.67	97.08	69.40	435.11
1998	443.53	165.26	102.56	109.18	99.13	69.96	440.39
1999	448.15	167.76	103.66	110.00	100.08	70.31	445.84
2000	455.61	169.88	104.88	112.69	101.77	71.26	451.88
2001	459.64	172.10	105.83	113.39	102.47	71.66	457.62
2002	464.03	174.22	106.83	113.97	103.61	72.23	461.83
2003	467.83	176.24	107.91	114.35	104.53	72.71	465.93
2004	468.81	176.35	107.09	114.43	104.61	73.42	468.32
2005	472.18	177.86	107.69	115.26	105.05	74.01	470.50
2006	479.42	179.14	108.18	117.34	107.50	75.45	475.80
2007	482.23	180.51	108.96	118.48	109.10	74.14	480.83
2008	488.25	190.83	109.95	111.79	110.35	75.28	485.24
2009	490.64	199.49	110.80	113.16	101.52	76.47	489.45
2010	497.73	206.21	112.62	115.10	100.26	76.16	494.19
2011	505.18	209.60	114.07	116.24	101.82	77.52	501.45
2012	510.99	212.23	115.58	118.02	102.01	78.73	508.09
2013	520.18	216.06	117.85	120.20	103.58	80.34	515.59
2014	526.52	219.07	119.27	121.95	104.06	81.44	523.35
2015	530.56	220.72	119.63	122.84	104.82	82.17	528.54
2016	533.99	222.69	120.30	123.45	105.21	82.64	532.28
2017	532.53	222.61	119.58	123.91	104.10	81.91	533.26
2018	534.34	224.06	119.97	124.62	103.74	81.92	533.44

注:本节除注明外均是户籍人口;2008 年,岗埠农场、浦南镇由东海县划归新浦区;2009 年,板浦镇由灌云县划归海州区;2014 年赣榆撤县并区。

主 要 年 份 人 口 构 成

表 2-2

年　份	年末总人口(万人)	男	女	出生人口(人)	死亡人口(人)	自然增长人口(人)
1978	323.20	163.43	159.77	34963	15746	19217
1980	327.84	165.78	162.06	50203	15583	34621
1983	347.84	176.86	170.98	52689	17839	34851
1985	358.24	183.53	174.71	55516	17640	37876
1990	405.05	207.90	197.15	84765	19378	65387
1991	412.40	212.15	200.25	88448	20109	68339
1992	417.54	214.86	202.68	56394	20002	36393
1993	420.41	216.43	203.98	55011	20488	34524
1994	423.72	218.12	205.60	53560	20344	33217
1995	427.78	220.21	207.57	56284	20138	36146
1996	432.96	222.97	209.99	56809	19324	37485
1997	437.25	224.52	212.73	55171	20319	34852
1998	443.53	229.23	214.30	60994	20258	40736
1999	448.15	231.89	216.26	55596	18948	36648
2000	455.61	235.69	219.92	77362	22504	54858
2001	459.64	237.27	222.37	52979	19705	33274
2002	464.03	239.19	224.83	54070	18993	35077
2003	467.83	241.56	226.27	49220	21064	28156
2004	468.81	243.53	225.28	74212	31953	42259
2005	472.18	244.70	227.48	62898	24156	38742
2006	479.42	248.34	231.08	57070	23852	33218
2007	482.23	250.25	231.98	65142	64637	505
2008	488.25	253.53	234.72	56906	31697	25209
2009	490.64	255.65	234.99	61557	37613	23944
2010	497.73	259.34	238.39	68558	43738	24820
2011	505.18	263.29	241.89	66820	15499	51321
2012	510.99	266.62	244.37	95884	35962	59922
2013	520.18	271.36	248.82	109189	18561	90628
2014	526.52	274.75	251.76	97562	28522	69040
2015	530.56	276.93	253.63	80296	21963	58333
2016	533.99	278.75	255.24	61852	15114	46738
2017	532.53	277.95	254.58	76116	70147	5969
2018	534.34	278.76	255.58	75031	34690	40341

市区主要年份年末人口情况

表 2-3

年份	总户数 (万户)	总人口 (万人)	户均人数 (人)	人口密度 (人 / 平方公里)
1978	8.78	35.91	4.09	485.3
1980	9.83	37.70	3.84	509.5
1983	12.79	45.24	3.54	479.3
1985	14.12	47.81	3.39	506.6
1990	16.48	54.26	3.29	574.8
1991	16.98	55.18	3.25	584.6
1992	17.69	57.02	3.22	604.1
1993	17.64	56.92	3.23	603.0
1994	17.83	58.04	3.25	614.9
1995	18.08	59.26	3.28	627.9
1996	18.28	60.32	3.30	639.1
1997	18.83	61.53	3.27	651.9
1998	19.25	62.70	3.26	664.3
1999	19.57	64.10	3.27	679.2
2000	19.95	65.00	3.26	688.7
2001	20.42	66.27	3.25	702.2
2002	20.91	67.39	3.22	714.0
2003	21.20	68.33	3.22	723.9
2004	21.62	69.26	3.20	733.8
2005	22.00	70.17	3.19	743.4
2006	22.28	70.96	3.18	751.8
2007	22.54	71.56	3.18	758.1
2008	25.06	80.88	3.23	699.7
2009	27.29	88.69	3.25	767.3
2010	28.84	93.59	3.25	759.0
2011	29.40	95.53	3.25	796.1
2012	29.57	96.65	3.27	805.5
2013	29.09	98.21	3.38	818.5
2014	64.81	219.07	3.38	727.3
2015	65.22	220.72	3.38	732.8
2016	65.81	222.69	3.38	739.4
2017	66.19	222.61	3.36	739.1
2018	67.53	224.06	3.32	743.9

注:2014 年赣榆撤县并入市区。

年末总人口数及构成

表 2-4

（2018 年）

地　区	年末总人口	男		女	
		人数(人)	比重(%)	人数(人)	比重(%)
全　市	**5343410**	**2787595**	**52.17**	**2555815**	**47.83**
市　区	2240602	1157425	51.66	1083177	48.34
连云区	249382	126555	50.75	122827	49.25
海州区	791496	398465	50.34	393031	49.66
赣榆区	1199724	632405	52.71	567319	47.29
县小计	3102808	1630170	52.54	1472638	47.46
东海县	1246162	649777	52.14	596385	47.86
灌云县	1037435	547204	52.75	490231	47.25
灌南县	819211	433189	52.88	386022	47.12

总户数、平均人口及人口密度

表 2-5

（2018 年）

地　区	年末总户数(户)	平均每户人数(人)	年平均人口(人)	人口密度(人/平方公里)
全　市	**1459199**	**3.66**	**5334359**	**701.70**
市　区	675311	3.32	2233361	743.89
连云区	84109	2.96	249938	312.90
海州区	244529	3.24	785673	1129.10
赣榆区	346673	3.46	1197750	792.42
县小计	783888	3.96	3100999	674.08
东海县	297342	4.19	1242640	611.76
灌云县	264471	3.92	1039204	674.54
灌南县	222075	3.69	819155	796.90

人口自然变动情况

表 2-6 （2018 年）

地 区	出生		死亡		自然增长	
	人数(人)	出生率(‰)	人数(人)	死亡率(‰)	人数(人)	增长率(‰)
全 市	**75031**	**14.04**	**34690**	**6.49**	**40341**	**7.55**
市 区	31809	14.20	14597	6.51	17212	7.68
连云区	2691	10.79	1710	6.86	981	3.93
海州区	10548	13.33	4705	5.94	5843	7.38
赣榆区	18570	15.48	8182	6.82	10388	8.66
县小计	43222	13.93	20093	6.48	23129	7.45
东海县	21043	16.89	7972	6.40	13071	10.49
灌云县	12450	12.00	6519	6.28	5931	5.72
灌南县	9729	11.88	5602	6.84	4127	5.04

人口机械变动情况

表 2-7 （2018 年） 单位：人

地 区	迁入人口	#省外迁入	迁出人口	#迁往省外	机械增长人口
全 市	**36258**	**8828**	**56256**	**13865**	**-19998**
市 区	24913	4444	26532	7388	-1619
连云区	3734	673	4744	891	-1010
海州区	17732	2003	12593	2752	5139
赣榆区	3447	1768	9195	3745	-5748
县小计	11345	4384	29724	6477	-18379
东海县	3615	1748	9498	3405	-5883
灌云县	3059	1129	11934	1760	-8875
灌南县	4671	1507	8292	1312	-3621

计划生育情况

表 2-8　　（2018 年）　　单位：人

地　　区	计划生育率(%)	当年出生率(‰)	育龄妇女人数	已婚育龄妇女人数	现家庭有一孩的妇女人数	独生子女率(%)
全　　市	**98.28**	**10.80**	**1378192**	**971193**	**581432**	**59.87**
市　区	99.52	10.75	565425	390383	256097	65.60
赣榆区	98.28	10.65	309020	212377	131920	62.12
海州区	99.76	10.35	176932	118896	85014	71.50
连云区	99.52	10.48	32017	23164	17059	73.64
开发区	99.10	11.20	13355	9790	7041	71.92
徐圩新区	99.00	11.80	8829	5838	2944	50.43
云台山景区	99.10	10.35	7902	6524	3335	51.12
高新区	99.50	11.35	17370	13794	8784	63.68
县小计	98.10	10.95	812767	580810	325335	56.01
东海县	96.69	10.98	323796	214944	120649	56.13
灌云县	98.57	10.61	278248	211024	124793	59.14
灌南县	98.70	10.87	210723	154842	79893	51.60

表 2-8 续表　　（2018 年）　　单位：人

地　　区	有效领证人数	女性初婚人数	晚婚率(%)	应落实措施的人数	累计已采取各种节育措施人数	节育率(%)
全　　市	**296568**	**24706**	**53.77**	**831739**	**813760**	**83.79**
市　区	132127	5791	68.21	341634	338750	86.77
赣榆区	74979	2887	60.69	187298	186756	87.94
海州区	45306	1773	78.06	104225	103196	86.80
连云区	3393	453	78.59	19633	19458	84.00
开发区	3205	110	84.55	8076	8076	82.49
徐圩新区	10	72	62.50	5037	4867	83.32
云台山景区	607	77	97.40	5595	5575	85.45
高新区	4627	419	84.25	11770	10822	78.45
县小计	164441	18915	49.56	490105	475010	81.78
东海县	25908	4878	63.67	161408	151459	70.46
灌云县	89345	6888	47.13	191060	191059	90.54
灌南县	49188	7149	40.22	137637	132492	85.57

分县区年末常住人口

表 2-9 单位:万人

	2010	2011	2012	2013	2014	2015	2016	2017	2018
连云港市	439.71	438.61	440.69	442.83	445.17	447.37	449.64	451.84	452
市　区	203.76	203.61	204.55	205.52	206.64	207.73	208.78	210.11	210.35
连云区	26.73	26.83	27.04	27.16	27.32	27.47	27.60	27.92	27.9
其中:开发区	7.92	7.95	8.03	8.06	8.14	8.22	8.25	8.52	8.54
其中:连云区	14.51	14.56	14.66	14.73	14.79	14.84	14.92	14.95	14.91
其中:徐圩区	4.3	4.32	4.35	4.37	4.39	4.41	4.43	4.45	4.45
海州区	81.9	82.22	82.7	83.12	83.64	84.15	84.58	85.30	85.55
赣榆区	95.13	94.56	94.81	95.24	95.68	96.11	96.60	96.89	96.9
东海县	95.35	94.76	94.96	95.36	95.87	96.35	96.84	97.11	97.1
灌云县	78.32	78.31	78.99	79.47	79.79	80.1	80.51	80.90	80.83
灌南县	62.28	61.93	62.19	62.48	62.87	63.19	63.51	63.72	63.72

主要年份城镇化水平

表 2-10 单位:%

年　份	连云港市	市区	连云区	海州区	赣榆区	东海县	灌云县	灌南县
1953	9.96							
1964	11.97							
1982	11.83							
1990	17.42	100.00			3.78	3.49	6.26	4.72
2000	28.02	83.88			19.6	18.62	19.15	13.63
2003	34.50	87.45			32.27	23.03	24.51	22.79
2004	36.28	57.45			34.22	24.89	26.39	24.72
2005	37.18	52.65			31.24	28.34	26.26	25.46
2006	39.00	54.15			33.39	30.20	28.22	27.35
2007	40.50	55.36			35.00	31.75	29.78	28.93
2008	42.00	55.68			36.52	33.25	31.29	30.47
2009	43.45	54.94			38.22	34.95	33.89	33.87
2010	51.75	65.84	87.55	85.71	43.50	41.85	39.18	39.15
2011	53.15	66.97	88.06	87.32	45.09	43.43	40.80	40.75
2012	54.35	67.01	86.30	85.75	46.68	45.02	42.31	42.26
2013	55.72	68.01	86.73	84.80	48.33	46.67	44.02	43.97
2014	57.13	69.26	87.92	85.54	49.83	48.17	45.62	45.57
2015	58.70	70.80	88.92	86.54	51.83	49.76	47.20	47.15
2016	60.20	72.35	90.25	88.27	53.29	51.23	48.64	48.60
2017	61.70	73.80	92.03	89.22	54.98	52.7	50.19	50.11
2018	62.60	74.78	92.99	90.33	55.82	53.72	50.92	50.72

分县区常住人口出生率、死亡率和自然增长率

表 2-11　　单位:‰

	出生率					死亡率				
	2014	2015	2016	2017	2018	2014	2015	2016	2017	2018
连云港市	11.76	11.92	12.32	12.43	10.4	6.93	6.99	7.26	7.36	7.35
市　区	11.26	11.44	11.82	12.05	10.66	6.78	6.84	7.05	7.03	7.25
连云区	9.99	10.12	10.29	10.88	10.03	6.23	6.29	6.35	6.75	6.75
其中:开发区	9.92	10.15	10.27	10.54	9.75	6.22	6.28	6.3	6.28	6.28
其中:连云区	9.90	10.06	10.26	11.10	10.40	6.11	6.15	6.28	6.98	6.98
其中:徐圩区	10.16	10.26	10.43	10.80	9.30	6.79	6.80	6.88	6.87	6.87
海州区	10.74	10.99	11.51	12.03	10.37	6.61	6.68	6.99	6.67	6.66
赣榆区	12.07	12.21	12.53	12.41	11.10	7.08	7.13	7.30	7.43	7.91
东海县	12.09	12.26	12.83	12.87	11.80	7.07	7.14	7.55	7.76	8.1
灌云县	12.23	12.34	12.74	12.83	9.12	7.05	7.09	7.41	7.69	7.2
灌南县	12.33	12.45	12.65	12.50	9.02	7.11	7.15	7.32	7.42	6.73

表 2-11 续表　　单位:‰

	自然增长率				
	2014	2015	2016	2017	2018
连云港市	4.83	4.93	5.06	5.07	3.05
市　区	4.48	4.60	4.77	5.02	3.41
连云区	3.76	3.83	3.94	4.13	3.28
其中:开发区	3.70	3.87	3.97	4.26	3.47
其中:连云区	3.79	3.91	3.98	4.12	3.42
其中:徐圩区	3.37	3.46	3.55	3.93	2.43
海州区	4.13	4.31	4.52	5.36	3.71
赣榆区	4.99	5.08	5.23	4.98	3.19
东海县	5.02	5.12	5.28	5.11	3.70
灌云县	5.18	5.25	5.33	5.14	1.92
灌南县	5.22	5.30	5.33	5.08	2.29

主 要 年 份 从 业 人 员 数

表 2-12　　　　单位:万人

年　份	从业人员合　计	城镇非私营单位职工人　数	国有经济	集体经济	其他经济	城镇私营企业从业人员和个体劳动者	乡　村劳动者	城镇非私营单位其他从业人员
1978	142.03	28.31	19.38	8.93		0.08	113.64	
1980	146.02	30.34	20.23	10.11		0.16	115.52	
1983	159.56	33.18	22.88	10.30		0.88	125.50	
1985	174.75	36.32	23.96	12.33	0.03	1.82	136.61	
1990	205.54	42.02	28.71	12.93	0.38	1.94	161.58	
1991	214.31	43.28	29.65	13.12	0.51	1.82	169.21	
1992	216.92	43.63	30.54	12.52	0.57	2.32	170.97	
1993	221.23	45.48	32.19	12.40	0.89	6.15	169.41	0.19
1994	223.16	44.44	31.52	11.58	1.34	8.42	170.17	0.13
1995	222.92	44.84	32.42	10.99	1.61	10.04	167.95	0.09
1996	221.10	45.06	32.42	10.76	1.88	8.03	167.82	0.19
1997	218.94	44.76	32.74	10.20	1.82	7.26	166.73	0.19
1998	219.78	44.18	31.86	9.36	2.96	8.32	166.40	0.88
(新口径)	212.45	36.85	24.62	6.98	5.24	8.32	166.40	0.88
1999	209.61	34.72	23.69	5.95	5.08	6.91	166.88	1.10
2000	208.40	31.94	22.57	5.28	4.10	7.19	168.26	1.01
2001	208.03	29.64	21.22	4.12	4.30	8.34	169.14	0.91
2002	208.19	27.78	18.96	3.62	5.21	8.21	164.75	1.17
2003	209.19	26.84	17.47	3.27	6.1	9.18	165.32	1.32
2004	214.55	26.66	15.79	2.74	8.13	10.05	167.17	1.24
2005	227.60	27.97	15.75	2.43	9.79	13.28	168.24	0.78
2006	241.74	28.91	15.82	2.52	10.58	18.80	170.03	1.5
2007	272.91	29.84	15.91	2.56	11.37	25.34	170.54	1.81
2008	276.10	29.86	15.22	2.08	12.57	28.58	170.6	2.66
2009	290.26	30.19	16.11	1.98	15.21	33.21	170.71	3.11
2010	302.08	30.61	15.49	1.70	13.42	36.21	170.79	3.39
2011	308.18	33.09	15.81	1.64	15.64	39.18	170.90	2.07
2012	249.20	33.48	16.10	1.67	15.71	41.82	171.00	2.02
2013	250.20	43.84	15.38	2.31	26.15	39.28	171.20	3.31
2014	251.10	44.47	15.24	2.01	27.21	44.05	171.50	3.76
2015	250.30	43.86	14.97	1.91	26.98	44.79	172.10	3.81
2016	250.50	43.71	14.75	1.85	27.11	55.60	171.90	3.77
2017	250.60	42.14	14.22	1.58	26.35			3.95
2018	250.50	43.02	14.86	1.31	31.11			4.26

注:1998 年前数据中含离开本单位仍保留劳动关系的职工。

主要年份分三次产业从业人员数

表 2-13　　　　单位:万人

年份	第一产业	第二产业	工业	建筑业	第三产业	交通仓储邮电通信业	批发零售贸易餐饮业
1978	111.72	13.29	11.67	1.62	17.02	2.91	4.16
1980	114.44	14.61	12.77	1.84	16.97	3.13	4.48
1983	120.74	20.53	17.04	3.49	18.29	3.85	5.84
1985	118.46	31.92	24.58	7.34	24.37	5.13	7.06
1990	138.01	37.14	26.12	11.02	30.39	7.02	9.32
1991	146.02	37.11	26.19	10.92	31.18	7.11	9.68
1992	144.44	38.95	26.85	12.10	33.53	7.38	10.68
1993	140.78	42.91	29.25	13.66	37.54	7.81	12.60
1994	137.42	43.38	30.09	13.29	42.36	8.27	14.46
1995	133.21	45.32	31.65	13.66	44.39	7.57	14.83
1996	132.13	46.38	32.35	14.03	42.59	7.82	13.80
1997	122.62	48.90	32.92	15.98	47.42	8.86	14.48
1998	122.35	48.78	31.97	16.81	48.65	9.05	14.89
(新口径)	122.07	43.98	27.48	16.50	46.40	8.60	13.26
1999	121.83	42.50	25.39	17.11	45.28	7.80	12.94
2000	121.38	42.49	23.99	18.50	45.54	8.06	12.36
2001	118.19	41.47	23.26	18.21	48.37	7.99	12.56
2002	111.11	43.58	25.01	18.57	53.50	8.24	15.01
2003	105.85	47.04	26.64	20.4	56.3	7.68	14.17
2004	103.15	50.32	28.99	21.33	61.08	8.07	13.65
2005	99.68	59.45	34.81	24.64	68.47	8.26	15.15
2006	95.24	71.70	41.97	29.73	74.80	8.87	18.71
2007	93.35	80.52	51.82	28.7	99.04	10.17	20.66
2008	92.81	82.58	54.08	28.5	100.71	10.7	21.56
2009	92.64	91.90	60.84	31.06	105.72	10.9	22.43
2010	92.02	95.85	63.12	32.73	114.21	11.10	23.20
2011	88.02	100.81	66.38	34.43	119.35	11.53	23.70
2012	83.00	77.70			88.50		
2013	81.80	78.30			90.10		
2014	79.40	80.90			90.80		
2015	78.90	80.50			90.90		
2016	78.60	80.70			91.20		
2017	77.90	81.50			91.20		
2018	77.70	81.70			91.10		

注:1998 年前数据中含离开本单位仍保留劳动关系的职工。

主要年份城镇非私营单位职工人数

表 2—14

单位:万人

年　份	全　市	市　区	#赣榆区	东海县	灌云县	灌南县
1978	30.73	16.06	2.42	3.84	6.25	2.16
1980	33.15	18.43	2.81	3.97	5.83	2.11
1983	36.25	20.66	3.07	4.04	6.00	2.48
1985	39.77	22.86	3.45	4.71	5.94	2.81
1990	46.33	27.01	4.31	5.06	6.50	3.45
1991	47.89	27.74	4.61	5.27	6.63	3.64
1992	48.27	27.81	4.64	5.44	6.68	3.70
1993	50.30	29.05	4.82	5.51	7.01	3.91
1994	49.21	28.03	4.77	5.48	7.00	3.93
1995	49.51	28.18	4.67	5.70	7.04	3.92
1996	50.08	28.38	5.02	5.72	6.93	4.03
1997	49.94	28.18	5.18	5.70	6.93	3.95
1998	49.25	27.91	5.07	5.66	6.84	3.77
1999	48.17	27.07	4.99	5.48	6.94	3.69
2000	45.66	24.90	4.95	5.31	6.73	3.77
2001	37.66	22.70	4.31	5.07	6.04	3.85
2002	34.75	21.21	3.83	4.26	5.49	3.79
2003	32.38	19.70	3.57	3.81	5.20	3.67
2004	31.22	19.19	3.58	3.82	4.92	3.29
2005	31.9	19.6	3.5	4.08	4.92	3.3
2006	31.53	19.4	3.72	4.35	4.98	2.78
2007	29.84	17.51	3.58	4.74	4.51	3.08
2008	29.86	18.63	3.46	3.7	4.35	3.18
2009	30.19	19.25	3.44	3.83	3.93	3.18
2010	30.61	19.53	3.55	3.94	3.82	3.32
2011	33.09	22.64	3.58	4.01	3.01	3.43
2012	33.48	23.07	3.74	3.89	3.07	3.45
2013	43.84	30.54	9.14	5.02	4.96	3.32
2014	44.47	31.02	9.31	5.18	4.86	3.41
2015	43.86	30.15	7.91	4.71	4.95	4.05
2016	47.71	28.53	7.03	4.75	5.05	5.38
2017	42.14	28.16	6.69	4.37	4.64	4.97
2018	43.02	29.75	7.58	4.72	3.65	4.90

注:1998 年前数据中含离开本单位仍保留劳动关系的职工。

主要年份城镇非私营单位职工年平均工资

表 2-15　　单位:元

年　份	合　计	国有单位	集体单位	其他单位
1978	487	522	415	
1980	610	666	496	
1983	696	738	599	
1985	1038	1120	974	1467
1990	1838	2059	1357	1608
1991	1966	2168	1518	1863
1992	2255	2506	1667	1822
1993	2811	3075	2120	2896
1994	3891	4351	3663	3519
1995	4663	5114	3411	4313
1996	5175	5697	3740	4470
1997	5578	6144	3883	5100
1998	6547	7105	4694	6436
1999	7083	7556	5009	7367
2000	8006	8543	5382	8432
2001	8982	9522	5716	9587
2002	10075	10663	6389	10553
2003	11262	11719	7005	12257
2004	12713	13754	7367	12512
2005	15043	16512	9112	14161
2006	17760	19683	11700	16337
2007	21482	24066	14584	19353
2008	26596	29621	19024	24186
2009	29548	32497	22539	26990
2010	33843	37386	25286	30832
2011	38817	43526	30788	34861
2012	44124	49535	37499	39248
2013	46250	54063	38775	42263
2014	50189	57754	41561	49198
2015	56154	64023	45794	52436
2016	61262	71074	51031	56634
2017	69726	82349	57177	63669
2018	75808	90686	59728	69135

注:1998 年前数据中含离开本单位仍保留劳动关系的职工。

城镇非私营单位从业人员数

表 2-16 （2018 年） 单位:人

指标	全市	市区	#赣榆区	东海县	灌云县	灌南县
总计	**472791**	**329017**	**81822**	**52868**	**39924**	**50982**
一、按企业、事业、机关分:						
企业	346478	256482	56118	29321	23464	37211
事业	91628	51446	19053	17882	12654	9646
机关	34476	20949	6582	5608	3806	4113
二、按国民经济行业分:						
1、农、林、牧、渔业	5948	4709	35	184	1049	6
2、采矿业	438				438	
3、制造业	90137	67155	5928	8631	5749	8602
4、电力、热力、燃气及水的生产和供应业	6685	5375	217	439	682	189
5、建筑业	111651	70797	40770	11489	10408	18957
6、批发和零售业	24385	22331	936	574	672	808
7、交通运输、仓储和邮政业	28025	24979	501	1731	817	498
8、住宿和餐饮业	2891	2247	374	399	90	155
9、信息传输、软件和信息技术服务业	3753	2985	374	243	282	243
10、金融业	29943	21673	4279	3935	2140	2195
11、房地产业	5230	3882	228	366	826	156
12、租赁和商务服务业	20077	16993	625	2600	175	309
13、科学研究和技术服务业	9917	6621	994	944	103	2249
14、水利、环境和公共设施管理业	10596	7801	1760	1002	929	864
15、居民服务、修理和其他服务业	1667	539	159	514	69	545
16、教育	50331	28952	11245	8240	6779	6360
17、卫生和社会工作	24654	15289	5115	2542	3336	3487
18、文化、体育和娱乐业	1937	1539	221	268	64	66
19、公共管理、社会保障和社会组织	44526	25150	8061	8767	5316	5293

城镇非私营单位女性从业人员数

表 2-17　　（2018 年）　　单位:人

指　　标	全　市	市　区	#赣榆区	东海县	灌云县	灌南县
总　　计	**154653**	**107933**	**20871**	**19249**	**13111**	**14360**
一、按企业、事业、机关分:						
企　　业	97907	74527	10048	8424	6153	8803
事　　业	47951	27704	9399	9446	6082	4719
机　　关	8720	5645	1396	1365	876	834
二、按国民经济行业分:						
1、农、林、牧、渔业	2028	1723	12	49	253	3
2、采　矿　业	126				126	
3、制　造　业	35040	25831	3240	3825	2185	3199
4、电力、热力、燃气及水的生产和供应业	1357	985	92	127	175	70
5、建　筑　业	6820	4614	1515	666	1020	520
6、批发和零售业	9340	8482	311	202	255	401
7、交通运输、仓储和邮政业	5611	4785	54	505	207	114
8、住宿和餐饮业	1810	1390	254	278	68	74
9、信息传输、软件和信息技术服务业	1526	1263	97	76	98	89
10、金融业	16014	12022	2963	1433	1196	1363
11、房地产业	2110	1710	95	98	261	41
12、租赁和商务服务业	7724	6562	217	1052	66	44
13、科学研究和技术服务业	3170	1778	315	309	31	1052
14、水利、环境和公共设施管理业	3139	1991	150	295	385	468
15、居民服务、修理和其他服务业	581	172	21	335	12	62
16、教育	28986	17286	6336	4884	3440	3376
17、卫生和社会工作	15755	9940	3333	1464	2057	2294
18、文化、体育和娱乐业	859	698	76	103	23	35
19、公共管理、社会保障和社会组织	12657	6701	1790	3548	1253	1155

城镇非私营单位在岗职工人数

表 2-18　　（2018 年）　　单位：人

指　　标	全　市	市　区	#赣榆区	东海县	灌云县	灌南县
总　　计	**430203**	**297523**	**75751**	**47192**	**36450**	**49038**
一、按企业、事业、机关分：						
企　　业	311380	229663	52279	25892	20395	35430
事　　业	86796	47453	17140	17368	12378	9597
机　　关	31819	20268	6263	3875	3677	3999
二、按国民经济行业分：						
1、农、林、牧、渔业	5427	4190	35	182	1049	6
2、采　矿　业	438				438	
3、制　造　业	88132	65487	5893	8343	5738	8564
4、电力、热力、燃气及水的生产和供应业	6655	5347	217	439	682	187
5、建　筑　业	99836	62502	40255	10012	8583	18739
6、批发和零售业	24021	21989	897	567	662	803
7、交通运输、仓储和邮政业	27608	24730	441	1671	738	469
8、住宿和餐饮业	2820	2185	374	394	90	151
9、信息传输、软件和信息技术服务业	3740	2974	373	241	282	243
10、金融业	11919	9208	1248	904	1030	777
11、房地产业	5060	3765	228	366	791	138
12、租赁和商务服务业	17199	14123	517	2594	175	307
13、科学研究和技术服务业	9735	6480	952	924	103	2228
14、水利、环境和公共设施管理业	9416	6668	701	960	929	859
15、居民服务、修理和其他服务业	1582	455	104	514	69	544
16、教育	48548	27387	10858	8101	6737	6323
17、卫生和社会工作	23401	14604	4888	2219	3107	3471
18、文化、体育和娱乐业	1883	1502	210	252	64	65
19、公共管理、社会保障和社会组织	42783	23927	7560	8509	5183	5164

城镇非私营单位从业人员平均工资

表 2-19　　（2018 年）　　单位:元

指标	全市	市区	#赣榆区	东海县	灌云县	灌南县
总计	**72870**	**78336**	**62427**	**64243**	**63287**	**56631**
一、按企业、事业、机关分:						
企业	66145	71782	54355	52463	51418	50397
事业	88603	96661	84129	78566	80556	74959
机关	99066	112643	69188	74618	79095	81938
二、按国民经济行业分:						
1、农、林、牧、渔业	54966	38463	49829	63043	127104	95000
2、采矿业	50578				50578	
3、制造业	71392	79294	63520	57379	44555	47164
4、电力、热力、燃气及水的生产和供应业	139826	158273	59917	63409	65444	54160
5、建筑业	51008	52844	52314	51122	45834	48021
6、批发和零售业	81228	84369	57982	70278	35776	46681
7、交通运输、仓储和邮政业	74330	75842	72416	67689	52387	56374
8、住宿和餐饮业	45843	48086	42839	35910	21222	52242
9、信息传输、软件和信息技术服务业	74678	79297	54158	56604	73282	39333
10、金融业	70046	75830	53068	52848	71238	46395
11、房地产业	62710	66650	51814	63531	43342	66695
12、租赁和商务服务业	59176	62256	54607	42474	33810	42206
13、科学研究和技术服务业	105263	128857	63757	71846	84330	50638
14、水利、环境和公共设施管理业	50660	52499	36638	56066	49114	29553
15、居民服务、修理和其他服务业	74589	70806	54648	73601	96377	76443
16、教育	96965	105749	96696	79267	91614	86071
17、卫生和社会工作	82232	87972	74369	76981	67559	74859
18、文化、体育和娱乐业	86094	88893	68154	73651	79781	78940
19、公共管理、社会保障和社会组织	96065	110136	71148	77630	74999	80762

城镇非私营单位在岗职工平均工资

表 2-20　　（2018 年）　　单位：元

指　　标	全　市	市　区	#赣榆区	东海县	灌云县	灌南县
总　　计	**75808**	**82016**	**65131**	**66769**	**65630**	**57594**
一、按企业、事业、机关分：						
企　　业	68744	74970	56188	54348	53359	51389
事　　业	91440	101593	90513	79967	81388	75171
机　　关	102243	115132	71363	80590	80914	82308
二、按国民经济行业分：						
1、农、林、牧、渔业	57503	39588	49829	63462	127104	95000
2、采　矿　业	50578				50578	
3、制　造　业	71089	78990	63627	57655	44576	47245
4、电力、热力、燃气及水的生产和供应业	140058	158661	59917	63409	65444	53312
5、建　筑　业	51537	53651	52149	51480	46566	47997
6、批发和零售业	81377	84532	57205	70662	35773	46794
7、交通运输、仓储和邮政业	74722	76210	75808	67544	52694	57890
8、住宿和餐饮业	45859	48540	42839	36200	21222	45739
9、信息传输、软件和信息技术服务业	74836	79491	54223	56730	73282	39333
10、金融业	120293	132323	129839	77710	113441	93884
11、房地产业	63188	67231	51814	63531	43400	66662
12、租赁和商务服务业	62084	66405	60012	42464	33810	42247
13、科学研究和技术服务业	106438	130693	65499	72417	84330	50888
14、水利、环境和公共设施管理业	54954	58891	67822	56884	49114	29597
15、居民服务、修理和其他服务业	76986	78512	65375	73601	96377	76448
16、教育	99040	109411	98784	80127	92023	86289
17、卫生和社会工作	83861	89160	75073	83601	69077	74807
18、文化、体育和娱乐业	87647	90209	70662	76753	79781	79833
19、公共管理、社会保障和社会组织	98228	113467	74122	79057	76219	81134

城镇非私营其他单位从业人员、平均工资

表 2-21

（2018 年）

指　　标	全　市	市　区	#赣榆区	东海县	灌云县	灌南县
一、从业人员(人)	**311108**	**233174**	**52905**	**25442**	**17293**	**35199**
(一)内资	262734	194630	50255	20387	15845	31872
1、股份合作	905	606		282	17	
2、联营	128			128		
其中:国有联营	128			128		
集体联营						
3、有限责任公司	204744	149148	38949	15256	11896	28444
其中:国有独资	32812	28001	1373	1644	951	2216
4、股份有限公司	49638	40888	9621	4171	3485	1094
5、其他	7319	3988	1685	550	447	2334
其中;私营单位						
(二)港、澳、台商投资	17970	14125	1489	2561	749	535
(三)外商投资	30404	24419	1161	2494	699	2792
二、平均工资(元)	**66497**	**72966**	**54681**	**51684**	**44927**	**48752**
(一)内资	64172	70054	54846	51601	45463	48820
1、股份合作	67056	56616		91569	33722	
2、联营	24805			24805		
其中:国有联营	24805			24805		
集体联营						
3、有限责任公司	62718	68891	53566	50441	46833	47152
其中:国有独资	76537	81212	39727	53944	69084	39062
4、股份有限公司	69381	73795	56264	53015	40614	57857
5、其他	72236	78565	77219	54628	46336	70433
其中;私营单位						
(二)港、澳、台商投资	80117	89464	53457	53093	44195	49277
(三)外商投资	78977	87042	48921	50808	33561	47675

城镇非私营单位各行业从业人员数和从业人员平均工资

表 2-22　　　　（2018 年）

指　　标	从业人员数（人）				从业人员平均工资（元）			
	合计	国有单位	集体单位	其他单位	合计	国有单位	集体单位	其他单位
总　计	**472791**	**148575**	**13108**	**311108**	**72870**	**87634**	**58020**	**66497**
(一)农、林、牧、渔业	5948	5180		768	54966	57526		38320
1、农业	1264	1124		140	113778	122484		42821
2、林业	256	256			63088	63088		
3、畜牧业	3699	3699			37001	37001		
5、农、林、牧、渔服务业	729	101		628	41097	65810		37370
(二)、采矿业	438			438	50578			50578
5、非金属矿采选业	438			438	50578			50578
(三)、制造业	90137	324	720	89093	71392	35047	87507	71393
1、农副食品加工业	3661		19	3642	54280		38368	54362
2、食品制造业	2449			2443	62135	41833		62184
3、酒、饮料和精制茶制造业	2556		542	2014	62097		104405	50638
5、纺织业	2368			2368	39084			39084
6、纺织服装、服饰业	2589			2589	45348			45348
7、皮革、毛皮、羽毛(绒)及其制品业	812			812	43459			43459
8、木材加工及木、竹、藤、棕、草制品业	1304			1304	45261			45261
9、家具制造业	383		16	367	42003		30733	42474
10、造纸及纸制品业	283			283	44004			44004
11、印刷业和记录媒介的复制	281		34	247	39254		41765	38912
12、文教、工美、体育和娱乐用品制造业	3810	15		3795	46987	52867		46964
13、石油加工、炼焦及核燃料加工业	1237			1237	92856			92856
14、化学原料及化学制品制造业	12744	168	19	12557	76330	41084	23947	76828
15、医药制造业	30730			30730	89180			89180
16、化学纤维制造业	1783			1783	56315			56315
17、橡胶和塑料制品业	938		48	890	62248		34063	63712
18、非金属矿物制品业	6165	125		3189	57101	24344		58329
19、黑色金属冶炼和压延加工业	241			611	51671			51671
20、有色金属冶炼和压延加工业	1258			1122	73866			73866

表 2-22 续表 1　　　　（2018 年）

指　　标	从业人员数（人）				从业人员平均工资（元）			
	合计	国有单位	集体单位	其他单位	合计	国有单位	集体单位	其他单位
21、金属制品业	2743			1799	90545			90545
22、通用设备制造业	3049		26	3172	61882		45423	62019
23、专用设备制造业	3418			2526	62489			62489
24、汽车制造业	612			1667	82216			82216
25、铁路、船舶、航空航天和其他运输设备制造业	738			388	46404			46404
26、电气机械及器材制造业	4285			4147	65230			65230
27、计算机、通信和其他电子设备制造业	5219			2177	52743			52743
28、仪器仪表制造业	395	10		288	26719	37800		26350
29、其他制造业	20		16	1	27000		27000	27000
30、废弃资源综合利用业	403			367	62135			62135
31、金属制品、机械和设备修理业	578			578	71476			71476
（四）、电力、热力、燃气及水生产和供应业	6685	575	29	6081	139826	67054	39207	147158
1、电力、热力生产和供应业	4759	212		4547	170636	103953		173754
2、燃气生产和供应业	317			317	63606			63606
3、水的生产和供应业	1609	363	29	1217	63766	45300	39207	69814
（五）、建筑业	111651	8243	3210	100198	51008	56441	49474	50628
1、房屋建筑业	83207	264	1217	81726	50460	41992	45144	50568
2、土木工程建筑业	20435	6786	352	13297	51390	59131	42474	47498
3、建筑安装业	4615		880	3735	56084		48288	58128
4、建筑装饰和其他建筑业	3394	1193	761	1440	57027	44099	65658	63738
（六）、批发和零售业	24385	2465	78	21842	81228	79755	47603	81536
1、批发业	19248	2217	28	17003	89090	81867	34679	90215
2、零售业	5137	248	50	4839	53660	61176	54840	53251
（七）、交通运输、仓储和邮政业	28025	2515	2253	23257	74330	77442	52324	76046
2、道路运输业	6176	579	517	5080	61250	75338	64291	59359
3、水上运输业	12367	295	15	12057	81361	97583	59667	81002
4、航空运输业	519	445	74		81728	82697	75905	
6、多式联运和运输代理业	1727			1727	82635			82635

表 2-22 续表 2 （2018 年）

指 标	从业人员数（人）				从业人员平均工资（元）			
	合 计	国 有 单 位	集 体 单 位	其 他 单 位	合 计	国 有 单 位	集 体 单 位	其 他 单 位
7、装卸搬运和仓储业	6184	276	1647	4261	72186	93769	47316	79864
8、邮政业	1052	920		132	64765	65019		62985
（八）、住宿和餐饮业	2891	201	39	2651	45843	66582	17615	44692
1、住宿业	1980	174		1806	49249	71351		47122
2、餐饮业	911	27	39	845	38530	35852	17615	39566
（九）、信息传输、软件和信息技术服务业	3753	433	22	3298	74678	68443	92045	75375
1、电信、广播电视和卫星传输服务业	3287	406		2881	71714	67727		72270
2、互联网和相关服务	105	10		95	115874	87100		118968
3、软件和信息技术服务业	361	17	22	322	90388	74588	92045	91120
（十）、金融业	29943	4558	552	24833	70046	87892	119955	65424
1、货币金融服务业	10907	4490	552	5865	119785	87577	119955	144338
2、资本市场服务业	87			87	132678			132678
3、保险业	18949	68		18881	39051	108750		38783
（十一）、房地产业	5230	250	83	4897	62710	78120	31024	62455
其中：（1）房地产开发经营	2980	103		2877	80535	92282		80112
（2）物业管理	2088	134		1954	38755	65478		36911
（3）房地产中介服务	34			34	52471			52471
（4）房地产租赁经营	91	8	83		35402	75778	31024	
（十二）、租赁和商务服务业	20077	1480	1277	17320	59176	57321	29245	61508
1、租赁业	371			371	56024			56024
2、商务服务业	19706	1480	1277	16949	59235	57321	29245	61626
（十三）、科学研究、技术服务业	9917	3900	14	6003	105263	81777	50500	120738
1、研究和试验发展	2846	158		2688	177045	76451		183313
2、专业技术服务业	4296	2260		2036	91089	94339		87520
3、科技推广和应用服务业	2775	1482	14	1279	54868	63350	50500	45081
（十四）、水利、环境和公共设施管理业	10596	7936	764	1896	50660	46506	35489	73754
1、水利管理业	2085	2015	3	67	70099	69168	47333	99134
2、生态保护和环境治理业	113	87		26	98726	103563		82538

表 2-22 续表 3

（2018 年）

指　　标	从业人员数（人）				从业人员平均工资（元）			
	合 计	国 有 单 位	集 体 单 位	其 他 单 位	合 计	国 有 单 位	集 体 单 位	其 他 单 位
3、公共设施管理业	8310	5834	761	1715	44251	37776	35441	69769
4.土地管理业	88			88	129989			129989
（十五）、居民服务、修理和其他服务业	1667	835		832	74589	87206		62092
1、居民服务业	1418	666		752	73612	84724		63888
2、机动车、电子产品和日用产品修理业	99	19		80	44424	42000		45000
3、其他服务业	150	150			104182	104182		
（十六）、教育	50331	44743	1270	4318	96965	99764	70916	74953
其中：1、学前教育	2227	1544	419	264	50919	53306	34289	63382
2、初等教育	18533	17028	573	932	94463	95231	89684	81730
3、中等教育	23318	20348	278	2692	97796	100953	86678	74948
4、高等教育	3963	3677		286	133066	136552		86453
5、特殊教育	1274	1274			106795	106795		
6、技能培训、教育辅助及其他	1016	872		144	71095	76880		35944
（十七）、卫生和社会工作	24654	18824	2751	3079	82232	85983	66849	73101
1、卫生	24235	18431	2725	3079	82221	86068	66572	73101
2、社会工作	419	393	26		82880	82013	95923	
（十八）、文化、体育和娱乐业	1937	1594	46	297	86094	92023	75348	55178
1、新闻和出版业	305	305			91258	91258		
2、广播、电影、电视和影视录音制作业	546	485		61	93086	99344		43016
3、文化艺术业	895	666	46	183	84143	91893	75348	56983
4、体育	129	129			69024	69024		
5、娱乐业	62	9		53	61984	55333		63113
（十九）、公共管理、社会保障和社会组织	44526	44519		7	96065	96066		85714
其中：(1)中国共产党机关	717	717			109061	109061		
(2)国家机构	42725	42725			95519	95519		
(3)人民政协、民主党派	474	474			113989	113989		
(4)社会保障	189	189			93075	93075		
(5)群众团体、社会团体和其他成员组织	421	414		7	110522	110938		85714

3

人民生活、价格指数

主要年份居民生活收支情况

表 3-1　　　　单位:元

指　　标	2013	2014	2015	2016	2017	2018
全体居民人均年可支配收入	16103	17798	19418	21230	23768	25864
全体居民人均年消费性支出	11264	12247	13260	14333	15627	16649
全体居民恩格尔系数(%)	32.9	32.4	32.8	32.4	31.9	31.6
城镇居民人均年可支配收入	21461	23595	25728	27853	30293	32749
城镇居民人均年消费性支出	14885	16016	17259	18344	19315	20445
城镇居民恩格尔系数(%)	32.6	32.3	32.7	32.3	32	31.6
农村居民人均年可支配收入	10465	11698	12778	13932	15273	16607
农村居民人均年消费性支出	7454	8282	9052	10113	10825	11545
农村居民恩格尔系数(%)	33.6	32.7	33.0	32.6	32	31.5

表 3-1 续表

单位:元

年份	城市居民人均年可支配收入	城市居民人均年消费性支出	城市居民恩格尔系数(%)	农村居民人均年纯收入	农村居民人均年生活消费支出	农村居民恩格尔系数(%)
1984				462		
1985	815	668	51.05	495	439	57.18
1986	1016	871	46.61	530	470	57.23
1987	1084	906	50.99	567	503	57.26
1988	1325	1204	48.92	607	538	57.25
1989	1471	1181	53.34	650	576	57.29
1990	1501	1224	55.39	696	617	57.21
1991	1731	1445	55.09	745	661	57.34
1992	1997	1626	52.95	803	656	60.37
1993	2623	2214	47.74	941	757	64.60
1994	3881	3118	47.92	1375	1081	63.18
1995	4504	3726	47.67	2011	1415	59.22
1996	4993	3649	51.90	2396	1596	58.65
1997	5296	3668	50.19	2705	1538	57.93
1998	5458	3945	47.20	2938	1356	56.86
1999	5981	4091	44.93	3051	1317	54.97
2000	6457	4737	38.65	2597	1541	45.88
2001	6981	4908	38.51	2763	1627	46.47
2002	7630	5059	36.94	2991	1723	44.86
2002(新)	6953	5059	36.94			
2003	7782	5768	36.04	3139	1778	47.69
2004	8872	6218	38.81	3501	2048	49.85
2005	10006	7213	38.55	3869	2574	46.08
2006	11475	8324	34.65	4265	2797	45.26
2007	13254	8357	38.90	4828	3317	43.71
2008	15255	10598	38.57	5454	3746	42.18
2009	16958	11577	37.22	6111	4291	39.86
2010	19020	12293	39.07	7039	4766	40.85
2011	21695	14110	38.06	8434	5498	36.71
2012	24342	15615	37.06	9589	6210	36.37
2013	26898	17172	36.51	10745	6932	35.44

注:2013 年以前年份为一体化住户调查改革前老口径数据。

分地区全体居民基本情况

表 3-2　　(2018 年)

指标名称	单位	连云港	市区	赣榆	东海	灌云	灌南
一、调查样本住户数	**户**	**1020**	**420**	**200**	**200**	**200**	**200**
(一)城镇住户	户	540	240	100	100	100	100
(二)农村住户	户	480	180	100	100	100	100
二、期内住户常住成员数	**人**	**3300**	**1318**	**628**	**664**	**712**	**606**
三、本季度从事主要行业	**人**	**1893**	**687**	**340**	**392**	**467**	**347**
(一)第一产业	人	707	167	111	191	185	163
(二)第二产业	人	433	206	103	61	101	66
1.采矿业	人	3			1	2	
2.制造业	人	185	102	49	21	41	21
3.电力、热力、燃气及水生产供应业	人	27	13	5	8	5	1
4.建筑业	人	218	91	49	31	53	44
(三)第三产业	人	754	315	126	140	181	118
1.批发和零售业	人	207	72	44	54	52	28
2.交通运输、仓储和邮政业	人	93	47	17	15	20	11
3.住宿和餐饮业	人	61	29	8	6	10	16
4.信息传输、软件业和信息技术服务业	人	14	8	5	2	2	2
5.金融业	人	11	4	2		1	6
6.房地产业	人	8	5		1	2	
7.租赁和商务服务业	人	64	14	2	10	33	7
8.科学研究和技术服务业	人	7	5			2	
9.水利、环境和公共设施管理业	人	18	7	2	3	3	5
10.居民服务、修理和其他服务业	人	102	43	15	24	27	9
11.教育	人	54	23	9	10	12	9
12.卫生和社会工作	人	48	24	11	8	7	9
13.文化、体育和娱乐业	人	10	3	2	3		4
14.公共管理、社会保障和社会组织	人	57	31	9	4	10	12
15.国际组织	人						

分地区全体居民平均每人收入情况

表 3-3

（2018 年）

指　标　名　称	单　位	连云港	市　区	赣　榆	东　海	灌　云	灌　南
总收入(未扣除生产费用)	元	30971	41198	30942	31662	24287	27294
可支配收入	**元**	**25864**	**29958**	**24742**	**24513**	**20802**	**21227**
一、工资性收入	**元**	**13540**	**17381**	**13565**	**12178**	**10853**	**9712**
（一）工资	元	13078	16722	13462	11874	10532	9369
（二）实物福利	元	31	69	20	4	24	25
（三）其他	元	431	590	83	300	297	318
二、经营净收入	**元**	**5949**	**5913**	**6890**	**7435**	**6138**	**4303**
（一）第一产业经营净收入	元	2643	2538	4510	3971	3064	1883
（二）第二产业经营净收入	元	695	607	651	963	708	399
（三）第三产业经营净收入	元	2611	2769	1729	2501	2367	2021
三、财产净收入	**元**	**1801**	**1700**	**993**	**1903**	**1147**	**1576**
（一）利息净收入	元	131	159	59	468	99	87
（二）红利收入	元	123	43		238	82	
（三）储蓄性保险净收益	元	11	2			8	
（四）转让承包土地经营权租金净收入	元	166	153	102	101	133	130
（五）出租房屋财产性收入	元	125	132	62	158	81	102
（六）出租机械、专利、版权等资产的收入	元	9			36	5	
（七）其他财产净收入	元	67	1	3	30	44	
（八）房屋虚拟租金	元	1169	1210	767	873	695	1258
四、转移净收入	**元**	**4574**	**4965**	**3294**	**2998**	**2664**	**5636**
（一）转移性收入	元	5546	6422	3791	3787	3198	6572
1.养老金或离退休金	元	2905	4146	1724	1549	1611	1824
2.社会救济和补助	元	84	110	24	64	51	111
3.政策性生活补贴	元	8	2	3	16	4	0.30
4.报销医疗费	元	232	371	117	157	138	288
5.家庭外出从业人员寄回带回收入	元	1600	802	1614	1699	899	3376
6.赡养收入	元	455	505	103	183	321	836
7.其他经常转移收入	元	43	81	2	4	27	15
8.从政府和组织得到的实物产品和服务折价	元	1	4		1	1	2
9.现金政策性惠农补贴	元	220	400	204	114	148	112
（二）转移性支出	元	973	1457	498	790	535	936
1.个人所得税	元	65	161	15	8	36	2
2.社会保障支出	元	741	1021	425	707	402	790
3.外来从业人员寄给家人的支出	元	2	5	6	0.30		
4.赡养支出	元	113	188	40	39	66	141
5.其他转移性支出	元	51	82	18	36	31	3

分地区全体居民平均每人支出情况

表 3-4　　　　（2018 年）

指标名称	单位	连云港	市区	赣榆	东海	灌云	灌南
总支出	元	26303	32481	28479	25629	16802	21567
消费支出	**元**	**16649**	**18268**	**15291**	**15646**	**12794**	**13715**
（一）食品烟酒	**元**	**5253**	**5090**	**4934**	**5368**	**4300**	**4822**
1.食品	元	3999	3805	3661	4085	3251	4112
2.烟酒	元	530	551	498	300	463	479
3.饮料	元	64	61	60	41	74	48
4.饮食服务	元	660	672	714	941	512	182
（二）衣着	**元**	**1281**	**1527**	**1242**	**1157**	**801**	**1081**
1.衣类	元	978	1179	929	887	607	721
2.鞋类	元	303	348	313	269	194	360
（三）居住	**元**	**3266**	**4048**	**2958**	**3156**	**2267**	**2017**
1.租赁房房租	元	79	84	70	70.26	34	13
2.住房维修及管理	元	475	652	290	437	373	241
3.水电燃料及其他	元	649	791	523	525	473	478
4.自有住房折算租金	元	2063	2521	2074	2374	1386	1284
（四）生活用品及服务	**元**	**1033**	**1343**	**1107**	**841**	**964**	**694**
1.家具及室内装饰品	元	222	324	181	125	210	128
2.家用器具	元	253	294	325	188	246	164
3.家用纺织品	元	118	153	106	63	113	77
4.家庭日用杂品	元	246	291	277	250	235	202
5.个人用品	元	157	196	191	175	131	115
6.家庭服务	元	38	85	26	39	29	9
（五）交通通信	**元**	**1607**	**1919**	**1368**	**1468**	**1200**	**1158**
1.交通	元	889	1043	736	715	657	533
2.通信	元	718	877	632	753	543	625
（六）教育文化娱乐	**元**	**2906**	**2580**	**2851**	**2842**	**2210**	**2647**
1.教育	元	1712	1116	2014	941	1171	2008
2.文化娱乐	元	1194	1465	837	1901	1039	639
（七）医疗保健	**元**	**945**	**1280**	**671**	**538**	**668**	**1034**
1.医疗器具及药品	元	276	398	313	274	192	247
2.医疗服务	元	669	881	357	264	476	787
（八）其他用品和服务	**元**	**358**	**481**	**161**	**276**	**384**	**263**
1.其他用品	元	213	276	80	201	220	159
2.其他服务	元	145	205	81	75	164	104

分地区全体居民居住情况

表 3-5

（2018 年）

指标名称	单位	连云港	市区	赣榆	东海	灌云	灌南
一、本住户居住类型	**户**	**1020**	**420**	**200**	**200**	**200**	**200**
1.普通住宅	户	1017	419	199	199	200	199
2.集体宿舍和工棚	户	3	1	1	1		1
3.工作地住宿	户						
二、人均现住房建筑面积	**平方米**	**50**	**50**	**53**	**51**	**47**	**60**
1.10 平方米以内	户	2			1		1
2.10-20 平方米	户	1				1	
3.20-30 平方米	户	5				4	1
4.30-60 平方米	户	60	34	13	5	12	9
5.60-90 平方米	户	139	68	27	25	25	21
6.90-120 平方米	户	197	90	52	37	31	39
7.120-200 平方米	户	281	97	34	56	76	52
8.200 平方米以上	户	335	131	74	76	51	77
三、住宅外道路路面情况	**户**	**1020**	**420**	**200**	**200**	**200**	**200**
1.水泥或柏油路面	户	823	351	140	149	146	177
2.沙石或石板等硬质路面	户	131	53	44	28	34	16
3.其他	户	66	16	16	23	20	7
四、住宅有管道供水情况	**户**	**1020**	**420**	**200**	**200**	**200**	**200**
1.管道供水入户	户	967	405	196	169	199	194
2.管道供水至公共取水点	户	16	2		11	1	2
3.没有管道设施	户	37	13	4	20		4
五、主要炊用能源状况	**户**	**1020**	**420**	**200**	**200**	**200**	**200**
1.柴草	户	33	7	7	1	13	12
2.煤炭	户						
3.罐装液化石油气	户	529	212	147	151	104	62
4.管道液化石油气	户	11	4	2		5	2
5.管道煤气	户	13	7	2		6	
6.管道天然气	户	206	150	27	28	6	22
7.电	户	224	38	15	20	66	100
8.燃料用油	户						
9.沼气	户	1	1				
10.其他	户	1					1
11.无炊用行为	户	2	1				1

分地区全体居民平均每百户耐用消费品拥有量

表 3-6　　　　　　　　　　　　　　　　　　（2018 年）

指 标 名 称	单 位	连云港	市 区	赣 榆	东 海	灌 云	灌 南
1.家用汽车	辆	24	35	21	33	16	39
2.摩托车	辆	29	20	25	42	16	23
3.助力车	台	135	130	143	132	129	157
4.洗衣机	台	101	100	101	99	96	102
5.电冰箱(柜)	台	95	102	96	98	97	102
6.微波炉	台	56	65	56	57	42	46
7.彩色电视机	台	140	141	120	127	134	162
8.其中:接入有线电视	台	112	87	32	94	105	129
9.空调	台	136	167	128	139	130	170
10.热水器	台	100	104	93	99	89	104
11.其中:太阳能热水器	台	82	85	88	79	73	86
12.洗碗机	台	1	1	1	2	3	
13.排油烟机	台	53	75	61	67	35	37
14.固定电话	线	48	23	19	23	56	23
15.移动电话	部	245	253	246	236	233	296
16.其中:接入互联网	部	137	167	161	154	150	154
17.计算机	台	73	61	79	60	33	40
18.其中:接入互联网	台	58	56	68	54	28	30
19.照相机	台	13	13	6	7	8	5
20.中高档乐器	架	5	9	4	3	6	1
21.健身器材	台	5	6	3	4	9	3

分地区全体居民平均每百人主要消费品消费量

表 3-7　　　　（2018 年）

指标名称	单位	连云港	市区	赣榆	东海	灌云	灌南
一、食品							
1.谷物	公斤	12260	11390	12870	11000	13591	10620
2.薯类	公斤	130	129	177	120	164	122
3.豆类	公斤	1265	822	1106	929	1932	1801
4.油脂类	公斤	834	745	969	696	1023	943
5.鲜菜	公斤	8774	8986	8386	5929	7840	8874
6.猪肉	公斤	1341	1277	1205	1141	1741	1728
7.牛肉	公斤	228	182	256	325	363	39
8.羊肉	公斤	75	66	70	62	75	9
9.鸡	公斤	546	435	361	397	645	637
10.鸭	公斤	41	42	13	17	59	23
11.鹅	公斤	3	2	1	8	3	2
12.鱼类	公斤	1137	1195	853	774	1266	1077
13.虾、贝、蟹类	公斤	482	630	582	173	456	255
14.鲜蛋	公斤	1274	1305	1538	941	1045	977
15.鲜奶	公斤	940	954	969	762	660	1037
16.酸奶	公斤	260	316	363	262	298	73
17.鲜瓜果	公斤	4682	5317	5664	4762	3017	2838
18.食糖	公斤	109	84	68	87	178	110
19.糖果	公斤	43	51	77	43	52	7
20.糕点	公斤	464	518	548	396	348	377
21.茶叶	公斤	8	12	21	3	4	2
22.白酒	公斤	434	338	338	316	589	270
23.啤酒	公斤	495	533	388	492	341	574
二、主要能源							
1.水	吨	2947	2614	2187	2610	3538	2778
2.天然气	立方米	1455	3147	556	932	337	638
3.液化石油气	公斤	1890	1419	2023	1985	2064	1834
4.汽油	升	2725	5379	2890	5089	2159	3536
5.电	度	74023	80792	71311	61223	58548	67809

分地区城镇居民基本情况

表 3-8 （2018 年）

指标名称	单位	连云港	市区	赣榆	东海	灌云	灌南
一、调查样本住户数	**户**	**540**	**240**	**100**	**100**	**100**	**100**
（一）城镇住户	户	540	240	100	100	100	100
（二）农村住户	户						
二、期内住户常住成员数	**人**	**1711**	**710**	**311**	**342**	**347**	**313**
三、本季度从事主要行业	**人**	**925**	**358**	**175**	**177**	**210**	**180**
（一）第一产业	人	208	45	38	68	45	50
（二）第二产业	人	208	99	44	28	48	34
1.采矿业	人						
2.制造业	人	101	53	18	10	25	13
3.电力、热力、燃气及水生产供应业	人	22	11	5	6	4	1
4.建筑业	人	85	35	21	12	19	20
（三）第三产业	人	510	215	93	81	117	96
1.批发和零售业	人	136	50	32	26	37	22
2.交通运输、仓储和邮政业	人	56	26	10	8	11	11
3.住宿和餐饮业	人	47	18	7	5	8	16
4.信息传输、软件业和信息技术服务业	人	13	8	5	2	1	2
5.金融业	人	6	2	1		1	3
6.房地产业	人	6	4			2	
7.租赁和商务服务业	人	27	9	2	6	5	7
8.科学研究和技术服务业	人	6	5			1	
9.水利、环境和公共设施管理业	人	16	5	2	3	3	5
10.居民服务、修理和其他服务业	人	66	24	11	11	23	8
11.教育	人	45	21	8	8	10	6
12.卫生和社会工作	人	32	16	7	5	5	6
13.文化、体育和娱乐业	人	7	3	2	3		1
14.公共管理、社会保障和社会组织	人	47	24	6	4	10	9
15.国际组织	人						

分地区城镇居民平均每人收入情况

表 3-9 （2018 年）

指标名称	单位	连云港	市区	赣榆	东海	灌云	灌南
总收入(未扣除生产费用)	元	38212	49749	41397	38466	29343	35851
可支配收入	**元**	**32749**	**35379**	**31954**	**32228**	**27086**	**28819**
一、工资性收入	**元**	**17858**	**21515**	**18622**	**17753**	**14329**	**13634**
(一)工资	元	17136	20643	18427	17126	13761	13045
(二)实物福利	元	43	92	30	7	36	16
(三)其他	元	678	780	165	620	531	573
二、经营净收入	**元**	**6211**	**6033**	**7953**	**7739**	**6582**	**4368**
(一)第一产业经营净收入	元	1737	1960	4856	2741	1882	802
(二)第二产业经营净收入	元	796	652	740	470	859	603
(三)第三产业经营净收入	元	3678	3421	2356	4528	3841	2963
三、财产净收入	**元**	**2955**	**2367**	**1757**	**3556**	**2248**	**3275**
(一)利息净收入	元	181	217	107	681	146	145
(二)红利收入	元	199	59		491	158	
(三)储蓄性保险净收益	元	14	2			11	
(四)转让承包土地经营权租金净收入	元	200	158	12	168	163	183
(五)出租房屋财产性收入	元	206	191	108	290	161	197
(六)出租机械、专利、版权等资产的收入	元	15			75	11	
(七)其他财产净收入	元	101			46	81	
(八)房屋虚拟租金	元	2046	1740	1533	1805	1517	2749
四、转移净收入	**元**	**5725**	**5463**	**3623**	**3180**	**3928**	**7542**
(一)转移性收入	元	7103	7384	4231	4423	4846	8811
1.养老金或离退休金	元	4396	5576	3022	2084	2959	3251
2.社会救济和补助	元	84	89	4	17	57	117
3.政策性生活补贴	元	7	3	6	2	2	
4.报销医疗费	元	293	456	104	201	210	276
5.家庭外出从业人员寄回带回收入	元	1461	229	693	1920	903	3854
6.赡养收入	元	579	546	96	122	496	1173
7.其他经常转移收入	元	50	61	2	3	36	0.22
8.从政府和组织得到的实物产品和服务折价	元	1	5		2	2	1
9.现金政策性惠农补贴	元	232	419	305	72	180	138
(二)转移性支出	元	1378	1921	609	1244	918	1269
1.个人所得税	元	110	231	29	16	75	2
2.社会保障支出	元	1050	1326	544	1136	682	1120
3.外来从业人员寄给家人的支出	元	2			1		
4.赡养支出	元	143	256	26	27	107	143
5.其他转移性支出	元	74	107	9	64	55	3

分地区城镇居民平均每人支出情况

表 3-10

（2018 年）

指标名称	单位	连云港	市区	赣榆	东海	灌云	灌南
总支出	元	32057	38711	36862	28518	18939	24277
消费支出	**元**	**20445**	**20931**	**18346**	**20263**	**15493**	**17843**
(一)食品烟酒	**元**	**6453**	**5870**	**5896**	**6947**	**5334**	**6099**
1.食品	元	4902	4397	4363	5830	4009	5360
2.烟酒	元	555	569	593	679	458	486
3.饮料	元	114	67	86	46	92	48
4.饮食服务	元	882	837	854	392	775	204
(二)衣着	**元**	**1717**	**1790**	**1552**	**1558**	**1024**	**1572**
1.衣类	元	1327	1392	1175	1200	789	999
2.鞋类	元	389	398	376	358	235	573
(三)居住	**元**	**4006**	**4685**	**3640**	**4443**	**2824**	**2908**
1.租赁房房租	元	102	121	91	99	69	23
2.住房维修及管理	元	499	724	223	875	356	305
3.水电燃料及其他	元	758	872	603	633	565	699
4.自有住房折算租金	元	2647	2968	2722	2836	1833	1881
(四)生活用品及服务	**元**	**1256**	**1539**	**1207**	**876**	**1347**	**913**
1.家具及室内装饰品	元	261	365	120	135	280	171
2.家用器具	元	283	302	325	152	313	149
3.家用纺织品	元	153	193	126	56	167	96
4.家庭日用杂品	元	294	319	356	280	337	305
5.个人用品	元	215	243	251	224	208	179
6.家庭服务	元	50	117	29	29	43	13
(五)交通通信	**元**	**1909**	**2252**	**1639**	**1807**	**1220**	**1323**
1.交通	元	1038	1276	891	825	649	550
2.通信	元	871	977	749	982	571	772
(六)教育文化娱乐	**元**	**3463**	**2714**	**3459**	**3658**	**2338**	**3505**
1.教育	元	1970	1180	2420	1277	1114	2749
2.文化娱乐	元	1493	1535	1039	2381	1224	756
(七)医疗保健	**元**	**1156**	**1487**	**720**	**525**	**877**	**1084**
1.医疗器具及药品	元	355	414	342	254	266	249
2.医疗服务	元	801	1073	378	271	612	835
(八)其他用品和服务	**元**	**486**	**593**	**235**	**449**	**530**	**440**
1.其他用品	元	298	325	119	376	324	317
2.其他服务	元	188	268	116	73	206	123

分地区城镇居民居住情况

表 3-11

（2018 年）

指标名称	单位	连云港	市辖区	赣榆	东海	灌云	灌南
一、本住户居住类型	**户**	**540**	**240**	**100**	**100**	**100**	**100**
1.普通住宅	户	538	240	100	99	100	99
2.集体宿舍和工棚	户	2			1		1
3.工作地住宿	户						
二、人均现住房建筑面积	**平方米**	**49**	**48**	**53**	**48**	**47**	**54**
1.10 平方米以内	户						
2.10–20 平方米	户						
3.20–30 平方米	户	3				3	
4.30–60 平方米	户	38	22	3	3	7	6
5.60–90 平方米	户	72	37	7	11	10	14
6.90–120 平方米	户	144	72	41	27	18	27
7.120–200 平方米	户	150	55	20	29	41	25
8.200 平方米以上	户	133	54	29	30	21	28
三、住宅外道路路面情况	**户**	**540**	**240**	**100**	**100**	**100**	**100**
1.水泥或柏油路面	户	488	227	92	91	83	87
2.沙石或石板等硬质路面	户	38	12	7	6	13	7
3.其他	户	14	1	1	3	4	6
四、住宅有管道供水情况	**户**	**540**	**240**	**100**	**100**	**100**	**100**
1.管道供水入户	户	532	239	100	98	100	95
2.管道供水至公共取水点	户	4	1		1		2
3.没有管道设施	户	4			1		3
五、主要炊用能源状况	**户**	**540**	**240**	**100**	**100**	**100**	**100**
1.柴草	户	8				3	5
2.煤炭	户						
3.罐装液化石油气	户	216	85	66	56	47	28
4.管道液化石油气	户	9	3	2		4	2
5.管道煤气	户	12	6	1		6	
6.管道天然气	户	186	130	27	28	6	22
7.电	户	108	15	4	16	34	43
8.燃料用油	户						
9.沼气	户						
10.其他	户						
11.无炊用行为	户	1	1				

分地区城镇居民平均每百户耐用消费品拥有量

表 3-12　　　　　　　　　　（2018 年）

指　标　名　称	单　位	连云港	市　区	赣　榆	东　海	灌　云	灌　南
1.家用汽车	辆	28	37	23	40	18	41
2.摩托车	辆	21	18	22	28	15	15
3.助力车	台	140	122	143	144	156	135
4.洗衣机	台	103	100	103	101	97	98
5.电冰箱(柜)	台	99	101	97	99	100	99
6.微波炉	台	69	72	63	68	62	53
7.彩色电视机	台	142	142	127	135	143	157
8.其中:接入有线电视	台	116	119	37	112	113	133
9.空调	台	161	175	149	167	145	179
10.热水器	台	106	108	98	114	91	108
11.其中:太阳能热水器	台	84	83	92	85	78	90
12.洗碗机	台	1	2	2	2		
13.排油烟机	台	73	84	72	85	46	60
14.固定电话	线	48	26	27	25	48	26
15.移动电话	部	249	249	246	243	230	279
16.其中:接入互联网	部	148	168	169	159	159	157
17.计算机	台	89	88	82	65	46	59
18.其中:接入互联网	台	73	79	73	64	41	48
19.照相机	台	20	17	9	9	5	9
20.中高档乐器	架	6	12	7	3	2	2
21.健身器材	台	6	8	4	4	7	4

分地区城镇居民平均每百人主要消费品消费量

表 3-13　　（2018 年）

指标名称	单位	连云港	市区	赣榆	东海	灌云	灌南
一、食品							
1.谷物	公斤	12620	11802	13848	11565	10035	9768
2.薯类	公斤	140	132	236	134	143	107
3.豆类	公斤	1389	1190	1411	1051	1655	1833
4.油脂类	公斤	838	779	1214	678	931	1025
5.鲜菜	公斤	10251	9985	11351	7413	9628	9173
6.猪肉	公斤	1507	1534	1369	1153	1695	1855
7.牛肉	公斤	253	220	372	358	387	58
8.羊肉	公斤	97	92	101	59	79	12
9.鸡	公斤	593	473	411	441	602	692
10.鸭	公斤	50	28	21	2	44	29
11.鹅	公斤	4	3	3	9	1	3
12.鱼类	公斤	1321	1308	1060	780	1360	1256
13.虾、贝、蟹类	公斤	616	674	661	199	487	319
14.鲜蛋	公斤	1412	1361	1599	1043	1209	1071
15.鲜奶	公斤	1056	1151	1028	896	717	794
16.酸奶	公斤	283	377	399	308	205	127
17.鲜瓜果	公斤	5227	6029	6299	4792	3521	3017
18.食糖	公斤	109	92	71	110	147	106
19.糖果	公斤	52	55	58	47	46	3
20.糕点	公斤	518	600	590	422	388	310
21.茶叶	公斤	10	17	25	5	3	4
22.白酒	公斤	469	477	354	360	357	292
23.啤酒	公斤	460	540	245	374	249	581
二、主要能源							
1.水	吨	3505	3332	3203	3668	2993	3484
2.天然气	立方米	2453	5266	1080	1796	671	992
3.液化石油气	公斤	1747	1183	1812	1588	1389	1929
4.汽油	升	3588	7600	3711	6650	2393	3830
5.电	度	84518	91733	82625	72864	66742	69841

分地区农村居民基本情况

表 3–14 （2018 年）

指 标 名 称	单 位	连云港	市 区	赣 榆	东 海	灌 云	灌 南
一、调查样本住户数	**户**	**480**	**180**	**100**	**100**	**100**	**100**
（一）城镇住户	户						
（二）农村住户	户	480	180	100	100	100	100
二、期内住户常住成员数	**人**	**1589**	**608**	**317**	**322**	**365**	**294**
三、本季度从事主要行业	**人**	**968**	**329**	**165**	**215**	**257**	**167**
（一）第一产业	人	499	122	73	123	140	113
（二）第二产业	人	225	107	59	33	53	32
1.采矿业	人	3			1	2	
2.制造业	人	84	49	31	11	16	8
3.电力、热力、燃气及水生产供应业	人	5	2		2	1	
4.建筑业	人	133	56	28	19	34	24
（三）第三产业	人	244	100	33	59	64	22
1.批发和零售业	人	71	22	12	28	15	6
2.交通运输、仓储和邮政业	人	37	21	7	7	9	
3.住宿和餐饮业	人	14	11	1	1	2	
4.信息传输、软件业和信息技术服务业	人	1				1	
5.金融业	人	5	2	1			3
6.房地产业	人	2	1		1		
7.租赁和商务服务业	人	37	5		4	28	
8.科学研究和技术服务业	人	1				1	
9.水利、环境和公共设施管理业	人	2	2				
10.居民服务、修理和其他服务业	人	36	19	4	13	4	1
11.教育	人	9	2	1	2	2	3
12.卫生和社会工作	人	16	8	4	3	2	3
13.文化、体育和娱乐业	人	3					3
14.公共管理、社会保障和社会组织	人	10	7	3			3
15.国际组织	人						

分地区农村居民平均每人收入情况

表 3-15

（2018 年）

指标名称	单位	连云港	市区	赣榆	东海	灌云	灌南
总收入(未扣除生产费用)	元	21237	21699	20478	25292	20017	20081
可支配收入	**元**	**16607**	**17596**	**17524**	**17291**	**15493**	**14826**
一、工资性收入	**元**	**7736**	**7952**	**8504**	**6958**	**7917**	**6405**
（一）工资	元	7623	7780	8493	6956	7804	6270
（二）实物福利	元	14	17	9	2	14	34
（三）其他	元	99	155	2	0.37	99	102
二、经营净收入	**元**	**5596**	**5640**	**5826**	**7151**	**5763**	**4248**
（一）第一产业经营净收入	元	3861	3856	4164	5122	4062	2795
（二）第二产业经营净收入	元	559	504	562	1424	580	226
（三）第三产业经营净收入	元	1176	1280	1100	604	1122	1227
三、财产净收入	**元**	**249**	**177**	**229**	**355**	**217**	**144**
（一）利息净收入	元	65	27	11	267	59	38
（二）红利收入	元	20	5			18	
（三）储蓄性保险净收益	元	6	3			5	
（四）转让承包土地经营权租金净收入	元	120	141	192	39	108	85
（五）出租房屋财产性收入	元	16		16	33	14	21
（六）出租机械、专利、版权等资产的收入	元						
（七）其他财产净收入	元	22	2	10	15	13	
（八）房屋虚拟租金	元						
四、转移净收入	**元**	**3026**	**3827**	**2964**	**2827**	**1596**	**4028**
（一）转移性收入	元	3454	4227	3351	3192	1807	4684
1.养老金或离退休金	元	901	887	425	1048	472	620
2.社会救济和补助	元	83	159	45	107	45	118
3.政策性生活补贴	元	9			30	5	1
4.报销医疗费	元	149	176	131	116	77	299
5.家庭外出从业人员寄回带回收入	元	1786	2107	2535	1491	895	2973
6.赡养收入	元	289	411	110	240	173	552
7.其他经常转移收入	元	33	128	2	6	19	28
8.从政府和组织得到的实物产品和服务折价	元	1	2		1	1	3
9.现金政策性惠农补贴	元	204	357	102	154	121	91
（二）转移性支出	元	428	400	386	365	211	656
1.个人所得税	元	6	3	0.2		3	2
2.社会保障支出	元	326	324	306	305	166	511
3.外来从业人员寄给家人的支出	元	9		13			
4.赡养支出	元	67	49	54	50	32	140
5.其他转移性支出	元	20	25	26	10	11	3

分地区农村居民平均每人支出情况

表 3-16

（2018 年）

指标名称	单位	连云港	市区	赣榆	东海	灌云	灌南
总支出	元	18566	18274	20090	22924	15039	19283
消费支出	**元**	**11545**	**12196**	**12233**	**11324**	**10515**	**10235**
（一）食品烟酒	**元**	**3639**	**3310**	**3971**	**3889**	**3427**	**3745**
1.食品	元	2784	2456	2959	3077	2611	3060
2.烟酒	元	496	511	403	321	467	473
3.饮料	元	67	47	34	37	58	49
4.饮食服务	元	291	296	575	455	290	163
（二）衣着	**元**	**696**	**929**	**931**	**781**	**613**	**667**
1.衣类	元	509	694	683	595	454	486
2.鞋类	元	187	235	249	187	160	181
（三）居住	**元**	**2272**	**2594**	**2276**	**1951**	**1798**	**1265**
1.租赁房房租	元	48	40	50	43.00	4	5
2.住房维修及管理	元	442	486	357	327	388	187
3.水电燃料及其他	元	503	565	443	324	396	291
4.自有住房折算租金	元	1278	1503	1425	1257	1009	781
（四）生活用品及服务	**元**	**733**	**896**	**1007**	**808**	**639**	**510**
1.家具及室内装饰品	元	168	228	243	116	150	91
2.家用器具	元	212	276	326	222	190	176
3.家用纺织品	元	71	64	86	70	67	61
4.家庭日用杂品	元	181	227	198	223	149	116
5.个人用品	元	79	89	131	129	65	61
6.家庭服务	元	21	11	23	48	18	5
（五）交通通信	**元**	**1202**	**1160**	**1096**	**1150**	**1183**	**1020**
1.交通	元	690	691	581	612	664	519
2.通信	元	512	468	515	538	519	500
（六）教育文化娱乐	**元**	**2156**	**2275**	**2243**	**2079**	**2102**	**1924**
1.教育	元	1365	1270	1607	627	1218	1384
2.文化娱乐	元	791	1005	636	1452	883	540
（七）医疗保健	**元**	**661**	**807**	**622**	**550**	**491**	**991**
1.医疗器具及药品	元	170	362	285	293	130	245
2.医疗服务	元	491	445	337	258	361	746
（八）其他用品和服务	**元**	**186**	**225**	**86**	**115**	**262**	**114**
1.其他用品	元	98	164	40	39	132	26
2.其他服务	元	88	61	46	77	129	89

分地区农村居民居住情况

表 3-17

（2018 年）

指标名称	单位	连云港	市区	赣榆	东海	灌云	灌南
一、本住户居住类型	**户**	**480**	**180**	**100**	**100**	**100**	**100**
1.普通住宅	户	479	179	99	100	100	100
2.集体宿舍和工棚	户	1	1	1			
3.工作地住宿	户						
二、人均现住房建筑面积	**平方米**	**52**	**55**	**53**	**58**	**47**	**66**
1.10 平方米以内	户	2			1		1
2.10-20 平方米	户	1				1	
3.20-30 平方米	户	2				1	1
4.30-60 平方米	户	22	12	10	2	5	3
5.60-90 平方米	户	67	31	20	14	15	7
6.90-120 平方米	户	53	18	11	10	13	12
7.120-200 平方米	户	131	42	14	27	35	27
8.200 平方米以上	户	202	77	45	46	30	49
三、住宅外道路路面情况	**户**	**480**	**180**	**100**	**100**	**100**	**100**
1.水泥或柏油路面	户	335	124	48	58	63	90
2.沙石或石板等硬质路面	户	93	41	37	22	21	9
3.其他	户	52	15	15	20	16	1
四、住宅有管道供水情况	**户**	**480**	**180**	**100**	**100**	**100**	**100**
1.管道供水入户	户	435	166	96	71	99	99
2.管道供水至公共取水点	户	12	1		10	1	
3.没有管道设施	户	33	13	4	19		1
五、主要炊用能源状况	**户**	**480**	**180**	**100**	**100**	**100**	**100**
1.柴草	户	25	7	7	1	10	7
2.煤炭	户						
3.罐装液化石油气	户	313	127	81	95	57	34
4.管道液化石油气	户	2	1			1	
5.管道煤气	户	1	1	1			
6.管道天然气	户	20	20				
7.电	户	116	23	11	4	32	57
8.燃料用油	户						
9.沼气	户	1	1				
10.其他	户	1					1
11.无炊用行为	户	1					1

分地区农村居民平均每百户耐用消费品拥有量

表 3-18　　（2018 年）

指　标　名　称	单　位	连云港	市　区	赣　榆	东　海	灌　云	灌　南
1.家用汽车	辆	18	32	18	26	14	36
2.摩托车	辆	40	24	28	55	16	30
3.助力车	台	129	149	142	120	102	179
4.洗衣机	台	97	101	98	96	94	106
5.电冰箱（柜）	台	90	103	95	96	94	105
6.微波炉	台	39	51	48	45	22	38
7.彩色电视机	台	137	138	113	118	125	167
8.其中：接入有线电视	台	106	82	27	75	96	125
9.空调	台	102	149	107	110	114	161
10.热水器	台	91	94	87	84	87	99
11.其中：太阳能热水器	台	80	91	84	73	67	82
12.洗碗机	台	1			1	1	
13.排油烟机	台	26	53	49	49	24	14
14.固定电话	线	47	14	10	20	63	20
15.移动电话	部	240	262	245	229	236	313
16.其中：接入互联网	部	123	163	153	148	141	150
17.计算机	台	51	53	75	54	40	21
18.其中：接入互联网	台	37	50	63	44	31	12
19.照相机	台	5	3	2	4	11	1
20.中高档乐器	架	3	2	1	2	10	
21.健身器材	台	4	1	1	4	11	1

分地区农村居民平均每百人主要消费品消费量

表 3-19　　　　（2018 年）

指标名称	单位	连云港	市区	赣榆	东海	灌云	灌南
一、食品							
1.谷物	公斤	11777	11081	11891	10400	16965	11529
2.薯类	公斤	116	97	118	105	185	138
3.豆类	公斤	1098	625	802	800	2196	1767
4.油脂类	公斤	829	766	724	715	1110	854
5.鲜菜	公斤	6788	6300	5418	4353	6145	8556
6.猪肉	公斤	1117	1092	1041	1129	1784	1593
7.牛肉	公斤	193	138	140	290	340	19
8.羊肉	公斤	44	36	40	66	72	5
9.鸡	公斤	483	391	312	351	686	578
10.鸭	公斤	28	14	6	13	74	17
11.鹅	公斤	2	1		7	5	0.3
12.鱼类	公斤	890	781	646	768	1178	887
13.虾、贝、蟹类	公斤	301	363	503	146	427	186
14.鲜蛋	公斤	1089	1239	1476	833	889	878
15.鲜奶	公斤	783	724	910	620	605	1296
16.酸奶	公斤	229	245	326	213	386	16
17.鲜瓜果	公斤	3950	4486	5028	4730	2539	2647
18.食糖	公斤	110	74	66	64	206	115
19.糖果	公斤	31	47	96	37	58	10
20.糕点	公斤	392	423	507	369	311	449
21.茶叶	公斤	7	6	17	2	5	1
22.白酒	公斤	388	292	323	275	808	247
23.啤酒	公斤	542	525	531	617	428	567
二、主要能源							
1.水	吨	2197	1775	1170	1052	4055	2027
2.天然气	立方米	113	672	31	14	20	261
3.液化石油气	公斤	2081	1695	2234	2406	2704	1732
4.汽油	升	1566	3952	2069	3628	1937	3223
5.电	度	59912	68008	59989	48869	50774	65643

历 年 物 价 指 数

表 3-20

年份	商品零售价格指数	居民消费价格指数
	上年 =100	上年 =100
1978	100.7	100.7
1980	106.0	107.5
1983	100.8	100.8
1985	109.6	109.0
1990	102.7	103.6
1991	107.3	107.2
1992	106.9	108.2
1993	115.4	117.3
1994	122.5	125.9
1995	113.2	116.1
1996	107.5	111.5
1997	99.2	101.2
1998	98.1	99.6
1999	96.2	98.4
2000	98.4	101.2
2001	98.8	100.7
2002	97.5	98.9
2003	99.7	101.6
2004	101.3	102.9
2005	101.1	102.0
2006	100.6	101.4
2007	102.4	104.2
2008	104.6	104.8
2009	98.7	99.3
2010	102.6	103.5
2011	104.5	104.9
2012	102.0	102.3
2013	101.5	102.2
2014	101.9	102.4
2015	100.8	101.8
2016	100.8	102.1
2017	102.2	101.8
2018	102.3	102.3

居 民 消 费 价 格 总 指 数(一)

表 3-21

指　　标	以上年价格为 100										
	2005	2006	2007	2008	2009	2010	2011	2012	2013	2014	2015
居民消费价格总指数	**102.0**	**101.4**	**104.2**	**104.8**	**99.3**	**103.5**	**104.9**	**102.3**	**102.2**	**102.4**	**101.8**
服务项目价格指数	**101.6**	**103.4**	**106.1**	**103.7**	**100.3**	**104.2**	**103.0**	**101.1**	**101.7**	**102.3**	**102.3**
一、食　　品	105.4	102.1	109.3	111.8	99.1	106.9	109.6	105.2	104.4	103.9	102.4
#粮　　食	102.0	101.1	103.0	107.3	103.0	111.0	110.8	102.2	104.6	104.0	103.0
油　　脂	92.8	100.2	138.2	123.2	76.8	101.8	113.7	104.8	100.9	88.4	95.7
肉禽及其制品	107.1	97.4	129.4	118.2	89.2	102.8	121.8	101.3	106.0	99.3	104.0
蛋	104.2	94.2	126.0	104.6	99.8	109.9	117.6	97.5	102.9	112.5	90.9
水 产 品	107.7	93.2	86.2	101.5	102.4	105.7	108.6	105.5	103.2	104.2	102.9
鲜　　菜	124.9	108.7	96.3	102.9	111.5	124.5	94.5	114.9	105.1	95.3	109.6
液体乳及乳制品	99.4	100.9	101.4	133.8	102.9	103.6	108.4	103.7	104.0	118.6	101.9
干鲜瓜果	97.8	126.9	105.6	112.2	103.1	109.3	111.4	99.6	107.4	112.3	93.3
二、烟　　酒	99.5	99.9	100.7	103.9	101.8	101.2	104.2	105.4	99.0	98.2	103.1
三、衣　　着	98.0	99.4	99.2	96.6	101.4	99.3	104.1	102.0	102.9	104.5	103.4
#服　　装	99.3	98.5	98.2	96.4	100.3	99.9	105.6	101.6	102.4	103.4	104.4
衣着材料	101.8	101.5	98.1	103.3	109.9	108.8	106.2	100.4	104.3	101.0	101.3
四、家庭设备用品及维修服务	98.6	102.2	103.8	102.3	101.3	99.8	106.0	99.8	101.1	102.1	102.2
#耐用消费品	97.3	101.7	102.9	102.8	99.8	95.5	104.4	98.9	100.1	101.5	100.2
五、医疗保健和个人用品	99.3	103.6	101.2	101.1	99.2	101.0	101.2	100.6	100.0	101.1	103.6
六、交通和通信	97.1	96.3	98.1	97.6	98.3	100.2	101.0	100.1	100.5	99.8	98.6
七、娱乐教育文化用品及服务	100.7	100.4	103.4	102.6	98.3	100.2	100.9	98.6	100.5	102.4	101.3
#教育服务	101.8	105.0	110.6	109.3	100.4	100.6	99.0	100.4	98.8	101.7	101.9
八、居　　住	105.6	104.4	103.0	104.2	99.5	106.9	104.5	102.5	102.2	101.7	101.0

注:本页价格指数为老口径数据。

居民消费价格总指数(二)

表 3-22

指标	以上年价格为 100		
	2016	2017	2018
居民消费价格总指数	**102.1**	**101.8**	**102.3**
服务项目价格指数	**103.2**	**101.9**	**102.8**
一、食品烟酒	102.9	101.0	101.5
粮　　食	95.8	100.8	100.8
食 用 油	100.5	105.4	102.1
鲜　　菜	108.6	93.3	108.1
畜　　肉	111.0	97.0	95.3
水 产 品	105.6	105.1	98.2
蛋	96.0	92.5	111.0
鲜　　果	92.5	113.6	110.0
二、衣着	100.6	102.0	101.6
服　　装	100.3	101.9	102.0
服装材料	103.2	100.6	101.7
三、居住	100.8	103.3	102.8
四、生活用品及服务	100.3	102.4	102.7
五、交通和通信	100.3	101.6	102.7
交　　通	100.4	103.2	104.5
通　　讯	100.3	99.1	100.0
六、教育文化和娱乐	100.1	101.1	103.6
七、医疗保健	112.9	101.7	102.3
八、其他用品和服务	101.0	100.9	101.3

商 品 零 售 价 格 总 指 数

表 3-23

指　　标	以上年价格为 100													
	2005	2006	2007	2008	2009	2010	2011	2012	2013	2014	2015	2016	2017	2018
商品零售价格总指数	**101.1**	**100.6**	**102.4**	**104.6**	**98.7**	**102.6**	**104.5**	**102.0**	**101.5**	**101.9**	**100.8**	**100.8**	**102.2**	**102.3**
一、食　　品	105.4	102.1	109.2	111.9	99.4	107.2	109.7	105.2	104.3	104.4	102.2	103.1	100.6	101.5
#粮　食	101.4	101.2	103.7	107.3	103.4	111.5	110.5	102.2	104.6	104.0	103.0	96.0	100.8	100.8
食用油	92.5	100.3	138.3	123.2	76.9	101.8	113.7	104.8	100.9	88.4	95.7	100.5	105.4	102.1
肉禽及其制品	110.0	97.7	128.6	118.1	89.8	101.7	121.5	101.5	105.8	99.4	104.0	109.3	96.7	96.8
畜肉类												111.6	96.7	94.6
禽肉类												100.5	96.7	105.5
水产品	104.6	93.4	85.9	101.3	101.2	105.8	108.6	105.5	103.2	104.2	102.9	104.7	104.6	98.4
鲜　菜	124.9	108.7	96.3	102.9	111.5	124.5	93.9	114.9	105.1	95.3	109.6	108.6	93.3	108.1
鲜瓜果	96.3	134.5	101.2	112.0	105.7	108.8	111.0	98.9	107.4	114.3	91.8	92.5	113.6	110.0
二、饮料、烟酒	99.8	100.3	100.1	103.1	99.9	102.2	103.2	104.4	99.7	99.3	102.4	100.2	102.4	101.8
三、服装、鞋帽	97.8	99.1	99.3	96.4	101.0	99.2	103.8	102.0	102.7	104.4	103.3	100.7	102.1	101.5
四、纺织品	99.8	98.9	97.6	100.5	101.2	93.6	116.9	101.0	103.5	97.0	106.0	99.6	102.8	102.8
五、家用电器及音像器材	95.8	97.2	95.6	95.8	92.5	91.8	100.6	97.7	97.4	99.6	99.5	98.3	101.9	100.7
六、文化办公用品	97.6	94.5	90.4	84.3	89.3	96.8	98.5	91.4	100.6	100.5	100.9	98.1	98.2	101.0
七、日用品	99.1	99.5	99.4	103.1	105.7	99.6	101.9	99.3	101.5	99.9	101.3	101.6	102.9	101.2
八、体育娱乐用品	99.9	98.6	102.1	104.8	99.5	95.5	96.7	104.6	99.7	102.7	109.7	99.5	102.5	100.4
九、交通、通信用品	90.3	88.3	90.8	91.3	93.4	98.9	95.6	98.5	99.8	100.9	100.4	101.8	99.9	99.6
十、家　　具	98.3	101.7	104.8	106.0	104.6	97.7	107.0	94.1	103.9	105.5	101.7	100.7	102.0	104.5
十一、化妆品	99.4	101.2	100.4	102.7	100.9	97.0	102.1	103.7	101.5	98.0	103.3	101.7	103.9	101.0
十二、金银珠宝	109.7	145.2	111.1	119.9	88.2	107.7	116.9	104.4	93.0	93.2	95.7	100.4	100.7	97.5
十三、中西药品及医疗保健用品	97.3	98.6	100.3	99.3	96.1	102.3	98.1	100.1	101.2	101.6	100.9	101.7	106.3	108.0
十四、书报杂志及电子出版物	102.1	100.2	99.0	105.5	112.5	99.7	99.7	100.0	100.1	108.5	102.6	101.0	101.1	106.9
十五、燃　　料	112.7	111.4	102.6	111.6	83.8	116.4	109.4	102.1	99.5	101.2	87.8	95.7	108.4	110.1
十六、建筑材料及五金电料	101.2	103.5	107.0	105.4	98.0	102.4	105.6	101.2	100.4	100.4	98.7	100.4	103.5	102.1

注：食用油 2015 年（含）以前名称为油脂。

4

固定资产投资

全社会固定资产投资完成情况

表 4-1　　单位：万元

	2018 年	2017 年（新口径）	增减%
总　　计	**18789040**	**17679376**	**6.3**
# 工业投资	10806994	9516753	13.6
一、规模以上投资	18592760	17429376	6.7
# 工业投资	10739164	9446753	13.7
# 项目投资	15177529	14680037	3.4
# 房地产投资	3415231	2749339	24.2
二、规模以下投资	196280	250000	-21.5
# 工业投资	67830	70000	-3.1

分县区全社会投资完成情况

表 4-2　　（2018 年）　　单位：万元

	全　市	三　县			
			东海县	灌云县	灌南县
总　　计	**18789040**	**6769769**	**3343953**	**2141260**	**1284556**
# 工业投资	10806994	4708280	2540125	1444742	723413
一、规模以上投资	18592760	6649769	3293953	2101260	1254556
# 工业投资	10739164	4668680	2526125	1431742	710813
# 项目投资	15177529	5964916	3041682	1909121	1014113
# 房地产投资	3415231	684853	252271	192139	240443
二、规模以下投资	196280	120000	50000	40000	30000
# 工业投资	67830	39600	14000	13000	12600

表 4-2 续表　　（2018 年）　　单位：万元

	市　区				
		连云区	海州区	赣榆区	开发区
总　　计	**12019271**	**1798826**	**3490848**	**2380550**	**2497384**
# 工业投资	6098714	1098061	1274582	1610129	1617610
一、规模以上投资	11942991	1788326	3470848	2345550	2488384
# 工业投资	6070484	1094561	1266522	1596729	1615010
# 项目投资	9212613	1511353	2449334	2055832	2080104
# 房地产投资	2730378	276973	1021514	289718	408280
二、规模以下投资	76280	10500	20000	35000	9000
# 工业投资	28230	3500	8060	13400	2600

注：规模以上投资指计划总投资或实际需要总投资在 500 万元以上的项目或单位及全部房地产投资。其余为规模以下投资。

主要年份全社会固定资产投资完成额

表 4-3　　　　　　　　　　　　　　　　　　　　　　　　　　　　　　单位：万元

年　　份	全　市	市　区	#赣榆区	东海县	灌云县	灌南县
1978	9326	7703	481	476	549	598
1980	13347	11303	972	1106	549	389
1983	23888	21524	1415	965	1044	355
1985	53275	46211	1905	3229	2826	1009
1990	106764	83709	11947	10517	5041	7497
1991	102070	69532	14106	16653	7062	8823
1992	180282	132504	22604	25260	13193	9325
1993	356145	282140	76833	40823	12537	20645
1994	421577	303802	97130	71587	27947	18241
1995	607286	444003	145373	91891	49459	21933
1996	596143	409012	120500	92733	65635	28763
1997	655189	420689	97484	76434	112837	45229
1998	838307	556498	107848	101222	101366	79221
1999	1088270	745452	139176	121657	135102	86059
2000	1278297	869259	165218	163487	141682	103869
2001	1518275	1097536	176793	175180	140184	105375
2002	1805422	1341277	192875	186262	160826	117057
2003	2123858	1525930	244380	228195	222538	147195
2004	2463014	1620335	327407	321898	291989	228792
2005	3235953	1974802	501304	484647	418828	357676
2006	4238887	2514934	701722	630586	568297	525070
2007	5846184	3266259	1065641	918735	879421	781769
2008	7776820	4241730	1385318	1117484	1235656	1181950
2009	11789819	5163101	1788839	1584112	1679156	1574611
2010 老口径	12342481	6292783	2203860	1916424	2066637	2066637
2010 新口径	9943569	5286538	1760573	1595012	1523003	1539016
2011 新口径	12409297	6932650	2063816	1880279	1795300	1801068
2012 老口径	15199404	8592699	2484834	2269497	2168722	2168486
2012 新口径	13531937	7968747	2145993	1929279	1820509	1813403
2013	16647714	9831774	2625126	2347571	2234810	2233559
2014	20903558	12417449	3246596	2912777	2803585	2769747
2015	25225458	15632281	3903464	3420321	3226171	2946684
2016	28525432	17491941	4609702	4041700	3765327	3226464
2017	26286306	16080798	4699736	4188136	3446298	2571074
2017 新口径	17679376	11218858	3090513	2800508	1965777	1694233
2018	18789040	12019271	2380550	3343953	2141260	1284556

全市规模以上项目投资增减情况

表 4-4

指 标 名 称	2018 年	2017 年(新)	增长(%)
一、计划总投资(万元)	**53088116**	**45680647**	**16.2**
其中:本年新开工项目	19411946	17678907	9.8
二、自年初累计完成投资(万元)	**15177529**	**14680037**	**3.4**
其中:本年新开工	7491772	9373149	-20.1
其中:国有经济控股	3944743	4805376	-17.9
其中:基础设施投资	3527786	3913700	-9.9
其中:民间投资	10750986	9421144	14.1
其中:高新投资	2355108	1907364	23.5
其中:高耗能投资	3073938	2615495	17.5
其中:城建投资	1285853	1606313	-20.0
1、按构成分			
建筑安装工程	9293443	8138320	14.2
设备工器具购置	5063944	5144496	-1.6
其他费用	820142	1397221	-41.3
其中:建设用地费	270202	464301	-41.8
2、按建设性质分			
其中:(1)新建	8223468	9034995	-9.0
其中:(2)扩建	2368043	1993460	18.8
其中:(3)改建	4449528	3553855	25.2
其中:(7)单纯购置	6950	38500	-81.9
3、按登记注册类型分			
内资企业	14603016	13836294	5.5
国有企业	1436417	1636412	-12.2
集体企业	15450	19126	-19.2
联营企业	4690	3615	29.7
有限责任公司	3460108	4194869	-17.5
国有独资公司	855140	1132250	-24.5

表 4-4 续表 1

指 标 名 称	2018 年	2017 年(新)	增长(%)
其他有限责任公司	2604968	3062619	-14.9
股份有限公司	170443	236536	-27.9
私营企业	9280992	7679050	20.9
私营独资企业	910179	1107548	-17.8
私营合伙企业	13197	18203	-27.5
私营有限责任公司	8124771	6263243	29.7
私营股份有限公司	232845	290056	-19.7
其他企业	234916	66686	252.3
港、澳、台商投资企业	187455	320565	-41.5
合资经营企业(港或澳、台资)	36300	174828	-79.2
合作经营企业(港或澳、台资)	1799	6326	-71.6
港、澳、台商独资经营企业	117431	136445	-13.9
港、澳、台商投资股份有限公司	31925	2966	976.4
外商投资企业	382158	517162	-26.1
中外合资经营企业	180040	310731	-42.1
外资企业	187480	193765	-3.2
外商投资股份有限公司	14638	12666	15.6
个体经营	4900	6016	-18.6
个体户	4900	6016	-18.6
4、按产业分			
①第一产业	356063	243944	46.0
②第二产业	10751451	9508081	13.1
工业	10739164	9446753	13.7
工业技改投资	4298996	3975563	8.1
③第三产业	4070015	4928012	-17.4
5、按国民经济行业分			
农林牧渔业	427687	331675	28.9

表 4–4 续表 2

指 标 名 称	2018 年	2017 年(新)	增长(%)
农业	209921	138845	51.2
林业	9630	2420	297.9
畜牧业	94739	88919	6.5
渔业	41773	13760	203.6
农林牧渔业及辅助性活动	71624	87731	–18.4
采矿业	22285	9381	137.6
黑色金属矿采选业	17305		
非金属矿采选业	4980	1300	283.1
制造业	9291731	7868078	18.1
农副食品加工业	870416	913697	–4.7
食品制造业	252070	64435	291.2
酒饮料和精制茶制造业	21956	64156	–65.8
纺织业	313305	148899	110.4
纺织服装服饰业	406011	399501	1.6
皮革毛皮羽毛及其制品和制鞋业	56865	128481	–55.7
木材加工和木竹藤棕草制品业	268433	188613	42.3
家具制造业	171352	157990	8.5
造纸和纸制品业	147015	51603	184.9
印刷和记录媒介复制业	110040	134701	–18.3
文教工美和体育娱乐用品制造业	138029	118493	16.5
石油煤炭及其它燃料加工业	200654	146057	37.4
化学原料和化学制品制造业	1267154	1138653	11.3
医药制造业	505930	486466	4.0
化学纤维制造业	90163	62443	44.4
橡胶和塑料制品业	339427	332089	2.2
非金属矿物制品业	1290987	1101936	17.2
黑色金属冶炼和压延加工业	204485	65077	214.2

表 4-4 续表 3

指 标 名 称	2018 年	2017 年(新)	增长(%)
有色金属冶炼和压延加工业	75140	52067	44.3
金属制品业	412882	400905	3.0
通用设备制造业	378673	249613	51.7
专用设备制造业	528183	381535	38.4
汽车制造业	183741	185291	-0.8
铁路传播航空航天和其它运输设备制造业	63484	39789	59.6
电气机械和器材制造业	546659	533839	2.4
计算机通信和其他电子设备制造业	186183	132907	40.1
仪器仪表制造业	68686	34618	98.4
其他制造业	5000	25189	-80.2
废弃资源综合利用业	188808	129035	46.3
电力热力燃气及水的生产和供应业	1425148	1569294	-9.2
电力热力生产和供应业	1263839	1400525	-9.8
燃气生产和供应业	15835	19572	-19.1
水的生产和供应业	145474	149197	-2.5
建筑业	12287	61328	-80.0
房屋建筑业		3045	
土木工程建筑业	7320	50142	-85.4
建筑安装业	4967	8141	-39.0
批发和零售业	103140	212081	-51.4
批发业	38317	91308	-58.0
零售业	64823	120773	-46.3
交通运输仓储和邮政业	728710	872103	-16.4
铁路运输业	35000	50000	-30.0
道路运输业	314738	394711	-20.3
水上运输业	172062	256873	-33.0
管道运输业	3980		
多式联运和运输代理业	2001	18600	-89.2

表 4-4 续表 4

指 标 名 称	2018 年	2017 年(新)	增长(%)
装卸搬运和仓储业	199708	147140	35.7
邮政业	1221	4779	-74.5
住宿和餐饮业	20722	22926	-9.6
住宿业	10934	11040	-1.0
餐饮业	9788	11886	-17.7
信息传输软件和信息技术服务业	46049	32377	42.2
电信广播电视和卫星传输服务	44875	6776	562.3
互联网和相关服务		1620	
软件和信息技术服务业	1174	23981	-95.1
金融业	18582	8043	131.0
货币金融服务	8462		
其他金融业	10120	8043	25.8
房地产业	87110	198098	-56.0
房地产业	87110	198098	-56.0
租赁和商务服务业	846995	1152084	-26.5
租赁业	3615	4315	-16.2
商务服务业	843380	1147769	-26.5
科学研究和技术服务业	100318	172640	-41.9
研究和实验进展	23185	81943	-71.7
专业技术服务业	48813	48540	0.6
科技推广和应用服务业	28320	42157	-32.8
水利环境和公共设施管理业	1530103	1613286	-5.2
水利管理业	357426	218595	63.5
生态保护和环境治理业	18836	29387	-35.9
公共设施管理业	1148700	1360344	-15.6
土地管理业	5141	4960	3.6

表 4–4 续表 5

指 标 名 称	2018 年	2017 年(新)	增长(%)
居民服务修理和其它服务业	5800	83703	−93.1
居民服务业	1000	3500	−71.4
机动车电子产品和日用产品修理业	4800	16731	−71.3
其他服务业		63472	
教育	161194	165782	−2.8
教育	161194	165782	−2.8
卫生和社会工作	73003	107367	−32.0
卫生	61699	102467	−39.8
社会工作	11304	4900	130.7
文化体育和娱乐业	174396	39939	336.7
文化艺术业	8707	9900	−12.1
体育	3725	13480	−72.4
娱乐业	161964	8809	1738.6
公共管理社会保障和社会组织	102269	159852	−36.0
国家机构	91333	146366	−37.6
群众团体社会团体和其它成员组织	10936		
三、项目个数(个)			
1、施工项目个数	2171	1862	16.6
其中:本年新开工	1382	1359	1.7
2、本年投产项目个数	1323	1061	24.7
四、房屋建筑面积(平方米)			
1、房屋施工面积	6266375	11349924	−44.8
其中:住宅	296793	25246	1075.6
2、房屋竣工面积	2414564	5488260	−56.0
其中:住宅	254191	16319	1457.6
3、房屋竣工价值	722547	679257	6.4
其中:住宅	245381	5294	4535.1

全市规模以上工业项目投资增减情况

表 4–5

指 标 名 称	2018 年	2017 年(新)	增长(%)
一、计划总投资(万元)	**38211972**	**28283059**	**35.1**
其中:本年新开工项目	16892264	11748007	43.8
二、自年初累计完成投资(万元)	**10739164**	**9446753**	**13.7**
其中:本年新开工	5712895	6413990	-10.9
其中:国有经济控股	1438843	1556349	-7.6
其中:民间投资	8847360	7445133	18.8
其中:高新投资	2355108	1907364	23.5
其中:高耗能投资	3073938	2615495	17.5
1、按构成分			
建筑安装工程	5556951	4283964	29.7
设备工器具购置	4575708	4357453	5.0
其他费用	606505	805336	-24.7
其中:建设用地费	164770	221294	-25.5
2、按建设性质分			
其中:(1)新建	4949953	4303810	15.0
其中:(2)扩建	1865301	1708807	9.2
其中:(3)改建	3860463	3386091	14.0
3、按登记注册类型分			
内资企业	10200371	8633077	18.2
国有企业	147929	177364	-16.6
集体企业	8670		
有限责任公司	2012998	1939047	3.8
国有独资公司	131527	190682	-31.0
其他有限责任公司	1881471	1748365	7.6
股份有限公司	140800	229907	-38.8
私营企业	7717797	6247481	23.5
私营独资企业	723766	789085	-8.3
私营有限责任公司	6763097	5168340	30.9
私营股份有限公司	230934	290056	-20.4
其他企业	172177	39278	338.4

表 4-5 续表 1

指标名称	2018 年	2017 年(新)	增长(%)
港、澳、台商投资企业	166466	312319	-46.7
合资经营企业(港或澳、台资)	36300	174828	-79.2
合作经营企业(港或澳、台资)	1799	6326	-71.6
港、澳、台商独资经营企业	117431	128199	-8.4
港、澳、台商投资股份有限公司	10936	2966	268.7
外商投资企业	367427	499057	-26.4
中外合资经营企业	173159	292626	-40.8
外资企业	179630	193765	-7.3
外商投资股份有限公司	14638	12666	15.6
个体经营	4900	2300	113.0
个体户	4900	2300	113.0
4、按国民经济行业分			
采矿业	22285	9381	137.6
黑色金属矿采选业	17305		
非金属矿采选业	4980	1300	283.1
制造业	9291731	7868078	18.1
农副食品加工业	870416	913697	-4.7
食品制造业	252070	64435	291.2
酒饮料和精制茶制造业	21956	64156	-65.8
纺织业	313305	148899	110.4
纺织服装服饰业	406011	399501	1.6
皮革毛皮羽毛及其制品和制鞋业	56865	128481	-55.7
木材加工和木竹藤棕草制品业	268433	188613	42.3
家具制造业	171352	157990	8.5
造纸和纸制品业	147015	51603	184.9
印刷和记录媒介复制业	110040	134701	-18.3
文教工美和体育娱乐用品制造业	138029	118493	16.5
石油煤炭及其它燃料加工业	200654	146057	37.4
化学原料和化学制品制造业	1267154	1138653	11.3
医药制造业	505930	486466	4

表 4–5 续表 2

指 标 名 称	2018 年	2017 年(新)	增长(%)
化学纤维制造业	90163	62443	44.4
橡胶和塑料制品业	339427	332089	2.2
非金属矿物制品业	1290987	1101936	17.2
黑色金属冶炼和压延加工业	204485	65077	214.2
有色金属冶炼和压延加工业	75140	52067	44.3
金属制品业	412882	400905	3.0
通用设备制造业	378673	249613	51.7
专用设备制造业	528183	381535	38.4
汽车制造业	183741	185291	–0.8
铁路传播航空航天和其它运输设备制造业	63484	39789	59.6
电气机械和器材制造业	546659	533839	2.4
计算机通信和其它电子设备制造业	186183	132907	40.1
仪器仪表制造业	68686	34618	98.4
其它制造业	5000	25189	–80.2
废弃资源综合利用业	188808	129035	46.3
电力热力燃气及水的生产和供应业	1425148	1569294	–9.2
电力热力生产和供应业	1263839	1400525	–9.8
燃气生产和供应业	15835	19572	–19.1
水的生产和供应业	145474	149197	–2.5
三、项目个数(个)			
1、施工项目个数	1522	1220	24.8
其中:本年新开工	1040	958	8.6
2、本年投产项目个数	1007	736	36.8
四、房屋建筑面积(平方米)			
1、房屋施工面积	4101165	5749291	–28.7
其中:住宅	25918	21646	19.7
2、房屋竣工面积	1757785	2520864	–30.3
其中:住宅	7568	13253	–42.9
3、房屋竣工价值	401614	353033	13.8
其中:住宅	2687	2752	–2.4

分地区规模以上固定

表 4-6

(不含房地产投资)

指标	全市	市区	连云区	海州区	赣榆区
一、计划总投资(万元)	**53088116**	**39901161**	**10723746**	**3806801**	**4906019**
其中:本年新开工项目	19411946	12914317	382831	1752102	1183017
二、自年初累计完成投资(万元)	**15177529**	**9212613**	**1511353**	**2449334**	**2055832**
其中:本年新开工	7491772	3893546	273355	1436436	633555
其中:国有经济控股	3944743	3226491	1251219	522613	243896
其中:基础设施投资	3527786	2600771	1239744	135634	248722
其中:民间投资	10750986	5650336	250527	1859709	1809826
其中:高新投资	2355108	1470648	21461	417093	223571
其中:高耗能投资	3073938	1530989	156316	188051	482270
其中:城建投资	1285853	917414	185057	82339	118698
1、按构成分					
建筑安装工程	9293443	5682178	847922	1963931	1201551
设备工器具购置	5063944	2981963	445746	418435	731905
其他费用	820142	548472	217685	66968	122376
其中:建设用地费	270202	140536	17735	15648	36021
2、按建设性质分					
其中:(1)新建	8223468	4713134	405293	1470728	889984
其中:(2)扩建	2368043	1712971	974481	173880	329221
其中:(3)改建	4449528	2655465	123229	747233	836627
其中:(7)单纯购置	6950	6950	6950		
3、按登记注册类型分					
内资企业	14603016	8770397	1494865	2359688	2010089
国有企业	1436417	1005221	275967	204341	86238
集体企业	15450	15450	8970	5980	500
联营企业	4690				
其他联营企业	4690				
有限责任公司	3460108	2480286	1065532	484989	192709
国有独资公司	855140	738571	72046	61140	124868
其他有限责任公司	2604968	1741715	993486	423849	67841
股份有限公司	170443	158943	22545	33344	16500
私营企业	9280992	5059049	121851	1631034	1666514
私营独资企业	910179	227033		17580	113046

资产投资完成情况

（2018 年）

单位：万元

开发区	高新区	徐圩新区	风景区	东海县	灌云县	灌南县
2671641	**446446**	**17232632**	**113876**	**5382155**	**5215208**	**2589592**
1536468	110568	7887126	62205	3633871	1996877	866881
2080104	**94694**	**964568**	**56728**	**3041682**	**1909121**	**1014113**
1297234	42562	164972	45432	2263731	946673	387822
471455	47146	633434	56728	282877	295799	139576
468246	4485	463627	40313	231930	503379	191706
1388644	10496	331134		2645847	1607935	846868
628817	26330	153376		331741	406309	146410
253989		450363		851006	443518	248425
370685	1710	118612	40313	113288	115073	140078
796041	53480	762525	56728	1834393	1136138	640734
1245528	33104	107245		1099511	669538	312932
38535	8110	94798		107778	103445	60447
36251	1011	33870		45822	52005	31839
1287294	14250	588857	56728	1724481	1126756	659097
202468	29871	3050		441960	188564	24548
585459	45256	317661		874141	589454	330468
1826817	57642	964568	56728	2947688	1898487	986444
30115	30116	360543	17901	174203	156731	100262
						4690
						4690
450018	17030	231181	38827	136616	637954	205252
353183	10120	78387	38827	53748	23507	39314
96835	6910	152794		82868	614447	165938
22541	9013	55000		11500		
1320323	1483	317844		2550708	1034772	636463
48607		47800		346462	121623	215061

表 4-6 续表 1　　　　(不含房地产投资)

指　　标	全 市	市 区	连云区	海州区	赣榆区
私营合伙企业	13197				
私营有限责任公司	8124771	4681894	119940	1613454	1515233
私营股份有限公司	232845	150122	1911		38235
其他企业	234916	51448			47628
港、澳、台商投资企业	187455	99528		22989	4556
合资经营企业(港或澳、台资)	36300	10836			2757
合作经营企业(港或澳、台资)	1799	1799			1799
港、澳、台商独资经营企业	117431	54968		2000	
港、澳、台商投资股份有限公司	31925	31925		20989	
外商投资企业	382158	342688	16488	66657	41187
中外合资经营企业	180040	171565	6881	14040	39077
外资企业	187480	156485	9607	42601	2110
外商投资股份有限公司	14638	14638		10016	
个体经营	4900				
个体户	4900				
4、按产业分					
①第一产业	356063	92678	600	22857	58926
②第二产业	10751451	6082771	1094561	1268772	1603179
工业	10739164	6070484	1094561	1266522	1596729
工业技改投资	4298996	2432881	55348	651794	848498
③第三产业	4070015	3037164	416192	1157705	393727
5、按国民经济行业分					
农林牧渔业	427687	159402	9400	70771	63926
农业	209921	73425		22857	49303
林业	9630	9630	600		
畜牧业	94739				
渔业	41773	9623			9623
农林牧渔业及辅助性活动	71624	66724	8800	47914	5000
采矿业	22285	17305			12320
黑色金属矿采选业	17305	17305			12320
非金属矿采选业	4980				
制造业	9291731	4956029	178485	1254427	1503895

（2018 年） 单位：万元

				东海县	灌云县	灌南县
开发区	高新区	徐圩新区	风景区			
						13197
1161972	1251	270044		2171035	913149	358693
109744	232			33211		49512
3820				74661	69030	39777
71983				66397	5387	16143
8079				22664		2800
52968				43733	5387	13343
10936						
181304	37052			22697	5247	11526
111567				578	5247	2650
65115	37052			22119		8876
4622						
				4900		
				4900		
			10295	112260	63714	87411
1615010	47179	453770	300	2526125	1431742	710813
1615010	47179	450483		2526125	1431742	710813
624762	47179	205300		855994	679653	330468
465094	47515	510798	46133	403297	413665	215889
		5010	10295	117160	63714	87411
			1265	87067	4968	44461
			9030			
				22903	28886	42950
				2290	29860	
		5010		4900		
4985				4980		
4985						
				4980		
1521680	47179	450363		2471219	1229206	635277

表 4-6 续表 2　　(不含房地产投资)

指　　标	全 市	市 区	连云区	海州区	赣榆区
农副食品加工业	870416	378238	4034	33263	157512
食品制造业	252070	139451		60108	19917
酒饮料和精致茶制造业	21956	16597		3617	12980
纺织业	313305	111107		17885	83680
纺织服装服饰业	406011	156714		24982	127582
皮革毛皮羽毛及其制品和制鞋业	56865	25298		15507	9791
木材加工和木竹藤棕草制品业	268433	123459		58728	43082
家具制造业	171352	102778		11800	75463
造纸和纸制品业	147015	75798		50595	16148
印刷和记录媒介复制业	110040	102927		4980	26980
文教工美和体育娱乐用品制造业	138029	56839		23170	19555
石油煤炭及其它燃料加工业	200654	194154		26795	88962
化学原料和化学制品制造业	1267154	710196	40950	46336	177890
医药制造业	505930	433204		69320	17852
化学纤维制造业	90163	60578		4980	1700
橡胶和塑料制品业	339427	222208	1935	74934	126284
非金属矿物制品业	1290987	438535	11188	98006	170141
黑色金属冶炼和压延加工业	204485	171088	104178	4890	45277
有色金属冶炼和压延加工业	75140	9292		4300	
金属制品业	412882	266621		80870	81013
通用设备制造业	378673	241642	4900	122517	14693
专用设备制造业	528183	352664		176033	78020
汽车制造业	183741	100698	1500	45603	33789
铁路传播航空航天和其它运输设备制造业	63484	24050	4900	4990	
电气机械和器材制造业	546659	219846		126885	51666
计算机通信和其它电子设备制造业	186183	130986		43603	4850
仪器仪表制造业	68686	68186	4900	19730	9500
其它制造业	5000				
废弃资源综合利用业	188808	22875			9568
电力热力燃气及水的生产和供应业	1425148	1097150	916076	12095	80514
电力热力生产和供应业	1263839	1086115	916076	11524	70050
燃气生产和供应业	15835				

（2018 年）

单位:万元

				东海县	灌云县	灌南县
开发区	高新区	徐圩新区	风景区			
171126	12303			299329	133256	59593
55715	3711			73318	25937	13364
				5240	119	
9542				44135	146499	11564
4150				151788	84996	12513
				5900	14991	10676
21649				81853	51278	11843
15515				21969	24690	21915
9055				23760	44353	3104
70967					2213	4900
14114				70587	10603	
		78397		2400	4100	
73054		371966		43359	391413	122186
345150	882			15874	30235	26617
53898				26870	2715	
19055				18350	89771	9098
159200				758647	34892	58913
16743						33397
4992				46600	7865	11383
104738				45580	20743	79938
99532				106890	16438	13703
98611				139194	30403	5922
19806				62614	20429	
14160				5200		34234
36460	4835			308039	3074	15700
57085	25448			14000	13843	27354
34056						500
				500	4500	
13307				99223	19850	46860
88345		120		49926	202536	75536
88345		120		17513	122977	37234
				15835		

表 4-6 续表 3　　(不含房地产投资)

指　　标	全 市	市 区	连云区	海州区	赣榆区
水的生产和供应业	145474	11035		571	10464
建筑业	12287	12287		2250	6450
土木工程建筑业	7320	7320		2250	1483
建筑安装业	4967	4967			4967
批发和零售业	103140	86743	8300	57702	15331
批发业	38317	23120	8300	1150	13670
零售业	64823	63623		56552	1661
交通运输仓储和邮政业	728710	392108	107204	950	155673
铁路运输业	35000	35000	35000		
道路运输业	314738	106055	25239	950	57167
水上运输业	172062	117373	40666		
管道运输业	3980	3980			3980
多式联运和运输代理业	2001	2001	200		1801
装卸搬运和仓储业	199708	126478	6099		91504
邮政业	1221	1221			1221
住宿和餐饮业	20722	19002	7074	11580	348
住宿业	10934	10934	5954	4980	
餐饮业	9788	8068	1120	6600	348
信息传输软件和信息技术服务业	46049	41995		40821	805
电信广播电视和卫星传输服务	44875	40821		40821	
软件和信息技术服务业	1174	1174			805
金融业	18582	10120			
货币金融服务	8462				
其它金融业	10120	10120			
房地产业	87110	36647	13959		
房地产业	87110	36647	13959		
租赁和商务服务业	846995	742008	16267	632137	63989
租赁业	3615	3615			
商务服务业	843380	738393	16267	632137	63989
科学研究和技术服务业	100318	61276	16351	16090	1126
研究和实验进展	23185	21785		12000	
专业技术服务业	48813	24330	6406		

（2018 年）　　　　单位:万元

开发区	高新区	徐圩新区	风景区	东海县	灌云县	灌南县
				16578	79559	38302
		3287	300			
		3287	300			
4990		420		1200		15197
						15197
4990		420		1200		
36485		91796		121856	190586	24160
22699				96976	97011	14696
		76707			45225	9464
13786		15089		24880	48350	
				1720		
				1720		
	369				4054	
					4054	
	369					
	10120					8462
						8462
	10120					
	5200	17488			3276	47187
	5200	17488			3276	47187
3615	20000	6000		85042	12250	7695
3615						
	20000	6000		85042	12250	7695
16631	5024	234	5820	10400	19983	8659
9785				1400		
6846	5024	234	5820	4500	19983	

表 4-6 续表 4　　　　(不含房地产投资)

指　　标	全　市	市　区			
			连云区	海州区	赣榆区
科技推广和应用服务业	28320	15161	9945	4090	1126
水利环境和公共设施管理业	1530103	1193371	218764	81768	104039
水利管理业	357426	287004	17590		970
生态保护和环境治理业	18836	18636	16117		
公共设施管理业	1148700	887731	185057	81768	103069
土地管理业	5141				
居民服务修理和其它服务业	5800	4800			
居民服务业	1000				
机动车电子产品和日用产品修理业	4800	4800			
教育	161194	138155	7208	61520	31916
教育	161194	138155	7208	61520	31916
卫生和社会工作	73003	22307		17980	
卫生	61699	22307		17980	
社会工作	11304				
文化体育和娱乐业	174396	165569	12005	138064	15500
文化艺术业	8707	4805	4805		
体育	3725				
娱乐业	161964	160764	7200	138064	15500
公共管理社会保障和社会组织	102269	56339	260	51179	
国家机构	91333	54539	260	49379	
群众团体社会团体和其它成员组织	10936	1800		1800	
三、项目个数(个)					
1、施工项目个数	2171	1259	157	287	295
其中:本年新开工	1382	725	95	230	135
2、本年投产项目个数	1323	816	42	226	183
四、房屋建筑面积(平方米)					
1、房屋施工面积	6266375	2552122	167924	100480	631294
其中:住宅	296793	26873	13223	11850	1800
2、房屋竣工面积	2414564	1361422	16777	68940	242350
其中:住宅	254191	2521	721		1800
3、房屋竣工价值	722547	271809	5276	19855	63698
其中:住宅	245381	210			210

（2018 年）　　　　　　　　　　　　　　　　单位:万元

开发区	高新区	徐圩新区	风景区	东海县	灌云县	灌南县
				4500		8659
357202	4485	386800	40313	88669	154553	93510
	2775	265669		4153	61339	4930
		2519			200	
357202	1710	118612	40313	80875	93014	87080
				3641		1500
4800				1000		
				1000		
4800						
36471		1040		4000	8020	11019
36471		1040		4000	8020	11019
	2317	2010		42716	7980	
	2317	2010		31412	7980	
				11304		
				5000	3827	
				3800	102	
					3725	
				1200		
4900				36794	9136	
4900				36794		
					9136	
376	21	109	14	372	364	176
235	6	14	10	312	241	104
354	4	1	6	212	183	112
1277927	362389	12108		1493074	491967	1729212
				251538	7340	11042
1028375	4980			502356	221883	328903
				245588	4440	1642
182843	137			308362	40073	102303
				245087	50	34

固定资产投资竣工的房屋建筑面积

表 4-7　　(规模以上不含房地产)　　单位:万平方米

年　　份	全　市	市　区		东海县	灌云县	灌南县
			#赣榆区			
1978	29.73	34.72	2.20	1.68	1.37	1.96
1980	45.23	36.20	3.24	4.22	3.05	1.76
1983	51.07	43.62	5.48	3.54	3.25	0.66
1985	77.82	60.18	7.82	6.85	6.52	4.30
1990	56.60	49.09	8.17	3.96	1.60	1.95
1991	62.32	50.05	9.16	4.60	4.82	2.85
1992	61.85	44.52	9.32	6.28	6.20	4.85
1993	111.77	87.82	10.04	7.44	9.75	6.76
1994	105.19	81.24	13.13	6.94	11.22	5.79
1995	118.76	101.56	10.64	7.97	5.78	3.45
1996	105.61	73.54	11.35	13.58	14.30	4.19
1997	95.40	73.83	15.30	6.08	10.19	5.30
1998	101.84	60.99	17.99	18.10	13.51	9.24
1999	128.04	78.39	16.91	12.83	25.48	11.34
2000	77.95	50.70	15.50	7.87	10.70	8.68
2001	123.85	92.72	28.61	11.99	7.36	11.78
2002	90.06	61.91	9.92	10.64	15.78	1.73
2003	81.54	49.91	11.71	12.83	18.80	
2004	120.71	96.60	13.95	13.57	10.54	
2005	193.48	91.91	55.49	55.50	46.07	
2006	139.75	60.65	20.74	19.67	32.19	27.24
2007	225.84	125.70	64.82	65.90	27.83	6.41
2008	288.67	100.93	71.71	133.39	54.35	
2009	483.39	269.14	119.42	113.39	42.46	58.40
2010	444.96	262.97	64.86	78.37	27.87	75.75
2011	499.21	228.39	18.57	83.26	56.55	131.01
2012	830.55	425.30	70.60	168.50	51.00	185.70
2013	804.54	273.32	48.47	196.89	127.6	206.74
2014	936.67	408.50	73.02	210.54	50.18	267.44
20 15	669.98	276.53	22.83	244.67	85.99	62.79
2016	688.49	289.62	74.78	81.41	134.62	182.84
2017	810.14	246.30	85.51	66.61	79.38	417.84
2017 新口径	548.83	172.62	68.39	35.66	58.53	282.02
2018	241.46	136.14	24.24	50.24	22.19	32.89

固定资产投资竣工的住宅建筑面积

表 4-8

(规模以上不含房地产)

单位:万平方米

年份	全市	市区	#赣榆区	东海县	灌云县	灌南县
1978	7.59	6.85	0.43	0.42	0.19	0.13
1980	20.12	17.20	0.72	1.22	0.92	0.78
1983	25.12	23.12	1.86	0.92	0.75	0.33
1985	30.04	25.43	1.92	1.91	1.52	1.18
1990	19.96	17.61	0.87	0.84	0.64	0.87
1991	18.68	15.20	2.31	1.42	0.91	1.15
1992	26.66	19.90	4.98	4.12	1.40	1.24
1993	44.64	38.40	4.13	3.01	1.75	1.48
1994	32.86	26.36	8.11	1.93	2.27	2.30
1995	56.34	50.53	4.29	2.98	0.84	1.99
1996	75.88	61.10	5.89	7.63	5.60	1.55
1997	68.40	56.97	6.04	4.68	3.24	3.51
1998	81.34	58.70	10.43	10.77	6.24	5.63
1999	134.08	105.50	12.34	9.82	12.15	6.61
2000	85.08	65.49	7.66	5.45	5.52	8.62
2001	111.56	98.45	21.52	2.16	2.59	8.36
2002	102.75	90.06	6.03	7.64	3.15	1.90
2003	98.74	84.25	6.66	7.42	5.21	1.86
2004	115.31	99.28	11.11	4.00	12.03	
2005	112.82	96.60	3.20	10.18	6.04	
2006	150.80	105.51	23.33	22.08	17.41	5.80
2007	213.60	156.26	28.51	29.86	27.48	
2008	27.64			7.54	20.10	
2009	6.76	6.76				
2010	24.58	24.58				
2011	21.09	21.67	1.00		0.43	
2012	26.77	26.70	4.40		0.07	
2013	12.30	3.90	3.90		3.60	4.80
2014	7.61	1.25			2.10	4.25
2015	6.44			1.72	4.45	0.23
2016	22.60	2.15	2.15	5.34	15.11	
2017	1.98	0.61	0.61	0.57	0.80	
2017 新口径	1.63	0.52	0.53	0.57	0.54	
2018	25.42	0.25	0.18	24.56	0.44	0.16

高新技术产业投资完成情况

表 4–9

指 标 名 称	2018 年	2017 年(新)	增速(%)
一、计划总投资(万元)	**7093995**	**6374979**	**11.3**
其中:本年新开工项目	2170423	2417934	–10.2
二、自年初累计完成投资(万元)	**2355108**	**1907364**	**23.5**
其中:本年新开工	1193036	1302691	–8.4
其中:国有经济控股	141632	44987	214.8
其中:民间投资	2083810	1735496	20.1
1、按构成分			
建筑安装工程	1194665	841379	42.0
设备工器具购置	1079428	981535	10.0
其他费用	81015	84450	–4.1
其中:建设用地费	44647	22603	97.5
2、按建设性质分			
其中:(1)新建	1052054	704624	49.3
其中:(2)扩建	142794	101578	40.6
其中:(3)改建	1152913	1090169	5.8
其中:(7)单纯购置			
3、按登记注册类型分			
内资企业	2165243	1600532	35.3
国有企业	83491	32967	153.3
有限责任公司	190030	161191	17.9
国有独资公司	25241	4500	460.9
其他有限责任公司	164789	156691	5.2
股份有限公司	40288	89058	–54.8
私营企业	1846512	1317316	40.2
私营独资企业	130029	135320	–3.9
私营有限责任公司	1594469	1061259	50.2
私营股份有限公司	122014	120737	1.1
其他企业	4922		

表 4-9 续表

指 标 名 称	2018 年	2017 年(新)	增速(%)
港、澳、台商投资企业	96008	116797	-17.8
合资经营企业(港或澳、台资)	5979	69085	-91.3
港、澳、台商独资经营企业	79093	44746	76.8
港、澳、台商投资股份有限公司	10936	2966	268.7
外商投资企业	93857	190035	-50.6
中外合资经营企业	57576	164335	-65.0
外资企业	26265	18670	40.7
外商投资股份有限公司	10016	7030	42.5
4、按国民经济行业分			
航空航天制造业	39434		
电子计算机及办公设备制造业	733	13866	-94.7
电子及通讯设备制造业	219279	121036	81.2
医药制造业	701854	562925	24.7
仪器仪表制造业	68686	34618	98.4
智能装备制造业	395560	209315	89.0
新材料制造业	733958	804969	-8.8
新能源制造业	195604	160635	21.8
三、项目个数(个)			
1、施工项目个数	384	244	57.4
其中:本年新开工	238	184	29.3
2、本年投产项目个数	244	141	73.0
四、房屋建筑面积(平方米)			
1、房屋施工面积	929752	1235510	-24.7
其中:住宅	300		
2、房屋竣工面积	419959	532552	-21.1
其中:住宅	300		
3、房屋竣工价值	68377	56570	20.9
其中:住宅	250		

民间投资完成情况

表 4-10

指标名称	2018年	2017年(新)	增速(%)
一、计划总投资(万元)	**32889624**	**23494121**	**40.0**
其中:本年新开工项目	17134622	13180193	30.0
二、自年初累计完成投资(万元)	**10750986**	**9421144**	**14.1**
其中:本年新开工	6044823	7024986	-14.0
其中:国有经济控股			
其中:基础设施投资	783686	838826	-6.6
其中:高新投资	2083810	1735496	20.1
其中:高耗能投资	2810645	2174312	29.3
其中:城建投资	355568	356730	-0.3
1、按构成分			
建筑安装工程	6270196	4885665	28.3
设备工器具购置	4025929	4014772	0.3
其他费用	454861	520707	-12.6
其中:建设用地费	172365	274872	-37.3
2、按建设性质分			
其中:(1)新建	6223890	5622627	10.7
其中:(2)扩建	949812	822429	15.5
其中:(3)改建	3559004	2966769	20.0
其中:(7)单纯购置	4950		
3、按登记注册类型分			
内资企业	10650109	9050223	17.7
集体企业	15450	19126	-19.2
联营企业	4690	3615	29.7
集体联营企业		3615	
其他联营企业	4690		

表 4-10 续表 1

指标名称	2018年	2017年(新)	增速(%)
有限责任公司	1026174	1123000	-8.6
其他有限责任公司	1026174	1123000	-8.6
股份有限公司	87887	158746	-44.6
私营企业	9280992	7679050	20.9
私营独资企业	910179	1107548	-17.8
私营合伙企业	13197	18203	-27.5
私营有限责任公司	8124771	6263243	29.7
私营股份有限公司	232845	290056	-19.7
其他企业	234916	66686	252.3
港、澳、台商投资企业	16135	152773	-89.4
合资经营企业(港或澳、台资)	14336	146447	-90.2
合作经营企业(港或澳、台资)	1799	6326	-71.6
外商投资企业	79842	212132	-62.4
中外合资经营企业	71248	212132	-66.4
外商投资股份有限公司	8594		
个体经营	4900	6016	-18.6
个体户	4900	6016	-18.6
4、按产业分			
①第一产业	320242	231513	38.3
②第二产业	8852327	7493028	18.1
工业	8847360	7445133	18.8
工业技改投资	3749495	3454761	8.5
③第三产业	1578417	1696603	-7.0
5、按国民经济行业分			
农林牧渔业	386856	270112	43.2

表 4-10 续表 2

指标名称	2018年	2017年(新)	增速(%)
农业	183730	132845	38.3
林业		1800	
畜牧业	94739	83108	14.0
渔业	41773	13760	203.6
农林牧渔业及辅助性活动	66614	38599	72.6
采矿业	17305	9381	84.5
黑色金属矿采选业	17305		
有色金属矿采选业		8081	
非金属矿采选业		1300	
制造业	8477889	7077912	19.8
农副食品加工业	751159	852129	-11.8
食品制造业	235074	60525	288.4
酒饮料和精致茶制造业	21956	59856	-63.3
纺织业	289149	130475	121.6
纺织服装服饰业	378442	349094	8.4
皮革毛皮羽毛及其制品和制鞋业	47989	112357	-57.3
木材加工和木竹藤棕草制品业	268433	188613	42.3
家具制造业	171352	157990	8.5
造纸和纸制品业	144905	51603	180.8
印刷和记录媒介复制业	110040	134701	-18.3
文教工美和体育娱乐用品制造业	133407	107357	24.3
石油煤炭及其它燃料加工业	200654	146057	37.4
化学原料和化学制品制造业	1061398	996397	6.5
医药制造业	464443	475750	-2.4
化学纤维制造业	46104	13568	239.8

表 4-10 续表 3

指 标 名 称	2018 年	2017 年(新)	增速(%)
橡胶和塑料制品业	337057	309729	8.8
非金属矿物制品业	1246166	866301	43.8
黑色金属冶炼和压延加工业	204485	65077	214.2
有色金属冶炼和压延加工业	70148	39841	76.1
金属制品业	383171	368756	3.9
通用设备制造业	323618	235652	37.3
专用设备制造业	507160	378662	33.9
汽车制造业	175366	183307	-4.3
铁路传播航空航天和其它运输设备制造业	58584	25989	125.4
电气机械和器材制造业	505330	470686	7.4
计算机通信和其它电子设备制造业	117993	112537	4.8
仪器仪表制造业	63698	34618	84
其它制造业	5000	21250	-76.5
废弃资源综合利用业	155608	129035	20.6
电力热力燃气及水的生产和供应业	352166	357840	-1.6
电力热力生产和供应业	303483	314647	-3.5
燃气生产和供应业	14235	7703	84.8
水的生产和供应业	34448	35490	-2.9
建筑业	4967	47895	-89.6
土木工程建筑业		44820	
建筑安装业	4967	3075	61.5
批发和零售业	101170	128238	-21.1
批发业	37967	91308	-58.4
零售业	63203	36930	71.1
交通运输仓储和邮政业	273810	235451	16.3

表 4-10 续表 4

指标名称	2018 年	2017 年(新)	增速(%)
道路运输业	87273	86034	1.4
水上运输业	24940	37593	-33.7
多式联运和运输代理业		6000	
装卸搬运和仓储业	160376	101045	58.7
邮政业	1221	4779	-74.5
住宿和餐饮业	14542	22926	-36.6
住宿业	5874	11040	-46.8
餐饮业	8668	11886	-27.1
信息传输软件和信息技术服务业	1174	25601	-95.4
互联网和相关服务		1620	
软件和信息技术服务业	1174	23981	-95.1
金融业	8462		
货币金融服务	8462		
房地产业	4900	3470	41.2
房地产业	4900	3470	41.2
租赁和商务服务业	587196	633499	-7.3
商务服务业	587196	633499	-7.3
科学研究和技术服务业	74599	132856	-43.8
研究和实验进展	18300	75893	-75.9
专业技术服务业	27979	14806	89.0
科技推广和应用服务业	28320	42157	-32.8
水利环境和公共设施管理业	318086	349920	-9.1
水利管理业	28598	58297	-50.9
生态保护和环境治理业	5251	17029	-69.2
公共设施管理业	284237	269634	5.4
土地管理业		4960	
居民服务修理和其它服务业		49348	

表 4-10 续表 5

指 标 名 称	2018 年	2017 年(新)	增速(%)
居民服务业		3500	
机动车电子产品和日用产品修理业		10930	
其他服务业		34918	
教育	42008	10188	312.3
教育	42008	10188	312.3
卫生和社会工作	57372	41448	38.4
卫生	57372	36548	57.0
社会工作		4900	
文化体育和娱乐业	28130	25059	12.3
广播电视电影和录音制作业		7750	
文化艺术业		5000	
体育		3500	
娱乐业	28130	8809	219.3
公共管理社会保障和社会组织	354		
群众团体社会团体和其它成员组织	354		
三、项目个数(个)			
1、施工项目个数	1617	1315	23.0
其中:本年新开工	1101	1035	6.4
2、本年投产项目个数	1058	780	35.6
四、房屋建筑面积(平方米)			
1、房屋施工面积	4093879	7979466	-48.7
其中:住宅	40831	24496	66.7
2、房屋竣工面积	1854186	3955831	-53.1
其中:住宅	10731	15569	-31.1
3、房屋竣工价值	432818	611003	-29.2
其中:住宅	2621	5096	-48.6

基础设施行业投资完成情况

表 4-11

指 标 名 称	2018 年	2017 年(新)	增速(%)
一、计划总投资(万元)	**17209580**	**17653853**	**-2.5**
其中:本年新开工项目	1440597	3736379	-61.4
二、自年初累计完成投资(万元)	**3527786**	**3913700**	**-9.9**
其中:本年新开工	1017958	1583863	-35.7
其中:国有经济控股	2711697	3047103	-11
其中:民间投资	783686	838826	-6.6
1、按构成分			
建筑安装工程	2546245	2378041	7.1
设备工器具购置	702628	820645	-14.4
其他费用	278913	715014	-61
其中:建设用地费	49270	80980	-39.2
2、按建设性质分			
其中:(1)新建	1856383	2533467	-26.7
其中:(2)扩建	1282051	1130862	13.4
其中:(3)改建	385952	210871	83
其中:(7)单纯购置	2000	38500	-94.8
3、按登记注册类型分			
内资企业	3485707	3863629	-9.8
国有企业	874292	941613	-7.1
集体企业	8670		
联营企业	4690		
其他联营企业	4690		
有限责任公司	1937605	2269709	-14.6
国有独资公司	631390	684239	-7.7
其他有限责任公司	1306215	1585470	-17.6
股份有限公司	32484	21341	52.2
私营企业	618858	630966	-1.9
私营独资企业	145004	176128	-17.7
私营有限责任公司	462981	452942	2.2
私营股份有限公司	10873	1896	473.5
其他企业	9108		
港、澳、台商投资企业	29053	7403	292.4
港、澳、台商独资经营企业	8064	7403	8.9
港、澳、台商投资股份有限公司	20989		
外商投资企业	13026	42668	-69.5

表 4-11 续表

指 标 名 称	2018 年	2017 年(新)	增速(%)
中外合资经营企业	9676	22300	-56.6
外资企业	3350	20368	-83.6
4、按产业分			
①第一产业			
②第二产业	1425148	1569294	-9.2
工业	1425148	1569294	-9.2
工业技改投资	133566	191194	-30.1
③第三产业	2102638	2344406	-10.3
5、按国民经济行业分			
电力热力生产和供应业	1263839	1400525	-9.8
燃气生产和供应业	15835	19572	-19.1
水的生产和供应业	145474	149197	-2.5
铁路运输业	35000	50000	-30
道路运输业	314738	394711	-20.3
水上运输业	172062	256873	-33
管道运输业	3980		
多式联运和运输代理业	2001	18600	-89.2
装卸搬运和仓储业	3799	2721	39.6
邮政业	1221	4779	-74.5
电信广播电视和卫星传输服务	44875	6776	562.3
互联网和相关服务		1620	
水利管理业	357426	218595	63.5
生态保护和环境治理业	18836	29387	-35.9
公共设施管理业	1148700	1360344	-15.6
三、项目个数(个)			
1、施工项目个数	414	380	8.9
其中:本年新开工	223	238	-6.3
2、本年投产项目个数	188	192	-2.1
四、房屋建筑面积(平方米)			
1、房屋施工面积	162554	1306999	-87.6
其中:住宅	11081		
2、房屋竣工面积	84663	716274	-88.2
其中:住宅	881		
3、房屋竣工价值	15030	32513	-53.8
其中:住宅	280		

工 业 技 改 投 资 完 成 情 况

表 4-12

指 标 名 称	2018 年	2017 年(新)	增速(%)
一、计划总投资(万元)	**8281725**	**7550265**	**9.7**
其中:本年新开工项目	3574029	5202793	-31.3
二、自年初累计完成投资(万元)	**4298996**	**3975563**	**8.1**
其中:本年新开工	2437633	3145721	-22.5
其中:国有经济控股	256663	220429	16.4
其中:民间投资	3749495	3454761	8.5
其中:高新投资	1194842	1118152	6.9
其中:高耗能投资	1624562	1483815	9.5
1、按构成分			
建筑安装工程	2082647	1695421	22.8
设备工器具购置	2088671	2081506	0.3
其他费用	127678	198636	-35.7
其中:建设用地费	36600	78554	-53.4
2、按建设性质分			
其中:(1)新建	63448	176675	-64.1
其中:(2)扩建	317085	401804	-21.1
其中:(3)改建	3860463	3386091	14.0
其中:(7)单纯购置			
3、按登记注册类型分			
内资企业	3933191	3477925	13.1
国有企业	21006	83145	-74.7
有限责任公司	449413	405875	10.7
国有独资公司	59734	52759	13.2
其他有限责任公司	389679	353116	10.4
股份有限公司	112800	196133	-42.5
私营企业	3316694	2788172	19.0
私营独资企业	191224	245228	-22.0
私营有限责任公司	2971820	2402428	23.7
私营股份有限公司	153650	140516	9.3
其他企业	33278	4600	623.4

表 4-12 续表 1

指 标 名 称	2018 年	2017 年(新)	增速(%)
港、澳、台商投资企业	115670	209003	-44.7
合资经营企业(港或澳、台资)	32800	115795	-71.7
合作经营企业(港或澳、台资)	1799	6326	-71.6
港、澳、台商独资经营企业	70135	83916	-16.4
港、澳、台商投资股份有限公司	10936	2966	268.7
外商投资企业	245235	286335	-14.4
中外合资经营企业	80765	154377	-47.7
外资企业	149832	119292	25.6
外商投资股份有限公司	14638	12666	15.6
个体经营	4900	2300	113.0
个体户	4900	2300	113.0
4、按国民经济行业分			
采矿业	17300	8081	114.1
黑色金属矿采选业	12320		
有色金属矿采选业		8081	
非金属矿采选业	4980		
制造业	4148130	3776288	9.8
农副食品加工业	336615	294908	14.1
食品制造业	147753	25085	489.0
酒饮料和精致茶制造业	13099	54092	-75.8
纺织业	69642	66852	4.2
纺织服装服饰业	155694	183836	-15.3
皮革毛皮羽毛及其制品和制鞋业	43388	78359	-44.6
木材加工和木竹藤棕草制品业	119338	132742	-10.1
家具制造业	45010	39163	14.9
造纸和纸制品业	36574	17800	105.5
印刷和记录媒介复制业	76876	108695	-29.3
文教工美和体育娱乐用品制造业	74822	92163	-18.8
石油煤炭及其它燃料加工业	81703	102704	-20.4
化学原料和化学制品制造业	982805	816320	20.4

表 4-12 续表 2

指 标 名 称	2018 年	2017 年(新)	增速(%)
医药制造业	308328	261852	17.7
化学纤维制造业	46807	43638	7.3
橡胶和塑料制品业	85517	146304	-41.5
非金属矿物制品业	439668	414599	6.0
黑色金属冶炼和压延加工业	95519	48393	97.4
有色金属冶炼和压延加工业	11895	18650	-36.2
金属制品业	221712	178771	24.0
通用设备制造业	172399	92592	86.2
专用设备制造业	147260	108474	35.8
汽车制造业	72107	43884	64.3
铁路传播航空航天和其它运输设备制造业	9696	29034	-66.6
电气机械和器材制造业	146308	266595	-45.1
计算机通信和其它电子设备制造业	94525	64979	45.5
仪器仪表制造业	29421	14742	99.6
其它制造业	4500	7870	-42.8
废弃资源综合利用业	79149	23192	241.3
电力热力燃气及水的生产和供应业	133566	191194	-30.1
电力热力生产和供应业	98713	137150	-28.0
燃气生产和供应业		4800	
水的生产和供应业	34853	49244	-29.2
三、项目个数(个)			
1、施工项目个数	772	590	30.8
其中:本年新开工	536	480	11.7
2、本年投产项目个数	517	405	27.7
四、房屋建筑面积(平方米)			
1、房屋施工面积	1366026	2218537	-38.4
其中:住宅	5800	3246	78.7
2、房屋竣工面积	498840	1030331	-51.6
其中:住宅		2854	
3、房屋竣工价值	203478	157743	29.0
其中:住宅		238	

房地产开发投资

表 4-13　　单位:万元

年份	全市	市区	#赣榆区	东海县	灌云县	灌南县
1990	4100	3988	378			112
1991	3700	3376	595			324
1992	9800	9532	632			268
1993	44100	42583	1288	1163		354
1994	33100	31463	592	752	381	504
1995	39600	35796	1580	3320	354	130
1996	43500	41468	1080	930	952	150
1997	42300	41075	780	320	768	137
1998	45400	42203	2160	888	890	1419
1999	74907	68557	2808	795	3475	2080
2000	65922	61775	2260	740	1420	1987
2001	96586	95136	2120		438	1012
2002	160200	149660	15259	810	8130	1600
2003	197645	175207	18629	7220	10088	5130
2004	273238	238550	21414	22488	11650	550
2005	353644	272854	27914	52480	15250	13060
2006	550677	444901	47196	47585	28910	29281
2007	793957	634079	78397	68075	60840	30963
2008	951229	738476	112127	82467	90996	39286
2009	1108117	822441	160566	103229	100300	82147
2010	1323575	889415	189468	131349	132610	170201
2011	1646532	1145978	190415	162215	127429	210910
2012	1622296	1182126	157911	180888	119224	140058
2013	1840902	1276047	217098	284312	122140	158403
2014	1892764	1280534	231854	297164	133549	181517
2015	2054236	1445091	250090	215200	190781	203164
2016	2354133	1658649	254611	197748	272632	225104
2017	2749339	2024894	159979	238132	159816	326497
2018	3415231	2730378	289718	252271	192139	240443

按地区分房地产

表 4-14

（2018 年）

项目	连云港市	连云区	海州区	赣榆区
项目个数	340	32	67	46
计划总投资	17584040	2765120	4670212	1614285
累计完成投资	19581111	1242214	4117052	1121033
本年完成投资	3415231	276973	1021514	289718
按工程用途分				
住宅	2836402	171618	816035	251321
其中:90 平方米及以下	231553	20412	77577	3323
144 平方米及以上	561422	17424	99476	56192
其中:别墅、高档公寓	30124		1819	1740
办公楼	79924	16288	45375	144
商业营业用房	271142	17756	139667	27523
其他	227763	71311	20437	10730
按构成分				
建筑工程	2336369	165212	682361	194319
安装工程	401292	28362	124002	27476
设备工器具购置	46452	1702	17428	1751
其他费用	631118	81697	197723	66172
其中:旧建筑物购置费	70145	28509	550	
土地购置费	467984	32790	186887	55902
本年新增固定资产	761200	17530	217990	22543

开发投资情况

单位:万元

东海县	灌云县	灌南县	徐圩新区	市开发区	高新区
35	59	51	1	23	26
1034980	1359094	1825914	46626	1518759	2749050
625097	8325970	1371490	53000	795895	1929360
252271	192139	240443	49200	408280	684693
230226	146729	209303	8113	383236	619821
1302	10132	7885		27074	83848
432	15500	52486	4027	99827	216058
320	3581			22664	
	10290				7827
12648	21217	21171	977	11739	18444
9397	13903	9969	40110	13305	38601
209160	133418	179871	2987	321530	447511
39428	26437	16836		13587	125164
2582	11888	2226		2139	6736
1101	20396	41510	46213	71024	105282
		1086	40000		
	8151	30095	6103	56134	91922
27688	51091	243678		6210	174470

按地区分房地产

表 4-15

（2018 年）

项　　　目	连云港市	连云区	海州区	赣榆区
单位个数	316	25	63	44
上年末结余资金	1242293	95266	538815	62219
本年实际到位资金	4720588	377481	1370681	619045
国内贷款	579192	24750	215877	64000
银行贷款	442612	24250	210677	64000
非银行金融机构贷款	136580	500	5200	
利用外资				
自筹资金	948051	32011	380422	42969
定金及预收款	1571366	161436	299407	355514
个人按揭贷款	1349225	140717	281225	140326
其他资金来源	272754	18567	193750	16236
本年各项应付款	1359588	241425	486935	124664
其中:工程款	735169	101937	246208	97966
待开发土地面积(平方米)	3823166	149681	414457	55538
本年购置土地面积(平方米)	771404		212917	91877
本年土地成交价款	295811		141800	11206
其中:拆迁补偿费	20120			

开发资金情况

单位：万元、平方米

东海县	灌云县	灌南县	徐圩新区	市开发区	高新区
32	56	51	1	20	24
57086	51925	48446	40306	130728	217502
324910	253139	391337	33000	525133	825862
300	5257	220	33000	120530	115258
200	1655		33000	43000	65830
100	3602	220		77530	49428
9700	46371	81255		127424	227899
116492	108261	158566		137287	234403
192768	91025	151271		129018	222875
5650	2225	25		10874	25427
28318	129063	93920	26219	111618	117426
23055	81724	51218	7582	53657	71822
79435	287575	155315		2301443	379722
	187271	141391	11676		126272
	37032	11998	20000		73775
			20000		120

按登记注册类型分房地产开发投资情况

表 4-16　　(2018 年)　　单位:万元

项　　目	连云港市	内资企业	港、澳、台商投资企业	外商投资企业
项目个数	340	333	6	1
计划总投资	17584040	16989096	568978	25966
累计完成投资	19581111	19312669	244342	24100
本年完成投资	3415231	3352758	38673	23800
按工程用途分				
住宅	2836402	2783197	31405	21800
其中:90 平方米及以下	231553	228583	2970	
144 平方米及以上	561422	552367	9055	
其中:别墅、高档公寓	30124	30124		
办公楼	79924	79924		
商业营业用房	271142	267325	2817	1000
其他	227763	222312	4451	1000
按构成分				
建筑工程	2336369	2289911	28858	17600
安装工程	401292	387387	7705	6200
设备工器具购置	46452	46432	20	
其他费用	631118	629028	2090	
其中:旧建筑物购置费	70145	70145		
土地购置费	467984	465894	2090	
本年新增固定资产	761200	752585	8615	

按登记注册类型分房地产开发资金情况

表 4-17　　（2018 年）　　单位:万元、平方米

项　　目	连云港市	内资企业	港、澳、台商投资企业	外商投资企业
单位个数	316	310	5	1
上年末结余资金	1242293	1238359	3934	
本年实际到位资金小计	4720588	4631339	65449	23800
国内贷款	579192	555112	24080	
银行贷款	442612	418532	24080	
非银行金融机构贷款	136580	136580		
利用外资				
自筹资金	948051	935272	12779	
定金及预收款	1571366	1539897	24269	7200
个人按揭贷款	1349225	1330345	2280	16600
其他到位资金	272754	270713	2041	16600
本年各项应付款合计	1359588	1331341	28247	
其中:工程款	735169	712509	22660	
待开发土地面积(平方米)	3823166	3693263	129903	
本年购置土地面积(平方米)	771404	760804	10600	
本年土地成交价款	295811	295071	740	
其中:拆迁补偿费	20120	20000	120	

按地区分商品房

表 4-18

(2018 年)

项目	连云港市	连云区	海州区	赣榆区
项目个数	340	32	67	46
房屋施工面积	25428216	2546412	5590541	3751940
住宅	20603302	1614208	4270796	3200832
其中:90 平方米及以下	2135994	314485	625291	110751
144 平方米以上	2912017	380214	861093	273588
别墅、高档公寓	302181	48000	149775	2071
办公楼	572050	342647	158274	1235
商业营业用房	1639158	216925	367612	280574
其他	2613706	372632	793859	269299
其中:本年房屋新开工面积	8006924	428348	1789018	1442447
住宅	6470758	352896	1143902	1256145
其中:90 平方米及以下	287068	67399	85963	185
144 平方米以上	868613	56507	173119	175832
别墅、高档公寓	98951		27140	
办公楼	117102		107147	1235
商业营业用房	493745	10850	202457	69081
其他	925319	64602	335512	115986
房屋竣工面积	2129275		484538	44463
住宅	1983588		448468	41077
其中:90 平方米及以下	357881		175305	
144 平方米以上	183887		95810	
别墅、高档公寓	10014			1200
办公楼	11606		3528	
商业营业用房	88395		14910	3386
其他	45686		17632	

施工和销售情况

单位:平方米

东海县	灌云县	灌南县	徐圩新区	市开发区	高新区
35	59	51	1	23	26
2062537	3030330	2934228	40202	1988253	3483773
1654712	2585414	2648661	35794	1759217	2833668
54382	270313	52631		144974	563167
38106	208794	201932	14288	407124	526878
15550	14684			72101	
7980	49825				12089
206188	266477	142002	4308	38227	116845
193657	128614	143565	100	190809	521171
534758	939849	949418	1202	1228964	692920
422370	841218	786712	594	1061994	604927
	30789	12969		57859	31904
	15389	119864		246496	81406
				71811	
7980	598				142
53246	48375	61561	608	29388	18179
51162	49658	101145		137582	69672
138946	182560	720701		2339	555728
117405	153511	690279			532848
	500	13396			168680
	8814	3695			75568
	8814				
	7572				506
10161	16090	27357		2339	14152
11380	5387	3065			8222

表 4-18 续表　　（2018 年）

项　　目	连云港市	连云区	海州区	赣榆区
商品房销售面积(平方米)	5626186	404245	1078745	823852
住宅	5324692	393714	999624	783796
其中:90 平方米及以下	199405	14934	75324	5227
144 平方米以上	763424	67015	135581	182444
别墅、高档公寓	82223	4190	41372	2800
办公楼	14685	3635	11050	
商业营业用房	190701	785	53949	38399
其他	96108	6111	14122	1657
本年商品房销售额(万元)	4100634	304216	960854	547674
住宅	3879209	297722	896961	515208
其中:90 平方米及以下	170496	14063	47634	2385
144 平方米以上	706672	42060	134148	122718
别墅、高档公寓	73580	3397	36693	1630
办公楼	9148	4268	4880	
商业营业用房	170575	723	53903	31770
其他	41702	1503	5110	696
待售面积(平方米)	1357675	241412	477516	121112
住宅	879601	73357	368860	93768
其中:90 平方米及以下	182796	8944	87914	22641
144 平方米以上	111477	40651	36079	21925
别墅、高档公寓	46184	31421	9559	656
办公楼	76129	69356	3099	
商业营业用房	282217	78798	39951	27344
其他	119728	19901	65606	
待售 1-3 年(含 1 年)	624845	183123	111104	82574
待售 3 年以上	8068	8056	12	

单位：平方米

东海县	灌云县	灌南县	徐圩新区	市开发区	高新区
739048	406572	1049139		497605	626980
648495	393143	1016969		467795	621156
9725	10114	4370		4069	75642
246	6983	83295		43510	244350
	5187			28674	
40245	12733	28656		12762	3172
50308	696	3514		17048	2652
516089	225584	510087		295003	741127
446725	217699	485251		284560	735083
3488	3894	2011		2003	95018
90	4416	50592		34176	318472
	3244			28616	
42450	7637	23582		5412	5098
26914	248	1254		5031	946
42934	91374	205201		85725	92401
20303	81337	161041		793	80142
1431	2490	2201			57175
	3251				9571
	2463				2085
				3168	506
22631	9083	44160		54067	6183
	954			27697	5570
	43965	84152		27697	92230

按地区分房地产

表 4-19 （2018 年）

项　　目	连云港市	连云区	海州区	赣榆区
单位个数	316	25	63	44
一、年初存货	48884852	7366488	10814036	4083650
二、期末资产负债				
流动资产合计	121125658	13162294	32734016	13709906
其中:货币资金	9909789	438217	2019767	1542181
应收账款	11126904	53163	5585894	3155257
存货	61770092	8972826	14719634	6759190
可供出售金融资产	439			
持有至到期投资				
长期股权投资	1766006	406575	183277	239230
固定资产原价	2285935	520077	489157	472415
其中:房屋和构筑物	1441802	435713	193422	340993
机器设备	48652	272	8235	14540
运输工具	134706	8555	16124	33229
电子设备	66235	7375	13042	10185
累计折旧	579324	145949	83713	86786
其中:本年折旧	150897	18704	21357	28559
固定资产净值	1706612	374120	401489	388218
在建工程	792911		289191	215146
无形资产	301271	64	30665	148279
其中:土地使用权	299419		29400	148279
软件使用权	114	22	20	
商誉	2308718		8613	
资产总计	150379304	14880792	38025863	15305914
流动负债合计	99697446	10668932	23773426	11746736
其中:应付账款	9638209	1040170	3021870	660805
非流动负债合计	20859388	1434041	8384972	533384
负债合计	120562337	12102973	32001399	12280120
所有者权益合计	29816967	2777819	6024464	3025794
其中:实收资本	19012516	1654828	3923147	1256172
国家资本	4008834	239550	278710	
集体资本	328399	234600	5000	37000
法人资本	8659532	889690	1920300	464678

企业财务状况

单位：千元

东海县	灌云县	灌南县	徐圩新区	市开发区	高新区
32	56	51	1	20	24
2425801	2958228	7264911		3573847	10397891
7669797	9086679	9871904	1566611	11907049	21417402
1615590	1230638	884401	509885	741809	927301
126546	980908	595898	18552	333695	276991
3488383	5564416	6050078	643154	5389670	10182741
		39			400
77795	12000	2000	161455	55314	628360
120657	115732	90094	130	78688	398985
42636	1	20181		51000	357856
4789	2658	4936		29	13193
34172	18187	16952		5560	1927
8352	3631	5982	130	2225	15313
57588	57113	43670	113	28901	75491
15411	19303	11902	10	11829	23822
63429	58223	46862	17	49890	324364
	238738	253	47438		2145
6666	19	2224	61351	23	51980
6666		1758	61351		51965
	19	15		23	15
					2300105
8226306	9837783	10377627	4191130	20107757	29426132
5206543	7882252	8593926	599371	15639784	15586476
328680	2599542	140666	10655	903325	932496
169375	149183	316488	1132079	2108007	6631859
5375918	8193937	8910414	1731450	17747791	22218335
2850388	1643846	1467213	2459680	2359966	7207797
2616556	1196002	856202	1717100	2066059	3726450
	20000		1717100	38000	1715474
	29800	1999			20000
1048812	625102	168680		1571354	1970916

表 4-19 续表 （2018 年）

项　　目	连云港市	连云区	海州区	赣榆区
个人资本	5410919	282395	1719137	627904
港澳台资本	464788	8593		126590
外商资本	140044			
三、损益及分配				
营业收入	38535003	2326264	6894023	3548743
其中：主营业务收入	37867113	2304559	6889857	3526683
土地转让收入				
商品房销售收入	37681765	2253603	6852873	3521772
自持物业收入	73170	43553	4007	1823
其中：房屋出租收入	27718	20169	3514	1823
其他收入	112178	7403	32977	3088
营业成本	30380264	1869496	5678828	2317810
其中：主营业务成本	29692741	1869480	5674437	2317448
税金及附加	1784292	71016	461553	188526
其中：主营业务税金及附加	1759208	70789	460307	186052
其他业务利润	42355	80	9353	4149
销售费用	891935	72673	203019	105613
管理费用	960522	110628	200866	163260
财务费用	164937	38627	18291	8264
其中：利息收入	69216	1727	7133	3010
利息支出	159427	38975	3518	4740
资产减值损失	19442	10910	8832	
公允价值变动收益	106056			
投资收益	21564	243	15854	
资产处置收益	1633			
其他收益	21924	238	1055	327
营业利润	5362144	153345	1222464	761814
营业外收入	38244	9790	4855	1715
营业外支出	132092	6211	17461	11822
利润总额	5564792	156924	1519624	770769
所得税费用	795827	1934	235848	191246
四、人工成本				
应付职工薪酬	626927	46433	159706	101206
应交增值税	2158429	87144	540874	252959

单位:千元

东海县	灌云县	灌南县	徐圩新区	市开发区	高新区
1225295	393900	685523		456705	20060
202405	127200				
140044					
5035536	3842901	5472234	49644	4645065	6720593
5033235	3842365	5457759	38735	4119004	6654916
5023723	3825036	5456867		4116882	6631009
		892		2021	20874
		207		1131	874
9512	17329		38735	101	3033
4007550	2921682	4520565	37350	3972329	5054654
3996241	2827622	4511297	34790	3419987	5041439
144701	205429	166824	4821	126759	414663
144051	201114	158309	4821	123207	410558
3596	6792	221	10908	6726	530
81364	83385	140006		119046	86829
59457	92913	116993	5000	92763	118642
2980	-7063	19770	-1111	61696	23483
3149	12888	1043	1111	29818	9337
451	3416	1170		79018	28139
-717				771	-354
			96078	9978	
1488	27			8815	-4863
13				1500	120
65	267	14		19958	
741767	543666	509225	99662	311952	1018249
168	15854	384	31	888	4559
2315	66010	16896	2	692	10683
699232	496619	492713	99691	312148	1017072
11413	41969	11688	24019	23198	254512
41390	70108	57651	5040	51250	94143
433300	139214	189092		163510	352336

5

财 政、金 融

主要年份分地区一般公共预算收入

表 5-1

单位:万元

年份	全市	市区	赣榆区	东海县	灌云县	灌南县
1997	98638	66724	16080	14057	12901	4956
1998	107785	70149	19245	17392	14690	5554
1999	111279	70820	17680	19404	15100	5955
2000	94767	69517	11764	10221	9361	5668
2001	124680	90814	14096	15762	10517	7587
2002	136481	99101	16422	17691	10926	8763
2003	156691	113601	18740	19516	13284	10290
2004	185762	136829	21186	20435	14384	14114
2005	245920	186252	26118	26891	15432	17345
2006	339593	250107	40023	40023	23308	26155
2007	487851	338138	63018	63018	42133	44562
2008	662115	442229	80186	75022	70087	74777
2009	902133	567621	117132	113479	105029	116004
2010	1413888	887216	183999	180157	164685	181830
2011	1800800	1127506	238099	235008	216093	222193
2012	2089396	1300250	292104	274607	258598	255941
2013	2333030	1391163	349262	327753	308766	305348
2014	2617723	1538607	401690	372008	355892	351216
2015	2917698	1726767	445077	410162	393200	387569
2016	2114667	1449084	250181	226068	215179	224336
2017	2148464	1512801	231745	211167	205658	218838
2018	2343089	1664823	258097	230035	223254	224977

主要年份分地区一般公共预算支出

表 5-2　　单位：万元

年份	全市	市区	赣榆区	东海县	灌云县	灌南县
1997	143882	91156	20590	20240	19124	13362
1998	151762	92406	24774	23511	20948	14897
1999	160402	94062	21050	27746	21799	16795
2000	166016	102221	25361	26549	19205	18041
2001	202771	128564	32885	27910	24038	22259
2002	231308	145169	37744	35206	25926	25007
2003	279784	177094	46032	42581	30511	29598
2004	324841	197491	49423	50045	38257	39048
2005	458548	279132	71007	74318	54872	50226
2006	576435	348295	99524	95944	67910	64286
2007	806647	464999	138124	132799	101374	107475
2008	1064297	596588	187856	172444	140634	154631
2009	1403077	764545	222959	220576	197007	220949
2010	2027515	1115127	330259	319384	288577	304427
2011	2746339	1577007	446294	433497	359118	376717
2012	3048809	1731713	527998	486842	410088	420166
2013	3623814	2106519	594652	539656	499939	477700
2014	3759482	2059322	664898	617361	557402	525397
2015	4259227	2344945	755798	687167	618031	609084
2016	3731249	2173478	602247	580905	496431	480435
2017	3905576	2235399	642417	619818	548464	501895
2018	4195660	2428390	695891	667483	565708	534079

财 政 预 算 收 入

表 5-3

（2018 年）

单位：万元

指　　　标	全　市	市　区	赣榆区	东海县	灌云县	灌南县
一般公共预算收入	2343089	1664823	258097	230035	223254	224977
一、税收收入	1874507	1346365	220952	177574	164223	186345
增值税	609517	651926	111181	85928	70898	89836
营业税	290501	785	380	188	106	351
企业所得税	283769	225576	29423	16976	15812	25405
个人所得税	85095	64510	7234	6294	5647	8644
资源税	11792	3077	2549	8715		
城市维护建设税	119869	96577	13311	7839	6587	8866
房产税	53235	38792	4498	5123	4579	4741
印花税	24817	18694	3443	1717	2074	2332
城镇土地使用税	93099	50148	12294	9923	22557	10471
土地增值税	119134	82876	16239	12490	10737	13031
车船税	19225	8608	4551	5175	3825	1617
耕地占用税	24785	14889	3784	3806	6090	
契税	133220	85677	10202	13044	15178	19321
二、非税收入	468582	318458	37145	52461	59031	38632
专项收入	163389	132293	15916	8935	12086	10075
行政事业性收费收入	118905	85413	6292	13512	6528	13452
罚没收入	79064	43817	9362	14049	12333	8865
国有资本经营收入						
国有资源(资产)有偿使用收入	66565	42565	4203	9526	12840	1634
其他收入	28242	3541	1372	6380	13715	4606
政府性基金预算收入	1445699	645916	161815	123331	355932	320520
国有资本经营预算收入	72222	70276	4675	1136	10	800
社会保险基金预算收入	1894959	1212845	282890	243493	225904	212717

表 5-3 续表　　单位:万元

指　　标	市 区	市 直	连云区	海州区	赣榆区	开发区	景 区	徐圩新区	高新区
一般公共预算收入	1664823	342456	122592	347878	258097	416504	15993	37800	123503
一、税收收入	1346365	146416	103908	327594	220952	391803	2692	33880	119120
增值税	651926	73825	42007	145099	111181	241504	1027	-1206	38489
营业税	785	18	58	11	380	310	-1		9
企业所得税	225576	30882	18415	39841	29423	72045	266	10519	24185
个人所得税	64510	11237	6430	17595	7234	14269	360	2865	4520
资源税	3077	54	87		2549	207	155	25	
城市维护建设税	96577	16077	5932	20665	13311	34145	411	805	5231
房产税	38792	7588	4087	8961	4498	7791	21	2623	3223
印花税	18694	2036	2144	3547	3443	4664	147	1606	1107
城镇土地使用税	50148	3424	6066	8205	12294	7059	126	9898	3076
土地增值税	82876	156	9403	34688	16239	4477	20	83	17810
车船税	8608	1	556	2515	4551	526	140	247	72
耕地占用税	14889	52		7823	3784			3230	
契税	85677	-22	8048	38632	10202	4576	20	2955	21266
二、非税收入	318458	196040	18684	20284	37145	24701	13301	3920	4383
专项收入	132293	58592	11259	14929	15916	24337	289	3238	3733
行政事业性收费收入	85413	70690	4038	3938	6292	66		4	385
罚没收入	43817	30693	2174	1323	9362	107	2	15	141
国有资本经营收入									
国有资源(资产)有偿使用收入	42565	24284	1213	94	4203	191	12410	132	38
其他收入	3541	952			1372		600	531	86
政府性基金预算收入	645916	356006	65654		161815	31495		30946	
国有资本经营预算收入	70276	61101	500	4000	4675				
社会保险基金预算收入	1212845	844526	29789	39096	282890	7626	3957	2826	2135

财 政 预 算 支 出

表 5-4　　　　（2018 年）　　　　单位:万元

指　　标	全　市	市　区		东海县	灌云县	灌南县
			赣榆区			
一般公共预算支出	4195660	2428390	695891	667483	565708	534079
一、一般公共服务支出	534402	361007	69990	81181	40287	51927
二、外交支出						
三、国防支出	15013	13007	70	1455	202	349
四、公共安全支出	265498	175468	37156	37975	29911	22144
五、教育支出	820080	461403	196898	156852	109671	92154
六、科学技术支出	99205	67299	5989	17416	1538	12952
七、文化体育与传媒支出	37675	24155	5788	8086	2436	2998
八、社会保障和就业支出	472811	228411	71978	76701	91757	75942
九、医疗卫生与计划生育支出	387442	195248	80303	67641	69077	55476
十、节能环保支出	96688	60069	14666	5424	17883	13312
十一、城乡社区支出	352125	221129	26404	49668	43632	37696
十二、农林水支出	445109	194398	108230	84378	91126	75207
十三、交通运输支出	189007	130500	24834	22590	20202	15715
十四、资源勘探信息等支出	96597	89513	16502	2993	1224	2867
十五、商业服务业等支出	32205	27652	1048	1927	1683	943
十六、金融支出	2218	1966		22	152	78
十七、援助其他地区支出	4845	4133	867	712		
十八、国土海洋气象等支出	59677	19376	5629	20064	10310	9927
十九、住房保障支出	212593	114737	18596	22961	26413	48482
二十、粮油物资储备支出	8643	3873	1730	894	2859	1017
二十一、其他支出	7049	6652	1056	126	158	113
二十二、债务付息支出	56485	28192	8147	8379	5166	14748
其中:地方政府一般债券付息支出	56485	28192	8147	8379	5166	14748
二十三、债务发行费用支出	293	202	10	38	21	32
政府性基金预算支出	1994188	938840	213951	177297	443599	434452
国有资本经营预算支出	55469	55469	35			

表 5-4 续表

单位:万元

指　　标	市 区								
		市 直	连云区	海州区	赣榆区	开发区	景 区	徐圩新区	高新区
一般公共预算支出	2428390	892600	120393	344446	695891	231690	42142	51567	49661
一、一般公共服务支出	361007	186377	20320	40375	69990	24497	2984	5220	11244
二、外交支出									
三、国防支出	13007	12303	162	439	70			33	
四、公共安全支出	175468	109837	6596	10048	37156	6881	389	3653	908
五、教育支出	461403	110852	34273	80751	196898	21895	7559	9175	
六、科学技术支出	67299	8949	1577	2638	5989	38413		200	9533
七、文化体育与传媒支出	24155	14918	899	1135	5788	323	60	348	684
八、社会保障和就业支出	228411	72586	12112	54535	71978	6825	4221	3229	2925
九、医疗卫生与计划生育支出	195248	77985	5976	23587	80303	3604	1376	759	1658
十、节能环保支出	60069	14211	11502	11842	14666	4004	1171	1727	946
十一、城乡社区支出	221129	37845	6787	45182	26404	76566	500	14600	13245
十二、农林水支出	194398	40342	6532	24583	108230	2296	7313	1989	3113
十三、交通运输支出	130500	82437	640	10655	24834	1050	3549	7006	329
十四、资源勘探信息等支出	89513	38048	505	3542	16502	26175	15	1481	3245
十五、商业服务业等支出	27652	8858	563	1992	1048	1302	12408	278	1203
十六、金融支出	1966	1966							
十七、援助其他地区支出	4133	3266			867				
十八、国土海洋气象等支出	19376	10352	935	2192	5629	140	10	118	
十九、住房保障支出	114737	51888	9879	23543	18596	10412			419
二十、粮油物资储备支出	3873	1753	120	270	1730				
二十一、其他支出	6652	775	79	3301	1056	1396	45		
二十二、债务付息支出	28192	6902	936	3803	8147	5911	535	1751	207
其中:地方政府一般债券付息支出	28192	6902	936	3803	8147	5911	535	1751	207
二十三、债务发行费用支出	202	150		33	10		7		2
政府性基金预算支出	938840	513522	65338	16794	213951	44801	53	84291	90
国有资本经营预算支出	55469	52934	500	2000	35				

主要年份金融机构存款余额

表 5-5

单位:亿元

年份	全市	市区		东海县	灌云县	灌南县
			赣榆区			
1978	1.83	1.26	0.38	0.30	0.25	0.02
1980	3.08	1.75	0.70	0.67	0.53	0.12
1983	5.49	3.62	0.72	1.00	0.65	0.22
1985	9.52	6.95	1.02	1.43	0.77	0.37
1990	28.94	21.21	3.08	3.79	2.66	1.29
1991	36.30	26.84	3.56	4.38	3.41	1.66
1992	44.42	32.06	4.46	5.37	4.90	2.09
1993	54.70	38.94	6.50	7.39	5.46	2.91
1994	78.06	57.57	9.36	8.21	8.15	4.12
1995	101.80	69.72	12.53	14.60	11.46	6.03
1996	128.08	91.06	16.19	17.06	13.36	6.60
1997	141.18	99.47	17.87	19.11	14.96	7.63
1998	161.07	116.60	20.38	20.75	15.55	8.17
1999	175.65	128.54	23.69	22.67	15.69	8.75
2000	192.89	140.57	26.32	25.37	16.82	10.13
2001	214.59	156.57	28.30	28.25	18.48	11.29
2002	249.51	147.52	32.43	32.33	23.55	13.67
2003	293.55	178.31	35.93	37.37	26.25	15.69
2004	369.09	272.10	43.51	46.34	31.61	19.05
2005	437.39	319.75	50.81	56.34	38.01	23.27
2006	518.67	380.79	59.55	63.80	45.90	28.18
2007	643.06	467.83	70.37	74.29	62.54	38.41
2008	821.25	610.54	87.98	87.91	79.42	43.38
2009	1019.44	762.16	109.22	110.36	93.18	53.74
2010	1243.81	923.24	130.47	141.63	113.17	65.77
2011	1388.69	1023.75	158.42	165.84	126.24	72.86
2012	1538.04	1117.64	189.53	188.19	143.85	88.34
2013	1709.93	1217.24	219.55	219.75	163.49	109.46
2014	1887.31	1327.56	247.28	244.74	189.51	125.50
2015	2163.92	1525.71	286.16	273.27	217.20	147.74
2016	2555.48	1464.18	327.07	322.30	261.49	180.44
2017	2976.98	1711.29	367.97	360.05	308.89	228.76
2018	3261.64	1852.97	402.51	415.18	320.33	270.65

注:2004 年始金融机构存贷款余额含外币,下同。

主要年份居民储蓄存款余额

表 5-6　　单位:亿元

年　　份	全　市	市　区	赣榆区	东海县	灌云县	灌南县
1978	0.38	0.21	0.07	0.06	0.08	0.03
1980	0.76	0.50	0.19	0.11	0.10	0.05
1983	2.07	0.77	0.40	0.53	0.30	0.07
1985	3.74	2.23	0.65	0.82	0.49	0.20
1990	15.90	10.04	2.41	2.92	2.04	0.90
1991	20.23	13.04	3.05	3.52	2.50	1.17
1992	24.59	15.42	3.85	4.32	3.33	1.52
1993	31.35	19.46	4.72	5.45	4.26	2.18
1994	45.98	27.85	7.12	8.63	6.30	3.20
1995	62.17	38.21	9.64	10.66	8.57	4.72
1996	77.34	49.70	12.14	12.17	10.31	5.16
1997	88.43	59.30	14.11	13.69	11.04	4.41
1998	96.92	64.24	15.33	14.96	11.68	6.04
1999	107.47	72.23	18.13	16.63	12.05	6.56
2000	114.37	76.66	19.64	18.67	12.08	6.97
2001	129.28	86.20	21.04	21.10	13.61	8.36
2002	159.20	106.66	24.35	24.98	17.57	9.99
2003	184.63	124.35	27.61	28.54	20.05	11.69
2004	217.73	144.55	32.66	34.27	24.59	14.32
2005	250.13	164.09	38.24	40.31	28.31	17.42
2006	285.96	187.73	44.17	45.28	32.91	20.03
2007	318.24	202.21	50.96	50.98	39.56	25.48
2008	398.42	258.69	61.99	60.15	48.94	30.64
2009	452.92	292.85	68.87	69.42	54.94	35.70
2010	538.24	344.35	85.03	86.69	64.77	42.43
2011	629.42	402.70	102.84	103.31	73.42	50.00
2012	732.79	460.30	121.63	122.78	87.34	62.37
2013	850.95	530.83	142.63	142.14	104.49	73.49
2014	953.41	585.48	164.58	164.93	119.01	83.99
2015	1055.97	640.96	189.49	188.48	132.39	94.14
2016	1179.91	491.88	218.43	214.11	147.28	108.21
2017	1289.74	518.52	245.23	240.63	161.60	123.76
2018	1420.02	567.37	271.26	271.13	177.02	133.24

主要年份金融机构贷款余额

表 5-7

单位:亿元

年份	全市	市区	赣榆区	东海县	灌云县	灌南县
1978	4.02	2.53	0.74	0.70	0.63	0.16
1980	5.40	2.97	0.94	1.19	0.78	0.46
1983	9.41	5.59	1.12	1.61	1.14	1.07
1985	17.33	11.55	2.23	2.56	1.79	1.42
1990	46.37	34.51	4.51	4.73	3.96	3.17
1991	55.96	41.15	5.43	5.67	5.23	3.92
1992	64.97	47.13	6.35	6.77	6.70	4.38
1993	73.23	53.54	8.24	7.54	6.95	5.20
1994	89.88	64.17	9.80	10.07	9.26	6.38
1995	108.57	72.58	11.66	13.85	13.95	8.20
1996	127.07	83.33	13.98	17.45	16.44	9.84
1997	149.18	96.03	17.04	21.86	19.43	11.86
1998	164.94	106.07	18.27	23.74	23.15	11.99
1999	163.39	108.89	17.36	23.48	20.10	10.91
2000	151.70	102.70	15.89	21.72	17.96	9.33
2001	163.86	111.74	17.82	21.87	18.98	11.28
2002	179.36	105.90	19.37	22.06	20.58	11.46
2003	210.72	131.86	22.45	23.00	21.15	12.27
2004	282.69	221.70	24.84	26.40	22.79	11.81
2005	311.00	248.30	25.94	29.03	22.73	10.94
2006	382.41	314.02	33.01	32.39	23.70	12.30
2007	474.56	395.88	41.52	36.60	26.30	15.79
2008	558.53	473.09	46.70	40.08	28.87	16.49
2009	772.48	636.97	77.07	61.91	44.14	29.46
2010	946.26	753.96	98.72	87.28	63.14	41.88
2011	1088.17	840.38	117.64	110.02	82.87	54.89
2012	1285.20	984.74	141.03	133.41	97.79	69.26
2013	1425.50	1067.01	170.77	154.00	115.82	88.67
2014	1607.42	1183.14	205.10	181.51	135.81	106.95
2015	1827.40	1334.49	241.15	210.19	165.91	116.82
2016	2093.90	1266.28	261.02	248.71	183.80	134.09
2017	2476.09	1513.61	297.85	294.76	211.87	157.99
2018	2945.04	1796.24	356.18	333.00	244.12	215.51

金融机构存贷款(本外币)

表 5-8　　（2018 年末）　　单位:亿元

指标	全市	市区	赣榆区	东海县	灌云县	灌南县
一、各项存款	**3261.64**	**1852.97**	**402.51**	**415.18**	**320.33**	**270.65**
(一)境内存款	3260.58	1852.20	402.46	415.11	320.30	270.51
1.住户存款	1429.18	573.83	271.77	273.02	177.22	133.34
(1)活期存款	612.24	231.23	106.76	135.98	73.20	65.07
(2)定期及其他存款	816.94	342.59	165.01	137.04	104.02	68.27
2.非金融企业存款	1105.32	825.43	69.09	73.79	66.66	70.34
(1)活期存款 2	496.43	298.57	42.28	48.20	49.44	57.94
(2)定期及其他存款 2	608.89	526.86	26.81	25.60	17.22	12.40
3.广义政府存款	705.31	432.22	61.60	68.29	76.37	66.83
(1)财政性存款	44.80	22.42	7.43	2.79	6.42	5.73
(2)机关团体存款	660.51	409.80	54.17	65.50	69.94	61.10
4.非银行业金融机构存款	20.77	20.72			0.05	
(二)境外存款	1.06	0.77	0.05	0.07	0.03	0.14
二、各项贷款	**2945.04**	**1796.24**	**356.18**	**333.00**	**244.12**	**215.51**
(一)境内贷款	2944.97	1796.17	356.17	333.00	244.12	215.51
1.住户贷款	1249.19	569.37	190.89	225.82	137.66	125.45
(1)短期贷款	323.71	99.38	64.11	78.91	50.14	31.16
消费贷款	119.73	67.62	14.46	15.06	13.26	9.33
经营贷款	203.98	31.76	49.66	63.85	36.89	21.83
(2)中长期贷款 2	925.48	469.99	126.78	146.91	87.51	94.29
消费贷款 2	874.59	449.68	119.21	136.13	80.33	89.25
经营贷款 1	50.88	20.31	7.57	10.78	7.18	5.04
2.非金融企业及机关团体贷款	1695.78	1226.80	165.28	107.19	106.46	90.05
(1)短期贷款	648.02	521.84	52.78	29.96	28.69	14.77
(2)中长期贷款	913.01	632.97	83.85	65.77	66.93	63.50
(3)票据融资	134.02	71.44	28.65	11.30	10.84	11.79
(4)融资租赁						
(5)各项垫款	0.73	0.56		0.17		
3.非银行业金融机构贷款						
(二)境外贷款	0.08	0.07				0.01

金融机构存贷款(人民币)

表 5-9　　　　（2018 年末）　　　　单位:亿元

指　　标	全　市	市　区		东海县	灌云县	灌南县
			赣榆区			
一、各项存款	**3218.79**	**1818.15**	**399.98**	**410.40**	**320.06**	**270.20**
（一）境内存款	3217.84	1817.48	399.95	410.33	320.03	270.06
1.住户存款	1420.02	567.37	271.26	271.13	177.02	133.24
（1）活期存款	606.32	227.54	106.42	134.26	73.09	65.01
（2）定期及其他存款	813.69	339.83	164.84	136.87	103.93	68.23
2.非金融企业存款	1071.79	797.21	67.09	70.91	66.59	69.99
（1）活期存款 2	473.25	280.40	40.43	45.46	49.37	57.60
（2）定期及其他存款 2	598.53	516.81	26.65	25.45	17.22	12.39
3.广义政府存款	705.27	432.18	61.60	68.29	76.37	66.83
（1）财政性存款	44.80	22.42	7.43	2.79	6.42	5.73
（2）机关团体存款	660.48	409.77	54.17	65.50	69.94	61.10
4.非银行业金融机构存款	20.77	20.71	0.00	0.00	0.05	
（二）境外存款	0.95	0.67	0.04	0.07	0.03	0.14
二、各项贷款	**2921.36**	**1772.57**	**356.16**	**333.00**	**244.12**	**215.51**
（一）境内贷款	2921.28	1772.50	356.16	333.00	244.12	215.50
1.住户贷款	1249.15	569.35	190.89	225.81	137.65	125.45
（1）短期贷款	323.68	99.36	64.11	78.90	50.14	31.16
消费贷款 1	119.70	67.60	14.45	15.06	13.26	9.33
经营贷款 1	203.98	31.76	49.66	63.85	36.89	21.83
（2）中长期贷款 1	925.48	469.99	126.78	146.91	87.51	94.29
消费贷款	874.59	449.68	119.21	136.13	80.33	89.25
经营贷款	50.88	20.31	7.57	10.78	7.18	5.04
2.非金融企业及机关团体贷款	1672.12	1203.15	165.26	107.19	106.46	90.05
（1）短期贷款	641.44	515.26	52.77	29.96	28.69	14.77
（2）中长期贷款	895.94	615.90	83.85	65.77	66.93	63.50
（3）票据融资	134.02	71.44	28.65	11.30	10.84	11.79
（4）融资租赁						
（5）各项垫款	0.73	0.56		0.17		
3.非银行业金融机构贷款						
（二）境外贷款	0.08	0.07				0.01

近年全市保险费收入

表 5-10

单位:万元

年份	保险费收入总额	财产保险	寿险	意外险	健康险
2008	216573	61043	141410	5385	8735
2009	255407	75952	163355	5459	10641
2010	334245	93248	222177	6980	11840
2011	351677	109218	220999	8003	13457
2012	389913	128329	234728	9204	17652
2013	440564	156723	250430	10864	22548
2014	495209	173626	268236	12895	40452
2015	621561	199949	358998	13384	49231
2016	755197	235581	441729	14626	63261
2017	918882	260287	559900	14536	84159
2018	1034078	278720	615831	16679	122848

近年全市保险赔付支出

表 5-11

单位:万元

年份	保险赔付支出总额	财产保险	寿险	意外险	健康险
2008					
2009	88179	44857	38767	1605	2949
2010	76827	41313	30897	1619	2999
2011	92699	52969	34814	1926	2991
2012	115192	70054	39152	2442	3544
2013	156974	87228	62741	2418	4587
2014	171731	93582	63809	3145	11195
2015	195947	97709	81981	3843	12414
2016	255676	127509	105694	3824	18649
2017	289274	136322	135968	8962	8022
2018	291931	154592	137338	4024.72	6396

6

对外经济贸易

主要年份全市利用外资情况

表 6-1

单位:万美元

年份	签订合同数(个)	合同利用外资额				实际利用外资			
		合计	对外借款	外商直接投资	外商其他投资	合计	对外借款	外商直接投资	外商其他投资
1985	6	326		59	267	111		111	
1986	11	2710	1667	487	556	1137	1027	49	61
1987	9	1404	232	523	639	889	283	268	338
1988	17	2809	2294	329	186	1047	723	246	78
1989	10	1726	724	971	31	2267	850	736	681
1990	13	1062	799	262	1	1169	1016	140	13
1991	27	3216	162	3011	43	1136	981	151	4
1992	269	33433	786	32566	81	3897	792	3024	81
1993	404	25478	134	24775	569	7412	349	6495	568
1994	253	20537	6224	13595	718	8433	2169	5845	419
1995	313	28026	1464	26213	349	9495	2064	7089	342
1996	209	38395	5884	32511		17848	9534	8314	
1997	187	9489	470	7728	1291	16731	5842	10613	276
1998	117	11390	2114	9261	15	13145	2822	10308	15
1999	121	210620	199600	11020		16180	11512	4668	
2000	118	17642	7440	10202		17360	12590	4770	
2001	93	10113		10113		19495	13714	5781	
2002	161	19677		19677		53726	43717	10009	
2003	237	50976		50976		80892	59577	21405	
2004	274	69075		69075		48730	24071	24659	
2005	271	103634		103634		27480		27480	
2006	221	111786		111786		34569		34569	
2007	207	168292		168292		73787		73787	
2008	147	181367		181367		93528		93528	
2009	159	185793		185793		103992		103992	
2010	141	182234		182234		110120		110120	
2011	128	120538		120538		60986		60986	
2012	109	85565		85565		73354		73354	
2013	147	113330		113330		86987		86987	
2014	166	151455		151455		95437		95437	
2015	91	128346		128346		80109		80109	
2016	112	132072		132072		55044		55044	
2017	73	119376		119376		70902		70902	
2018	72	106995		106995		60345		60345	

主要年份分地区利用外资签订合同数

表 6-2　　　　　　　　　　　　　　　　　　　　　　　　　　　　单位:项

年份	全市	市区	赣榆区	东海县	灌云县	灌南县
1984	4	4				
1985	6	6	1			
1986	11	11				
1987	9	9	1			
1988	17	17	3			
1989	10	9	2	1		
1990	13	11		1	1	
1991	27	25	4		2	
1992	269	215	42	27	24	3
1993	404	352	70	34	14	4
1994	253	216	52	25	4	8
1995	313	254	62	30	26	3
1996	209	156	51	18	35	
1997	187	138	52	12	32	5
1998	117	79	22	8	28	2
1999	121	81	14	11	24	5
2000	118	71	18	19	17	11
2001	93	73	13	11	4	5
2002	161	106	29	30	21	4
2003	237	138	38	58	32	9
2004	274	168	55	39	45	22
2005	271	171	71	48	34	18
2006	221	145	39	39	25	12
2007	207	136	34	30	24	17
2008	147	109	16	16	11	11
2009	159	124	21	21	7	7
2010	141	96	30	20	14	11
2011	128	80	21	26	9	13
2012	109	71	18	15	22	1
2013	147	106	25	25	14	2
2014	166	114	33	31	16	5
2015	91	77	16	9	2	3
2016	112	70	12	31	8	3
2017	73	48	15	14	7	4
2018	72	50	11	14	4	4

主要年份分地区合同利用外资额

表6-3 单位:万美元

年份	全市	市区	赣榆区	东海县	灌云县	灌南县
1984	1691	1691				
1985	326	326	20			
1986	2710	2710				
1987	1404	1404	88			
1988	2809	2809	46			
1989	1726	1616	12	110		
1990	1062	1025		20	17	
1991	3216	3180	2111		36	
1992	33433	30720	2983	643	2024	46
1993	25478	24432	2915	702	307	37
1994	20537	18812	1156	1027	618	80
1995	28026	25213	1922	1604	1108	101
1996	38395	29069	1132	7749	1577	
1997	9489	7984	1068	382	1081	42
1998	11390	9727	468	115	1288	260
1999	210620	209303	503	395	741	181
2000	17642	15664	833	334	1080	564
2001	10113	9139	632	539	248	187
2002	19677	15904	1878	1941	1798	34
2003	50976	39175	8334	7736	2559	1506
2004	69075	51810	10921	8372	5309	3584
2005	103634	69776	17494	17866	8125	7867
2006	111786	88882	15783	10142	4290	8472
2007	168292	118979	18518	20036	15873	13404
2008	181367	132040	14552	17895	15641	15791
2009	185793	133632	18998	24650	13585	13926
2010	182234	111883	31430	21403	22690	26258
2011	120538	91386	8390	11334	5508	12310
2012	85565	58808	14980	12200	19128	–4571
2013	113330	90131	17820	17425	5654	120
2014	151455	119749	28528	16321	11333	4052
2015	128346	115295	13283	5469	1863	5719
2016	132072	107146	8008	15693	7358	1875
2017	119376	84303	32675	13273	12338	9462
2018	106995	63004	16298	12161	5590	26240

主要年份分地区实际利用外资额

表 6-4　　　　单位:万美元

年　份	全　市	市　区		东海县	灌云县	灌南县
			赣榆区			
1984	840	840				
1985	111	111	20			
1986	1137	1137				
1987	889	889	88			
1988	1047	1047	46			
1989	2267	2267	12			
1990	1169	1079		90		
1991	1136	1132	31		4	
1992	3897	3564	425	171	116	46
1993	7412	6955	475	366	85	6
1994	8433	7658	588	532	203	40
1995	9495	8199	883	627	568	101
1996	17848	16350	493	891	607	
1997	16731	14199	915	1821	657	54
1998	13145	10017	1035	2015	908	205
1999	16180	14805	598	242	929	204
2000	17360	15943	553	456	660	301
2001	19495	18607	664	451	235	202
2002	53726	51647	1061	937	1081	61
2003	80892	76082	2510	2066	1723	1021
2004	48730	38945	4484	3659	2682	3444
2005	27480	18005	2133	7994	154	1327
2006	34569	23792	5744	4469	2302	4006
2007	73787	45740	11086	8430	8290	11327
2008	93528	51455	14092	13810	15000	13263
2009	103992	58299	15367	15074	15186	15433
2010	110120	61850	16021	17110	15059	16101
2011	60986	50228	5660	7630	1555	1573
2012	73354	51707	13010	13936	5457	2254
2013	86987	62907	12004	13802	9759	519
2014	95437	76756	15366	11534	6907	240
2015	80109	67512	5930	5503	3349	3745
2016	55044	42914	9605	9421	2426	283
2017	70902	45506	10238	10238	8702	6456
2018	60345	39971	9509	9911	2117	8346

外国和港澳台直接投资情况

表 6-5　　(2018 年)

项　目	新签协议合同数(项)	协议合同外资金额(万美元)	实际利用外资金额(万美元)	期末实有企业数(个)
合　计	72	106995	60345	
一、按登计注册类型分				
1.中外合资经营	25	43549	29977	
#港澳台商合资经营				
2.中外合作经营				
#港澳台商合作经营				
3.外资企业	47	63446	30368	
#港澳台商独资				
4.外商投资股份有限公司				
二、按国民经济行业分				
农、林、牧、渔业	2	27925	10514	
采矿业		500	56	
制造业	30	31249	11794	
电力、燃气及水的生产和供应业	1	2863	4565	
建筑业	3	723	1565	
交通运输、仓储和邮政业	2	3504	4165	
信息传输、计算机服务和软件业			1030	
批发和零售业	15	16365	8310	
住宿和餐饮业	1	2		
金融业		-4100	1000	
房地产业	2	2953	3965	
租赁和商务服务业	7	14838	10731	
科学研究、技术服务和地质勘查业	8	9059	1938	
居民服务和其他服务业		158	260	
文化、体育和娱乐业	1	200		

表 6-5 续表　　（2018 年）

项　　目	新签协议合同数(项)	协议合同外资金额(万美元)	实际利用外资金额(万美元)	期末实有企业数(个)
合　　计	72	106995	60345	
三、按国别、地区分				
亚洲	60	87484	56378	
香港	32	48845	40688	
印度	1	8		
日本	2	3271	3391	
澳门			46	
马来西亚				
菲律宾				
新加坡	1	24512	8928	
韩国	13	1757	130	
台湾省	9	7634	3173	
哈萨克斯坦				
非洲	1	300	60	
欧洲	3	2541	438	
英国		972		
德国	1	93	19	
法国			58	
俄罗斯	1	209		
乌克兰				
南美洲		–506		
北美洲	1	–40	47	
加拿大		–218		
美国	1	178	47	
百慕大				
大洋洲	9	15022	2450	
澳大利亚	6	8625	1420	
新西兰	1	5000	355	
萨摩亚	2	1397	675	
其他		2194	972	
投资性公司投资		2194	972	

分地区利用外资情况

表 6-6　　　　（2018 年）　　　　单位:万美元

指　　标	全　市	市　区	赣榆区	东海县	灌云县	灌南县
一、新签协议个数(个)	**72**	**50**	**11**	**14**	**4**	**4**
1.对外借款						
2.外商直接投资	72	50	11	14	4	4
合资经营	25	14	3	8	1	2
合作经营						
独资经营	47	36	8	6	3	2
股份制经营						
3.外商其它投资						
二、新签协议金额	**106995**	**63004**	**16298**	**12161**	**5590**	**26240**
1.对外借款						
2.外商直接投资	106995	63004	16298	12161	5590	26240
合资经营	43549	11354	2032	7784	706	23705
合作经营						
独资经营	63446	51650	14266	4377	4884	2535
股份制经营						
3.外商其它投资						
三、实际利用外资	**60345**	**39971**	**9509**	**9911**	**2117**	**8346**
1.对外借款						
2.外商直接投资	60345	39971	9509	9911	2117	8346
合资经营	29977	15757	1784	5819	149	8252
合作经营						
独资经营	30368	24214	7725	4092	1968	94
股份制经营						
3.外商其它投资						

主要年份对外承包和劳务合作情况

表 6-7

指　　标	单位	2005	2010	2011	2012	2013	2014	2015	2016	2017	2018
一、新签合同数	**个**	**724**		**50**	**51**						
#承包工程	个			15	21						
劳务合作	个	724		35	30						
二、合同金额	**万美元**	**15842**	**12717**	**25868**	**21234**						
#承包工程	万美元			6866	4696	5434	991	47			
劳务合作	万美元	15842	12717	19002	16538	15059	15932	16597	4610	7162	9968
三、完成营业额	**万美元**	**16595**	**11304**	**12612**	**15164**						
#承包工程	万美元			16451	4723	4950	2306	218		154	
劳务合作	万美元	16595	11304	3839	10441	10826	11500	12120	962	3849	17429
四、新派人数		**6385**	**4710**	**12612**	**5401**						
#承包工程				92	2			11			
劳务合作		6385	4710	5230	5399	5618	5928	6182	1950	2799	4761
五、年末在外人数	**人**	**15134**		**6274**	**8065**						**10755**
#承包工程	人			266	81						
劳务合作	人	15134		6008	7984				3769	6279	10755

主要年份分地区进出口总额

表 6-8　　　　单位:万美元

指　　标	全　市	市　区	赣榆区	东海县	灌云县	灌南县
1988	597	597				
1989	1244	889			355	
1990	2095	1698		4	393	
1991	3534	2541		195	798	
1992	4452	4011		239	202	
1993	10233	9800	415	157	276	
1994	17855	17073	667	462	299	21
1995	27675	26153	1882	831	664	27
1996	36525	34243	990	1205	1060	17
1997	36955	34146	304	1202	1314	293
1998	32824	28524	1830	1870	1858	572
1999	41872	39799	2000	1045	923	105
2000	48509	45476	820	1579	1286	168
2001	68078	64352	1112	1934	896	896
2002	74691	69898	1000	3153	715	925
2003	95167	88851	1560	4435	1570	311
2004	153923	143132	1597	7519	1903	1369
2005	203906	191531	2406	8686	1918	1771
2006	271309	253875	3613	11911	2348	3175
2007	325302	301327	5678	12187	8224	3564
2008	444874	411482	8489	13852	13651	5889
2009	386010	345094	8811	17873	14396	8647
2010	507608	448296	14339	28714	19490	11108
2011	690008	619184	26324	28797	29181	12846
2012	800158	732974	39059	27556	23470	16158
2013	664117	591515	42135	31717	18287	22598
2014	802991	724758	62750	36482	18395	23356
2015	804485	722692	63717	36931	19784	25078
2016	704006	612349	51252	45794	23339	22524
2017	821366	726052	59844	48257	20529	26528
2018	954671	867395	62254	47314	20375	19587

主要年份分地区出口总额

表 6-9　　　　　　　　　　　　　　　　　　　　　　单位:万美元

指　　标	全　市	市　区	赣榆区	东海县	灌云县	灌南县
1988	419	419				
1989	655	300			355	
1990	1567	1170		4	393	
1991	2911	1918		195	798	
1992	3601	3160		239	202	
1993	7328	6895	415	157	276	
1994	12355	11573	667	462	299	21
1995	21999	20477	1882	831	664	27
1996	30163	27881	990	1205	1060	17
1997	33119	30310	304	1202	1314	293
1998	26524	22224	1830	1870	1858	572
1999	32051	30226	2000	1045	675	105
2000	38830	36586	729	1396	680	168
2001	48768	45448	943	1774	673	873
2002	50316	46248	784	2679	504	885
2003	57747	52812	1369	3554	1074	307
2004	76106	67661	1468	5952	1358	1135
2005	93179	83321	2086	6598	1632	1628
2006	144793	130992	3356	9502	2096	2203
2007	184680	163895	5303	10001	7510	3274
2008	229158	199045	7318	12312	12391	5410
2009	195398	161441	8011	13652	12512	7793
2010	260143	214964	12668	18116	17862	9201
2011	373577	313772	20975	21894	27082	10829
2012	360086	303925	27871	21201	21532	13428
2013	378364	316781	32209	26545	16543	18495
2014	435523	370294	41511	28986	15962	20281
2015	405967	338301	36989	28951	17895	20820
2016	368390	294257	40360	36835	20319	16979
2017	392169	313271	49727	39435	18307	21156
2018	415892	343798	49853	38913	18418	14763

连云港经济技术开发区主要综合指标

表 6-10

指　标	单位	2005	2010	2011	2012	2013	2014	2015	2016	2017	2018
1.地区生产总值(当年价)	亿元	65.54	200.55	255.50	330.05	412.03	255.24	275.52	296.04	307.37	325.98
2.工业总产值(当年价)	亿元	176.63	601.21	803.21	1005.13	1250.42	1129.88	1297.13	1409.30	1006.40	725.98
# 三资企业	亿元	112.03	368.48	471.78	559.11	645.70	742.34	849.15	908.67	648.90	303.21
3.固定资产投资额	亿元	32.09	156.60	145.35	187.51	187.07	237.04	292.28	309.75	350.91	248.84
# 基础设施及配套	亿元	11.79	18.54	16.35	12.75	25.87	34.35	27.42	31.39	74.83	35.72
4.新批准成立企业数	个	523	917	834	518	591	1223	974	882	905	1219
三资企业	个	49	39	30	17	25	36	28	37	32	9
内联企业	个	474	878	804	501	566	1187	946	845	873	1210
5.建设项目总投资											
三资企业	万美元	24260	162219	129067	59398	104640	105262	92546	84816	75484	37761
内联企业	亿元	15.48	306.86	371.00	70.52	138.58	174.55	165.87	125.01	132.55	168.53
6.新签利用外资协议	个	49	41	30	14	20	39	19	20	18	13
7.合同利用外资额	万美元	38895	63076	64996	16787	43885	48245	62003	57725	56847	19279
8.实际利用外资额	万美元	12237	32085	34716	19458	35173	36029	35209	11832	11849	7743
9.新投产(开业)生产企业	个	24	41	56	57	59	53	51	50	41	35
三资企业	个	6	9	7	8	11	7	5	6	3	3
内联企业	个	18	32	49	49	48	46	46	44	38	32
10.外贸出口供货额	亿元	23.68	68.11	72.42	68.30	69.97	70.29	61.83	69.80	69.93	74.67

表 6-10 续表

指　　标	单位	2005	2010	2011	2012	2013	2014	2015	2016	2017	2018
11.出口总额	万美元	26034	99512	147337	137691	141050	145399	130635	95859	111000	111448
# 三资企业	万美元	22265	65943	83585	78124	650876	74059	82118	62674	65847	67474
12.进口总额	万美元	69739	168131	210737	304822	205568	211202	227469	150744	178923	217701
# 三资企业	万美元	62356	112586	128218	185447	97451	76640	116725	114844	138472	124966
13.财政收入	亿元	11.13	55.30	79.21	93.65	65.43	70.71	76.72	68.98	70.55	81.93
# 税收	亿元	10.93	31.43	36.17	49.66	55.39	61.09	69.04	61.06	64.86	76.31
14.累计开发土地面积	平方公里	14	21	21	21	21	21	21	21	21	21
15.年末总人口	人	64090	72627	74368	76291	77716	78728	79838	80215	82501	82907
16.年末从业人员数	人	22120	50900	60865	64334	68644	72899	77335	79762	79885	80136
职工年平均工资	元	14612	29211	33399	36562	39458	46563	50381	67566	69884	70118
17.乡村劳动力	人	23100	25398	26853	30901	31502	31445	33522	32147	37400	35506
18.农业总产值(不变价)	万元	5875	7056	6336	6475	7616	11858	12323	11649	9840	8395
农业总产值(当年价)	万元	11124	9410	9222	10946	11976	12206	12782	12156	9977	8579
19.农业增加值	万元	5923	4660	5453	5573	6928	6300	6867	6420	4800	4840
20.农民人均纯收入	元	5450	9589.5	10754	12310	15968	18045	21609	24433	27365	29198
21.中小学教师数	人	1003	736	811	774	786	781	776	787	805	677
22.中小学在校学生数	人	10156	8539	6144	6275	6104	6152	6163	13012	12879	8235

7

农　业

农 村 基 本 情 况

表 7-1

(2018 年)

指　　标	单 位	全 市	市 区		东海县	灌云县	灌南县
				赣榆区			
一 、农村基层组织							
乡镇个数	个	60	20	15	17	12	11
# 镇政府	个	51	19	15	11	10	11
村民小组	个	11898	3467	2537	2990	3331	2110
二 、乡村户数 人口							
乡村户数	万 户	94.0	37.1	27.7	22.2	19.7	15.0
乡村人口	万 人	368.1	139.2	102.5	90.1	83.5	55.3
三 、乡村劳动力	万 人	177.5	64.1	43.5	43.5	38.8	31.1
(一)按性别分							
男劳动力	万 人	95.1	35.6	24.5	23.5	20.0	16.0
女劳动力	万 人	82.4	28.5	19.0	20.0	18.8	15.1
(二)按行业分							
农林牧渔业	万 人	74.9	22.4	15.4	18.7	19.7	14.1
# 种植业	万 人	62.4	16.4	10.5	16.4	16.7	12.9
工　　业	万 人	32.3	13.7	9.2	7.8	5.6	5.2
建 筑 业	万 人	32.3	14.5	11.5	8.6	4.2	5.0
交通运输 仓储 邮电业	万 人	8.6	2.8	2.0	2.3	1.2	2.3
信息服务业	万 人	1.1	0.6	0.2	0.3	0.1	0.1
批发零售贸易 餐饮业	万 人	9.0	3.8	1.8	2.0	1.5	1.7
住宿餐饮业	万 人	4.7	1.5	0.8	0.9	1.1	1.2
金融保险业	万 人	0.8	0.4	0.2	0.2	0.1	0.1
其他非农行业	万 人	13.8	4.3	2.4	2.7	5.3	1.4

主要年份农林牧渔业总产值

表 7-2　　（当年价格）　　单位:万元

年　　份	全　市	市　区	赣榆区	东海县	灌云县	灌南县
1978	54752	5788	14754	14630	12868	6712
1980	69437	6311	18371	18804	18050	7901
1983	139201	10436	34155	44552	32183	17875
1985	205903	14009	58070	70883	41682	21259
1990	402461	30896	101537	120770	104844	44378
1991	418029	33271	104388	124195	105034	51141
1992	439509	33589	122078	129349	98948	55545
1993	539101	38782	165053	163725	98909	72632
1994	942010	61628	269782	290021	195750	124829
1995	1113436	87251	385452	378980	293513	153240
1996	1233118	105380	361463	324198	297404	144673
1997	1443301	118638	399831	390212	350176	184444
1998	1504006	126281	414089	405489	356969	201178
1999	1529595	132126	387783	413839	382566	213281
2000	1407111	135339	386509	397354	304125	183784
2001	1490493	130587	424048	417542	320125	198191
2002	1554817	136474	431268	438423	337048	211604
2003	1511573	148448	397343	394325	358578	212879
2004	1643084	160540	404372	453551	394180	230441
2005	1740161	175581	464544	478436	381885	239715
2006	1800246	186001	478679	482773	403096	249697
2007	1962994	182671	516986	528125	459417	275795
2008	2305389	266233	647889	532747	544860	313660
2009	2841647	322916	759478	647575	653548	458130
2010	3228001	355589	844979	731116	752220	544097
2011	3765336	459811	1023000	844367	804956	633202
2012	4262364	534034	1167266	953437	908537	699090
2013	4742442	561697	1317855	1063106	1018157	781627
2014	5073931	4931380	1422040	1131831	1090880	836890
2015	5490300	2177132	1545777	1215420	1187887	909861
2016	5894159	2340270	1675457	1303138	1280036	970715
2017	6154120	2450775	1777524	1366678	1326751	1009916
2018	6366534	2468360	1783162	1444344	1386966	1066864

主要年份农林牧渔业总产值指数

表 7-3

（1978 年为 100）

年 份	全 市	市 区	赣榆区	东海县	灌云县	灌南县
1978	100.0	100.0	100.0	100.0	100.0	100.0
1980	127.0	118.1	125.6	127.5	141.9	117.8
1983	167.2	113.2	162.1	172.8	207.6	169.5
1985	216.8	115.0	223.7	232.7	266.7	201.2
1990	261.4	139.1	276.4	265.9	326.0	256.5
1991	281.7	171.5	283.4	276.4	368.6	285.0
1992	292.7	179.1	295.9	289.2	374.1	299.7
1993	323.2	180.9	365.6	338.5	334.0	329.3
1994	394.8	206.9	429.6	412.9	444.5	404.4
1995	464.9	248.5	501.4	477.2	561.5	449.6
1996	441.4	293.0	480.5	429.9	554.8	382.7
1997	507.3	331.5	511.7	470.5	679.6	527.8
1998	535.3	363.2	525.9	496.1	703.1	592.6
1999	566.6	390.3	536.4	518.2	769.3	646.2
2000	534.8	394.9	533.6	509.2	650.5	582.1
2001	567.3	394.6	555.7	535.6	707.6	650.6
2002	595.3	414.0	564.9	565.4	746.7	708.1
2003	598.7	456.3	547.9	544.2	795.8	693.6
2004	641.3	475.3	551.5	587.5	907.7	755.1
2005	679.2	519.8	633.6	619.7	879.4	785.5
2006	706.9	526.3	701.2	611.4	936.8	790.5
2007	737.2	483.1	733.3	683.8	925.7	867.4
2008	789.5	510.2	777.3	712.5	992.4	932.5
2009	844.6	534.4	822.0	770.4	1067.5	994.5
2010	889.4	543.0	859.0	794.3	1133.7	1069.1
2011	928.6	521.0	902.1	828.9	1194.9	1121.1
2012	974.1	559.0	936.4	871.2	1257.0	1153.6
2013	1004.3	544.0	973.9	901.7	1312.3	1198.6
2014	1043.5	563.0	1013.8	934.2	1366.1	1246.5
2015	1082.1	581.9	1051.7	963.2	1425.9	1302.4
2016	1105.0	594.0	1076.6	1050.8	1459.3	1330.0
2017	1141.4	597.6	1127.1	1090.5	1494.5	1372.8
2018	1170.4	603.6	1137.0	1126.8	1552.7	1420.2

主要年份农林牧渔业总产值

表 7-4　　（当年价格）　　单位:万元

年　　份	合　计	农业产值	林业产值	牧业产值	渔业产值
1978	54752	45456	481	5875	2940
1980	69437	57112	580	7909	3836
1983	139201	110272	1853	18682	8394
1985	205903	151739	3072	37817	13275
1990	402461	275400	5034	80609	41418
1991	418029	281380	5112	83624	47913
1992	439509	281768	7800	90046	59895
1993	539101	327136	10139	124082	77744
1994	942010	562923	11119	244498	123470
1995	1113436	736373	17730	156715	202618
1996	1233118	806859	16140	170757	239362
1997	1443301	895356	19192	250351	278402
1998	1504006	903202	20046	266244	314514
1999	1529595	965446	20935	238280	304934
2000	1407111	841946	23637	241560	299968
2001	1490493	899086	22009	241896	327502
2002	1554817	883158	24939	254036	392684
2003	1511573	703840	25147	282470	376108
2004	1643084	844677	22934	326294	387037
2005	1740161	850837	31312	362399	428483
2006	1800246	901392	34962	336565	451929
2007	1962994	945853	57232	432829	449128
2008	2305389	1092055	70360	529626	520312
2009	2841647	1331508	89755	686841	605465
2010	3228001	1613708	106090	740941	626788
2011	3765336	1807058	115487	920835	757024
2012	4262364	2024439	126239	1007966	915298
2013	4742442	2275794	134096	1021415	1058412
2014	5073931	2402144	140787	1057214	1192225
2015	5490300	2608033	147827	1119339	1303917
2016	5894159	2755611	165368	1190124	1432360
2017	6154120	2876457	158889	1185850	1531713
2018	6366534	3046527	159961	1158915	1554942

主要年份农林牧渔业总产值指数

表 7-5 （1978=100）

年　　份	农林牧渔业总产值指数	农业产值	林业产值	牧业产值	渔业产值
1978	100.0	100.0	100.0	100.0	100.0
1980	127.0	124.9	120.2	135.1	129.0
1983	167.2	174.2	92.3	180.8	121.5
1985	216.8	211.7	155.1	284.1	165.6
1990	261.4	250.5	173.3	327.3	248.9
1991	281.7	265.6	157.6	344.6	309.5
1992	292.7	268.6	187.6	376.9	333.5
1993	323.2	284.6	232.6	464.6	382.7
1994	394.8	341.8	289.5	587.9	472.3
1995	464.9	381.1	336.5	738.4	615.0
1996	441.4	404.0	319.7	408.9	741.7
1997	507.3	454.4	869.8	526.5	831.4
1998	535.3	468.5	908.4	576.9	911.0
1999	566.6	502.7	925.0	578.7	971.9
2000	534.8	455.1	1093.2	597.2	941.7
2001	567.3	491.8	1082.8	605.4	991.4
2002	595.3	497.1	1251.4	637.1	1137.0
2003	598.7	449.2	1360.9	683.7	1147.8
2004	641.3	506.7	1269.2	697.5	1235.4
2005	679.2	510.4	1732.9	774.7	1367.7
2006	706.9	528.0	1732.3	710.3	1544.7
2007	737.2	566.8	1737.2	803.9	1470.5
2008	789.5	603.6	2001.3	845.7	1586.7
2009	844.6	635.0	2228.0	944.0	1646.5
2010	889.4	675.0	2533.2	993.1	1671.2
2011	928.6	697.3	2577.2	1043.3	1755.2
2012	974.1	730.1	2682.9	1077.7	1862.3
2013	1004.3	749.1	2715.1	1060.3	1957.3
2014	1043.5	762.6	2753.1	1093.2	2110.0
2015	1082.1	790.1	2838.5	1107.4	2228.2
2016	1105.0	803.8	3058.7	1099.0	2302.8
2017	1141.4	827.4	2891.3	1104.3	2424.6
2018	1170.4	845.8	2869.7	1098.1	2528.0

主要年份主要农产品产量

表 7–6

年　　份	粮 食 (万吨)	棉 花 (万吨)	油 料 (万吨)
1978	120.24	0.62	5.49
1980	144.90	1.26	6.60
1983	198.98	2.42	9.70
1985	212.57	2.48	14.23
1990	233.38	2.28	12.73
1991	243.64	3.82	12.89
1992	240.17	3.22	10.53
1993	227.17	3.06	12.04
1994	235.08	4.31	13.83
1995	256.86	5.19	12.94
1996	269.72	5.14	12.56
1997	280.04	5.05	12.03
1998	251.93	5.60	12.48
1999	280.98	3.96	12.72
2000	207.03	2.73	14.85
2001	226.34	5.02	16.78
2002	230.64	4.10	15.31
2003	203.47	3.00	10.92
2004	260.29	4.82	13.52
2005	248.00	1.89	10.30
2006	274.38	2.11	9.99
2007	293.09	1.17	8.19
2008	320.12	0.73	10.78
2009	334.54	0.37	11.46
2010	339.36	0.39	11.17
2011	345.98	0.39	11.64
2012	361.35	0.28	11.78
2013	354.73	0.28	12.11
2014	359.33	0.17	11.39
2015	362.15	0.15	11.42
2016	360.80	0.05	11.40
2017	362.35		11.56
2018	364.03		8.35

农　业　总　产　值

表 7-7　　（2018年）（当年价格）　　单位:万元

县　区	合　计	农　业	林　业	牧　业	渔　业	农林牧渔服务业
合　计	**6366534**	**3046527**	**159961**	**1158915**	**1554942**	**446189**
市　区	2468360	807726	61624	341786	1160686	96538
连云区	104204	3364	2148	6	98085	601
海州区	372826	250180	10046	45706	32895	33999
赣榆区	1783162	489962	45381	234313	969606	43900
开发区	8580	5272	1162		1318	828
东海县	1444344	838091	44455	265401	129439	166958
灌云县	1386966	687846	29739	356640	179257	133484
灌南县	1066864	712864	24143	195088	85560	49209

农　业　总　产　值　构　成

表 7-8　　（2018年）（当年价格）　　单位:%

县　区	合　计	农　业	林　业	牧　业	渔　业	农林牧渔服务业
合　计	**100**	**47.9**	**2.5**	**18.2**	**24.4**	**7.0**
市　区	100	32.7	2.5	13.8	47.0	3.9
连云区	100	3.2	2.1		94.1	0.6
海州区	100	67.1	2.7	12.3	8.8	9.1
赣榆区	100	27.5	2.5	13.1	54.4	2.5
开发区	100	61.4	13.5		15.4	9.7
东海县	100	58.0	3.1	18.4	9.0	11.6
灌云县	100	49.6	2.1	25.7	12.9	9.6
灌南县	100	66.8	2.3	18.3	8.0	4.6

农　业　增　加　值

表 7-9　　(2018 年)(当年价格)　　单位:万元

指　标	总产值	中间消耗	中间物资消耗	对非物资生产部门劳务支出	增加值	增加值率(%)
总　计	**6366534**	**2860064**	**2272771**	**391916**	**3506470**	**55.1**
农　业	3046527	1182947	927286	255661	1863580	61.2
林　业	159961	75597	65923	9674	84364	52.7
牧　业	1158915	660920	622974	37946	497995	43.0
渔　业	1554942	745223	656588	88635	809719	52.1
农林牧渔服务业	446189	195377			250812	56.2

分　地　区　农　业　增　加　值

表 7-10　　(2018 年)(当年价格)　　单位:万元

地　区	总　计	农　业	林　业	牧　业	渔　业	农林牧渔服务业
合　计	**3506470**	**1863580**	**84364**	**497995**	**809719**	**250812**
市　区	1313642	485882	30850	146767	593544	56599
连云区	54156	1985	989	3	50818	361
海州区	201555	146423	5041	15376	15750	18965
赣榆区	938919	293977	22879	101407	494316	26340
开发区	4953	3202	545		674	532
东海县	834096	513460	25368	122648	73141	99479
灌云县	770785	435377	12741	145973	97441	79253
灌南县	587947	428861	15405	82607	45593	15481

农业总产值分项情况

表 7-11

(2018 年)

指　　标	按现行价格计算
农业总产值	**6366534**
一、农业产值	3046527
1、谷物及其他作物	1095520
2、蔬菜及园艺作物	1514666
3、水果、坚果、饮料和香料作物	435531
4、中药材	810
二、林业产值	159961
三、牧业产值	1158915
牲畜饲养	292189
猪的饲养	569852
家禽	236715
狩猎和捕捉动物	
其他畜牧业	60159
四、渔业产值	1554942
海水产品	1028963
淡水产品	525979
五、农林牧渔服务业产值	446189

农 作 物 播 种 面 积

表 7-12　　（2018 年）　　单位:千公顷

年　　份	全　市	市　区	#赣榆区	东海县	灌云县	灌南县
农作物播种面积	**624.0**	**70.5**	**97.9**	**204.2**	**143.4**	**108.0**
一、粮食作物	505.8	64.5	71.5	163.1	120.0	86.7
1.夏收粮食	242.7	29.6	34.9	78.1	56.8	43.4
#小　　麦	240.2	29.5	33.2	78.1	56.5	42.9
2.秋收粮食	263.1	34.9	36.7	85.0	63.2	43.4
#稻　　谷	211.2	31.6	27.6	65.1	48.5	38.5
玉　　米	45.1	2.9	7.8	16.9	13.8	3.7
豆　　类	3.8	0.4	0.6	1.0	0.7	1.0
薯　　类	3.1		0.7	2.0	0.2	0.1
二、油料作物	17.6	0.1	9.5	7.3	0.2	0.4
1.花　　生	17.0	0.1	9.5	7.3	0.1	0.0
2.油 菜 籽	0.6				0.1	0.4
3.芝　　麻						
三、棉　　花						
四、麻　　类						
五、糖　　料						
六、烟　　叶						
七、药　　材	0.3			0.3		
八、蔬 菜 类	86.2	8.0	12.6	24.2	21.9	19.4
九、瓜 果 类(果用瓜)	13.8	0.8	1.2	9.0	1.3	1.5
十、其他农作物	0.3			0.3		

农作物总产量和单产

表 7-13

（2018 年）

年　　份	全　市	市　区	#赣榆区	东海县	灌云县	灌南县
一、农作物总产量(吨)						
(一)粮食作物	3640291	456437	516089	1163170	868685	635910
1.夏收粮食	1411151	172059	198645	454426	332430	253591
#小　麦	1396799	171666	189126	454426	330642	250939
2.秋收粮食	2229140	284378	317444	708744	536255	382319
#稻　谷	1907269	263988	255729	579679	450169	357704
玉　米	287887	19080	54015	110845	82800	21147
豆　类	10613	995	2141	2983	1926	2568
薯　类(干品)	23371	312	5559	15240	1360	900
(二)油料作物	83514	137	46480	35280	599	1018
#花　生	82178	125	46480	35280	264	29
油菜籽	1306	10			307	989
(三)棉　花(皮棉)	80	80				
二、农作物单产(公斤/公顷)						
(一)粮食作物	7198	7081	7218	7133	7237	7335
1.夏收粮食	5815	5819	5700	5820	5850	5850
#小　麦	5816	5819	5700	5820	5850	5851
2.秋收粮食	8473	8151	8662	8338	8485	8819
#稻　谷	9033	8365	9279	8908	9289	9291
玉　米	6380	6579	6925	6555	6000	5700
豆　类	2815	2488	3510	2925	2603	2543
薯　类(干品)	7663	7800	8175	7620	6800	6923
(二)油料作物	4748	1713	4877	4813	2496	2483
#花　生	4831	2083	4877	4813	3300	2900
油菜籽	2375	1000			2193	2473
(三)棉　花(皮棉)	2000	2000				

8

工业、能源

全市及分县规模以上工业企业单位数

表 8-1　　（2018 年）　　单位:个

年　份	全　市	市　区	东海县	灌云县	灌南县
总　计	**1022**	**499**	**290**	**96**	**137**
一、按登记注册类型分组:					
内资企业	900	424	262	91	123
国有企业	2	1	1		
中央企业					
地方企业	2	1	1		
集体企业	2	1	1		
股份合作企业	2	1	1		
联营企业					
国有联营企业					
集体联营企业					
国有与集体联营企业					
其他联营企业					
有限责任公司	174	61	21	52	40
国有独资公司	16	8	2	5	1
其他有限责任公司	158	53	19	47	39
股份有限公司	17	14	1	1	1
私营企业	703	346	237	38	82
私营独资企业	37	7	29	1	
私营合作企业	1		1		
私营有限责任公司	651	332	204	37	78
私营股份有限公司	14	7	3		4
其他企业					
港、澳、台商投资企业	40	21	13	2	4
合资经营企业(港或澳、台资)	16	10	3		3
合作经营企业(港或澳、台资)	1	1			
港澳台商独资经营企业	21	8	10	2	1
港澳台商投资股份有限公司	1	1			
其他港澳台商投资企业	1	1			
外商投资企业	82	54	15	3	10
中外合资经营企业	35	21	9	1	4
中外合作经营企业					
外资企业	44	30	6	2	6
外商投资股份有限公司	3	3			

表 8-1 续表　　（2018 年）　　单位:个

年　份	全　市	市　区	东海县	灌云县	灌南县
二、按经济组织类型分组					
独资企业	106	47	47	5	7
国有企业	2	1	1		
集体企业	2	1	1		
私营独资企业	37	7	29	1	
港澳台商独资经营企业	21	8	10	2	1
外资企业	44	30	6	2	6
合作、合伙企业	5	3	2		
股份合作企业	2	1	1		
国有联营企业					
集体联营企业					
国有与集体联营企业					
其他联营企业					
私营合伙企业	1		1		
合作经营企业(港或澳、台资)	1	1			
中外合作经营企业					
其他企业(内资)					
其他港澳台商投资企业	1	1			
其他外商投资企业					
股份有限公司	35	25	4	1	5
股份有限公司(内资)	17	14	1	1	1
私营股份有限公司	14	7	3		4
港澳台商投资股份有限公司	1	1			
外商投资股份有限公司	3	3			
有限责任公司	876	424	237	90	125
国有独资公司	16	8	2	5	1
私营有限责任公司	651	332	204	37	78
合资经营企业(港或澳、台资)	16	10	3		3
中外合资经营企业	35	21	9	1	4
其他有限责任公司	158	53	19	47	39
三、在总计中:亏损企业	215	96	29	33	57
在总计中:国有控股企业	50	34	8	5	3
在总计中:轻工业	439	252	113	35	39
重工业	583	247	177	61	98
在总计中:大型企业	20	15	1		4
中型企业	74	48	8	8	10
小型企业	797	382	237	73	105
微型企业	131	54	44	15	18

全市及分县规模以上工业总产值

表 8-2　　（2018 年）　　单位:万元

年　　份	全　市	市　区	东海县	灌云县	灌南县
总　　计	**25754205**	**20532697**	**1879307**	**668654**	**2673548**
一、按登记注册类型分组:					
内资企业	19931011	15178641	1603778	600424	2548169
国有企业	31572	13373	18199		
中央企业					
地方企业	31572	13373	18199		
集体企业	4938	4405	533		
股份合作企业	6369	4270	2099		
联营企业					
国有联营企业					
集体联营企业					
国有与集体联营企业					
其他联营企业					
有限责任公司	5468845	4630517	175492	358495	304342
国有独资公司	307411	250142	19414	36923	932
其他有限责任公司	5161434	4380374	156078	321571	303410
股份有限公司	2840916	2766572	62612	1387	10345
私营企业	11578372	7759505	1344842	240543	2233482
私营独资企业	163076	17811	139038	6227	
私营合作企业	5273		5273		
私营有限责任公司	11261343	7651262	1176393	234316	2199372
私营股份有限公司	148680	90432	24138		34111
其他企业					
港、澳、台商投资企业	1672085	1494581	91755	27906	57843
合资经营企业(港或澳、台资)	203616	165338	21833		16446
合作经营企业(港或澳、台资)	31005	31005			
港澳台商独资经营企业	1419784	1280559	69922	27906	41397
港澳台商投资股份有限公司	8837	8837			
其他港澳台商投资企业	8843	8843			
外商投资企业	4151109	3859474	183774	40325	67536
中外合资经营企业	1629095	1533075	61821	19544	14655
中外合作经营企业					
外资企业	1287294	1091678	121953	20781	52881
外商投资股份有限公司	1234721	1234721			

表 8-2 续表　　（2018 年）　　单位:个

年　　份	全　市	市　区	东海县	灌云县	灌南县
二、按经济组织类型分组					
独资企业	2906664	2407826	349646	54913	94278
国有企业	31572	13373	18199		
集体企业	4938	4405	533		
私营独资企业	163076	17811	139038	6227	
港澳台商独资经营企业	1419784	1280559	69922	27906	41397
外资企业	1287294	1091678	121953	20781	52881
合作、合伙企业	51490	44117	7373		
股份合作企业	6369	4270	2099		
国有联营企业					
集体联营企业					
国有与集体联营企业					
其他联营企业					
私营合伙企业	5273		5273		
合作经营企业(港或澳、台资)	31005	31005			
中外合作经营企业					
其他企业(内资)					
其他港澳台商投资企业	8843	8843			
其他外商投资企业					
股份有限公司	4233154	4100562	86750	1387	44456
股份有限公司(内资)	2840916	2766572	62612	1387	10345
私营股份有限公司	148680	90432	24138		34111
港澳台商投资股份有限公司	8837	8837			
外商投资股份有限公司	1234721	1234721			
有限责任公司	18562899	13980192	1435539	612355	2534814
国有独资公司	307411	250142	19414	36923	932
私营有限责任公司	11261343	7651262	1176393	234316	2199372
合资经营企业(港或澳、台资)	203616	165338	21833		16446
中外合资经营企业	1629095	1533075	61821	19544	14655
其他有限责任公司	5161434	4380374	156078	321571	303410
三、在总计中:亏损企业	1859791	1151064	259113	143817	305797
在总计中:国有控股企业	2483341	2376529	62762	36923	7127
在总计中:轻工业	10190112	8900886	568538	301131	419557
重工业	15564093	11631810	1310769	367523	2253990
在总计中:大型企业	14104260	12282963	62612		1758685
中型企业	4340400	3810273	296849	140771	92506
小型企业	6359705	3826291	1289064	483483	760867
微型企业	949842	613170	230781	44400	61490

主 要 工 业 产 品 产 量

表 8-3　　(2018 年)

产品名称	单位	全市	市区	东海县	灌云县	灌南县
小麦粉	吨	46422		46422		
大米	吨	242104	72269	169835		
饲料	吨	306378	295127	11251		
其中:配合饲料	吨	180640	169389	11251		
混合饲料	吨	11642	11642			
精制食用植物油	吨	394700	327942	66758		
鲜、冷藏肉	吨	3812	3812			
熟肉制品	吨	9226		9226		
糖果	吨	5502	5502			
乳制品	吨	9974	9974			
液体乳	吨	9974	9974			
食品添加剂	吨	14437	14437			
发酵酒精(折 96 度,商品量)	千升	211433	179308	6900		25225
饮料酒	千升	75053	67558	634		6861
其中:白酒(折 65 度,商品量)	千升	6861				6861
啤酒	千升	67558	67558			
纱	吨	6013	3573		1204	1236
棉纱	吨	3798	1358		1204	1236
棉混纺纱	吨	2215	2215			
布	万米	5760	5760			
其中:棉布	万米	2680	2680			
棉混纺布	万米	3080	3080			

表 8-3 续表 1 (2018 年)

产品名称	单位	全市	市区	东海县	灌云县	灌南县
印染布	万米	90			90	
化纤长丝机织物	万米	44	44			
非织造布(无纺布)	吨	13232		13232		
服装	万件	3110	1691	1279	56	84
梭织服装	万件	3033	1691	1255	56	31
西服套装	万件	149	149			
针织服装	万件	77		24		53
人造板	立方米	662470	221040	142000		299430
其中:胶合板	立方米	295001	43284	90741		160976
纤维板	立方米	352003	177756	51259		122988
机制纸及纸板(外购原纸加工除外)	吨	17521	15569		1952	
包装用纸及纸板	吨	1952			1952	
其中:箱纸板	吨	1952			1952	
纸制品	吨	513		513		
其中:瓦楞纸箱	吨	513		513		
单色印刷品	令	9273	9273			
多色印刷品	对开色令	178143	178143			
硫酸(折 100%)	吨	29060	29060			
烧碱(折 100%)	吨	164128	164128			
其中:离子膜法烧碱(折 100%)	吨	164128	164128			
纯碱(碳酸钠)	吨	1126881	1126881			
冰乙酸(冰醋酸)	吨	4884	4884			

表 8-3 续表 2　　(2018 年)

产品名称	单位	全市	市区	东海县	灌云县	灌南县
农用氮、磷、钾化学肥料(折纯)	吨	740	740			
磷肥(折五氧化二磷 100%)	吨	740	740			
化学农药原药(折有效成分 100%)	吨	1575	1369		206	
初级形态塑料	吨	15295	15295			
聚氯乙烯树脂	吨	312	312			
合成纤维单体	吨	2552239	2552239			
其中:精对苯二甲酸(PTA)	吨	1510639	1510639			
碳纤维增强复合材料	吨	3131	3131			
稀土磁性材料	吨	2667	2667			
多晶硅	千克	140361	140361			
化学药品原药	吨	19037	19037			
中成药	吨	2572	2572			
化学纤维	吨	12360	12360			
合成纤维	吨	11917	11917			
氨纶纤维	吨	11917	11917			
高性能化学纤维	吨	443	443			
塑料制品	吨	10809	9851		958	
其中:塑料薄膜	吨	9851	9851			
水泥	吨	2403735	2070957	332778		
商品混凝土	立方米	1357964	1244078	113886		
水泥混凝土排水管	千米	2	2			

表 8-3 续表 3

(2018 年)

产品名称	单位	全市	市区	东海县	灌云县	灌南县
水泥混凝土电杆	根	270		270		
预应力混凝土桩	米	2186362	2186362			
平板玻璃	重量箱	7724909		7724909		
玻璃包装容器	吨	9072	9072			
玻璃纤维纱	吨	230	230			
纤维增强塑料制品	吨	2345		2345		
耐火材料制品	吨	5976	5976			
石墨及碳素制品	吨	14946		14946		
粗钢	吨	10649217	5989902			4659315
钢材	吨	8514783	4113118			4401665
钢筋	吨	1963533	1963533			
线材(盘条)	吨	2052363	2052363			
焊接钢管	吨	97222	97222			
其他钢材	吨	4401665				4401665
用外购钢材再加工生产钢材	吨	97222	97222			
用外购国产钢材再加工生产钢材	吨	97222	97222			
铁合金	吨	715666	713846		1820	
铜材	吨	661				661
铝材	吨	776		776		
钢结构	吨	12000				12000
金属集装箱	立方米	6249830	6249830			

表 8-3 续表 4　　(2018 年)

产品名称	单位	全市	市区	东海县	灌云县	灌南县
铸铁件	吨	224980	224980			
铸钢件	吨	2530	2530			
金属切削机床	台	602	602			
齿轮	吨	3242			3242	
矿山专用设备	吨	1555		1555		
模具	套	169	169			
纺织专用设备	台	409	409			
工业机器人	套	270	270			
改装汽车	辆	661	661			
民用钢质船舶	载重吨	62546				62546
钢质机动货船	载重吨	62546				62546
高压开关板	面	392	392			
低压开关板	面	781	781			
太阳能电池(光伏电池)	千瓦	419728	406113	13615		
太阳能热水器	平方米	49		49		
电光源	万只	16385		16385		
彩色电视机	台	40658	40658			
其中:智能电视	台	40658	40658			
半导体分立器件	万只	119832	119832			
电子元件	万只	17387	17295			92
自来水生产量	万立方米	9082	9082			

规模以上工业企业主要经济指标

表 8-4　　(2018 年)　　单位:万元

指标	企业单位数(个)	#亏损企业	工业总产值	工业销售产值
总　计	**1022**	**215**	**25754205**	**25045197**
一、按登记注册类型分组:				
内资企业	900	183	19931011	19460231
国有企业	2		31572	28038
中央企业				
地方企业	2		31572	28038
集体企业	2		4938	4938
股份合作企业	2		6369	6369
联营企业				
国有联营企业				
集体联营企业				
国有与集体联营企业				
其他联营企业				
有限责任公司	174	70	5468845	5483076
国有独资公司	16	4	307411	315579
其他有限责任公司	158	66	5161434	5167497
股份有限公司	17	2	2840916	2558133
私营企业	703	111	11578372	11379678
私营独资企业	37	2	163076	158093
私营合作企业	1		5273	5156
私营有限责任公司	651	103	11261343	11073373
私营股份有限公司	14	6	148680	143055
其他企业				
港、澳、台商投资企业	40	11	1672085	1663815
合资经营企业(港或澳、台资)	16	4	203616	203119
合作经营企业(港或澳、台资)	1	1	31005	28537
港澳台商独资经营企业	21	5	1419784	1414479
港澳台商投资股份有限公司	1	1	8837	8837
其他港澳台商投资企业	1		8843	8843
外商投资企业	82	21	4151109	3921151
中外合资经营企业	35	11	1629095	1628698
中外合作经营企业				
外资企业	44	8	1287294	1261612
外商投资股份有限公司	3	2	1234721	1030842

表 8-4 续表 1　　(2018 年)　　单位:万元

指　　标	企业 单位数(个)	#亏损企业	工业总产值	工业销售产值
二、按经济组织类型分组				
独资企业	106	15	2906664	2867160
国有企业	2		31572	28038
集体企业	2		4938	4938
私营独资企业	37	2	163076	158093
港澳台商独资经营企业	21	5	1419784	1414479
外资企业	44	8	1287294	1261612
合作、合伙企业	5	1	51490	48905
股份合作企业	2		6369	6369
国有联营企业				
集体联营企业				
国有与集体联营企业				
其他联营企业				
私营合伙企业	1		5273	5156
合作经营企业(港或澳、台资)	1	1	31005	28537
中外合作经营企业				
其他企业(内资)				
其他港澳台商投资企业	1		8843	8843
其他外商投资企业				
股份有限公司	35	11	4233154	3740867
股份有限公司(内资)	17	2	2840916	2558133
私营股份有限公司	14	6	148680	143055
港澳台商投资股份有限公司	1	1	8837	8837
外商投资股份有限公司	3	2	1234721	1030842
有限责任公司	876	188	18562899	18388265
国有独资公司	16	4	307411	315579
私营有限责任公司	651	103	11261343	11073373
合资经营企业(港或澳、台资)	16	4	203616	203119
中外合资经营企业	35	11	1629095	1628698
其他有限责任公司	158	66	5161434	5167497
三、在总计中:亏损企业	215	215	1859791	1919415
在总计中:国有控股企业	50	19	2483341	2558971
在总计中:轻工业	439	81	10190112	9572859
重工业	583	134	15564093	15472337
在总计中:大型企业	20		14104260	13471828
中型企业	74	22	4340400	4276265
小型企业	797	159	6359705	6347081
微型企业	131	34	949842	950023

表 8-4 续表 2　　(2018 年)　　单位:万元

指　　标	企　业 单位数（个）	#亏损企业	工业总产值（现价）	工业销售产值（现价）
按行业分组				
黑色金属矿采选业	3	1	71118	71118
非金属矿采选业	2		12766	15221
农副食品加工业	125	19	1777799	1774306
食品制造业	38	7	301028	297155
酒、饮料和精制茶制造业	9	3	104749	106398
纺织业	22	6	153626	152730
纺织服装、服饰业	46	5	303331	299252
皮革、毛皮、羽毛及其制品和制鞋业	13	1	89098	87066
木材加工和木、竹、藤、棕、草制品业	34	3	209271	209481
家具制造业	9		52949	52711
造纸和纸制品业	9	1	49016	47009
印刷和记录媒介复制业	18	5	53123	53083
文教、工美、体育和娱乐用品制造业	32	5	246571	247272
石油、煤炭及其他燃料加工业	7	2	1460998	1402809
化学原料和化学制品制造业	159	78	4309623	4396895
医药制造业	32	11	6123678	5439188
化学纤维制造业	5	3	80901	78129
橡胶和塑料制品业	18	2	78182	76913
非金属矿物制品业	182	16	1162991	1147417
黑色金属冶炼和压延加工业	15	3	3954820	3949293
有色金属冶炼和压延加工业	17	4	342392	333832
金属制品业	29	6	375045	393059
通用设备制造业	26	2	698217	721848
专用设备制造业	33	1	396774	378417
汽车制造业	15	5	139595	136927
铁路、船舶、航空航天和其他运输设备制造业	6	1	18472	19249
电气机械和器材制造业	41	7	647172	643703
计算机、通信和其他电子设备制造业	24	6	518591	507097
仪器仪表制造业	4		41979	36544
废弃资源综合利用业	14	3	430533	422287
电力、热力生产和供应业	24	6	1431074	1430763
燃气生产和供应业	4	1	78839	78839
水的生产和供应业	7	2	39884	39189

表 8-4 续表 3　　(2018 年)　　单位:万元

指　标	资　产 合　计	流动资产 合　计	应收帐款	产成品 存　货
总　计	**34049860**	**14317082**	**3420421**	**1090985**
一、按登记注册类型分组:				
内资企业	27619888	10424321	2535262	815860
国有企业	24185	10505	1523	4913
中央企业				
地方企业	24185	10505	1523	4913
集体企业	2447	2118	514	
股份合作企业	9627	3861	1786	554
联营企业				
国有联营企业				
集体联营企业				
国有与集体联营企业				
其他联营企业				
有限责任公司	14589321	3557083	668394	298084
国有独资公司	1042974	450458	65314	16080
其他有限责任公司	13546348	3106625	603080	282004
股份有限公司	4131939	2286347	483484	99092
私营企业	8862368	4564407	1379561	413218
私营独资企业	126909	40623	17428	6533
私营合作企业	554	228	52	31
私营有限责任公司	8409181	4359572	1334476	396093
私营股份有限公司	325724	163984	27604	10561
其他企业				
港、澳、台商投资企业	1899171	918905	354318	41380
合资经营企业(港或澳、台资)	239852	122915	30344	6571
合作经营企业(港或澳、台资)	90473	65821	13025	2560
港澳台商独资经营企业	1531424	710012	306307	31692
港澳台商投资股份有限公司	19412	6097	2151	85
其他港澳台商投资企业	18010	14059	2492	472
外商投资企业	4530801	2973855	530842	233745
中外合资经营企业	1671481	1178978	131129	98726
中外合作经营企业				
外资企业	1464245	802279	246227	89620
外商投资股份有限公司	1395075	992598	153486	45400

表 8-4 续表 4　　(2018 年)　　单位:万元

指　　标	资　产 合　计	流动资产 合　计	应收帐款	产成品 存　货
二、按经济组织类型分组				
独资企业	3149210	1565538	571998	132757
国有企业	24185	10505	1523	4913
集体企业	2447	2118	514	
私营独资企业	126909	40623	17428	6533
港澳台商独资经营企业	1531424	710012	306307	31692
外资企业	1464245	802279	246227	89620
合作、合伙企业	118664	83969	17355	3617
股份合作企业	9627	3861	1786	554
国有联营企业				
集体联营企业				
国有与集体联营企业				
其他联营企业				
私营合伙企业	554	228	52	31
合作经营企业(港或澳、台资)	90473	65821	13025	2560
中外合作经营企业				
其他企业(内资)				
其他港澳台商投资企业	18010	14059	2492	472
其他外商投资企业				
股份有限公司	5872150	3449027	666725	155138
股份有限公司(内资)	4131939	2286347	483484	99092
私营股份有限公司	325724	163984	27604	10561
港澳台商投资股份有限公司	19412	6097	2151	85
外商投资股份有限公司	1395075	992598	153486	45400
有限责任公司	24909836	9218549	2164343	799473
国有独资公司	1042974	450458	65314	16080
私营有限责任公司	8409181	4359572	1334476	396093
合资经营企业(港或澳、台资)	239852	122915	30344	6571
中外合资经营企业	1671481	1178978	131129	98726
其他有限责任公司	13546348	3106625	603080	282004
三、在总计中:亏损企业	4061502	1670803	347775	164322
在总计中:国有控股企业	11553578	2238835	564761	83608
在总计中:轻工业	10898528	6783617	1837623	440542
重工业	23151332	7533465	1582798	650443
在总计中:大型企业	19390892	6910643	1323359	403918
中型企业	5269017	2837019	600609	216082
小型企业	8259150	3971463	1123109	433780
微型企业	1130801	597957	373343	37206

表 8-4 续表 5

(2018 年)

单位:万元

指　　标	资产合计	流动资产合计	应收帐款	产成品存货
按行业分组				
黑色金属矿采选业	16917	10953	2115	3584
非金属矿采选业	56421	39784	9084	3969
农副食品加工业	1813267	1161829	241699	85736
食品制造业	300876	170989	56326	28750
酒、饮料和精制茶制造业	142905	73048	12589	11600
纺织业	163737	92482	25633	18749
纺织服装、服饰业	207274	120691	43962	7796
皮革、毛皮、羽毛及其制品和制鞋业	95421	64835	15507	12131
木材加工和木、竹、藤、棕、草制品业	178143	85527	28131	13250
家具制造业	38669	16152	4134	3589
造纸和纸制品业	45198	28894	3702	6965
印刷和记录媒介复制业	76801	51981	15634	6604
文教、工美、体育和娱乐用品制造业	202337	126745	50257	12479
石油、煤炭及其他燃料加工业	537740	254049	14936	88258
化学原料和化学制品制造业	5618471	2183152	240841	212445
医药制造业	6015675	4222118	1232218	163895
化学纤维制造业	323826	98771	7549	13523
橡胶和塑料制品业	69199	44479	9900	7773
非金属矿物制品业	1301009	767173	244174	70783
黑色金属冶炼和压延加工业	1919560	847234	31026	92786
有色金属冶炼和压延加工业	400302	232907	95020	10595
金属制品业	279964	191907	56459	8005
通用设备制造业	1150684	786934	330087	78002
专用设备制造业	464820	273278	82054	34869
汽车制造业	285937	123900	38568	12004
铁路、船舶、航空航天和其他运输设备制造业	67546	22676	927	1008
电气机械和器材制造业	1132174	408850	180775	33234
计算机、通信和其他电子设备制造业	643559	317947	127153	28310
仪器仪表制造业	37159	31597	4712	490
废弃资源综合利用业	342387	192968	17672	18918
电力、热力生产和供应业	9544356	980414	175216	5
燃气生产和供应业	70218	21785	1228	387
水的生产和供应业	507306	271035	21134	497

表 8-4 续表 6

(2018 年)

单位:万元

指　　标	负债合计	所有者权益合计	主　营业务收入	主　营业务成本	主营业务税金及附加
总　计	**19670095**	**14379761**	**25255122**	**18472784**	**320815**
一、按登记注册类型分组:					
内资企业	16309066	11310819	19191954	14851005	262951
国有企业	12042	12143	27986	24772	114
中央企业					
地方企业	12042	12143	27986	24772	114
集体企业	1556	891	4938	4802	1
股份合作企业	2126	7501	4716	3416	117
联营企业					
国有联营企业					
集体联营企业					
国有与集体联营企业					
其他联营企业					
有限责任公司	10377109	4212212	5518632	4499291	162344
国有独资公司	644429	398544	317436	256536	2655
其他有限责任公司	9732680	3813668	5201196	4242756	159689
股份有限公司	1161903	2970036	2566745	926064	31927
私营企业	4754329	4108035	11068937	9392659	68448
私营独资企业	51396	75513	153626	136641	1845
私营合作企业	96	458	5156	4635	52
私营有限责任公司	4559830	3849348	10758803	9134288	65376
私营股份有限公司	143008	182716	151352	117094	1176
其他企业					
港、澳、台商投资企业	1063256	835915	1639790	850938	17504
合资经营企业(港或澳、台资)	98767	141085	206613	172552	1285
合作经营企业(港或澳、台资)	91478	-1004	29444	26002	300
港澳台商独资经营企业	860063	671361	1385370	635677	15817
港澳台商投资股份有限公司	9755	9658	9192	8700	64
其他港澳台商投资企业	3194	14816	9172	8008	39
外商投资企业	2297774	2233027	4423377	2770842	40360
中外合资经营企业	1100848	570634	1623155	1498855	4300
中外合作经营企业					
外资企业	647974	816270	1232002	1008227	8858
外商投资股份有限公司	548952	846123	1568220	263760	27202

表 8-4 续表 7　　(2018 年)　　单位:万元

指　　标	负债合计	所有者权益合计	主营业务收入	主营业务成本	主营业务税金及附加
二、按经济组织类型分组					
独资企业	1573031	1576179	2803922	1810119	26634
国有企业	12042	12143	27986	24772	114
集体企业	1556	891	4938	4802	1
私营独资企业	51396	75513	153626	136641	1845
港澳台商独资经营企业	860063	671361	1385370	635677	15817
外资企业	647974	816270	1232002	1008227	8858
合作、合伙企业	96894	21770	48488	42061	507
股份合作企业	2126	7501	4716	3416	117
国有联营企业					
集体联营企业					
国有与集体联营企业					
其他联营企业					
私营合伙企业	96	458	5156	4635	52
合作经营企业(港或澳、台资)	91478	-1004	29444	26002	300
中外合作经营企业					
其他企业(内资)					
其他港澳台商投资企业	3194	14816	9172	8008	39
其他外商投资企业					
股份有限公司	1863617	4008532	4295508	1315618	60369
股份有限公司(内资)	1161903	2970036	2566745	926064	31927
私营股份有限公司	143008	182716	151352	117094	1176
港澳台商投资股份有限公司	9755	9658	9192	8700	64
外商投资股份有限公司	548952	846123	1568220	263760	27202
有限责任公司	16136553	8773279	18107203	15304986	233305
国有独资公司	644429	398544	317436	256536	2655
私营有限责任公司	4559830	3849348	10758803	9134288	65376
合资经营企业(港或澳、台资)	98767	141085	206613	172552	1285
中外合资经营企业	1100848	570634	1623155	1498855	4300
其他有限责任公司	9732680	3813668	5201196	4242756	159689
三、在总计中:亏损企业	2679225	1382276	1911187	1796546	17965
在总计中:国有控股企业	8421422	3132156	2571258	2006776	24711
在总计中:轻工业	4510155	6388372	9993311	5267530	117112
重工业	15159940	7991389	15261811	13205255	203703
在总计中:大型企业	11542228	7848664	14010447	8878627	241768
中型企业	3025418	2243598	4075861	3521828	28747
小型企业	4584565	3674582	6325275	5542137	41966
微型企业	517885	612916	843539	530193	8335

表 8-4 续表 8　　(2018 年)　　单位:万元

指　　标	负债合计	所有者权益合计	主营业务收入	主营业务成本	主营业务税金及附加
按行业分组					
黑色金属矿采选业	19037	-2120	73704	68088	224
非金属矿采选业	28122	28299	18524	11264	312
农副食品加工业	1019136	794131	1758392	1599077	6852
食品制造业	159599	141277	305615	255460	1709
酒、饮料和精制茶制造业	78865	64040	107352	73512	15320
纺织业	78622	85114	152526	138932	711
纺织服装、服饰业	83898	123376	293427	254470	1732
皮革、毛皮、羽毛及其制品和制鞋业	74890	20531	83760	78715	440
木材加工和木、竹、藤、棕、草制品业	97020	81123	207194	187498	1471
家具制造业	23845	14824	55990	50120	421
造纸和纸制品业	25280	19918	44946	39839	415
印刷和记录媒介复制业	52461	24340	53494	48338	284
文教、工美、体育和娱乐用品制造业	108752	93584	246254	216424	1505
石油、煤炭及其他燃料加工业	403096	134644	1629691	1440751	122507
化学原料和化学制品制造业	3485470	2133001	3969874	3429646	25132
医药制造业	1959980	4055696	5917756	1707733	80948
化学纤维制造业	219045	104781	77417	70010	628
橡胶和塑料制品业	33726	35473	70122	62459	425
非金属矿物制品业	524626	776383	1141347	959200	9455
黑色金属冶炼和压延加工业	1278052	641508	3965200	3627458	9882
有色金属冶炼和压延加工业	221433	178869	322836	293279	856
金属制品业	129653	150311	391954	350637	1557
通用设备制造业	571797	578887	680020	505958	5216
专用设备制造业	179857	284963	363597	279161	2516
汽车制造业	164652	121284	135485	114029	926
铁路、船舶、航空航天和其他运输设备制造业	39545	28001	18509	16176	176
电气机械和器材制造业	565927	566247	646286	584461	3724
计算机、通信和其他电子设备制造业	323429	320130	503741	405931	4050
仪器仪表制造业	17530	19629	29482	23606	116
废弃资源综合利用业	140697	201691	420435	420707	5946
电力、热力生产和供应业	7225485	2318871	1441631	1050923	14611
燃气生产和供应业	38501	31718	75886	66084	221
水的生产和供应业	298066	209240	52675	42838	530

表 8-4 续表 9　　(2018 年)　　单位:万元

指　　标	销售费用	管理费用	财务费用		利润总额
				利息支出	
总　计	**2224334**	**1723028**	**275162**	**286779**	**2421958**
一、按登记注册类型分组:					
内资企业	1140871	1191047	253761	253257	1663140
国有企业	128	932	105	118	1974
中央企业					
地方企业	128	932	105	118	1974
集体企业	3	66	0		30
股份合作企业	1072	836	309	121	604
联营企业					
国有联营企业					
集体联营企业					
国有与集体联营企业					
其他联营企业					
有限责任公司	94046	261118	159152	160263	394331
国有独资公司	11018	28628	12525	14069	7992
其他有限责任公司	83028	232491	146627	146194	386339
股份有限公司	664114	486981	12607	26156	511175
私营企业	381508	441114	81588	66599	755027
私营独资企业	2882	2622	1432	1004	8161
私营合作企业	46	53	36	3	334
私营有限责任公司	371347	416517	76575	61808	745572
私营股份有限公司	7233	21922	3545	3785	960
其他企业					
港、澳、台商投资企业	382659	146919	11976	12278	232079
合资经营企业(港或澳、台资)	13518	11061	2320	2311	6785
合作经营企业(港或澳、台资)	401	1120	1648	1904	−31
港澳台商独资经营企业	368618	131803	7821	8063	227625
港澳台商投资股份有限公司	14	2231	371		−2799
其他港澳台商投资企业	108	705	−184		499
外商投资企业	700804	385062	9426	21244	526738
中外合资经营企业	35553	45641	−4965	9680	48817
中外合作经营企业					
外资企业	45618	89812	13011	7737	73044
外商投资股份有限公司	619633	249608	1379	3827	404877

表 8-4 续表 10　　(2018 年)　　单位:万元

指　　标	销售费用	管理费用	财务费用	利息支出	利润总额
二、按经济组织类型分组					
独资企业	417250	225235	22370	16923	310834
国有企业	128	932	105	118	1974
集体企业	3	66	0		30
私营独资企业	2882	2622	1432	1004	8161
港澳台商独资经营企业	368618	131803	7821	8063	227625
外资企业	45618	89812	13011	7737	73044
合作、合伙企业	1627	2714	1809	2028	1406
股份合作企业	1072	836	309	121	604
国有联营企业					
集体联营企业					
国有与集体联营企业					
其他联营企业					
私营合伙企业	46	53	36	3	334
合作经营企业(港或澳、台资)	401	1120	1648	1904	-31
中外合作经营企业					
其他企业(内资)					
其他港澳台商投资企业	108	705	-184		499
其他外商投资企业					
股份有限公司	1290994	760742	17902	33767	914213
股份有限公司(内资)	664114	486981	12607	26156	511175
私营股份有限公司	7233	21922	3545	3785	960
港澳台商投资股份有限公司	14	2231	371		-2799
外商投资股份有限公司	619633	249608	1379	3827	404877
有限责任公司	514463	734337	233082	234061	1195505
国有独资公司	11018	28628	12525	14069	7992
私营有限责任公司	371347	416517	76575	61808	745572
合资经营企业(港或澳、台资)	13518	11061	2320	2311	6785
中外合资经营企业	35553	45641	-4965	9680	48817
其他有限责任公司	83028	232491	146627	146194	386339
三、在总计中:亏损企业	48754	225505	45605	41743	-216076
在总计中:国有控股企业	45522	136558	156481	167155	279170
在总计中:轻工业	1951242	1132505	29656	45768	1558705
重工业	273092	590522	245507	241011	863253
在总计中:大型企业	1915900	1089244	127320	150756	1875943
中型企业	117153	246998	55085	52497	137066
小型企业	181471	338236	83607	75819	172496
微型企业	9810	48550	9150	7707	236453

表 8-4 续表 11　　(2018 年)　　单位:万元

指　　标	销售费用	管理费用	财务费用		利润总额
				利息支出	
按行业分组					
黑色金属矿采选业	6874	445	84	75	363
非金属矿采选业	2848	1474	625	152	1775
农副食品加工业	43158	44404	4688	11109	65964
食品制造业	15666	18116	2749	2016	13912
酒、饮料和精制茶制造业	3784	8862	1206	1108	9667
纺织业	3235	6535	827	472	3633
纺织服装、服饰业	4951	10457	934	445	20892
皮革、毛皮、羽毛及其制品和制鞋业	648	2246	979	634	813
木材加工和木、竹、藤、棕、草制品业	2792	5259	1138	919	10025
家具制造业	982	2308	277	221	1851
造纸和纸制品业	1367	1829	257	312	1409
印刷和记录媒介复制业	1338	2668	863	735	48
文教、工美、体育和娱乐用品制造业	7838	11755	2901	2466	7582
石油、煤炭及其他燃料加工业	2293	8513	2965	3534	53322
化学原料和化学制品制造业	78742	249967	50866	41122	125598
医药制造业	1838651	927878	1253	14837	1397587
化学纤维制造业	2295	11339	3705	3751	–4985
橡胶和塑料制品业	2372	2522	957	323	2106
非金属矿物制品业	35773	51761	9373	7553	79835
黑色金属冶炼和压延加工业	46768	53423	6578	6333	232757
有色金属冶炼和压延加工业	9590	8227	4688	4214	8654
金属制品业	6826	16774	–4549	1999	20369
通用设备制造业	37439	57621	6514	9025	71936
专用设备制造业	20836	32489	3539	3066	28621
汽车制造业	3174	10895	3024	2713	4128
铁路、船舶、航空航天和其他运输设备制造业	783	2746	589	462	100
电气机械和器材制造业	16814	39848	3025	5046	6320
计算机、通信和其他电子设备制造业	16689	60992	5172	1735	6409
仪器仪表制造业	1181	3253	131	132	1322
废弃资源综合利用业	2349	7014	2647	2014	7805
电力、热力生产和供应业	156	51547	154441	153914	231432
燃气生产和供应业	2888	4398	815	1080	2755
水的生产和供应业	3234	5466	1904	3261	7952

表 8-4 续表 12　　(2018 年)　　单位:万元

指　　标	亏损企业 亏损总额	本年应交 增值税
总　计	**216076**	**1139357**
一、按登记注册类型分组:		
内资企业	173037	831350
国有企业		827
中央企业		
地方企业		827
集体企业		400
股份合作企业		280
联营企业		
国有联营企业		
集体联营企业		
国有与集体联营企业		
其他联营企业		
有限责任公司	84019	238745
国有独资公司	13277	7707
其他有限责任公司	70742	231038
股份有限公司	3154	204761
私营企业	85864	386337
私营独资企业	60	4636
私营合作企业		206
私营有限责任公司	76432	377468
私营股份有限公司	9372	4027
其他企业		
港、澳、台商投资企业	12950	91975
合资经营企业(港或澳、台资)	4725	8179
合作经营企业(港或澳、台资)	31	175
港澳台商独资经营企业	5395	83615
港澳台商投资股份有限公司	2799	-10
其他港澳台商投资企业		16
外商投资企业	30089	216033
中外合资经营企业	13559	11135
中外合作经营企业		
外资企业	15219	15673
外商投资股份有限公司	1311	189225

表 8-4 续表 13　　(2018 年)　　单位:万元

指　　标	亏损企业亏损总额	本年应交增值税
二、按经济组织类型分组		
独资企业	20674	105150
国有企业		827
集体企业		400
私营独资企业	60	4636
港澳台商独资经营企业	5395	83615
外资企业	15219	15673
合作、合伙企业	31	677
股份合作企业		280
国有联营企业		
集体联营企业		
国有与集体联营企业		
其他联营企业		
私营合伙企业		206
合作经营企业(港或澳、台资)	31	175
中外合作经营企业		
其他企业(内资)		
其他港澳台商投资企业		16
其他外商投资企业		
股份有限公司	16636	398003
股份有限公司(内资)	3154	204761
私营股份有限公司	9372	4027
港澳台商投资股份有限公司	2799	-10
外商投资股份有限公司	1311	189225
有限责任公司	178735	635527
国有独资公司	13277	7707
私营有限责任公司	76432	377468
合资经营企业(港或澳、台资)	4725	8179
中外合资经营企业	13559	11135
其他有限责任公司	70742	231038
三、在总计中:亏损企业	216076	72879
在总计中:国有控股企业	33748	112183
在总计中:轻工业	43786	635028
重工业	172290	504329
在总计中:大型企业		805191
中型企业	76668	95510
小型企业	110295	188411
微型企业	29113	50245

表 8-4 续表 14　　(2018 年)　　单位:万元

指　　标	亏损企业亏损总额	本年应交增值税
按行业分组		
黑色金属矿采选业	36	728
非金属矿采选业		1396
农副食品加工业	6119	13804
食品制造业	2560	5329
酒、饮料和精制茶制造业	1996	7114
纺织业	781	1789
纺织服装、服饰业	660	13792
皮革、毛皮、羽毛及其制品和制鞋业	30	2365
木材加工和木、竹、藤、棕、草制品业	963	4360
家具制造业		1471
造纸和纸制品业	4	478
印刷和记录媒介复制业	637	911
文教、工美、体育和娱乐用品制造业	2215	7952
石油、煤炭及其他燃料加工业	74	63974
化学原料和化学制品制造业	98384	135435
医药制造业	11862	547866
化学纤维制造业	5627	1520
橡胶和塑料制品业	253	2609
非金属矿物制品业	6711	36773
黑色金属冶炼和压延加工业	7416	77492
有色金属冶炼和压延加工业	363	2126
金属制品业	357	5521
通用设备制造业	813	19232
专用设备制造业	537	13402
汽车制造业	4162	2819
铁路、船舶、航空航天和其他运输设备制造业	1204	393
电气机械和器材制造业	12016	12033
计算机、通信和其他电子设备制造业	28450	6745
仪器仪表制造业		575
废弃资源综合利用业	3863	54093
电力、热力生产和供应业	15387	90475
燃气生产和供应业	1613	1001
水的生产和供应业	985	3785

规模以上工业企业主要经济效益指标

表 8-5　　　　（2018 年）　　　　单位:%

	总资产贡献率	资产负债率	成本费用利润率	产品销售率
总　　计	**12.19**	**57.77**	**10.43**	**97.25**
一、按登记注册类型分组:				
内资企业	10.87	59.05	9.37	97.64
国有企业	12.53	49.79	7.61	88.81
中央企业				
地方企业	12.53	49.79	7.61	88.81
集体企业	17.61	63.58	0.62	100.00
股份合作企业	11.82	22.09	7.75	100.00
联营企业				
国有联营企业				
集体联营企业				
国有与集体联营企业				
其他联营企业				
有限责任公司	6.56	71.13	7.64	100.26
国有独资公司	2.95	61.79	2.51	102.66
其他有限责任公司	6.84	71.85	7.98	100.12
股份有限公司	18.54	28.12	24.07	90.05
私营企业	14.39	53.65	7.24	98.28
私营独资企业	12.32	40.50	5.68	96.94
私营合作企业	107.37	17.35	7.01	97.79
私营有限责任公司	14.86	54.22	7.36	98.33
私营股份有限公司	2.84	43.90	0.64	96.22
其他企业				
港、澳、台商投资企业	18.68	55.99	16.08	99.51
合资经营企业(港或澳、台资)	7.73	41.18	3.18	99.76
合作经营企业(港或澳、台资)	2.60	101.11	-0.11	92.04
港澳台商独资经营企业	21.94	56.16	19.28	99.63
港澳台商投资股份有限公司	-14.14	50.25	-24.73	100.00
其他港澳台商投资企业	3.08	17.73	5.78	100.00
外商投资企业	17.49	50.71	13.08	94.46
中外合资经营企业	3.41	65.86	3.06	99.98
中外合作经营企业				
外资企业	7.13	44.25	5.63	98.00
外商投资股份有限公司	45.24	39.35	35.67	83.49

表 8-5 续表 1　　（2018 年）　　单位:%

	总资产贡献率	资　产负债率	成本费用利 润 率	产　品销 售 率
二、按经济组织类型分组				
独资企业	14.59	49.95	11.72	98.64
国有企业	12.53	49.79	7.61	88.81
集体企业	17.61	63.58	0.62	100.00
私营独资企业	12.32	40.50	5.68	96.94
港澳台商独资经营企业	21.94	56.16	19.28	99.63
外资企业	7.13	44.25	5.63	98.00
合作、合伙企业	3.91	81.65	2.79	94.98
股份合作企业	11.82	22.09	7.75	100.00
国有联营企业				
集体联营企业				
国有与集体联营企业				
其他联营企业				
私营合伙企业	107.37	17.35	7.01	97.79
合作经营企业(港或澳、台资)	2.60	101.11	-0.11	92.04
中外合作经营企业				
其他企业（内资）				
其他港澳台商投资企业	3.08	17.73	5.78	100.00
其他外商投资企业				
股份有限公司	23.91	31.74	26.73	88.37
股份有限公司(内资)	18.54	28.12	24.07	90.05
私营股份有限公司	2.84	43.90	0.64	96.22
港澳台商投资股份有限公司	-14.14	50.25	-24.73	100.00
外商投资股份有限公司	45.24	39.35	35.67	83.49
有限责任公司	9.16	64.78	6.99	99.06
国有独资公司	2.95	61.79	2.51	102.66
私营有限责任公司	14.86	54.22	7.36	98.33
合资经营企业(港或澳、台资)	7.73	41.18	3.18	99.76
中外合资经营企业	3.41	65.86	3.06	99.98
其他有限责任公司	6.84	71.85	7.98	100.12
三、在总计中:亏损企业	-2.02	65.97	-9.72	103.21
在总计中:国有控股企业	5.05	72.89	11.50	103.05
在总计中:轻工业	21.45	41.38	18.49	93.94
重工业	7.83	65.48	5.83	99.41
在总计中:大型企业	15.85	59.52	15.47	95.52
中型企业	5.67	57.42	3.27	98.52
小型企业	5.74	55.51	2.73	99.80
微型企业	26.77	45.80	39.23	100.02

表 8-5 续表 2　　　　(2018 年)　　　　单位:%

	总资产贡献率	资　产负债率	成本费用利润率	产　品销售率
四、按行业分组				
黑色金属矿采选业	8.22	112.53	0.22	100.00
非金属矿采选业	6.40	49.84	10.95	119.23
农副食品加工业	4.49	56.20	3.86	99.80
食品制造业	7.65	53.04	4.74	98.71
酒、饮料和精制茶制造业	23.16	55.19	10.82	101.57
纺织业	4.03	48.02	2.39	99.42
纺织服装、服饰业	17.88	40.48	7.65	98.66
皮革、毛皮、羽毛及其制品和制鞋业	4.46	78.48	0.98	97.72
木材加工和木、竹、藤、棕、草制品业	9.42	54.46	5.09	100.10
家具制造业	10.27	61.66	3.44	99.55
造纸和纸制品业	5.65	55.93	3.25	95.90
印刷和记录媒介复制业	2.61	68.31	0.09	99.93
文教、工美、体育和娱乐用品制造业	9.47	53.75	3.07	100.28
石油、煤炭及其他燃料加工业	45.10	74.96	3.67	96.02
化学原料和化学制品制造业	5.83	62.04	3.17	102.03
医药制造业	33.91	32.58	31.17	88.82
化学纤维制造业	0.29	67.64	-5.70	96.57
橡胶和塑料制品业	7.89	48.74	3.08	98.38
非金属矿物制品业	10.26	40.32	7.52	98.66
黑色金属冶炼和压延加工业	17.15	66.58	6.21	99.86
有色金属冶炼和压延加工业	3.92	55.32	1.95	97.50
金属制品业	10.33	46.31	5.38	104.80
通用设备制造业	9.08	49.69	11.75	103.38
专用设备制造业	10.16	38.69	8.51	95.37
汽车制造业	3.60	57.58	3.07	98.09
铁路、船舶、航空航天和其他运输设备制造业	1.89	58.55	0.46	104.21
电气机械和器材制造业	2.39	49.99	0.93	99.46
计算机、通信和其他电子设备制造业	2.84	50.26	1.30	97.78
仪器仪表制造业	5.77	47.18	4.68	87.05
废弃资源综合利用业	20.19	41.09	1.79	98.08
电力、热力生产和供应业	5.16	75.70	17.93	99.98
燃气生产和供应业	6.84	54.83	3.64	100.00
水的生产和供应业	2.77	58.75	13.09	98.26

国有控股工业企业主要经济指标

表 8-6 (2018 年) 单位:万元

指标	企业单位数(个)	#亏损企业	工业总产值(现价)	工业销售产值(现价)
合计	**50**	**19**	**2483341**	**2558971**
非金属矿采选业	1		10531	13224
农副食品加工业	2		8546	8759
食品制造业	2	1	14706	16252
酒、饮料和精制茶制造业	1	1	14024	14074
印刷和记录媒介复制业	1		3284	3284
化学原料和化学制品制造业	5	3	225944	234486
医药制造业	1	1	9092	6743
化学纤维制造业	4	3	78233	75431
非金属矿物制品业	5	3	32022	32814
有色金属冶炼和压延加工业	1	1	31005	28537
金属制品业	1		219231	239678
通用设备制造业	3		324646	368664
专用设备制造业	2		12814	15828
汽车制造业	1	1	6253	7500
电气机械和器材制造业	2	2	88714	90095
计算机、通信和其他电子设备制造业	1		4604	4604
电力、热力生产和供应业	12	2	1362449	1362449
燃气生产和供应业	1		8325	8325
水的生产和供应业	4	1	28921	28226

表 8-6 续表 1　　(2018 年)　　单位:万元

指标	资产合计	流动资产合计	应收帐款	产成品存货
合计	**11553578**	**2238835**	**564761**	**83608**
非金属矿采选业	35163	27162	3213	3722
农副食品加工业	7519	5901	508	151
食品制造业	31043	15032	7296	2194
酒、饮料和精制茶制造业	22077	14901	9227	308
印刷和记录媒介复制业	5162	3100	581	2
化学原料和化学制品制造业	275732	109893	3756	9094
医药制造业	21851	8168	2327	2035
化学纤维制造业	319323	97559	7093	13275
非金属矿物制品业	51280	9753	3325	1241
有色金属冶炼和压延加工业	90473	65821	13025	2560
金属制品业	98374	65273	21115	3
通用设备制造业	789543	533158	250126	44089
专用设备制造业	20767	14038	5284	31
汽车制造业	17087	10253	4453	623
电气机械和器材制造业	134226	98414	62522	3642
计算机、通信和其他电子设备制造业	43123	7199	1136	140
电力、热力生产和供应业	9146439	891853	149105	
燃气生产和供应业	9585	3299	271	
水的生产和供应业	434810	258059	20399	497

表 8-6 续表 2　　(2018 年)　　单位:万元

指　　标	负债合计	所有者权益合计	主营业务收入	主营业务成本	主营业务税金及附加
合　　计	**8421422**	**3132156**	**2571258**	**2006776**	**24711**
非金属矿采选业	17046	18117	13224	10080	73
农副食品加工业	2881	4638	10012	9275	36
食品制造业	16287	14756	18865	16323	102
酒、饮料和精制茶制造业	27695	-5617	14051	11157	2043
印刷和记录媒介复制业	3417	1745	3284	2925	5
化学原料和化学制品制造业	116980	158752	234168	195899	2222
医药制造业	27288	-5437	4740	4693	66
化学纤维制造业	216163	103160	75000	67925	618
非金属矿物制品业	34416	16863	32616	28075	397
有色金属冶炼和压延加工业	91478	-1004	29444	26002	300
金属制品业	55489	42884	239678	228879	464
通用设备制造业	412690	376854	358375	260993	3150
专用设备制造业	13442	7325	15828	12334	173
汽车制造业	5383	11704	7378	6568	24
电气机械和器材制造业	108122	26105	89738	83091	587
计算机、通信和其他电子设备制造业	23090	20033	4604	3764	5
电力、热力生产和供应业	6955837	2190603	1372459	998775	14047
燃气生产和供应业	5930	3655	5942	5251	43
水的生产和供应业	287790	147021	41855	34769	357

表 8-6 续表 3　　(2018 年)　　单位:万元

指　　标	销售费用	管理费用	财务费用	利息支出	利润总额
合　　计	**45522**	**136558**	**156481**	**167155**	**279170**
非金属矿采选业	1948	192	475		203
农副食品加工业	65	262	122	126	265
食品制造业	1879	1220	74	71	–542
酒、饮料和精制茶制造业	6	855	845	842	–796
印刷和记录媒介复制业	11	216	109	112	65
化学原料和化学制品制造业	5834	26811	355	1565	0
医药制造业	805	2447	313	319	–1793
化学纤维制造业	2295	11159	3638	3751	–5059
非金属矿物制品业	1431	1540	853	832	–233
有色金属冶炼和压延加工业	401	1120	1648	1904	–31
金属制品业	103	5074	–4957	1159	9914
通用设备制造业	22060	28562	1805	4773	45017
专用设备制造业	368	2416	76	29	708
汽车制造业	278	1105	119	127	–786
电气机械和器材制造业	5036	3510	–179	279	–2869
计算机、通信和其他电子设备制造业	23	1077	–37		354
电力、热力生产和供应业	90	44356	149452	148183	226940
燃气生产和供应业	618	405	–5		866
水的生产和供应业	2271	4231	1776	3084	6946

表 8-6 续表 4　　(2018 年)　　单位:万元

指　　标	亏损企业 亏损总额	本年应交 增 值 税
合　　计	**33748**	**112183**
非金属矿采选业		946
农副食品加工业		29
食品制造业	693	92
酒、饮料和精制茶制造业	796	986
印刷和记录媒介复制业		61
化学原料和化学制品制造业	8609	5655
医药制造业	1793	
化学纤维制造业	5627	1435
非金属矿物制品业	666	101
有色金属冶炼和压延加工业	31	175
金属制品业		-1573
通用设备制造业		3627
专用设备制造业		318
汽车制造业	786	197
电气机械和器材制造业	2869	477
计算机、通信和其他电子设备制造业		685
电力、热力生产和供应业	11410	95149
燃气生产和供应业		288
水的生产和供应业	468	3536

集体工业企业主要经济指标

表 8-7　　(2018 年)　　单位:万元

指　　标	合　　计	农副食品加工业	造纸和纸制品业
企业单位数	2	1	1
# 亏损企业			
工业总产值(现价)	4938	4405	533
工业销售产值(现价)	4938	4405	533
资产合计	2447	1934	513
流动资产合计	2118	1688	430
应收账款	514	334	180
产成品存货			
负债合计	1556	1066	490
所有者权益合计	891	869	23
主营业务收入	4938	4405	533
主营业务成本	4802	4287	515
主营业务税金及附加	1		1
销售费用	3	3	
管理费用	66	57	9
财务费用			
利息支出			
利润总额	30	22	9
亏损企业亏损额			
本年应交增值税	400	389	11

“三资”工业企业主要经济指标

表 8-8　　(2018 年)　　单位:万元

指　　标	企业单位数（个）	#亏损企业	工业总产值（现价）	工业销售产值（现价）
合　计	**122**	**32**	**5823194**	**5584965**
农副食品加工业	15	4	1100432	1110910
食品制造业	4	1	46254	46869
纺织业	6	1	85296	84760
纺织服装、服饰业	6	2	47319	46614
皮革、毛皮、羽毛及其制品和制鞋业	1		13349	13349
木材加工和木、竹、藤、棕、草制品业	1		13257	13648
家具制造业	1		4362	4362
印刷和记录媒介复制业	1		3230	3230
文教、工美、体育和娱乐用品制造业	8	3	66937	69103
化学原料和化学制品制造业	23	8	796893	795087
医药制造业	5	1	2428805	2186558
化学纤维制造业	2	1	39963	40350
橡胶和塑料制品业	2		6786	6723
非金属矿物制品业	11	1	121961	121019
有色金属冶炼和压延加工业	4	2	193782	185526
金属制品业	5		260744	281117
通用设备制造业	3		14221	14637
专用设备制造业	5		95870	87777
汽车制造业	4	3	18251	18317
电气机械和器材制造业	4	2	54645	54843
计算机、通信和其他电子设备制造业	5	2	312271	302186
废弃资源综合利用业	1		7461	7184
电力、热力生产和供应业	3	1	26750	26441
燃气生产和供应业	1		59833	59833
水的生产和供应业	1		4522	4522

表 8-8 续表 1 (2018 年) 单位:万元

指　　　标	资　产 合　计	流动资产 合　计	应收帐款	产成品 存　货
合　　计	**6429972**	**3892760**	**885159**	**275126**
农副食品加工业	1272298	905330	177347	56277
食品制造业	43322	19760	7215	1144
纺织业	93152	51202	19438	6339
纺织服装、服饰业	37406	22989	6230	3692
皮革、毛皮、羽毛及其制品和制鞋业	33400	18781	2494	10776
木材加工和木、竹、藤、棕、草制品业	7302	6020	1398	110
家具制造业	4898	1494	333	
印刷和记录媒介复制业	5987	5560	1499	221
文教、工美、体育和娱乐用品制造业	39932	27353	6351	2549
化学原料和化学制品制造业	1020401	559865	90137	67869
医药制造业	2224954	1397493	315103	60515
化学纤维制造业	150082	65318	5848	6546
橡胶和塑料制品业	6773	5737	987	918
非金属矿物制品业	221884	135851	18895	9548
有色金属冶炼和压延加工业	238259	176166	76582	4732
金属制品业	169488	109167	29685	2951
通用设备制造业	12009	9423	3034	763
专用设备制造业	93197	67193	7507	15991
汽车制造业	105806	17168	8053	1802
电气机械和器材制造业	93216	43823	13547	3889
计算机、通信和其他电子设备制造业	343709	193096	82138	18074
废弃资源综合利用业	12631	2399	929	33
电力、热力生产和供应业	162235	30621	9074	
燃气生产和供应业	22384	15087	797	387
水的生产和供应业	15247	5866	540	

表 8-8 续表 2

(2018 年)

单位:万元

指　　标	负债合计	所有者权益合计	主营业务收入	主营业务成本	主营业务税金及附加
合　　计	**3361029**	**3068942**	**6063168**	**3621780**	**57864**
农副食品加工业	740608	531690	1096636	1005635	3632
食品制造业	15316	28006	46015	33678	625
纺织业	31774	61378	87951	81741	175
纺织服装、服饰业	15272	22134	44347	39635	499
皮革、毛皮、羽毛及其制品和制鞋业	29638	3763	11494	10278	2
木材加工和木、竹、藤、棕、草制品业	1675	5628	13648	10016	144
家具制造业	634	4264	4398	3735	42
印刷和记录媒介复制业	653	5335	4106	3996	3
文教、工美、体育和娱乐用品制造业	13296	26636	70533	61188	561
化学原料和化学制品制造业	600317	420084	758141	662524	3229
医药制造业	1079082	1145872	2725580	686912	42316
化学纤维制造业	102811	47271	40070	37930	10
橡胶和塑料制品业	5077	1697	5962	4601	53
非金属矿物制品业	47912	173972	116747	97081	1205
有色金属冶炼和压延加工业	161328	76931	182921	162314	484
金属制品业	64881	104607	282474	264363	848
通用设备制造业	9420	2589	14477	11995	34
专用设备制造业	31009	62188	87587	73029	664
汽车制造业	52306	53500	19810	17188	132
电气机械和器材制造业	43347	49868	57404	49912	209
计算机、通信和其他电子设备制造业	181844	161865	294656	224084	2436
废弃资源综合利用业	1536	11095	7185	2900	80
电力、热力生产和供应业	115316	46919	27245	21609	220
燃气生产和供应业	12393	9991	59262	52517	135
水的生产和供应业	3585	11662	4522	2922	128

表 8-8 续表 3　　(2018 年)　　单位:万元

指　　标	销售费用	管理费用	财务费用		利润总额
				利息支出	
合　　计	**1083463**	**531981**	**21401**	**33522**	**758817**
农副食品加工业	29314	25628	-327	7778	37017
食品制造业	3486	4837	986	443	3403
纺织业	1797	3838	13	9	1678
纺织服装、服饰业	1122	2315	125	67	1251
皮革、毛皮、羽毛及其制品和制鞋业	55	769	294		96
木材加工和木、竹、藤、棕、草制品业	260	568	-48	3	2730
家具制造业	138	437	-22		61
印刷和记录媒介复制业	84	51			7
文教、工美、体育和娱乐用品制造业	2131	5685	-47	2	2602
化学原料和化学制品制造业	27790	25698	13090	11474	23456
医药制造业	987980	374503	1319	4352	633433
化学纤维制造业	1396	3188	572	618	-1382
橡胶和塑料制品业	188	901	96	-101	135
非金属矿物制品业	3371	4757	428	560	11570
有色金属冶炼和压延加工业	8066	4699	4036	3893	4510
金属制品业	711	8452	-5419	1183	13835
通用设备制造业	698	1238	131	179	737
专用设备制造业	3633	4842	86	85	6103
汽车制造业	394	3137	292	90	-985
电气机械和器材制造业	1620	4359	684	804	673
计算机、通信和其他电子设备制造业	7534	45888	3427	-158	8726
废弃资源综合利用业	311	1731			2774
电力、热力生产和供应业		2058	1761	2062	1557
燃气生产和供应业	1384	2078	-253	4	3483
水的生产和供应业		328	177	176	1348

表 8-8 续表 4　　(2018 年)　　单位:万元

指　　标	亏损企业 亏损总额	本年应交 增 值 税
合　　计	**43039**	**308008**
农副食品加工业	3638	4757
食品制造业	1105	361
纺织业	328	766
纺织服装、服饰业	371	1705
皮革、毛皮、羽毛及其制品和制鞋业		
木材加工和木、竹、藤、棕、草制品业		970
家具制造业		664
印刷和记录媒介复制业		23
文教、工美、体育和娱乐用品制造业	550	1093
化学原料和化学制品制造业	12591	16401
医药制造业	3995	275397
化学纤维制造业	1457	86
橡胶和塑料制品业		293
非金属矿物制品业	931	5366
有色金属冶炼和压延加工业	295	–83
金属制品业		–753
通用设备制造业		–37
专用设备制造业		1617
汽车制造业	1897	496
电气机械和器材制造业	2188	319
计算机、通信和其他电子设备制造业	12896	1312
废弃资源综合利用业		783
电力、热力生产和供应业	798	–4023
燃气生产和供应业		497
水的生产和供应业		

分地区规模以上工业企业主要经济指标

表 8-9　（2018 年）　单位:万元

指　　标	全　市	市　区	东海县	灌云县	灌南县
企业单位数(个)	1022	499	290	96	137
#亏损企业数(个)	215	96	29	33	57
工业总产值(现价)	25754205	20532697	1879307	668654	2673548
工业销售产值(现价)	25045197	19698444	1834105	671366	2841281
#出口交货值	1367858	1117580	133686	77988	38604
资产合计	34049860	28150743	2362578	1112425	2424113
流动资产合计	14317082	11638918	1141263	387362	1149538
应收帐款	3420421	2776418	387628	116124	140251
存货	3076832	2325223	231378	135701	384530
产成品	1090985	782807	113599	47879	146700
固定资产净值	13557339	11198591	825192	595297	938259
负债合计	19670095	16582069	963621	677968	1446436
所有者权益合计	14379761	11568671	1398956	434456	977678
主营业务收入	25255122	20005689	1789023	648588	2811822
主营业务成本	18472784	13874637	1567865	560102	2470181
主营业务税金及附加	320815	276020	14642	5328	24824
销售费用	2224334	2130445	37822	19633	36433
管理费用	1723028	1409691	68431	71330	173576
财务费用	275162	224476	16903	14562	19221
#利息支出	286779	238843	17470	12127	18338
利润总额	2421958	2253031	100114	-20591	89404
亏损企业亏损额	216076	85933	16138	47319	66686
本年应交增值税	1139357	1002914	61022	7756	67665

表 8-9 续表　　　　（2018 年）　　　　单位:万元

指　　标	市　区	市　直	连云区	海州区	赣榆区	徐圩	开发	高新
企业单位数(个)	499	2	38	101	236	12	94	16
#亏损企业数(个)	96		9	19	39	2	25	2
工业总产值(现价)	20532697	961274	1164182	3057573	5060772	2398970	7283846	606080
工业销售产值(现价)	19698444	969886	1131992	2798269	4930164	2385386	6879529	603220
#出口交货值	1117580	50237	122548	128526	170275	13027	436332	196636
资产合计	28150743	7829120	994248	4292191	3179501	3338762	7757341	759581
流动资产合计	11638918	742284	463224	2082659	1559895	1183020	5242411	365426
应收帐款	2776418	78301	73976	500883	330982	43871	1610881	137525
存货	2325223	324470	148850	406252	500806	154988	718381	71476
产成品	782807	3222	70920	161944	182138	63634	281451	19498
固定资产净值	11198591	5179354	414100	1334075	906030	1773362	1331576	260094
负债合计	16582069	6025743	492432	2094509	2117546	2242418	3336245	273176
所有者权益合计	11568671	1803377	501816	2197682	1061954	1096343	4421095	486404
主营业务收入	20005689	970759	1105612	3273146	5164853	2086975	6820171	584173
主营业务成本	13874637	613714	974805	1684581	4630681	1858787	3675867	436203
主营业务税金及附加	276020	10664	5257	41061	139177	10971	63107	5783
销售费用	2130445	4637	27490	675969	73268	26919	1294142	28020
管理费用	1409691	52503	37981	366302	82841	38604	757439	74020
财务费用	224476	110257	9758	39747	19085	33656	6284	5690
#利息支出	238843	110225	11319	38266	19123	22683	33804	3423
利润总额	2253031	210774	59218	503844	243467	118812	1076336	40581
亏损企业亏损额	85933		4339	17476	17551	7337	36332	2898
本年应交增值税	1002914	77322	26380	255410	184778	80064	373501	5460

资产总计最大的50家企业

表8-10

（2018年）

序号	企业名称	序号	企业名称
1	江苏核电有限公司	26	丰益高分子材料（连云港）有限公司
2	江苏恒瑞医药股份有限公司	27	江苏太平洋石英股份有限公司
3	江苏斯尔邦石化有限公司	28	连云港福润食品有限公司
4	正大天晴药业集团股份有限公司	29	连云港杜钟新奥神氨纶有限公司
5	江苏康缘集团有限责任公司	30	连云港碱业有限公司
6	江苏新海发电有限公司	31	台玻东海玻璃有限公司
7	江苏豪森药业集团有限公司	32	连云港立本作物科技有限公司
8	益海（连云港）粮油工业有限公司	33	连云港神舟新能源有限公司
9	江苏虹港石化有限公司	34	晶海洋半导体材料（东海）有限公司
10	江苏省镔鑫钢铁集团有限公司	35	江苏东成生物科技集团有限公司
11	连云港中复连众复合材料集团有限公司	36	连云港启创铝制品制造有限公司
12	日出东方太阳能股份有限公司	37	中复神鹰碳纤维有限责任公司
13	江苏新海石化有限公司	38	江苏金茂源生物化工有限责任公司
14	连云港亚新钢铁有限公司	39	江苏天明机械集团有限公司
15	连云港润众制药有限公司	40	华能灌云热电有限责任公司
16	番禺珠江钢管（连云港）有限公司	41	连云港市工投集团利海化工有限公司
17	罗盖特（中国）营养食品有限公司	42	连云港市自来水有限责任公司
18	江苏方洋水务有限公司	43	东方国际集装箱（连云港）有限公司
19	连云港兴鑫钢铁有限公司	44	丰益表面活性材料（连云港）有限公司
20	连云港天明装备有限公司	45	连云港海赣科技有限公司
21	国电联合动力技术（连云港）有限公司	46	连云港康达智精密技术有限公司
22	连云港虹洋热电有限公司	47	江苏汇联铝业有限公司
23	大陆汽车电子（连云港）有限公司	48	中广核太阳能连云港有限公司
24	连云港华乐合金有限公司	49	连云港正道新能源汽车系统集成有限公司
25	丰益油脂科技（连云港）有限公司	50	江苏广晟健发再生资源股份有限公司

工业总产值最高的50家企业

表8-11　　　　　　　　　　　　　　（2018年）

序号	企业名称	序号	企业名称
1	江苏恒瑞医药股份有限公司	26	连云港启创铝制品制造有限公司
2	江苏省镔鑫钢铁集团有限公司	27	连云港裕佳升工贸有限公司
3	江苏新海石化有限公司	28	晶海洋半导体材料（东海）有限公司
4	江苏斯尔邦石化有限公司	29	日出东方太阳能股份有限公司
5	正大天晴药业集团股份有限公司	30	江苏华尔化工有限公司
6	江苏豪森药业集团有限公司	31	江苏天明机械集团有限公司
7	江苏康缘集团有限责任公司	32	丰益高分子材料（连云港）有限公司
8	江苏虹港石化有限公司	33	连云港神舟新能源有限公司
9	连云港亚新钢铁有限公司	34	连云港虹洋热电有限公司
10	江苏核电有限公司	35	连云港市云海电源有限公司
11	益海（连云港）粮油工业有限公司	36	丰益表面活性材料（连云港）有限公司
12	连云港兴鑫钢铁有限公司	37	江苏三吉利化工股份有限公司
13	连云港华乐合金有限公司	38	国电联合动力技术（连云港）有限公司
14	江苏新海发电有限公司	39	江苏鹰游纺机有限公司
15	连云港润众制药有限公司	40	江苏太平洋石英股份有限公司
16	大陆汽车电子（连云港）有限公司	41	科莱恩丰益脂肪胺(连云港)有限公司
17	连云港赣榆华信废旧物资回收有限公司	42	连云港新奥燃气有限公司
18	连云港天明装备有限公司	43	台玻东海玻璃有限公司
19	连云港中复连众复合材料集团有限公司	44	金桥丰益氯碱（连云港）有限公司
20	东方国际集装箱（连云港）有限公司	45	连云港华乐不锈钢制品有限公司
21	罗盖特（中国）营养食品有限公司	46	江苏中金玛泰医药包装有限公司
22	连云港碱业有限公司	47	重山风力设备（连云港）有限公司
23	江苏金茂源生物化工有限责任公司	48	连云港飞雁毛毯有限责任公司
24	江苏盛迪医药有限公司	49	江苏广晟健发再生资源股份有限公司
25	丰益油脂科技（连云港）有限公司	50	连云港中再钢铁炉料有限公司

主营业务收入最高的50家企业

表 8-12 （2018 年）

序号	企业名称	序号	企业名称
1	江苏恒瑞医药股份有限公司	26	晶海洋半导体材料（东海）有限公司
2	江苏新海石化有限公司	27	连云港启创铝制品制造有限公司
3	正大天晴药业集团股份有限公司	28	江苏金茂源生物化工有限责任公司
4	江苏省镔鑫钢铁集团有限公司	29	日出东方太阳能股份有限公司
5	江苏斯尔邦石化有限公司	30	江苏盛迪医药有限公司
6	江苏豪森药业集团有限公司	31	连云港神舟新能源有限公司
7	连云港亚新钢铁有限公司	32	连云港虹洋热电有限公司
8	江苏康缘集团有限责任公司	33	江苏天明机械集团有限公司
9	江苏虹港石化有限公司	34	江苏华尔化工有限公司
10	江苏核电有限公司	35	丰益高分子材料（连云港）有限公司
11	益海（连云港）粮油工业有限公司	36	连云港市云海电源有限公司
12	连云港兴鑫钢铁有限公司	37	丰益表面活性材料（连云港）有限公司
13	江苏新海发电有限公司	38	江苏三吉利化工股份有限公司
14	连云港华乐合金有限公司	39	江苏鹰游纺机有限公司
15	连云港润众制药有限公司	40	连云港新奥燃气有限公司
16	连云港赣榆华信废旧物资回收有限公司	41	科莱恩丰益脂肪胺(连云港)有限公司
17	大陆汽车电子（连云港）有限公司	42	江苏太平洋石英股份有限公司
18	东方国际集装箱（连云港）有限公司	43	台玻东海玻璃有限公司
19	连云港中复连众复合材料集团有限公司	44	沙索丰益醇工业（连云港）有限公司
20	连云港天明装备有限公司	45	金桥丰益氯碱（连云港）有限公司
21	连云港碱业有限公司	46	连云港飞雁毛毯有限责任公司
22	罗盖特（中国）营养食品有限公司	47	益海（连云港）特种油脂有限公司
23	丰益油脂科技（连云港）有限公司	48	江苏中金玛泰医药包装有限公司
24	国电联合动力技术（连云港）有限公司	49	连云港正大农牧发展有限公司
25	连云港裕佳升工贸有限公司	50	连云港华乐不锈钢制品有限公司

利润总额最高的50家企业

表 8-13　　　　　　　　　　(2018 年)

序号	企业名称	序号	企业名称
1	江苏恒瑞医药股份有限公司	26	江苏三吉利化工股份有限公司
2	正大天晴药业集团股份有限公司	27	台玻东海玻璃有限公司
3	连云港润众制药有限公司	28	东方国际集装箱(连云港)有限公司
4	江苏豪森药业集团有限公司	29	江苏汤沟两相和酒业有限公司
5	江苏核电有限公司	30	连云港碱业有限公司
6	江苏省镔鑫钢铁集团有限公司	31	江苏盛迪医药有限公司
7	江苏斯尔邦石化有限公司	32	江苏联瑞新材料股份有限公司
8	江苏康缘集团有限责任公司	33	江苏鹰游纺机有限公司
9	连云港兴鑫钢铁有限公司	34	连云港紫川食品有限公司
10	江苏新海石化有限公司	35	连云港市自来水有限责任公司
11	连云港亚新钢铁有限公司	36	江苏东霞户外用品有限公司
12	江苏华尔化工有限公司	37	江苏广晟健发再生资源股份有限公司
13	益海(连云港)粮油工业有限公司	38	江苏金茂源生物化工有限责任公司
14	连云港天明装备有限公司	39	金桥丰益氯碱(连云港)有限公司
15	连云港华乐合金有限公司	40	江苏中金玛泰医药包装有限公司
16	连云港中复连众复合材料集团有限公司	41	连云港启创铝制品制造有限公司
17	大陆汽车电子(连云港)有限公司	42	江苏苏云医疗器材有限公司
18	江苏新海发电有限公司	43	连云港市泰卓新材料有限公司
19	国电联合动力技术(连云港)有限公司	44	科莱恩丰益脂肪胺(连云港)有限公司
20	江苏太平洋石英股份有限公司	45	龙源东海风力发电有限公司
21	江苏虹港石化有限公司	46	江苏亿洲再生资源科技有限公司
22	连云港裕佳升工贸有限公司	47	连云港市赣榆区德盛花生食品有限公司
23	丰益表面活性材料(连云港)有限公司	48	连云港新奥燃气有限公司
24	江苏天明机械集团有限公司	49	连云港虹洋热电有限公司
25	罗盖特(中国)营养食品有限公司	50	江苏德源药业股份有限公司

从业人员最多的50家企业

表 8-14

（2018 年）

序号	企业名称	序号	企业名称
1	正大天晴药业集团股份有限公司	26	江苏苏云医疗器材有限公司
2	江苏豪森药业集团有限公司	27	晶海洋半导体材料（东海）有限公司
3	江苏康缘集团有限责任公司	28	连云港飞雁毛毯有限责任公司
4	江苏省镔鑫钢铁集团有限公司	29	福泰克（连云港）电子有限公司
5	江苏恒瑞医药股份有限公司	30	中复神鹰碳纤维有限责任公司
6	连云港亚新钢铁有限公司	31	连云港艾业无纺布制品有限公司
7	连云港兴鑫钢铁有限公司	32	禧玛诺（连云港）实业有限公司
8	江苏核电有限公司	33	江苏鹰游纺机有限公司
9	江苏斯尔邦石化有限公司	34	台玻东海玻璃有限公司
10	连云港碱业有限公司	35	连云港柏兴无纺布制品有限公司
11	东方国际集装箱（连云港）有限公司	36	连云港市自来水有限责任公司
12	连云港茉织华服饰有限公司	37	国电联合动力技术（连云港）有限公司
13	连云港华乐合金有限公司	38	江苏东霞户外用品有限公司
14	江苏新海发电有限公司	39	连云港味之素冷冻食品有限公司
15	连云港东霞制衣有限公司	40	益海（连云港）粮油工业有限公司
16	大陆汽车电子（连云港）有限公司	41	连云港杜钟新奥神氨纶有限公司
17	江苏汤沟两相和酒业有限公司	42	丰益高分子材料（连云港）有限公司
18	连云港中复连众复合材料集团有限公司	43	罗盖特（中国）营养食品有限公司
19	江苏新海石化有限公司	44	江苏东霞纺织集团有限公司
20	江苏太平洋石英股份有限公司	45	连云港花茂日用品有限公司
21	日出东方太阳能股份有限公司	46	连云港天明装备有限公司
22	连云港康达智精密技术有限公司	47	江苏远征化工有限公司
23	江苏华尔化工有限公司	48	衡所华威电子有限公司
24	江苏盛迪医药有限公司	49	江苏明盛化工有限公司
25	连云港启创铝制品制造有限公司	50	连云港东霞实业有限公司

大中型工业企业一览表

表 8-15　　　　(2018 年)

企业名称	企业规模	隶属关系	注册类型
一、大型工业企业(20 户)			
江苏新海发电有限公司	大型	其他	股份有限公司
江苏核电有限公司	大型	中央	其他有限责任公司
日出东方太阳能股份有限公司	大型	其他	股份有限公司
连云港中复连众复合材料集团有限公司	大型	中央	其他有限责任公司
江苏太平洋石英股份有限公司	大型	其他	股份有限公司
连云港华乐合金有限公司	大型	其他	私营有限责任公司
江苏斯尔邦石化有限公司	大型	其他	其他有限责任公司
江苏豪森药业集团有限公司	大型	其他	港澳台商独资
大陆汽车电子(连云港)有限公司	大型	其他	外资企业
正大天晴药业集团股份有限公司	大型	其他	外商投资股份有限公司
江苏新海石化有限公司	大型	其他	其他有限责任公司
江苏省镔鑫钢铁集团有限公司	大型	其他	私营有限责任公司
连云港亚新钢铁有限公司	大型	其他	私营有限责任公司
江苏恒瑞医药股份有限公司	大型	其他	股份有限公司
江苏康缘集团有限责任公司	大型	其他	私营有限责任公司
连云港兴鑫钢铁有限公司	大型	其他	私营有限责任公司
江苏汤沟两相和酒业有限公司	大型	其他	其他有限责任公司
东方国际集装箱(连云港)有限公司	大型	其他	中外合资经营
江苏华尔化工有限公司	大型	其他	私营有限责任公司
连云港碱业有限公司	大型	地方	国有独资公司
二、中型工业企业(74 户)	大型	其他	私营有限责任公司
江苏克胜作物科技有限公司	中型	其他	其他有限责任公司
江苏恒隆作物保护有限公司	中型	其他	其他有限责任公司
江苏鹰游纺机有限公司	中型	其他	私营有限责任公司
江苏中金玛泰医药包装有限公司	中型	其他	中外合资经营
江苏苏云医疗器材有限公司	中型	其他	与港澳台商合资经营
连云港市自来水有限责任公司	中型	其他	其他有限责任公司
江苏文峰木业有限公司	中型	其他	私营有限责任公司
连云港市金囤农化有限公司	中型	其他	私营有限责任公司
江苏盛迪医药有限公司	中型	其他	私营有限责任公司
连云港东霞实业有限公司	中型	其他	私营有限责任公司

表 8-15 续表 1

(2018 年)

企业名称	企业规模	隶属关系	注册类型
丰益高分子材料(连云港)有限公司	中型	其他	港澳台商独资
连云港康达智精密技术有限公司	中型	其他	外资企业
连云港神舟新能源有限公司	中型	地方	其他有限责任公司
连云港艾信无纺布制品有限公司	中型	其他	港澳台商独资
江苏虹港石化有限公司	中型	其他	私营有限责任公司
江苏道博化工有限公司	中型	其他	私营有限责任公司
连云港茉织华服饰有限公司	中型	其他	私营有限股份公司
江苏迪安化工有限公司	中型	其他	其他有限责任公司
青岛啤酒(连云港)有限公司	中型	地方	其他有限责任公司
禧玛诺(连云港)实业有限公司	中型	其他	外资企业
福泰克(连云港)电子有限公司	中型	其他	外资企业
连云港味之素如意食品有限公司	中型	其他	中外合资经营
江苏东浦管桩有限公司	中型	其他	私营有限责任公司
江苏远征化工有限公司	中型	其他	私营有限责任公司
江苏湛蓝科技开发有限公司	中型	其他	其他有限责任公司
连云港市永旺玻璃制品有限公司	中型	其他	私营有限责任公司
连云港光鼎电子有限公司	中型	地方	中外合资经营
连云港启创铝制品制造有限公司	中型	其他	外资企业
连云港花茂日用品有限公司	中型	其他	港澳台商独资
连云港兴怡紧固件有限公司	中型	其他	私营有限责任公司
国电联合动力技术(连云港)有限公司	中型	中央	其他有限责任公司
晶海洋半导体材料(东海)有限公司	中型	其他	私营有限责任公司
连云港市工投集团日晒制盐有限公司	中型	其他	国有独资公司
江苏诺泰澳赛诺生物制药股份有限公司	中型	其他	私营有限股份公司
番禺珠江钢管(连云港)有限公司	中型	其他	其他有限责任公司
江苏和利瑞科技发展有限公司	中型	其他	其他有限责任公司
连云港科伦多食品配料有限公司	中型	其他	私营有限责任公司
江苏天明机械集团有限公司	中型	其他	私营有限责任公司
益海(连云港)粮油工业有限公司	中型	其他	中外合资经营
连云港福东正佑照明电器有限公司	中型	其他	私营有限责任公司
衡所华威电子有限公司	中型	地方	其他有限责任公司
连云港味之素冷冻食品有限公司	中型	其他	中外合资经营

表 8-15 续表 2

(2018 年)

企业名称	企业规模	隶属关系	注册类型
罗盖特(中国)营养食品有限公司	中型	其他	外资企业
连云港飞雁毛毯有限责任公司	中型	其他	私营有限责任公司
江苏联瑞新材料股份有限公司	中型	其他	私营有限股份公司
连云港鹰游立成毛绒有限责任公司	中型	其他	私营有限责任公司
江苏嘉隆化工有限公司	中型	其他	其他有限责任公司
连云港高发玩具礼品有限公司	中型	其他	外资企业
台玻东海玻璃有限公司	中型	其他	外资企业
连云港艾业无纺布制品有限公司	中型	其他	外资企业
连云港美步家居有限公司	中型	其他	私营有限责任公司
江苏德源药业股份有限公司	中型	其他	股份有限公司
江苏仁欣化工股份有限公司	中型	其他	私营有限股份公司
连云港杜钟新奥神氨纶有限公司	中型	其他	中外合资经营
连云港联合皮业有限公司	中型	其他	外资企业
江苏明盛化工有限公司	中型	其他	私营有限责任公司
连云港华洋玩具有限公司	中型	其他	其他有限责任公司
连云港埃森化学有限公司	中型	其他	其他有限责任公司
中复神鹰碳纤维有限责任公司	中型	其他	其他有限责任公司
连云港天明装备有限公司	中型	其他	私营有限责任公司
江苏金茂源生物化工有限责任公司	中型	其他	中外合资经营
连云港市云海电源有限公司	中型	其他	私营有限责任公司
连云港柏兴无纺布制品有限公司	中型	其他	外资企业
江苏阳云丰服装有限公司	中型	其他	外资企业
国成功能服饰(连云港)有限公司	中型	其他	外资企业
连云港东霞制衣有限公司	中型	其他	私营有限责任公司
东海县依婷时装有限公司	中型	其他	港澳台商独资
连云港柳桥寝具有限公司	中型	其他	其他有限责任公司
江苏海福特海洋科技股份有限公司	中型	其他	私营有限股份公司
江苏东霞纺织集团有限公司	中型	其他	私营有限责任公司
连云港海亚制帽有限公司	中型	其他	私营有限责任公司
连云港紫川食品有限公司	中型	其他	其他有限责任公司
连云港永泰塑业有限公司	中型	其他	私营有限责任公司
江苏东霞户外用品有限公司	中型	其他	私营有限责任公司

分县区历年工业企业能源综合消耗量

表 8-16　　单位:吨标准煤

年　　份	全　市	市　区	赣榆区	东海县	灌云县	灌南县
2005	2328028	1720571	179608	239917	114081	73852
2006	3382350	2713805	285296	205265	113465	64519
2007	3353069	2610589	289143	229616	126240	97481
2008	3506577	2597110	333987	242935	191397	141149
2009	4030479	2580984	569292	365617	151050	363536
2010	4825594	2589130	988916	344706	151481	751361
2011	6211173	2921511	1618143	349642	155562	1166315
2012	6338884	2956485	1652103	319808	164541	1245946
2013	7362349	3622430	1816100	368277	213178	1342364
2014	7720564	5397502	1984204	452606	202285	1668171
2015	8671515	5699666	2064030	364081	245279	2362490
2016	9198909	6143381	2096232	314270	231404	2509854
2017	9371630	6189977	2163636	328882	227017	2625754
2018	9168858	6358265	2193599	299143	42184	2469265

工 业 企 业 主 要 能 源 消 费 量

表 8-17　　　　单位:吨

指　　标	全　市	市　区	# 赣榆区	东海县	灌云县	灌南县
原煤	7032472	6720858	429157	146293	2619	162702
洗精煤						
其它洗煤	219558	107245	106486			112313
煤制品	6072	6072	6072			
焦炭	3443576	1460192	1337817			1983383
发生炉煤气(万立方米)						
天然气(万立方米)	12011	10930	567	131	169	782
液化天然气	48311	48311				
原油	2994603	2994603	2994603			
汽油	930	890	8			40
煤油	740	740	740			
柴油	10661	8638	289	541	13	1469
燃料油	20428	19066				1363
液化石油气	828	32		130	239	427
润滑油	13	13				
其它石油制品	58	58				
热力(百万千焦)	20933923	19855324	235806		181133	897466
电力(万千瓦时)	1089600	795666	153789	92265	25672	175996
煤矸石用于燃料	126			126		
城市垃圾用于燃料	364809	364809				
生物质废料用于燃料	182348	77225	53635	98723		6400
折标准煤合计(吨标准煤)	16278563	12998053	6447453	319784	42194	2918532

主要能源品种分行业消费量

表 8-18　（2018 年）　单位：吨

指　　标	原煤	焦碳	石油	汽油	柴油	热力(百万千焦)	电力(万千瓦时)
总　计	**7032472**	**3443576**	**2994603**	**930**	**10661**	**20933923**	**1089600**
其中:轻工业	402441			288	425	2656640	148497
重工业	6630031	3443576	2994603	642	10237	18277282	941103
有色金属矿采选业							
非金属矿采选业					165		3977
开采辅助活动							
农副食品加工业	115117			15	15	45746	25006
食品制造业	217963			57	74	21651	10153
酒、饮料和精制茶制造业	62516				14	2379	7324
纺织业	46			2			7220
纺织服装、服饰业	16				13	7654	4332
皮革、毛皮、羽毛及其制品和制鞋业	2262				130	47687	3240
木材加工和木、竹、藤、棕、草制品业	1130				262	21293	12101
家具制造业							402
造纸和纸制品业	4496						2036
印刷和记录媒介复制业				59	22		2591
文教、工美、体育和娱乐用品制造业				21		74324	4087
石油加工、炼焦和核燃料加工业			2994603				18428
化学原料和化学制品制造业	603543	122321		65	1195	17673951	251560

表 8-18 续表　　　　　　　　　　　　（2018 年）　　　　　　　　　　　　单位:吨

指　　　　标	原煤	焦碳	石油	汽油	柴油	热力 (百万千焦)	电力 (万千瓦时)
医药制造业				71	108	2113748	35136
化学纤维制造业				19		290079	6458
橡胶和塑料制品业							5844
非金属矿物制品业	146448			31	3614	562846	72608
黑色金属冶炼和压延加工业	433708	3320564			2036		264294
有色金属冶炼和压延加工业		637					9086
金属制品业	5372			15		53344	16212
通用设备制造业		54		160	253		11910
专用设备制造业				101	58	7669	7237
汽车制造业				1	1		3662
铁路、船舶、航空航天和其他运输设备制造业							2768
电气机械和器材制造业	25			28	61		15183
计算机、通信和其他电子设备制造业							6933
仪器仪表制造业				4	2		357
其他制造业							1
废弃资源综合利用业	3013					11553	4651
电力、热力生产和供应业	5436818			215	2398		265228
燃气生产和供应业							549
水的生产和供应业				67	19		7994

工业企业综合能耗分行业

表 8-19　　　　　　　　　　　　全　市

指　　标	2018年		2017年	
	综合能耗(吨标准煤)	工业总产值(万元)	综合能耗(吨标准煤)	工业总产值(万元)
总　计	**9168858**	**25949171**	**9371630**	**61501746**
其中:轻工业	629414	10555019	602016	22497704
重工业	8539444	15394151	8769614	39004042
有色金属矿采选业			1896	25366
非金属矿采选业	4958	25456	8862	316976
开采辅助活动			171	4790
农副食品加工业	122915	1748975	86957	4074642
食品制造业	180680	440903	130514	760387
酒、饮料和精制茶制造业	64944	309419	29149	1341928
纺织业	9289	140292	11002	530414
纺织服装、服饰业	5616	376740	10060	2192793
皮革、毛皮、羽毛及其制品和制鞋业	15940	116915	18044	378054
木材加工和木竹藤棕草制品业	25601	225401	29571	863154
家具制造业	494	41850	802	457272
造纸和纸制品业	5713	54989	9767	166592
印刷和记录媒介复制业	3147	66037	6390	581605
文教、工美、体育和娱乐用品制造业	14858	194729	19317	925252
石油加工、炼焦和核燃料加工业	268927	1457875	229807	2773967
化学原料和化学制品制造业	1316308	4360143	1711608	10979182

表 8-19 续表

全　市

指　　标	2018 年		2017 年	
	综合能耗(吨标准煤)	工业总产值(万元)	综合能耗(吨标准煤)	工业总产值(万元)
医药制造业	116410	6180798	119348	6666027
化学纤维制造业	32772	52132	27993	51320
橡胶和塑料制品业	7608	155179	8346	727721
非金属矿物制品业	230954	1291280	246120	7142796
黑色金属冶炼和压延加工业	4034595	3905352	4116121	5041937
有色金属冶炼和压延加工业	33348	270233	16191	1854911
金属制品业	26600	534382	49372	2487203
通用设备制造业	15426	689442	13490	1176637
专用设备制造业	9578	414123	12055	1822041
汽车制造业	4749	379413	7486	615131
铁路船舶航空航天和其他运输设备制造业	3402	20755	20112	1225697
电气机械和器材制造业	19293	591711	31035	3517439
计算机、通信和其他电子设备制造业	7729	196494	11994	798762
仪器仪表制造业	439	46820	455	70679
其他制造业	1	555	283	91839
废弃资源综合利用业	10205	80747	13479	470673
电力、热力生产和供应业	2564545	1400766	2363343	1174232
燃气生产和供应业	675	76371	1046	138344
水的生产和供应业	9550	39106	9407	52332

工业企业综合能耗分县区

表 8-20　　　　市　区

指标	2018年		2017年	
	综合能耗(吨标准煤)	工业总产值（万元）	综合能耗(吨标准煤)	工业总产值（万元）
总　计	**6358265**	**20395727**	**6189977**	**36822197**
其中:轻工业	542434	9044912	382273	14135850
重工业	5815831	11350815	5807704	22686347
有色金属矿采选业			1896	25366
非金属矿采选业	688	1437	1104	82980
开采辅助活动			171	4790
农副食品加工业	106941	1400254	62780	2361550
食品制造业	172648	311375	117791	457724
酒、饮料和精制茶制造业	60654	241192	12959	1086574
纺织业	3480	53151	4409	290796
纺织服装、服饰业	1682	164783	3081	1335105
皮革、毛皮、羽毛及其制品和制鞋业	7570	41661	9881	122747
木材加工和木竹藤棕草制品业	9823	49331	12469	333460
家具制造业	413	29725	645	434418
造纸和纸制品业	4683	39466	6570	57097
印刷和记录媒介复制业	2752	51261	5644	353994
文教、工美、体育和娱乐用品制造业	13171	133225	16005	655070
石油加工、炼焦和核燃料加工业	268927	1457875	229807	2779367
化学原料和化学制品制造业	1211594	3393541	1287649	4551408

表 8-20 续表 1　　　　市　区

指　　标	2018 年		2017 年	
	综合能耗(吨标准煤)	工业总产值（万元）	综合能耗(吨标准煤)	工业总产值（万元）
医药制造业	112193	6093284	87252	5943408
化学纤维制造业	32772	52132	27999	51320
橡胶和塑料制品业	5450	78489	5975	517591
非金属矿物制品业	71255	478938	44902	1911545
黑色金属冶炼和压延加工业	1815895	2259625	1898226	3691068
有色金属冶炼和压延加工业	26939	160012	6369	1410993
金属制品业	21843	433213	39381	2040550
通用设备制造业	13774	653027	10850	983330
专用设备制造业	5267	360008	7340	1273229
汽车制造业	1675	280333	3681	193532
铁路船舶航空航天和其他运输设备制造业	414	3635	576	81835
电气机械和器材制造业	12238	437469	19160	1634015
计算机、通信和其他电子设备制造业	6386	124844	9259	531216
仪器仪表制造业	432	45012	400	60802
其他制造业	1	555	227	74184
废弃资源综合利用业	5717	47443	6824	295595
电力、热力生产和供应业	2350009	1355000	2239932	1110403
燃气生产和供应业	506	64012	516	41567
水的生产和供应业	8887	37185	8213	45314

表 8-20 续表 2

连 云 区

指　　标	2018 年		2017 年	
	综合能耗(吨标准煤)	工业总产值（万元）	综合能耗(吨标准煤)	工业总产值（万元）
总　计	**226750**	**1095719**	**197669**	**1103781**
其中:轻工业	3343	104031	2274	109832
重工业	223408	991688	195395	993949
有色金属矿采选业				
非金属矿采选业			73	121
开采辅助活动			171	4790
农副食品加工业	1490	72684	1242	61875
食品制造业	355	7615	481	12411
酒、饮料和精制茶制造业				
纺织业				
纺织服装、服饰业	325	10666	225	14183
皮革、毛皮、羽毛及其制品和制鞋业				
木材加工和木竹藤棕草制品业				
家具制造业				
造纸和纸制品业	146	8937	196	11237
印刷和记录媒介复制业			101	1967
文教、工美、体育和娱乐用品制造业				
石油加工、炼焦和核燃料加工业	3	8195	8	9361
化学原料和化学制品制造业	147390	456926	123097	369858

表 8-20续表 3　　　　　　　　　　　　连 云 区

指　　标	2018年		2017年	
	综合能耗(吨标准煤)	工业总产值（万元）	综合能耗(吨标准煤)	工业总产值（万元）
医药制造业			30	8159
化学纤维制造业				
橡胶和塑料制品业	1026	4129	753	4966
非金属矿物制品业	3965	36501	3274	30164
黑色金属冶炼和压延加工业	70675	457238	67653	554402
有色金属冶炼和压延加工业				
金属制品业	1275	17302	109	3157
通用设备制造业				
专用设备制造业			122	840
汽车制造业				
铁路船舶航空航天和其他运输设备制造业				
电气机械和器材制造业	100	2152	106	2296
计算机、通信和其他电子设备制造业				
仪器仪表制造业				
其他制造业				
废弃资源综合利用业				
电力、热力生产和供应业		13373	31	13994
燃气生产和供应业				
水的生产和供应业				

表 8-20 续表 4

海 州 区

指　　标	2018 年		2017 年	
	综合能耗(吨标准煤)	工业总产值（万元）	综合能耗(吨标准煤)	工业总产值（万元）
总　计	**1949929**	**3070669**	**2009246**	**3541264**
其中:轻工业	47595	1696834	59935	1875242
重工业	1902334	1373835	1949311	1666022
有色金属矿采选业				
非金属矿采选业	688	1437	922	6346
开采辅助活动				
农副食品加工业	1279	40831	840	28205
食品制造业	3929	42534	4206	112447
酒、饮料和精制茶制造业	760	14024	2028	12940
纺织业	974	11665	2026	20866
纺织服装、服饰业	119	35651	177	33614
皮革、毛皮、羽毛及其制品和制鞋业	7545	33960	9110	29742
木材加工和木竹藤棕草制品业	479	15760	573	79792
家具制造业	88	5959		
造纸和纸制品业	3833	7240	5342	9171
印刷和记录媒介复制业	100	2950	55	2776
文教、工美、体育和娱乐用品制造业	12053	59154	13554	52531
石油加工、炼焦和核燃料加工业				
化学原料和化学制品制造业	400	11198	135567	136952

表 8-20 续表 5　　　　海州区

指　　　标	2018 年		2017 年	
	综合能耗(吨标准煤)	工业总产值（万元）	综合能耗(吨标准煤)	工业总产值（万元）
医药制造业	14462	1295054	12058	1347274
化学纤维制造业	619	5183	646	5071
橡胶和塑料制品业	175	22992	303	38019
非金属矿物制品业	8963	142212	9396	220109
黑色金属冶炼和压延加工业	1284	12724		
有色金属冶炼和压延加工业				
金属制品业	464	16065	286	18281
通用设备制造业	833	283878	2267	65870
专用设备制造业	2348	232490	3350	479614
汽车制造业				
铁路船舶航空航天和其他运输设备制造业			83	44979
电气机械和器材制造业	2253	169175	1693	263522
计算机、通信和其他电子设备制造业	4834	40762	3323	42025
仪器仪表制造业	231	35149	273	31789
其他制造业				
废弃资源综合利用业		5335	97	10161
电力、热力生产和供应业	1875132	449819	1795071	389275
燃气生产和供应业	495	59833	516	41567
水的生产和供应业	5589	17633	5481	18328

表 8-20 续表 6

赣 榆 区

指　　标	2018 年		2017 年	
	综合能耗(吨标准煤)	工业总产值（万元）	综合能耗(吨标准煤)	工业总产值（万元）
总　计	**2193599**	**4962801**	**2163636**	**18845165**
其中:轻工业	93129	1098675	51446	6520007
重工业	2100470	3864126	2112190	12325158
有色金属矿采选业				
非金属矿采选业			110	76513
开采辅助活动				
农副食品加工业	3351	407274	5626	1408352
食品制造业	472	5184	478	109174
酒、饮料和精制茶制造业	59894	227168	10932	1073634
纺织业	1064	23674	746	248164
纺织服装、服饰业	1238	118466	2679	1287308
皮革、毛皮、羽毛及其制品和制鞋业	26	7701	771	93005
木材加工和木竹藤棕草制品业	8466	29621	11896	253339
家具制造业	324	23767	645	434418
造纸和纸制品业	354	1936	584	9711
印刷和记录媒介复制业	2402	29645	5078	319585
文教、工美、体育和娱乐用品制造业	678	52210	2018	575180
石油加工、炼焦和核燃料加工业	268924	1449680	229799	2764606
化学原料和化学制品制造业	12684	190982	22470	1809992

表 8-20 续表 7

赣 榆 区

指标	2018年		2017年	
	综合能耗(吨标准煤)	工业总产值(万元)	综合能耗(吨标准煤)	工业总产值(万元)
医药制造业	11511	69559	12663	317601
化学纤维制造业	109	814	93	2359
橡胶和塑料制品业	2245	19337	4850	473546
非金属矿物制品业	14914	166711	17616	1250220
黑色金属冶炼和压延加工业	1720654	1680975	1733836	2958390
有色金属冶炼和压延加工业	887	8614	785	417672
金属制品业	8076	91994	28833	989295
通用设备制造业	8376	58259	4284	564497
专用设备制造业	408	9906	400	203048
汽车制造业	207	13095	3292	181053
铁路船舶航空航天和其他运输设备制造业	10	465	110	31787
电气机械和器材制造业	5898	166420	7115	447424
计算机、通信和其他电子设备制造业	11	1453	800	113876
仪器仪表制造业	37	3033	8	23073
其他制造业			227	74184
废弃资源综合利用业	5717	42108	6727	285434
电力、热力生产和供应业	54070	24708	47885	33317
燃气生产和供应业	10	4179		
水的生产和供应业	582	7639	280	15409

表 8-20 续表 8

开 发 区

指　　标	2018 年		2017 年	
	综合能耗(吨标准煤)	工业总产值（万元）	综合能耗(吨标准煤)	工业总产值（万元）
总　计	**471638**	**7259820**	**443046**	**10063978**
其中:轻工业	227365	5817830	155659	5386075
重工业	244273	1441990	287387	4677903
有色金属矿采选业			1896	25366
非金属矿采选业				
开采辅助活动				
农副食品加工业	100272	874779	54766	860498
食品制造业	1781	17008	1544	15748
酒、饮料和精制茶制造业				
纺织业	465	11908	515	14615
纺织服装、服饰业				
皮革、毛皮、羽毛及其制品和制鞋业				
木材加工和木竹藤棕草制品业	878	3951		330
家具制造业				
造纸和纸制品业				
印刷和记录媒介复制业	251	18666	410	29667
文教、工美、体育和娱乐用品制造业	440	21862	433	27360
石油加工、炼焦和核燃料加工业				
化学原料和化学制品制造业	47314	290424	108066	335188

表 8-20续表 9

开 发 区

指 标	2018年		2017年	
	综合能耗(吨标准煤)	工业总产值（万元）	综合能耗(吨标准煤)	工业总产值（万元）
医药制造业	85515	4719579	62502	4270374
化学纤维制造业	32043	46135	27253	43890
橡胶和塑料制品业			69	1060
非金属矿物制品业	43413	133514	14616	411053
黑色金属冶炼和压延加工业	21305	84776	19660	112317
有色金属冶炼和压延加工业	26052	151398	5584	993321
金属制品业	11719	292407	9821	1013412
通用设备制造业	4565	310890	4300	352963
专用设备制造业	2511	117612	3433	589043
汽车制造业	249	6253	389	12479
铁路船舶航空航天和其他运输设备制造业	404	3170	383	5069
电气机械和器材制造业	2929	59846	9534	885208
计算机、通信和其他电子设备制造业	1066	32592	1578	36027
仪器仪表制造业	164	6830	118	5940
其他制造业				
废弃资源综合利用业				
电力、热力生产和供应业	85421	14135	115165	16005
燃气生产和供应业				
水的生产和供应业	1290	4522	971	3394

表 8-20 续表 10　　徐圩新区

指　　标	2018 年		2017 年	
	综合能耗(吨标准煤)	工业总产值（万元）	综合能耗(吨标准煤)	工业总产值（万元）
总　计	**603786**	**2399186**	**612077**	**1875666**
其中:轻工业	2617	39008	2880	43730
重工业	601169	2360178	609196	1831936
有色金属矿采选业				
非金属矿采选业				
开采辅助活动				
农副食品加工业	548	4685	306	2620
食品制造业	742	7067	1004	6981
酒、饮料和精制茶制造业				
纺织业	978	5904	1123	7151
纺织服装、服饰业				
皮革、毛皮、羽毛及其制品和制鞋业				
木材加工和木竹藤棕草制品业				
家具制造业				
造纸和纸制品业	350	21352	448	26978
印刷和记录媒介复制业				
文教、工美、体育和娱乐用品制造业				
石油加工、炼焦和核燃料加工业				
化学原料和化学制品制造业	471582	2255259	387571	1714832

表 8-20 续表 11　　徐圩新区

指　　标	2018 年		2017 年	
	综合能耗(吨标准煤)	工业总产值（万元）	综合能耗(吨标准煤)	工业总产值（万元）
医药制造业				
化学纤维制造业				
橡胶和塑料制品业				
非金属矿物制品业				
黑色金属冶炼和压延加工业	1977	23911	77077	65959
有色金属冶炼和压延加工业				
金属制品业				
通用设备制造业				
专用设备制造业			35	684
汽车制造业				
铁路船舶航空航天和其他运输设备制造业				
电气机械和器材制造业				
计算机、通信和其他电子设备制造业				
仪器仪表制造业				
其他制造业				
废弃资源综合利用业				
电力、热力生产和供应业	126184	73618	143033	42278
燃气生产和供应业				
水的生产和供应业	1426	7390	1481	8183

表 8-20 续表 12　　　　　　　　　　高 新 区

指　　标	2018 年		2017 年	
	综合能耗(吨标准煤)	工业总产值（万元）	综合能耗(吨标准煤)	工业总产值（万元）
总　计	**180236**	**645431**	**124150**	**597735**
其中:轻工业	168385	288534	110078	200963
重工业	11851	356897	14072	396772
有色金属矿采选业				
非金属矿采选业				
开采辅助活动				
农副食品加工业				
食品制造业	165368	231968	110078	200963
酒、饮料和精制茶制造业				
纺织业				
纺织服装、服饰业				
皮革、毛皮、羽毛及其制品和制鞋业				
木材加工和木竹藤棕草制品业				
家具制造业				
造纸和纸制品业				
印刷和记录媒介复制业				
文教、工美、体育和娱乐用品制造业				
石油加工、炼焦和核燃料加工业				
化学原料和化学制品制造业	9098	5999	9471	5514

表 8-20 续表 13

高 新 区

指 标	2018 年		2017 年	
	综合能耗(吨标准煤)	工业总产值（万元）	综合能耗(吨标准煤)	工业总产值（万元）
医药制造业	705	9092		
化学纤维制造业				
橡胶和塑料制品业	2003	32030		
非金属矿物制品业				
黑色金属冶炼和压延加工业				
有色金属冶炼和压延加工业				
金属制品业	308	15444	332	16405
通用设备制造业				
专用设备制造业				
汽车制造业	1218	260985		
铁路船舶航空航天和其他运输设备制造业				
电气机械和器材制造业	1059	39876	712	35565
计算机、通信和其他电子设备制造业	475	50037	3557	339288
仪器仪表制造业				
其他制造业				
废弃资源综合利用业				
电力、热力生产和供应业				
燃气生产和供应业				
水的生产和供应业				

表 8-20 续表 14

东 海 县

指　　标	2018 年		2017 年	
	综合能耗(吨标准煤)	工业总产值（万元）	综合能耗(吨标准煤)	工业总产值（万元）
总　计	**299143**	**2161423**	**328882**	**12035794**
其中:轻工业	49437	892068	43159	4608513
重工业	249706	1269355	285723	7427281
有色金属矿采选业				
非金属矿采选业	543	13487	2901	117427
开采辅助活动				
农副食品加工业	12044	255115	15767	1380028
食品制造业	1922	29683	1983	76568
酒、饮料和精制茶制造业	532	6719	5320	74277
纺织业	4766	75793	3447	152329
纺织服装、服饰业	3265	186106	4916	615920
皮革、毛皮、羽毛及其制品和制鞋业	115	5171	269	112279
木材加工和木竹藤棕草制品业	3033	68624	5284	438380
家具制造业				
造纸和纸制品业	385	7229	154	13232
印刷和记录媒介复制业	202	11425	505	189171
文教、工美、体育和娱乐用品制造业	859	34310	1668	168319
石油加工、炼焦和核燃料加工业				
化学原料和化学制品制造业	21627	219611	13886	306635

表 8-20 续表 15

东 海 县

指标	2018 年		2017 年	
	综合能耗(吨标准煤)	工业总产值(万元)	综合能耗(吨标准煤)	工业总产值(万元)
医药制造业				
化学纤维制造业				
橡胶和塑料制品业	1106	58506	535	70041
非金属矿物制品业	157926	761179	196848	5016528
黑色金属冶炼和压延加工业				
有色金属冶炼和压延加工业	215	20440	1867	276126
金属制品业	3073	54017	3829	219409
通用设备制造业	562	17137	755	21031
专用设备制造业	2666	39149	2084	343197
汽车制造业	1358	60997	2185	379472
铁路船舶航空航天和其他运输设备制造业	138	131	455	56699
电气机械和器材制造业	5327	120064	10200	1826331
计算机、通信和其他电子设备制造业	890	61675	1655	132073
仪器仪表制造业				
其他制造业				
废弃资源综合利用业	721	24979	73	12258
电力、热力生产和供应业	75837	23732	52264	31264
燃气生产和供应业	32	6142	33	6799
水的生产和供应业				

表 8-20 续表 16

灌 云 县

指　　标	2018 年		2017 年	
	综合能耗(吨标准煤)	工业总产值（万元）	综合能耗(吨标准煤)	工业总产值（万元）
总　计	**42184**	**802166**	**227017**	**8456816**
其中:轻工业	16448	390585	84769	3216229
重工业	25736	411581	142248	5240587
有色金属矿采选业				
非金属矿采选业	3726	10531	4857	116569
开采辅助活动				
农副食品加工业	3930	93606	8380	328837
食品制造业	1635	64604	1185	195176
酒、饮料和精制茶制造业	36	526	253	84212
纺织业	464	8611	2269	82146
纺织服装、服饰业	527	22314	1955	235062
皮革、毛皮、羽毛及其制品和制鞋业	389	4978	2286	75709
木材加工和木竹藤棕草制品业	3044	27060	277	6942
家具制造业	82	12125	157	22853
造纸和纸制品业	645	8294	3026	94360
印刷和记录媒介复制业	193	3351	241	38439
文教、工美、体育和娱乐用品制造业	827	27193	1607	98282
石油加工、炼焦和核燃料加工业				
化学原料和化学制品制造业	14910	303220	143675	4302024

表 8-20 续表 17　　灌 云 县

指　　标	2018 年		2017 年	
	综合能耗(吨标准煤)	工业总产值（万元）	综合能耗(吨标准煤)	工业总产值（万元）
医药制造业	1919	58267	20334	679955
化学纤维制造业				
橡胶和塑料制品业	690	6062	1318	125062
非金属矿物制品业	600	18855	1722	200314
黑色金属冶炼和压延加工业	1445	1512	2422	8334
有色金属冶炼和压延加工业	582	13670	1237	71697
金属制品业	463	37688	4090	213611
通用设备制造业	763	10484	1164	160123
专用设备制造业	784	7962	2494	203033
汽车制造业				
铁路船舶航空航天和其他运输设备制造业	2370	5475	17774	642091
电气机械和器材制造业	1034	25066	978	47914
计算机、通信和其他电子设备制造业	186	5370	879	126535
仪器仪表制造业	7	1807	27	9301
其他制造业	1	555	57	17655
废弃资源综合利用业	451	5325	1149	156149
电力、热力生产和供应业	95	10449	219	20971
燃气生产和供应业	137	6217	497	89978
水的生产和供应业	251	990	489	3482

表 8-20 续表 18

灌 南 县

指　　标	2018 年		2017 年	
	综合能耗(吨标准煤)	工业总产值（万元）	综合能耗(吨标准煤)	工业总产值（万元）
总　计	**2469265**	**2589855**	**2625754**	**4186939**
其中:轻工业	21094	227455	91816	537113
重工业	2448171	2362400	2533938	3649827
有色金属矿采选业				
非金属矿采选业				
开采辅助活动				
农副食品加工业			30	4227
食品制造业	4476	35240	9555	30919
酒、饮料和精制茶制造业	3723	60983	10617	96865
纺织业	580	2737	876	5144
纺织服装、服饰业	142	3537	108	6706
皮革、毛皮、羽毛及其制品和制鞋业	7865	65105	5609	67318
木材加工和木竹藤棕草制品业	9700	80386	11540	84371
家具制造业				
造纸和纸制品业			17	1903
印刷和记录媒介复制业				
文教、工美、体育和娱乐用品制造业			36	3581
石油加工、炼焦和核燃料加工业				
化学原料和化学制品制造业	68178	443771	266399	1819115

表 8-20 续表 19　　灌南县

指　　标	2018 年		2017 年	
	综合能耗(吨标准煤)	工业总产值（万元）	综合能耗(吨标准煤)	工业总产值（万元）
医药制造业	2298	29247	11762	42665
化学纤维制造业				
橡胶和塑料制品业	362	12122	518	15027
非金属矿物制品业	1173	32308	2647	14409
黑色金属冶炼和压延加工业	2217255	1644215	2215473	1342535
有色金属冶炼和压延加工业	5613	76112	6717	96095
金属制品业	1221	9464	2072	13632
通用设备制造业	327	8793	720	12153
专用设备制造业	862	7004	137	2582
汽车制造业	1717	38083	1620	42128
铁路船舶航空航天和其他运输设备制造业	481	11514	1308	445072
电气机械和器材制造业	694	9112	697	9179
计算机、通信和其他电子设备制造业	267	4605	201	8938
仪器仪表制造业			28	576
其他制造业				
废弃资源综合利用业	3316	3001	5432	6670
电力、热力生产和供应业	138604	11585	70929	11594
燃气生产和供应业				
水的生产和供应业	412	932	705	3536

工业企业水消费综合表

表 8-21　　（2018 年）　　单位：万立方米

指　　标	2018 年	2017 年
合计	27516	26615
地表淡水	23922	22667
地下淡水	357	579
自来水	3102	3297
海水	4	7
雨水	1	1
再生水（中水）	74	
其他水	57	63
外排水量	9274	9515
重复用水量	152716	113386
直流冷却水量（河湖水）	167	168
直流冷却水量（海水）	153918	2106

工业企业用水量分行业

表 8-22　　（2018 年）　　单位:万立方米

指　　标	2018 年	2017 年
全部工业企业	13631	13301
其中:轻工业	2219	2246
重工业	10910	10695
非金属矿采选业	9	10
开采辅助活动		
农副食品加工业	305	369
食品制造业	498	451
酒、饮料和精制茶制造业	377	354
纺织业	23	22
纺织服装、服饰业	31	30
皮革、毛皮、羽毛及其制品和制鞋业	71	75
木材加工和木、竹、藤、棕、草制品业	25	28
家具制造业	5	6
造纸和纸制品业	13	23
印刷和记录媒介复制业	8	10
文教、工美、体育和娱乐用品制造业	30	33
石油加工、炼焦和核燃料加工业	155	28
化学原料和化学制品制造业	4975	5333

表 8-22 续表　　（2018 年）　　单位:万立方米

指　　标	2018 年	2017 年
医药制造业	778	722
化学纤维制造业	56	55
橡胶和塑料制品业	19	21
非金属矿物制品业	663	460
黑色金属冶炼和压延加工业	826	920
有色金属冶炼和压延加工业	45	13
金属制品业	34	29
通用设备制造业	52	62
专用设备制造业	37	51
汽车制造业	20	22
铁路、船舶、航空航天和其他运输设备制造业	7	6
电气机械和器材制造业	80	96
计算机、通信和其他电子设备制造业	35	36
仪器仪表制造业	5	4
其他制造业		1
废弃资源综合利用业	12	23
电力、热力生产和供应业	4432	4004
燃气生产和供应业	5	4
水的生产和供应业	1515	1408

全社会用电情况

表 8-23　　　　（2018 年）　　　　单位:万千瓦时

指　　标	全　市	市　区	#赣榆区	东海县	灌云县	灌南县
A:全社会用电合计	1785091	738149	361103	268337	135607	281895
第一产业	60682	11868	20665	10763	3396	13990
第二产业	1087141	451519	232915	146063	52506	204138
第三产业	287972	159338	36877	43537	27054	21166
B:城乡居民生活合计	349296	115424	70646	67974	52651	42601
其中:城镇	149072	83509	17305	18261	16129	13868
乡村	200224	31915	53341	49713	36522	28733
一、农、林、牧、渔业	76778	14753	23871	14129	8336	15689
二、工业	1065201	441325	229815	143313	50020	200728
三、建筑业合计	22051	10265	3110	2778	2487	3411
四、交通运输、仓储邮政业	40289	30231	2523	5216	1373	946
五、信息传输、软件和信息技术服务业	17640	6886	3375	2898	2443	2038
六、批发和零售业	60833	31257	8184	11646	4979	4767
七、住宿和餐饮业	20669	11909	2760	2519	1726	1755
八、金融业	4550	2528	697	510	469	346
九、房地产业	26291	20292	1333	1803	1946	917
十、租赁和商务服务业	7628	5941	215	853	248	371
十一、公共服务及管理组织	93865	47338	14574	14698	8929	8326

9

建 筑 业

分 地 区 建 筑 业 生 产 情 况

表 9-1 （2018 年）

指　　标	单　位	全　市	市　区				
				连云区	海州区	赣榆区	开发区
单位 / 项目个数	个	302	192	17	96	50	23
签订合同额	千元	100186720	62269306	4530338	13665769	40332550	2986029
直接从建设单位承揽工程完成的产值	千元	68588122	41569247	2479711	9163493	28138739	1282704
建筑业总产值	千元	71921840	43096124	2684217	9739399	28713346	1430622
装饰装修产值	千元	2304358	1856885	58573	1469609	320734	2000
在外省完成的产值	千元	25809737	16160243	412879	1316187	14352696	46672
按构成分：1.建筑工程产值	千元	69174668	41101429	2613707	8648773	28029033	1371905
2.安装工程产	千元	1869795	1273275	9865	1012906	142962	40467
3.其他建筑业产值	千元	877377	721420	60645	77720	541351	18250
竣工产值	千元	54134008	32357755	2636347	7050097	21318967	796001
房屋施工面积	平方米	59450834	35111683	1665815	5401188	26681438	1038220
房屋新开工面积	平方米	29677204	18539637	407283	1979361	15736813	296695
建筑业企业总产值本期	千元	73431348	44266870	2712075	9867645	29677988	1480622

表 9-1 续表　　　　　　　　　　　　（2018 年）

指　　标	单　位	高新区	景　区	东海县	灌云县	灌南县
单位 / 项目个数	个	5	1	50	36	24
签订合同额	千元	745020	9600	14501384	7686510	15729520
直接从建设单位承揽工程完成的产值	千元	502800	1800	10117728	7290806	9610341
建筑业总产值	千元	526740	1800	10934384	8279691	9611641
装饰装修产值	千元	5969		289950	86563	70960
在外省完成的产值	千元	31809		1473681	3460569	4715244
按构成分:1.建筑工程产值	千元	436451	1560	10509305	7973121	9590813
2.安装工程产	千元	66915	160	292283	283409	20828
3.其他建筑业产值	千元	23374	80	132796	23161	
竣工产值	千元	556343		7618105	4042347	10115801
房屋施工面积	平方米	325022		6531117	7387642	10420392
房屋新开工面积	平方米	119485		2798506	3913359	4425702
建筑业企业总产值本期	千元	526740	1800	10971379	8364199	9828900

建筑业企业生产情况

表 9-2　　(2018 年)　　单位:千元

指标	企业个数(个)	建筑业合同情况	承包工程完成情况	建筑业总产值	装饰装修产值	在外省完成的产值
总计	**302**	**100186720**	**68588122**	**71921840**	**2304358**	**25809737**
一、按登记注册类型分组						
内资企业	301	100127943	68529345	71863063	2304358	25809737
国有企业	8	2822508	1463134	1827900		654388
集体企业	10	1168914	1086685	1141485	36500	572554
股份合作企业	1	82000	82171	169400		55400
有限责任公司	46	13221931	7269222	7372183	139499	646887
国有独资公司	8	3199104	1478399	1508399	5513	117770
其他有限责任公司	38	10022827	5790823	5863784	133986	529117
股份有限公司	2	511458	504471	493918		
私营企业	234	82321132	58123662	60858177	2128359	23880508
私营有限责任公司	230	81372720	57237686	59968402	1853444	23853275
私营股份有限公司	4	948412	885976	889775	274915	27233
港、澳、台商投资企业	1	58777	58777	58777		
港澳台商独资经营企业	1	58777	58777	58777		
二、按国民经济行业代码分组						
建筑业	302	100186720	68588122	71921840	2304358	25809737
房屋建筑业	148	83013182	55844953	57600238	552209	24054068
住宅房屋建筑	139	75834635	52012282	53730954	549427	20935693
其他房屋建筑业	9	7178547	3832671	3869284	2782	3118375
土木工程建筑业	68	11568224	8435649	8784051	4780	671940
铁路、道路、隧道和桥梁工程建筑	42	6353940	5181175	5303008	4780	218299
水利和水运工程建筑	10	4257665	2475215	2553993		345871
工矿工程建筑	1	186899	186899	186899		
架线和管道工程建筑	8	432543	430543	458221		6129
电力工程施工	1	47705	47701	47701		
其他土木工程建筑	6	289472	114116	234229		101641
建筑安装业	32	3336826	2544337	2722457	40500	323941
电气安装	18	2010149	1481742	1618056		138946
管道和设备安装	5	710369	581085	579525		98849
其他建筑安装业	9	616308	481510	524876	40500	86146
建筑装饰、装修和其他建筑业	54	2268488	1763183	2815094	1706869	759788
建筑装饰和装修业	40	1687873	1366403	1903614	1706869	352622
建筑物拆除和场地准备活动	10	131489	131205	642980		407166
其他未列明建筑业	4	449126	265575	268500		

表 9-2 续表 1　　(2018 年)　　单位:千元

指　　标	企业个数(个)	建筑业合同情况	承包工程完成情况	建筑业总产值	装饰装修产值	在外省完成的产值
三、按隶属关系分组						
省(自治区、直辖市)	1	17035	14535	14535		
市(地、州、盟)	28	7292411	4410169	4491670	67795	475774
县级及以下	23	4133951	3307361	3795117	64753	1592244
其他	246	88640663	60775563	63540024	2171547	23741719
四、建筑业企业资质等级分组						
施工总承包序列	202	95920614	65290361	66974391	588429	24560349
施工总承包序列特级工程	2	11181697	6207594	6542950	122575	2885349
施工总承包序列一级工程	17	39632812	24419204	24813966	26923	12320467
施工总承包序列二级工程	67	26382041	18777545	19413033	315206	5073751
施工总承包序列三级工程	116	18724064	15886018	16204442	123725	4280782
专业承包序列	100	4266106	3297761	4947449	1715929	1249388
专业承包序列一级工程	8	714920	515046	740763	608219	270297
专业承包序列二级工程	27	1821964	1357541	1880671	269085	461932
专业承包序列三级工程	56	1601491	1319932	2209105	833565	437610
专业承包序列不分等级工程	9	127731	105242	116910	5060	79549
五、按企业控股情况分组						
国有控股	26	7848536	4672957	5103309	25782	772158
集体控股	27	3681261	2862925	2911933	153485	773274
私人控股	240	88224981	60627452	63421874	2061395	24209639
港澳台商控股	1	58777	58777	58777		
外商控股	1	113326	113326	113326		
其他	7	259839	252685	312621	63696	54666

表 9-2 续表 2

（2018 年）

单位：千元

指　　标	建筑工程产值	安装工程产值	其他产值	竣工产值
总计	**69174668**	**1869795**	**877377**	**54134008**
一、按登记注册类型分组				
内资企业	69115891	1869795	877377	54134008
国有企业	1816650	11250		1594881
集体企业	1124258	160	17067	1385405
股份合作企业	169400			
有限责任公司	6900801	414729	56653	5531365
国有独资公司	1317411	190988		594792
其他有限责任公司	5583390	223741	56653	4936573
股份有限公司	493918			91476
私营企业	58610864	1443656	803657	45530881
私营有限责任公司	57724888	1443656	799858	44850300
私营股份有限公司	885976		3799	680581
港、澳、台商投资企业	58777			
港澳台商独资经营企业	58777			
二、按国民经济行业代码分组				
建筑业	69174668	1869795	877377	54134008
房屋建筑业	56292674	517663	789901	43807953
住宅房屋建筑	52437980	517663	775311	41331265
其他房屋建筑业	3854694		14590	2476688
土木工程建筑业	8674035	61998	48018	6991421
铁路、道路、隧道和桥梁工程建筑	5295648	3000	4360	3671491
水利和水运工程建筑	2553993			2528367
工矿工程建筑	186899			186899
架线和管道工程建筑	399223	58998		344913
电力工程施工	47701			47701
其他土木工程建筑	190571		43658	212050
建筑安装业	1736087	971570	14800	2024228
电气安装	948434	669622		1027679
管道和设备安装	486860	92665		370828
其他建筑安装业	300793	209283	14800	625721
建筑装饰、装修和其他建筑业	2471872	318564	24658	1310406
建筑装饰和装修业	1781221	101695	20698	1135263
建筑物拆除和场地准备活动	624389	14631	3960	88920
其他未列明建筑业	66262	202238		86223

表 9-2 续表 3　　（2018 年）　　单位：千元

指　　标	建筑工程产值	安装工程产值	其他产值	竣工产值
三、按隶属关系分组				
省(自治区、直辖市)	14535			37185
市(地、州、盟)	4450145	14745	26780	3899517
县级及以下	3556799	222088	16230	2796938
其他	61072994	1632962	834068	47350554
四、建筑业企业资质等级分组				
施工总承包序列	65159752	1001618	813021	51416793
施工总承包序列特级工程	6538110	2010	2830	5375787
施工总承包序列一级工程	24552976	182276	78714	20945994
施工总承包序列二级工程	18669941	437030	306062	15397995
施工总承包序列三级工程	15398725	380302	425415	9697017
专业承包序列	4014916	868177	64356	2717215
专业承包序列一级工程	551926	188837		307146
专业承包序列二级工程	1822867	39653	18151	1131403
专业承包序列三级工程	1539756	623144	46205	1205336
专业承包序列不分等级工程	100367	16543		73330
五、按企业控股情况分组				
国有控股	5071721	25835	5753	3299927
集体控股	2324363	570503	17067	2854057
私人控股	61297820	1273457	850597	47780927
港澳台商控股	58777			
外商控股	113326			
其他	308661		3960	199097

表 9-2 续表 4　　（2018 年）　　单位：平方米、人

指　　标	房屋建筑施工面积	本年新开工面积	直接从事生产经营活动的平均人数	从业人员期末人数	工程技术人员
总计	**59450834**	**29677204**	**302462**	**268062**	**22257**
一、按登记注册类型分组					
内资企业	59450834	29677204	302242	267841	22227
国有企业	89409	49900	7977	5054	680
集体企业	923924	557048	4639	4909	440
股份合作企业	1	1	565	404	150
有限责任公司	4201980	1447553	31013	32558	4113
国有独资公司	581533	166520	5684	5316	726
其他有限责任公司	3620447	1281033	25329	27242	3387
股份有限公司	25002		1753	1770	374
私营企业	54210518	27622702	256295	223146	16470
私营有限责任公司	53986060	27569931	251393	219118	16252
私营股份有限公司	224458	52771	4902	4028	218
港、澳、台商投资企业			220	221	30
港澳台商独资经营企业			220	221	30
二、按国民经济行业代码分组					
建筑业	59450834	29677204	302462	268062	22257
房屋建筑业	58581991	29397181	247258	220546	14944
住宅房屋建筑	52970120	26795199	235161	208022	13949
其他房屋建筑业	5611871	2601982	12097	12524	995
土木工程建筑业	197897	105847	33706	29593	4691
铁路、道路、隧道和桥梁工程建筑	161976	77394	20439	18651	3045
水利和水运工程建筑	16543	11034	10374	8199	993
工矿工程建筑			303	303	50
架线和管道工程建筑			1440	1297	345
电力工程施工			211	178	30
其他土木工程建筑	19378	17419	939	965	228
建筑安装业	480001	161018	10238	7324	1273
电气安装	283301	95000	5102	4569	685
管道和设备安装			3013	982	269
其他建筑安装业	196700	66018	2123	1773	319
建筑装饰、装修和其他建筑业	190945	13158	11260	10599	1349
建筑装饰和装修业	190945	13158	8068	7520	815
建筑物拆除和场地准备活动			2133	2439	374
其他未列明建筑业			1059	640	160

表 9-2 续表 5　　　　（2018 年）　　　　单位：平方米、人

指　　标	房屋建筑施工面积	本年新开工面积	直接从事生产经营活动的平均人数	从业人员期末人数	工程技术人员
三、按隶属关系分组					
省(自治区、直辖市)	19380		114	104	9
市(地、州、盟)	870462	192530	16590	13414	2172
县级及以下	1390232	887177	20152	15049	1719
其他	57104460	28532577	265219	239182	18294
四、建筑业企业资质等级分组					
施工总承包序列	59043534	29516263	281168	249921	19724
施工总承包序列特级工程	7107172	4067858	18097	17853	487
施工总承包序列一级工程	24979920	11702486	101903	100259	4138
施工总承包序列二级工程	15022261	7516212	82124	75800	8583
施工总承包序列三级工程	11934181	6229707	79044	56009	6516
专业承包序列	407300	160941	21294	18141	2533
专业承包序列一级工程			3389	2863	218
专业承包序列二级工程	190945	13158	7987	6284	933
专业承包序列三级工程	31679	17419	8623	7681	1287
专业承包序列不分等级工程	184676	130364	1295	1313	95
五、按企业控股情况分组					
国有控股	712004	244493	20322	15388	2448
集体控股	1558000	690103	13141	11072	1277
私人控股	57090988	28671157	267610	240326	18282
港澳台商控股			220	221	30
外商控股			122	122	20
其他	89842	71451	1047	933	200

分地区建筑业企业财务状况

表 9-3　　（2018 年）　　单位：千元

指　标	全　市	市　区	连云区	海州区	赣榆区	开发区
年初存货	6133222	4891867	390842	1658141	2488567	165005
流动资产合计	31444428	21425258	2930761	8636743	6834239	2230034
固定资产减值准备	81466	9066	1605	2568	95	677
固定资产原价	7306521	4604706	499825	1417625	1842297	400618
累计折旧	2824810	1891840	313960	664404	663578	144249
固定资产净值	4474967	2748334	185865	785689	1181719	256369
资产总计	41743992	26978594	3269132	10056025	8600017	3259943
流动负债合计	16178444	12132912	1877081	4770279	3105713	1682080
所有者权益合计	23575497	13348887	1388059	4895041	5386074	1124315
营业收入	62323645	37699572	2740004	9151363	23669283	1432716
营业成本	53999751	32774907	2377724	7697619	20849261	1317436
税金及附加	2067512	1282366	81580	245816	898469	36906
管理费用本年	2213433	1358805	102853	517095	634415	63493
财务费用	409361	242516	29169	86470	104853	17759
营业利润	3370943	1930629	129304	572314	1119517	6872
利润总额	3373786	1930908	128934	570377	1120925	7293
应交增值税	2293078	1283891	107658	344722	767519	33300
本年应付职工薪酬	16033842	9649832	495219	2059510	6500823	458843

表 9-3 续表　　（2018 年）　　单位：千元

指　　标	高新区	景　区	东海县	灌云县	灌南县
年初存货	189312		584288	335112	321955
流动资产合计	750809	42672	4191919	3433545	2393706
固定资产减值准备	4121		2001	60983	9416
固定资产原价	436208	8133	1060679	698567	942569
累计折旧	101889	3760	354502	152343	426125
固定资产净值	334319	4373	663965	546224	516444
资产总计	1287803	505674	5710845	4841897	4212656
流动负债合计	484180	213579	1942028	1402067	701437
所有者权益合计	341819	213579	3616207	3213432	3396971
营业收入	566561	139645	8629931	7699786	8294356
营业成本	419410	113457	7285644	6506337	7432863
税金及附加	14335	5260	407779	324690	52677
管理费用本年	35436	5513	350890	289779	213959
财务费用	4177	88	52313	90551	23981
营业利润	87295	15327	480026	404018	556270
利润总额	88052	15327	482687	403591	556600
应交增值税	22832	7860	363962	266652	378573
本年应付职工薪酬	109757	25680	1828083	2202384	2353543

建筑业企业财务状况

表 9-4　　（2018 年）　　单位：千元

项　　目	年初存货	流动资产合计	固定资产减值准备	固定资产原价
总　　计	**6133222**	**31444428**	**81466**	**7306521**
一、按登记注册类型分组				
内资企业	6126419	31249117	81466	6937786
国有企业	503803	2724126	926	335294
集体企业	74604	666718	668	184994
股份合作企业	35210	74273		47858
有限责任公司	1593302	9369018	3873	1617216
国有独资公司	645580	2863486	120	402336
其他有限责任公司	947722	6505532	3753	1214880
股份有限公司	61073	969437	200	110774
私营企业	3858427	17445545	75799	4641650
私营有限责任公司	3817197	17104241	75799	4596870
私营股份有限公司	41230	341304		44780
外商投资企业	6803	195311		368735
中外合资经营企业	6803	195311		368735
二、按国民经济行业代码分组				
建筑业	6133222	31444428	81466	7306521
房屋建筑业	3604462	15786486	70169	4306111
住宅房屋建筑	3346025	14947247	70169	3859638
其他房屋建筑业	258437	839239		446473
土木工程建筑业	1952300	11800513	7491	2334033
铁路、道路、隧道和桥梁工程建筑	1266824	7491225	5299	1220461
水利和水运工程建筑	589769	3406399	2024	535115
工矿工程建筑	624	93526		27942
架线和管道工程建筑	62474	537901	168	439317
电力工程施工	14761	49958		6483
其他土木工程建筑	17848	221504		104715
建筑安装业	318533	2019748	265	377391
电气安装	156263	1306230	170	266531
管道和设备安装	113897	336922		50709
其他建筑安装业	48373	376596	95	60151
建筑装饰、装修和其他建筑业	257927	1837681	3541	288986
建筑装饰和装修业	184942	1119846	2175	148062
建筑物拆除和场地准备活动	24126	308336	1366	90797
其他未列明建筑业	48859	409499		50127

表 9-4 续表 1　　（2018 年）　　单位：千元

项　　目	年初存货	流动资产合计	固定资产减值准备	固定资产原价
三、按隶属关系分组				
中央	690	6315	926	13798
地方	1289813	7156983	3234	1250557
其他	4842719	24281130	77306	6042166
四、建筑业企业资质等级分组				
施工总承包序列	5681001	28289054	75299	6568986
施工总承包序列特级工程	517714	1214122		199315
施工总承包序列一级工程	2561585	8780715	766	1683000
施工总承包序列二级工程	1703088	10925066	2382	2790981
施工总承包序列三级工程	898614	7369151	72151	1895690
专业承包序列	442557	3093076	6167	713109
专业承包序列一级工程	105947	462622		46319
专业承包序列二级工程	140512	1261279	2764	376993
专业承包序列三级工程	194042	1293344	3403	247147
专业承包序列不分等级工程	2056	75831		42650
其他	9664	62298		24426
五、按企业控股情况分组				
国有控股	1429818	9240473	2372	1145878
集体控股	362400	1914757	893	440873
私人控股	4298067	19825074	78001	5294386
港澳台商控股	6803	195311		368735
其他	36134	268813	200	56649

表 9-4 续表 2 （2018 年） 单位:千元

项 目	累计折旧	固定资产净值	资 产	流动负债	所有者权益
总 计	**2824810**	**4474967**	**41743992**	**16178444**	**23575497**
一、按登记注册类型分组					
内资企业	2744409	4186633	41118271	16064042	23508625
国有企业	180799	154495	2948182	2075855	806855
集体企业	93596	91398	1264345	457716	669705
股份合作企业	20443	27415	102314	34398	67916
有限责任公司	650914	998769	11861820	5990499	5034789
国有独资公司	214224	231934	3588082	2264065	698951
其他有限责任公司	436690	766835	8273738	3726434	4335838
股份有限公司	35814	74960	1091440	619367	465615
私营企业	1762843	2839596	23850170	6886207	16463745
私营有限责任公司	1752498	2805161	23472190	6761956	16210016
私营股份有限公司	10345	34435	377980	124251	253729
外商投资企业	80401	288334	625721	114402	66872
中外合资经营企业	80401	288334	625721	114402	66872
二、按国民经济行业代码分组					
建筑业	2824810	4474967	41743992	16178444	23575497
房屋建筑业	1602823	2747165	22630186	6525019	14993284
住宅房屋建筑	1420818	2482697	21498226	6277755	14163519
其他房屋建筑业	182005	264468	1131960	247264	829765
土木工程建筑业	920526	1359886	14512607	7715668	5979530
铁路、道路、隧道和桥梁工程建筑	460907	757826	9224900	4728734	4168364
水利和水运工程建筑	283589	210988	3785523	2497295	1245028
工矿工程建筑	11269	16673	121651	69032	52619
架线和管道工程建筑	104106	323856	1024569	266447	311716
电力工程施工	4635	1848	51806	20844	30962
其他土木工程建筑	56020	48695	304158	133316	170841
建筑安装业	169621	207770	2462959	1118207	1332130
电气安装	112076	154455	1574357	854326	707451
管道和设备安装	19351	31358	471400	132734	338666
其他建筑安装业	38194	21957	417202	131147	286013
建筑装饰、装修和其他建筑业	131840	160146	2138240	819550	1270553
建筑装饰和装修业	60884	90178	1320616	402306	892451
建筑物拆除和场地准备活动	49513	41284	378716	182202	188556
其他未列明建筑业	21443	28684	438908	235042	189546

表 9-4 续表 3　　（2018 年）　　单位：千元

项　　目	累计折旧	固定资产净值	资　产	流动负债	所有者权益
三、按隶属关系分组					
中央	2683	11115	17430	2762	12000
地方	610436	683943	8714530	5741953	2607664
其他	2211691	3779909	33012032	10433729	20955833
四、建筑业企业资质等级分组					
施工总承包序列	2538042	4032555	37803417	14704065	21201142
施工总承包序列特级工程	102925	96390	1335522	228079	1107443
施工总承包序列一级工程	814281	868719	11459110	5450025	5786728
施工总承包序列二级工程	1067450	1726816	14775362	5115625	8677469
施工总承包序列三级工程	553386	1340630	10233423	3910336	5629502
专业承包序列	285261	419493	3854792	1425945	2337422
专业承包序列一级工程	19467	26852	502830	211312	291518
专业承包序列二级工程	158708	206930	1704190	762536	874535
专业承包序列三级工程	94085	156062	1538994	429908	1088338
专业承包序列不分等级工程	13001	29649	108778	22189	83031
其他	1507	22919	85783	48434	36933
五、按企业控股情况分组					
国有控股	537709	640636	11092614	6416209	3969542
集体控股	182172	258701	2867131	1456815	1267314
私人控股	1988811	3266364	26868406	8023204	18155811
港澳台商控股	80401	288334	625721	114402	66872
其他	35717	20932	290120	167814	115958

表 9-4 续表 4　　（2018 年）　　单位：千元

项　　目	营业收入	营业成本	税金及附加	管理费用	财务费用
总　　计	**62323645**	**53999751**	**2067512**	**2213433**	**409361**
一、按登记注册类型分组					
内资企业	62210319	53954643	2065863	2203424	411084
国有企业	2068154	1764942	50103	97724	28867
集体企业	1323856	1111286	52902	70897	7325
股份合作企业	169400	135520	21095	2425	1560
有限责任公司	9502039	8119098	283986	517869	119210
国有独资公司	1361154	1265018	17366	60361	54375
其他有限责任公司	8140885	6854080	266620	457508	64835
股份有限公司	1160130	1015363	42189	42736	11282
私营企业	47986740	41808434	1615588	1471773	242840
私营有限责任公司	47018924	40961918	1602673	1443044	241595
私营股份有限公司	967816	846516	12915	28729	1245
外商投资企业	113326	45108	1649	10009	-1723
中外合资经营企业	113326	45108	1649	10009	-1723
二、按国民经济行业代码分组					
建筑业	62323645	53999751	2067512	2213433	409361
房屋建筑业	48371509	42354394	1725914	1367150	284154
住宅房屋建筑	45878812	40140533	1645149	1326432	277838
其他房屋建筑业	2492697	2213861	80765	40718	6316
土木工程建筑业	8153514	6865956	196438	427338	90489
铁路、道路、隧道和桥梁工程建筑	4531007	3827944	106062	219638	65395
水利和水运工程建筑	2644571	2270866	74919	121093	25212
工矿工程建筑	186899	151249	741	30589	-254
架线和管道工程建筑	487461	351589	7699	38177	-1689
电力工程施工	47968	33383	67	10789	375
其他土木工程建筑	255608	230925	6950	7052	1450
建筑安装业	2851442	2340250	56391	235998	14238
电气安装	1737130	1437384	31221	168854	-370
管道和设备安装	592141	465796	20994	25629	12414
其他建筑安装业	522171	437070	4176	41515	2194
建筑装饰、装修和其他建筑业	2947180	2439151	88769	182947	20480
建筑装饰和装修业	1913588	1593124	56046	106032	12133
建筑物拆除和场地准备活动	707257	601111	26554	32962	8373
其他未列明建筑业	326335	244916	6169	43953	-26

表 9-4 续表 5　　　　　　　　（2018 年）　　　　　　　　单位：千元

项　　　目	营业收入	营业成本	税金及附加	管理费用	财务费用
三、按隶属关系分组					
中央	326250	279461	13702	12931	7027
地方	6309138	5429525	150290	317791	86372
其他	55688257	48290765	1903520	1882711	315962
四、建筑业企业资质等级分组					
施工总承包序列	57121233	49740837	1925631	1863297	361145
施工总承包序列特级工程	5601563	4968587	170069	205717	7623
施工总承包序列一级工程	19544231	17458613	569216	348275	109926
施工总承包序列二级工程	17691501	15288192	659898	673165	112861
施工总承包序列三级工程	14283938	12025445	526448	636140	130735
专业承包序列	5148821	4213816	139925	347448	47260
专业承包序列一级工程	796118	677076	13951	46805	2527
专业承包序列二级工程	1926250	1579694	59101	135406	21447
专业承包序列三级工程	2137217	1720794	60735	151587	14916
专业承包序列不分等级工程	289236	236252	6138	13650	8370
其他	53591	45098	1956	2688	956
五、按企业控股情况分组					
国有控股	4977652	4300656	95774	288490	90458
集体控股	3203126	2730409	86134	208165	5387
私人控股	53752611	46683520	1876012	1692703	314848
港澳台商控股	113326	45108	1649	10009	–1723
其他	276930	240058	7943	14066	391

表 9-4 续表 6　　　　（2018 年）　　　　单位：千元

项　　目	营业利润	利润总额	应交增值税	本年应付职工薪酬
总　　计	**3370943**	**3373786**	**2293078**	**16033842**
一、按登记注册类型分组				
内资企业	3312531	3315175	2284938	16026180
国有企业	112370	111973	34538	477551
集体企业	78963	78856	49984	383694
股份合作企业	6100	6100	16940	34000
有限责任公司	447922	448319	338738	2235094
国有独资公司	-40280	-39955	34553	308788
其他有限责任公司	488202	488274	304185	1926306
股份有限公司	46889	46729	44428	342216
私营企业	2620287	2623198	1800310	12553625
私营有限责任公司	2548423	2551334	1739843	12334141
私营股份有限公司	71864	71864	60467	219484
外商投资企业	58412	58611	8140	7662
中外合资经营企业	58412	58611	8140	7662
二、按国民经济行业代码分组				
建筑业	3370943	3373786	2293078	16033842
房屋建筑业	2475329	2480107	1801976	12905873
住宅房屋建筑	2329951	2334730	1679946	12261929
其他房屋建筑业	145378	145377	122030	643944
土木工程建筑业	543413	541564	294817	1677598
铁路、道路、隧道和桥梁工程建筑	300115	298184	209775	997040
水利和水运工程建筑	136536	136134	47339	534205
工矿工程建筑	4879	5008	11213	11962
架线和管道工程建筑	90361	90739	18485	80703
电力工程施工	3354	3354	567	8345
其他土木工程建筑	8168	8145	7438	45343
建筑安装业	163179	163816	80395	630494
电气安装	82828	83084	53032	340500
管道和设备安装	46284	46842	15578	166056
其他建筑安装业	34067	33890	11785	123938
建筑装饰、装修和其他建筑业	189022	188299	115890	819877
建筑装饰和装修业	125310	124930	86304	540825
建筑物拆除和场地准备活动	36169	35905	19120	148498
其他未列明建筑业	27543	27464	10466	130554

表 9-4 续表 7　　（2018 年）　　单位:千元

项　　目	营业利润	利润总额	应交增值税	本年应付职工薪酬
三、按隶属关系分组				
中央	13069	13069	10182	69922
地方	319381	317798	212658	1366248
其他	3038493	3042919	2070238	14597672
四、建筑业企业资质等级分组				
施工总承包序列	3015886	3019516	2114303	14728651
施工总承包序列特级工程	246716	246716	151242	1242147
施工总承包序列一级工程	1053477	1056821	716171	5677409
施工总承包序列二级工程	847419	847023	657093	4185657
施工总承包序列三级工程	868274	868956	589797	3623438
专业承包序列	353762	352975	177162	1292825
专业承包序列一级工程	47736	48294	36572	166548
专业承包序列二级工程	121582	120062	63783	439238
专业承包序列三级工程	164995	165170	66748	546326
专业承包序列不分等级工程	19449	19449	10059	140713
其他	1295	1295	1613	12366
五、按企业控股情况分组				
国有控股	186566	185517	121125	1109775
集体控股	173132	174827	98108	751164
私人控股	2938642	2941054	2060209	14124285
港澳台商控股	58412	58611	8140	7662
其他	14191	13777	5496	40956

10

交通运输、邮电和服务业

全市交通运输基本情况

表 10-1

	单 位	2005	2010	2011	2012	2013	2014	2015	2016	2017	2018
一、铁 路											
铁路营业里程	公里	84	84	84	84	84	84	84	84	84	204
港口铁路专用线	米	107498	68964	68964	65090	67095	80500	80500	80500	80500	
火车站点个数	个		13	13	13	13	13	13	13	15	16
#客运站	个		3	3	3	3	3	3	3	4	4
货运站	个		10	10	10	10	10	10	10	11	12
二、公 路											
1、全社会公路总里程	公里	4835	11223	11313	11507	11771	11914	12005	12033	12117	11910
#等级公路	公里	4491	11049	11221	11415	11679	11840	11936	12033	12117	11910
#高速公路	公里	239	336	349	349	349	349	349	360	354	354
一级公路	公里	56	246	285	335	482	537	630	613	611	839
#国 道	公里	493	612	612	612	697	715	730	769	793	769
省 道	公里	310	281	294	330	390	398	416	369	391	412
2、公路密度											
以国土面积计算	公里/百平方公里		149.64	150.83	153.42	154.56	156.45	157.65	158.01	159.11	156.39
以人口数量计算	公里/人	10.61	24.99	25.76	26.17	26.65	26.83	26.97	26.83	26.88	26.35
3、公路桥梁	座	412	2726	2740	2832	2960	3010	3048	2615	2635	2371
	万米	1.99	17.88	18.46	19.30	21.18	19.55	19.87	13.45	13.71	13.61
三、港 口											
1、生产用码头泊位	个	98	180	180	180	189	183	183		176	
码头长度	米	7897	16437	16077	16437	19579	25080	25080		25939	
内河码头泊位	个	66	121	121	121	120	120	120	129	100	
沿海码头泊位	个	32	59	59	62	69	63	63	64	81	86
#万吨级	个	27	40	40	41	52	60	60	57	57	76
2、沿海港口吞吐能力	万吨	3577	9213	9123	9857	13295	14956	14956		15299	
3、港口国际旅客航线	条	2	2	2	2	2	2	2	2	2	3
四、内 河											
内河航道总里程	公里	1138	1114	1114	1114	1114	1114	1114	1114	1114	1111
#等级航道	公里	442	504	504	502	502	502	502	502	502	513
通机动船里程	公里	922	929	929	929	929	929	929	929	929	926
五、民 航											
民航机场	个	1	1	1	1	1	1	1	1	1	1
航线	条	7	15	16	18	21	20	20	23	24	28
起降架次	次	1835	5540	5408	6229	8668	6978	7802	9332	11232	14978

注:1、铁路货运站包括阿湖站;2、铁路客运站新增赣榆站,货运站新增海州站;3、铁路营运里程包括原东陇海线、新运营的青盐线(连云港境内里程)及部分短程支线路段,全市累计 204.487 公里。

全社会公路总里程

表 10-2　　（2018 年）　　单位:公里

	全市	市区	#赣榆区	东海县	灌云县	灌南县
全社会公路总里程	**11910**	**4622**	**2735**	**2858**	**2606**	**1824**
一、按公路等级分						
1、等级公路	11910	4622	2735	2858	2606	1824
#高速公路	354	218	91	43	66	27
一级公路	839	451	155	165	140	83
二级公路	1742	740	442	504	276	223
三级公路	776	353	159	182	143	98
四级公路	8199	2861	1888	1964	1981	1393
2、等外公路						
二、按行政等级分						
国 道	434	254	118	111	58	12
省 道	394	68	41	132	88	107
县 道	2255	1036	478	438	436	345
乡 道	3412	1055	714	927	925	505
村 道	5054	1985	1293	1206	1033	829
专业公路	6	6				
三、按路面技术状况分						
1、有铺装路面(高级)	11504	4353	2644	2815	2540	1797
#沥青路	2228	1128	460	544	286	270
水泥路	9276	3225	2184	2271	2254	1527
2、简易铺装路面(次高级)	51	51				
3、未铺装路面						
4、公路部门养护里程	11556	4404	2644	2815	2540	1797
#绿化里程	10987	4099	2643	2554	2540	1795
养护里程	11548	4396	2643	2815	2540	1797
四、桥梁情况						
数量(座)	2371	1023	642	426	397	525
延长(万米)	13.61	6.58	3.09	1.90	2.91	2.22
五、乡镇通公路情况						
1、乡镇数(个)	88	44	18	20	13	11
通公路比重(%)	100.0	100.0	100.0	100.0	100.0	100.0
2、村委会数(个)	1482	617	442	314	313	238
通公路比重(%)	100.0	100.0	100.0	100.0	100.0	100.0

全市机动车保有量

表 10-3　　　　单位:辆

	2018 年	#进口	#个人	#新注册	#营运	2017 年
机动车保有量	**775270**	**15334**	**707891**	**95903**	**80930**	**703481**
一、汽　车	**642182**	**15160**	**587714**	**86083**	**56004**	**564420**
1、载客汽车	546642	15093	514176	73730	7871	476818
#大型	4098	18	22	482	2781	3962
中型	1600	87	362	111	316	1743
小型	536984	14789	509873	73058	4774	467113
微型	3960	199	3919	79		4000
#普通	146469	2367	133641	26667	3062	121327
双层	4					4
卧铺	11				11	22
铰接	41				40	42
越野	6995	6644	6038	771		6217
专用客车	656	5	208	49		619
专用校车	667			103		564
面包车	38165		37008	614		38425
轿车	353634	6077	337281	45526	4758	309598
#微型	3513	199	3481	79		3413
2、载货汽车	82471	60	62101	10368	45731	75685
#重型	37173	18	22313	4599	34969	34465
中型	8200		7504	301	3704	8499
轻型	37091	42	32278	5468	7058	32716
微型	7		6			5
#普通	37278	42	33623	3514	9877	35200
厢式	10353		8411	1521	4865	9430
封闭	1866		1393	527	144	1348
罐式	281		71	33	233	271
平板	164		144	43	111	121
自卸	5519		4320	915	4745	5079
特殊结构	1480		486	171	735	1345
仓栅	5927		5184	1105	5477	4920
半挂牵引	19597	18	8468	2539	19538	17965
3、三轮汽车	2390		2362	405	969	2429
低速汽车	557		549		327	660
二、摩 托 车	**111508**	**174**	**110688**	**6102**	**3423**	**120797**
普通	110517	174	109700	6038	3422	119443
轻便	991		988	64	1	1354
三、挂　车	**21580**		**9489**	**3718**	**21503**	**18264**
重型	21530		9480	3708	21464	18221
中型	37				37	40
轻型	13		9	10	2	3

全市分县区机动车保有量

表 10-4　　(2018 年)　　单位:公里

	全　市	市　区	# 赣榆区	东海县	灌云县	灌南县	2017 年
机动车保有量	**775270**	**409702**	**164226**	**170689**	**123867**	**71012**	**703481**
一、汽　车	**642182**	**340502**	**137757**	**144894**	**94210**	**62576**	**564420**
1、载客汽车	546642	293222	116643	120361	78104	54955	476818
大型	4098	2847	371	564	318	369	3962
中型	1600	798	185	176	360	266	1743
小型	536984	287189	114942	118763	76936	54096	467113
微型	3960	2388	1145	858	490	224	4000
2、载货汽车	82471	43561	19948	17613	14413	6884	75685
重型	37173	22646	8653	7339	4899	2289	34465
中型	8200	2435	1162	2849	2099	817	8499
轻型	37091	18479	10132	7421	7414	3777	32716
微型	7	1	1	4	1	1	5
3、三轮汽车	2390	372	325	678	1043	297	2429
低速汽车	557	340	340	156	53	8	660
二、摩 托 车	**111508**	**55239**	**22462**	**21935**	**27066**	**7268**	**120797**
普通	110517	54511	22414	21742	26999	7265	119443
轻便	991	728	48	193	67	3	1354
三、挂　车	**21580**	**13961**	**4007**	**3860**	**2591**	**1168**	**18264**
重型	21530	13929	4000	3849	2588	1164	18221
中型	37	21	6	10	2	4	40
四、营运车辆	**80930**	**46532**	**16924**	**16050**	**13080**	**5268**	**75843**
# 公路客运	725	392	22	170	80	83	737
公交客运	2101	1408	240	259	241	193	2045
出租客运	2234	1723	125	214	100	197	2311
旅游客运	269	243	4	17	8	1	252
货　运	68869	38946	15486	13622	11948	4353	63988
租　赁	901	178	32	680	30	13	987
危化运输	2809	2156	488	313	191	149	2517
教　练	3022	1486	527	775	482	279	3006
五、非营运车辆	**693670**	**362992**	**147207**	**154546**	**110613**	**65519**	**627067**
# 消　防	49	33		3	10	3	52
救　护	163	83	40	21	27	32	171
工程救险	202	64	14	125	10	3	221

交通运输行业营业户数及从业人员

表 10-5

	营业户数(户)		从业人员(人)	
	2018 年	2017 年	2018 年	2017 年
一、道路运输部门				
道路货物运输	25234	24391	123378	110784
# 汽车运输	25215	24391		
道路旅客运输	19	19	30228	33180
道路运输服务	131	132	4669	4646
汽车维修	697	779	5439	6070
二、水路运输部门				
内河:货物运输	17	18	1813	1937
沿海:货物运输	25	26	1137	1193
旅客运输				
三、港口生产单位				
内河港口	9	11	149	291

全市港口码头总体情况

表 10-6

(2018 年)

	码头个数(个)	泊位个数(个)	泊位长度(米)	泊位年通过能力(万吨)
一、生产性码头	**46**	**135**	**20248**	**13333**
1、内河码头	11	49	2360	633
# 1000 吨级及以上				
500 吨级	11	49	2360	633
300 吨级				
300 吨级以下				
2、沿海码头	35	86	17888	12700
# 万吨级以上	32	76	16783	12440
二、非生产性码头				
沿海码头				

注:因 2013 年全市开展港口经营许可证规范整治,对 300 吨级及以下内河码头进行整合,导致其数据有较大幅度变动。

连云港港码头泊位及库场情况

表 10-7

	单位	1990	1995	2000	2005	2010	2015	2016	2017	2018
一、港口码头										
1、码头泊位	个	24	30	34	37	61	66	66	78	86
2、生产用码头										
总延长	米	3858	4824	5803	6421	11553	15311	15520	16768	17525
泊位数	个	18	25	30	32	59	62	64	76	84
#万吨级以上	个	13	20	25	27	40	57	57	71	76
年吞吐能力	万吨	1645	2025	2265	3577	9213	15000	15299	16290	
3、非生产用码头										
总延长	米	650	449	449	470	297	363	297	363	363
泊位数	个	5	4	4	5	2	2	2	2	2
二、铁路专用线										
总延长	米	59254	70514	90554	107498	68964	80500	80500	80500	80500
#装卸线	米	10379	11335	14093	16445	28728	33604	33604	33604	33604
三、仓库堆场										
1、生产用库场										
总面积	万平方米	43.13	57.81	81.30	24.25	371.33	587.06	585.28	600.03	600.03
容　量	万吨	96.80	119.74	180.71	971.71	1495.44	2276.39	2414.88	2432.35	2432.35
(1)仓库:总面积	万平方米	4.60	6.18	9.06	10.08	16.94	21.80	24.63	25.82	25.82
容　量	万吨	3.18	4.04	7.23	23.16	41.20	15.64	67.45	67.45	67.45
(2)圆筒仓:总容积	万平方米		10.29	10.29	14.46	14.46	14.46	14.46	14.46	14.46
容　量	万吨		7.06	7.06	10.46	10.46				
(3)堆场:总面积	万平方米	38.51	51.63	72.23	232.37	354.39	565.25	560.65	574.21	574.21
容　量	万吨	93.62	118.64	166.42	938.09	1443.79	2260.86	2397.08	2432.35	2432.35
#煤　场:总面积	万平方米	19.38	20.12	26.51	36.30	49.55	37.00	37.00	37.00	37.00
容　量	万吨	68.55	72.23	94.52	220.00	166.00	190.00	190.00	190.00	190.00
集装箱堆场:总面积	万平方米		6.10	6.10	40.70	39.80	108.09	85.50	100.90	100.90
堆存能力	万标准箱		0.68	0.68	5.74	15.96	26.78	11.72	12.08	12.08
2、非生产用库场总面积	万平方米	1.95	17.22	17.39	1.32	4.05	3.04	3.04	3.04	3.04

连云港港设施及装备情况

表 10-8

	单位	2006	2008	2010	2011	2012	2013	2014	2015	2016	2017	2018
一、港务船舶												
1 、工作船:艘　数	艘	17	17	19	19	21	21	24	27	23	23	26
总吨位	吨	6910	7105	7175	7175	8167	8167	9747	12672	9483	9483	10423
载客量	座	15	15	35	35	35	35	35	20	20	42	42
功　率	万千瓦	3.08	3.36	3.55	3.55	4.51	4.51	5.91	6.12	6.12	6.03	6.03
# 拖轮:艘　数	艘	14	15	15	15	17	17	20	19	18	18	18
总吨位	吨	4396	4859	4859	4859	5851	5851	7431	7261	7076	7076	8016
功　率	万千瓦	2.85	3.24	3.23	3.23	4.19	4.19	5.60	5.55	5.51	5.51	6.50
2 、工程技术船:艘　数	艘	5	8	6	6	6	6	8	8	5	3	3
总吨位	吨	2414	2414	7318	7318	7318	5341	14956	14956	12868	19388	19388
功　率	万千瓦	1.28	0.26	0.76	0.76	0.76	0.38	2.36	2.36	2.21	1.93	1.65
二、机车车辆												
机车合计:台　数	台	6	7	7	7	10	10	10	10	10	10	10
功　率	万千瓦	1.14	1.18	1.18	1.18	1.93	1.93	1.93	1.93	1.93	1.93	1.93
三、装械机械												
1 、生产用装卸机械:台(组)数	台	968	1061	935	935	1355	1460	1526	1360	1419	1389	1533
(1)起重机械类	台	193	221	188	188	236	251	277	244	297	267	267
# 轮胎起重机	台	112	125	94	94	116	124	131	96	128	128	131
门座起重机	台	63	77	67	67	85	90	102	125	132	144	144
(2)输送机械类:台(组)数	台	97	99	47	47	116	126	127	110	116	116	116
长　度	万米	1.83	1.85	0.99	0.99	2.66	2.97	3.67	3.51	3.77	3.77	3.77
(3)装卸搬运机械类	台	550	597	557	557	753	816	879	828	828	828	847
(4)专用机械类	台	128	144	143	143	238	267	243	178	178	178	242
2 、非生产用装卸机械合计	台		258	257	257	292	400	460	526	151	151	170

全市内河航运航道情况

表 10-9　　（2018 年）　　单位:公里

	全　市	市　区	# 赣榆区	东海县	灌云县	灌南县
内河航道总里程	**1110.55**	**344.48**	**118.07**	**152.45**	**440.08**	**173.54**
一、基本情况						
通机动船里程	926.29	284.38	57.97	127.38	340.99	173.54
水深 1 米以上里程	1100.65	344.48	118.07	152.45	430.18	173.54
通航闸数(个)	76	13	5	2	56	5
#套 闸	10	2			7	1
航道养护船舶(个)	12	6		1	3	2
跨河桥梁(个)	306	136	40	57	72	41
#碍 航	149	70	22	36	28	15
不通航乡镇数(个)	31	13	12	17	1	
二、按航道水深划分						
2.5m 以上	341.07	75.00	23.40		144.45	121.62
2.4—2.2 m	59.56	40.90	30.30		7.70	10.96
2.1—1.5 m	550.30	168.06	54.67	152.45	188.83	40.96
1.4—1.0 m	149.72	60.52	9.70		89.20	
1.0m 以下	9.90				9.90	
三、按航道等级划分						
1、等级航道	512.65	146.69	33.90	19.99	201.42	144.55
一级航道						
二级航道						
三级航道	147.02	32.5	2.4		57.96	56.56
四级航道	75.1	16.5	16.5		21.94	36.66
五级航道	90.95	25	3.5		58.55	7.4
六级航道	64.24	14.31			6	43.93
七级航道	135.34	58.38	11.5	19.99	56.97	
2、等外航道	597.9	197.79	84.17	132.46	238.66	28.99

注:2018 年 4 月灌河西线航道整治工程交工验收,完成航道整治 29.15 公里。与 2017 年相比,灌河四级 18.35 公里提升为三级,等外级 13.93 公里提升为三级,其中经整治裁弯取直等减少 3.13 公里。合计总里程减少 3.13 公里。

内河港口设施及装备情况

表 10-10

	单位	2008	2010	2014	2015	2016	2017	2018
一、生产用装卸机械	**台**	**156**	**166**	**166**	**126**	**112**	**80**	**35**
500-1000 吨级码头泊位前沿装卸机械	台				58	25	32	29
300-500 吨级码头泊位前沿装卸机械	台	36	46	49	68	87	48	6
起重机械	台	33	43	43	79	88		53
普通门座起重机	台	1	1	4	5	4	5	11
固定式起重机	台	28	38	38	70	81	58	32
轮胎起重机	台	3	3	3	3	2		7
汽车起重机	台	1	1	1	1	1		
输送机械	台	3	3	3	3	3		8
带式(皮带)输送机	台	1	1	1	1	3	7	8
斗式提升机	台	1	1	1	1			
埋刮板机	台	1	1	1	1			
专用机械	台					6	4	4
库场机械	台	36	36	36	36	12	5	4
水平运输	台	8	8	8	8	3	1	
二、生产用仓库面积	**平方米**	**2415**	**2415**	**2415**	**2415**	**2415**	**1100**	**1000**
生产用仓库容积	立方米	5430	5430	5430	5430	13200	6040	
堆场面积	平方米	51700	59700	59700	55700	89800	125486	93580
煤场面积	平方米	1000	1000	1000	1000	1000		20000
矿石堆场面积	平方米	2600	2600	2600	2600	28400	12000	15000
其他堆场面积	平方米	48100	48100	48100	52100	60400	113486	58580
堆场容量吨数	吨	55300	55300	55300	67300	500600	677382	60500
煤场容量吨数	吨	1000	1000	1000	1000	10600		
矿石堆场容量吨数	吨	5500	5500	5500	5500	60000	60000	5000

注:2015 年后统计口径与以前有变化。

水路运输船舶拥有量

表 10-11

	单位	2018年	内河	沿海	2017年
一、机动船					
艘数(未含个体)	艘	1017	717	300	1224
总吨	吨位	348954		348954	362830
总载重量	吨位	988046	439918	548128	1109792
载客量	客位				
功率	千瓦	337500	129688	207812	7644
1、客　船					
艘数	艘				
总吨	吨位				
总载重量	吨位				
载客量	客位				
功率	千瓦				
2、货　船					
艘数	艘	990	710	280	1195
总吨	吨位	340509		340509	354937
总载重量	吨位	988046	439918	548128	1109792
标准箱位	标箱	3091		3091	7644
功率	千瓦	273962	128618	145344	303159
3、拖　船					
艘数	艘	27	7	20	29
总吨	吨位	8445		8445	7893
功率	千瓦	63538	1070	62468	60020
4、个体机动船					
艘数	艘				
总吨	吨位				
总载重量	吨位				
载客量	客位				
功率	千瓦				
二、驳　船					
艘数	艘	100	99	1	189
净载重量	吨位	47771	37771	10000	74695

主要年份全社会客货运输量

表 10-12

年份	全社会客运量（万人）	公路客运量	全社会货运量（万吨）	公路货运量	铁路客运发送量（万人）	铁路货运发送量（万吨）
1978	1150	1013	477	133	137	301
1980	1728	1602	633	240	126	342
1981	1891	1762	645	214	129	374
1982	2190	2049	682	211	141	414
1983	3054	2895	1395	772	159	463
1984	3143	2965	1532	792	178	493
1985	3180	3018	2452	1659	161	529
1986	3331	3173	2666	1769	157	532
1987	3672	3501	2713	1860	170	595
1988	3550	3370	3026	2263	179	562
1989	3350	3182	3027	2173	167	589
1990	3044	2905	2701	2091	137	457
1991	3350	3198	1507	1010	149	372
1992	4442	4260	3142	2331	179	493
1993	3760	3552	3146	2374	206	388
1994	3964	3751	3175	2246	207	445
1995	3610	3382	4947	3973	218	501
1996	4458	4265	3741	2719	182	516
1997	3153	2952	2654	1780	192	551
1998	4506	4303	3360	2582	195	542
1999	4817	4618	4265	3380	195	539
2000	5034	4820	3629	2739	209	626
2001	5138	4936	4094	2913	198	923
2002	5297	5104	4318	2962	189	1101
2003	5429	5245	4452	3062	179	1155
2004	6137	5912	4837	3328	217	1247
2005	6831	6551	5628	3843	266	1485
2006	7936	7759	6464	4566	155	1588
2007	9006	8768	7193	5229	175	1516
2008	14935	14681	10967	8514	223	1936
2009	12322	12040	11242	7670	241	3022
2010	13481	13158	13937	9651	267	3405
2011	14428	14419	12901	11279	267	4094
2012	15948	15923	14832	13107	250	4298
2013	6007	5381	13796	7554	262	4122
2014	6117	5433	15016	8406	294	3735
2015	5627	5058	15382	9508	232	2883
2016	5188	4700	14569	8215	204	3449
2017	5127	4607	16202	9283	197	3921
2018	4882	4290	17462	9965	201	4276

注：1、全社会客运量及货运量均包含公路、铁路、水运及民航数据，历史数据按此口径有所调整；

2、2013 年数据根据交通部组织开展的全国运输业统计专项调查数据推算，口径较以前有明显调整，仅供参考。

全社会客货运输（吞吐）量

表 10-13　　（2018 年）

指　　标	单　位	合　计	公　路	水　路	铁　路	民　航	港　口
地方交通客运量	万人	4307	4290	17			
旅客周转量	亿人公里	34.38	33.02	1.36			
地方交通货运量	万吨	11989	9965	2024			
货物周转量	亿吨公里	352.61	191.29	161.32			
境内铁路客运总量	万人	404.48			404.48		
# 发送量	万人	200.58			200.58		
境内铁路货运总量	万吨	5473.17			5473.17		
# 发送量	万吨	4275.69			4275.69		
旅客吞吐量	万人	170.91				151.62	19.29
# 离港量	万人	64.19				54.56	9.63
货物吞吐量	万吨	23561				0.82	23560

表 10-13 续表　　（2017 年）

指　　标	单　位	合　计	公　路	水　路	铁　路	民　航	港　口
地方交通客运量	万人	4621	4607	14			
旅客周转量	亿人公里		33.77				
地方交通货运量	万吨	11274	9283	1991			
货物周转量	亿吨公里	337.33	180.13	157.20			
境内铁路客运总量	万人	396.37			396.37		
# 发送量	万人	196.61			196.61		
境内铁路货运总量	万吨	4928.24			4928.24		
# 发送量	万吨	3921.34			3921.34		
旅客吞吐量	万人	123.47				109.29	14.18
# 离港量	万人	44.41				37.33	7.08
货物吞吐量	万吨	22842				0.54	22841

连 云 港 境 内 铁 路 客 运 量

表 10-14　　　　　　　　　　　　　　　　　　　　单位:万人

	2010	2011	2012	2013	2014	2015	2016	2017	2018
铁路客运总量	**525.47**	**521.54**	**487.99**	**514.36**	**579.72**	**490.97**	**403.33**	**396.37**	**404.48**
客运到达量	**258.56**	**254.11**	**237.79**	**252.12**	**285.87**	**228.84**	**199.79**	**199.76**	**203.89**
连云港东	33.06	36.75	38.28	41.13	46.85	131.41	138.71	136.95	136.95
连云港	158.99	154.09	144.11	151.59	170.12	32.03			
东海县	66.51	63.27	55.40	59.40	68.90	65.40	61.08	62.82	62.82
客运发送量	**266.91**	**267.43**	**250.20**	**262.24**	**293.85**	**232.13**	**203.54**	**196.61**	**200.58**
连云港东	42.96	46.82	45.38	45.97	49.83	134.74	142.78	133.95	135.21
连云港	152.96	154.56	146.38	156.32	175.36	32.66			0.54
东海县	70.99	66.05	58.44	59.95	68.65	64.73	60.76	62.66	64.68

注:1、连云港站自 2015 年 4 月起进行改造升级,故影响客运量;2、自 2018 年 12 月沿海铁路开通,全市铁路客运数据含赣榆站。

连 云 港 境 内 铁 路 货 运 量

表 10-15　　　　　　　　　　　　　　　　　　　　单位:万吨

	2016 年			2017 年			2018 年		
	合计	发送量	到达量	合计	发送量	到达量	合计	发送量	到达量
合 计	**4528.11**	**3448.99**	**1079.12**	**4928.24**	**3921.34**	**1006.90**	**5473.17**	**4275.69**	**1197.48**
连　云	1600.98	1576.38	24.60	1994.68	1978.22	16.46	2376.55	2338.47	38.09
墟沟北	2295.02	1702.28	592.75	2298.46	1728.00	570.46	2478.34	1779.15	699.18
墟　沟	1.25	0.13	1.12	0.37		0.37			
连云港东	248.52	116.24	132.28	277.81	162.74	115.07	239.25	126.89	112.36
云台山							5.58	5.58	
盐　坨	11.15	2.96	8.18	6.52	1.12	5.40	6.39	0.88	5.51
新浦东	37.86	19.30	18.56	20.97	10.40	10.57	18.15	7.54	10.61
连云港	262.16		262.16	258.05	16.10	241.95	281.88	0.16	281.72
白塔埠	8.44	0.00	8.44	11.48	0.00	11.48	22.82	0.00	22.82
东海县	42.65	22.59	20.05	38.87	16.66	22.21	37.09	14.95	22.14
阿湖镇	20.07	9.10	10.98	21.03	8.10	12.94	7.12	2.08	5.04

注:阿湖镇站位于东海县洪庄镇境内。

主要年份连云港港口吞吐量

表 10-16

年　　份	港口货物吞吐量（万吨）	#进 口	出 口	#外 贸	内 贸	港口集装箱吞吐量（万标箱）	大陆桥集装箱运量（标准箱）
1978	594	196	398	199	395		
1980	739	225	514	293	446		
1981	756	259	497	332	424		
1982	806	278	528	355	451		
1983	858	315	543	399	459		
1984	900	349	551	449	451		
1985	929	367	562	523	406		
1986	948	345	603	536	412		
1987	894	338	556	541	353		
1988	1114	377	737	690	424		
1989	1126	378	748	643	483		
1990	1137	294	843	624	513	0.86	
1991	1213	260	953	699	514	1.44	
1992	1359	336	1023	717	642	1.55	50
1993	1417	268	1149	672	745	2.33	
1994	1589	342	1247	845	744	5.03	61
1995	1716	466	1250	1065	651	6.55	257
1996	1583	404	1179	998	586	8.96	12118
1997	1652	424	1228	1034	618	11.31	30016
1998	1776	433	1343	1014	762	9.16	12194
1999	2017	533	1484	998	1019	11.05	10514
2000	2708	771	1937	1454	1255	12.00	4893
2001	3058	1078	1980	1877	1181	15.75	7526
2002	3316	1307	2009	2002	1314	20.51	4175
2003	3752	1574	2178	2409	1343	30.11	5350
2004	4352	2219	2133	2760	1592	50.23	8329
2005	6016	3132	2884	3893	2123	100.00	9514
2006	7232	3627	3605	4480	2752	130.23	49892
2007	8507	4206	4301	4983	3524	200.31	59366
2008	10061	5256	4805	5509	4552	300.05	63946
2009	11378	7312	4066	6606	4772	303.18	58390
2010	13506	8759	4747	7804	5702	387.10	85366
2011	16628	10669	5959	9158	7470	485.19	106403
2012	18528	11702	6826	9681	8847	502.01	78149
2013	20165	13132	7033	10599	9566	548.77	104520
2014	21008	13663	7345	11036	9972	500.54	95500
2015	21075	12857	8218	9992	11083	500.92	53142
2016	22135	13973	8162	11233	10902	470.33	47378
2017	22841	15242	7598	12042	10799	471.07	72586
2018	23560	14872	8688	11884	11676	474.56	63908

注:本表总数中包括沿海和灌河沿海。

连云港港口货物吞吐量

表 10-17　　(2018 年)　　单位:万吨

	合计	外贸	内贸	进港	外贸	出港	外贸
港口货物吞吐量	**23560.31**	**11884.30**	**11676.00**	**14894.77**	**9964.54**	**8665.53**	**1919.76**
较 2017 年增减%	3.2	-1.3	8.1	-2.3	-2.9	14.0	8.4
按物类分:							
1、煤炭及制品	2514.27	652.29	1861.98	1494.21	588.10	1020.06	64.20
2、石油、天然气及制品	92.53	14.77	77.77	58.68	9.82	33.85	4.95
3、金属矿石	10975.62	7408.54	3567.08	8225.18	7367.21	2750.44	41.32
4、钢铁	708.55	123.82	584.73	154.64		553.91	123.82
5、矿物性建筑材料	2044.37		2044.37	1248.35		796.02	
6、水泥	73.12	31.84	41.29	69.82	31.84	3.31	
7、木材	240.33	240.33		88.94	88.94	151.38	151.38
8、非金属矿石	149.00	108.62	40.38	73.30	40.49	75.70	68.13
9、化学肥料及农药	120.38	113.61	6.77	91.77	87.02	28.61	26.59
10、盐	79.34	57.37	21.97	57.64	53.05	21.70	4.32
11、粮食	603.77	563.76	40.01	563.31	559.22	40.46	4.54
12、机械、设备、电器	164.10	161.80	2.31	3.21	2.80	160.89	159.00
13、化工原料及制品	473.85	383.89	89.96	370.99	344.88	102.87	39.01
14、有色金属	67.06	52.27	14.78	32.88	21.61	34.17	30.67
15、轻工、医药产品	80.56	72.50	8.06	72.75	72.50	7.81	
16、农林牧渔业产品	52.62	49.70	2.92	51.35	48.43	1.26	1.26
17、其他货类	5120.84	1849.21	3271.63	2237.74	648.64	2883.09	1200.56
附:总计中集装箱(万标箱)	4795.43	1794.19	3001.23	2164.74	646.58	2630.69	1147.62

注:本表总数中包括沿海和灌河沿海。

连云港港口货物集运情况

表 10-18　　（2018 年）　　单位：万吨

	合 计	铁 路	公 路	水 运	内贸沿海	外贸
港口集运货物总计	**16851.77**	**901.24**	**1897.43**	**14053.10**	**4088.55**	**9964.54**
较 2017 年增减%	-6.7	22.9	-8.6	-7.8	4.6	-2.9
按物类分						
1、煤炭及制品	2107.04	488.04	135.99	1483.01	894.91	588.10
2、石油、天然气及制品	59.15		0.46	58.68	48.87	9.82
3、金属矿石	8348.99	278.85	345.26	7724.89	357.67	7367.21
4、钢铁	206.14	27.16	141.96	37.01	37.01	
5、矿物性建筑材料	1194.56		62.66	1131.90	1131.90	6、水泥
45.14		4.43	40.72	8.88	31.84	
7、木材	161.66		72.72	88.94		88.94
8、非金属矿石	124.18	47.49	27.20	49.49	9.01	40.49
9、化学肥料及农药	189.54	42.89	59.55	87.09	0.07	87.02
10、盐	55.15		2.10	53.05		53.05
11、粮食	582.71		19.56	563.15	3.93	559.22
12、机械、设备、电器	30.63		27.83	2.81	0.01	2.80
13、化工原料及制品	417.45	4.62	55.04	357.80	12.92	344.88
14、有色金属	73.64	3.32	37.43	32.88	11.28	21.61
15、轻工、医药产品	74.79		2.29	72.50		72.50
16、农林牧渔业产品	55.40		4.04	51.35	2.92	48.43
18、其他货类	3125.61	8.87	898.92	2217.82	1569.18	648.64
附：总计中集装箱（万标箱）	379.01	3.35	146.25	229.41	93.98	135.42

注：水运包括沿海和灌河沿海。

连云港港口货物疏运情况

表 10-19

（2018 年）

单位：万吨

	合计	铁路	公路	水运	内贸沿海	外贸
港口疏运货物总计	**15456.99**	**3611.63**	**4455.79**	**7389.56**	**5469.81**	**1919.76**
较 2017 年增减%	–4.8	5.1	–14.5	–2.7	17.4	8.4
按物类分						
1、煤炭及制品	1689.22	332.03	383.20	973.99	909.79	64.20
2、石油、天然气及制品	38.57		4.72	33.85	28.90	4.95
3、金属矿石	7401.58	2926.48	2252.57	2222.53	2181.20	41.32
4、钢铁	348.60	1.40	114.31	232.89	109.07	123.82
5、矿物性建筑材料	1057.17		375.06	682.11	682.11	
6、水泥	69.60		66.29	3.31	3.31	
7、木材	242.73		91.34	151.38		151.38
8、非金属矿石	108.26	15.84	24.28	68.13		68.13
9、化学肥料及农药	39.26	0.55	11.14	27.57	0.97	26.59
10、盐	83.34		61.64	21.70	17.37	4.32
11、粮食	544.73	197.87	340.93	5.94	1.40	4.54
12、机械、设备、电器	163.54		4.19	159.35	0.35	159.00
13、化工原料及制品	160.72	3.00	58.79	98.94	59.93	39.01
14、有色金属	173.07	122.03	17.02	34.02	3.36	30.67
15、轻工、医药产品	1.37		0.39	0.97	0.97	
16、农林牧渔业产品	45.10		43.84	1.26		1.26
18、其他货类	3290.15	12.44	606.08	2671.63	1471.07	1200.56
附：总计中集装箱(万标箱)	378.09	8.21	126.14	243.73	102.85	140.88

注：水运包括沿海和灌河沿海。

连云港港口集装箱吞吐量

（2018 年）

表 10-20

	箱数（万标箱）	进港	出港	重量（万吨）	进港	出港
总　计	**474.56**	**230.12**	**244.44**	**4795.43**	**2164.74**	**2630.69**
1.国际航线	**255.41**	**126.56**	**128.85**	**1426.16**	**450.81**	**975.35**
亚洲	189.49	90.14	99.35	1259.63	368.38	891.25
中国台湾	9.42	4.27	5.15	146.73	48.12	98.61
越南	33.56	16.23	17.33	143.60	44.75	98.85
日本	17.83	9.09	8.73	207.14	64.16	142.98
韩国	42.97	17.95	25.03	311.93	74.95	236.97
东南亚	27.38	13.11	14.27	98.39	31.07	67.31
西亚	6.35	1.82	4.52	77.79	6.48	71.32
中东	47.32	25.12	22.20	229.38	81.54	147.84
欧洲	0.04		0.04	0.94		0.94
北美洲	65.86	36.42	29.44	165.22	82.43	82.79
2.内支线合计	**20.89**	**8.86**	**12.03**	**368.04**	**195.76**	**172.27**
青岛	13.79	4.90	8.89	233.51	111.97	121.53
宁波－舟山	1.15	0.27	0.87	20.97	6.92	14.05
大丰	0.12	0.12		3.26	3.26	
上海	5.83	3.56	2.26	110.30	73.61	36.70
3.国内航线合计	**198.26**	**94.70**	**103.56**	**3001.23**	**1518.16**	**1483.07**
大连	0.55	0.15	0.40	1.35	0.32	1.03
营口	1.41	0.70	0.71	23.43	17.00	6.44
锦州	0.53	0.15	0.39	4.74	3.81	0.93
天津	2.63	0.09	2.54	6.24	0.40	5.84
青岛	33.07	17.22	15.85	570.70	287.01	283.69
岚山	0.96	0.51	0.45	18.55	13.32	5.23
射阳	0.14	0.07	0.06	2.37	1.46	0.92
大丰	6.14	3.37	2.77	120.81	61.26	59.55
南通	0.05	0.05		0.12	0.12	
上海	3.11	0.75	2.36	10.31	4.37	5.94
宁波－舟山	2.85	0.97	1.88	48.37	11.63	36.74
泉州	21.01	10.57	10.44	412.18	226.11	186.07
珠海	8.27	3.12	5.15	132.29	68.51	63.78
广州	0.82	0.36	0.46	15.89	7.96	7.92
南沙	114.94	55.66	59.28	1587.50	788.05	799.45

全社会内河港口吞吐量

表 10-21

单位：万吨

	全　市	市　区	# 赣榆区	东海县	灌云县	灌南县
1996	157.70	41.30	1.60	13.80	27.20	75.40
1999	136.80	14.50	0.10	8.50	28.30	85.50
2000	113.00	19.30		3.20	22.50	68.00
2001	106.00	18.00		3.00	2.00	83.00
2002	187.00	118.00		6.00	4.00	59.00
2003	162.70	16.00		18.50	18.20	110.00
2004	262.00	26.20		23.30	22.50	190.00
2005	300.10	27.00		19.20	19.90	234.00
2006	309.99	60.14		63.85	32.10	153.90
2007	448.01	39.50		68.51	60.00	280.00
2008	517.11	42.96		89.15	82.00	303.00
2009	550.30	45.38		86.25	83.77	334.90
2010	880.73	50.38		125.05	156.00	549.30
2011	959.55	54.89		136.24	169.96	598.46
2012	1798.97	91.86		86.84	123.92	335.95
2013	1972.69	81.10		136.11	193.94	294.09
2014	2129.30	172.02		44.12	209.36	333.50
2015	2152.20	188.95		48.46	229.97	366.33
2016	2981.77	528.00		31.85	139.41	229.54
2017	3311.92	617.37		150.29	97.59	210.92
2018	2872.38	467.50		148.71	32.28	106.24

注：近年来本表总计包含灌河数据。

内河港口货物分类吞吐量

表 10-22

单位：万吨

	2018 年	进 港	出 港	2017 年	进 港	出 港
一、内河港口吞吐量	**754.74**	**250.52**	**504.22**	**1076.17**	**319.30**	**756.86**
1、干散货	565.22	205.00	360.22	894.21	266.11	628.10
# 煤炭及制品	1.11		1.11	24.40	4.41	20.00
金属矿石	6.55	2.46	4.09	454.11	2.30	451.81
散水泥	35.94	5.09	30.85	23.99	23.99	
散粮	17.13	12.78	4.35	3.21		3.21
散化肥	5.83	5.78	0.05	0.04		0.04
2、件杂货	189.52	45.51	144.01	181.95	53.20	128.76
# 木材				0.85	0.80	0.05
粮食				5.48	0.16	5.32
化肥	19.40	15.95	3.45	2.89	2.69	0.21
水泥						
二、灌河港口吞吐量	**2117.64**	**841.67**	**1275.97**	**2235.75**	**1067.78**	**1167.96**

连云港轮渡进出港旅客人数

表 10–23　　　　单位:人次

	2005	2010	2011	2012	2013	2014	2015	2016	2017	2018
进出港旅客总数	**44283**	**135119**	**141593**	**121920**	**121753**	**92583**	**74749**	**49187**	**141796**	**192944**
1、按构成分										
国内旅客	9526	60248	79028	96499	96230	80462	68994	46580	119382	146822
港澳台胞	3069	39995	3051	1720	1290	764	285	99	1122	789
外国人	31688	70144	59514	23701	24233	11357	5470	2508	21292	19580
2、按航线分										
国际航线	44283	135119	141593	121920	121753	92583	74749	49187	141796	157104
仁川	44283	58526	66027	59632	55930	56731	48503	49187	42511	110118
平泽		76593	75566	62288	65823	35852	26246		99285	46986
旅客发送量	**21565**	**67469**	**72329**	**61634**	**60849**	**47032**	**37715**	**24754**	**70812**	**96288**
1、按构成分										
国内旅客	4690	30743	39611	48738	48145	40939	34847	23495	59666	73730
港澳台胞	1555	1850	1478	1102	644	399	143	49	557	394
外国人	15320	34876	31240	11794	12060	5694	2725	1210	10589	9693
2、按航线分										
国际航线		67469	72329	61634	60849	47032	37715	24754	70812	73730
仁川	21565	29021	32690	29997	27858	28719	24130	24754	21067	53576
平泽		38448	39639	31637	32991	18313	13585		49745	20154
旅客到达量	**22718**	**67650**	**69264**	**60286**	**60904**	**45551**	**37034**	**24433**	**70984**	**96656**
1、按构成分										
国内旅客	4836	29505	39417	47761	48085	39523	34147	23085	59716	73092
港澳台胞	1514	38145	1573	618	646	365	142	50	565	395
外国人	16368	35268	28274	11907	12173	5663	2745	1298	10703	9887
2、按航线分										
国际航线		67650	69264	60286	60904	45551	37034	24433	70984	83374
仁川	22718	29505	33337	29635	28072	28012	24373	24433	21444	56542
平泽		38145	35927	30651	32832	17539	12661		49540	26832

注:连云港远洋客轮运输开始于 2004 年,主要经营连云港 – 仁川、连云港 – 平泽等两条线路。

营业性交通运输客货运输量

表 10-24　　（2018 年）

	单　位	全　市	市　区	# 赣榆区	东海县	灌云县	灌南县
一、客运情况							
1、客运量	万人	4307.00	2489.31	72.63	879.98	378.06	559.65
陆运	万人	4290.00	2472.31	72.63	879.98	378.06	559.65
水运	万人	17.00	17.00				
2、旅客周转量	万人公里	341400.00	216646.21	5032.91	62192.84	26043.53	36517.42
陆运	万人公里	330198	205444	5033	62193	26044	36517
水运	万人公里	13602	13602				
二、货运情况							
1、货运量	万吨	11989.00	7545.30	2279.13	2095.20	1685.57	662.93
陆运	万吨	9965.00	6086.60	2279.13	2079.82	1252.03	546.55
水运	万吨	2024.00	1458.70		15.38	433.54	116.38
2、货运周转量	万吨公里	3526068	2597627	403124	402316	383690	142435
陆运	万吨公里	1912903	1206353	403124	396105	210759	99687
水运	万吨公里	1613165	1391274		6211	172931	42749

表 10-24 续表　　（2017 年）

	单　位	全　市	市　区	# 赣榆区	东海县	灌云县	灌南县
一、客运情况							
1、客运量	万人	4621.00	2129.46	78.06	944.54	405.92	601.07
2、旅客周转量	万人公里	343970	214013	5243	64787	27130	38040
二、货运情况							
1、货运量	万吨	11274.00	7103.56	2123.15	1952.61	1592.81	623.63
2、货运周转量	万吨公里	3373301	2491750	379599	379042	366981	135528

注：客运情况指标只包括陆运，未包括水运。

公路旅客营运

表 10-25

（2018年）

指　标	单　位	合　计	按标记客位分			
			大　型	中　型	小　型	特大型
公路营运载客汽车	**辆**	**1142**	**710**	**417**	**15**	**5**
	客位	42868	31906	10851	111	317
#卧铺客车	辆					
	客位					
#班车客运客车	辆	959	572	372	15	2
	客位	34133	24471	9551	111	122
旅游客车	辆	177	132	45		3
	客位	8447	7147	1300		195
包车客车	辆	6	6			
	客位	288	288			

公路货物营运

表 10-26

（2018年）

指　标	单　位	总　计		大　型		重　型
			个　体		个　体	
一、载货汽车	**辆**	**56476**	**33047**	**32868**	**20299**	**29556**
	吨位	773235	405943	763296	397137	744080
1、货　车	辆	20140	17396	14509	12372	11207
	吨位	174159	144809	164257	136010	145115
（1）按车型结构分						
普通货车	辆	7902	7521	5122	4861	2948
仓栅式货车	辆	5200	4542	4624	4009	4456
厢式货车	辆	4047	3212	2065	1586	1388
罐式货车	辆	185	30	153	30	130
自卸货车	辆	2078	1771	1938	1632	1704
（2）按经营范围分						
普通载货汽车	辆	18874	16844	13364	11844	10204
专用载货汽车	辆	1266	552	1145	528	1003
（3）按燃料类型分						
汽油车	辆	28	15	—	—	—
柴油车	辆	20073	17364	—	—	—
2、牵引车	辆	17965	7721	—	—	—
3、挂　车	辆	18371	7930	18359	7927	18349

车辆拥有量

按车长分			按等级分			安装GPS的车辆
大型	中型	小型	高级	中级	普通	
667	**402**	**68**	**481**	**382**	**279**	**1142**
30403	11273	875	23482	12371	7015	42868
528	361	68	298	382	279	959
23016	10120	875	14747	12371	7015	34133
133	41		177			177
7099	1153		8447			8447
6			6			6
288			288			288

车辆拥有量

	中型		小型		安装卫星定位车载终端
个体		个体		个体	
17214	303	**186**	**5340**	**4841**	
379341	1070	678	8869	8128	
9287	292	184	5339	4840	11617
118214	1034	672	8868	8127	253388
2735	122	115	2658	2545	2959
3844	3	2	573	531	4414
1030	121	52	1861	1574	1681
30	30		2		184
1415	15	15	125	124	1801
8840	236	184	5274	4816	10479
447	56		65	24	1138
—	—	—	—	—	
—	—	—	—	—	
—	—	—	—	—	
7927	11	2	1	1	

城市客运情况主要指标

表 10-27　　（2018 年）

	单　位	全　市	市　区	# 赣榆区	东海县	灌云县	灌南县
一、城市客运							
运营车辆	辆	1740	1325	165	91	109	50
# 公共汽车	辆	1740	1325	165	91	109	50
# 天然气车	辆	403	371		30	2	
标准运营车数	标台	2046	1646	165	91	94.6	50
运营线路网长度	公里	3187.2	2298.6	409.6	149	280	50
公交专用车道长度	公里	52	52				
客运总量	万人次	10421	8655	562	689	439	77
二、出租汽车							
运营车数	辆	2324	1814	203	212	99	199
客运总量	万人次	6047	4867	398	382	128	670

交通基础设施全行业投资完成情况

表 10-28　　　　单位:亿元

年　份	总计	公路建设	航道建设	港口建设	客货运站	铁路建设	民航及其他
“十一五”合计	**338.05**	**159.43**	**37.58**	**135.01**	**1.84**	**0.30**	**3.89**
2006	46.02	22.76	0.15	22.71	0.40		
2007	62.98	30.07	6.75	25.91	0.25		
2008	71.83	31.33	11.93	28.26	0.30		
2009	76.81	36.02	11.64	27.72	0.56		0.86
2010	80.42	39.24	7.10	30.41	0.33	0.30	3.03
“十二五”合计	**522.01**	**157.26**	**5.67**	**207.11**	**16.60**	**113.97**	**21.41**
2011	77.58	22.33	4.42	38.87	3.02	3.60	5.34
2012	83.75	25.40	1.00	43.65	2.74		10.95
2013	97.56	37.17		44.00	4.10	7.17	5.12
2014	134.22	36.62		45.15	3.25	49.20	
2015	128.91	35.74	0.25	35.43	3.49	54.00	
“十三五”合计	384.22	120.89	0.71	81.23	15.84	156.77	8.78
2016	117.34	43.00	0.10	25.21	5.30	40.00	3.73
2017	147.22	40.01	0.30	25.11	9.33	71.72	0.75
2018	119.66	37.88	0.31	30.91	1.21	45.05	4.30

民航连云港机场主要指标

表 10-29

年份	起降架次	旅客吞吐量（人）	#出港	#过站	货邮行吞吐量（吨）	#出港	#货物	换算旅客（人）
1985		8453			69			9215
1986		12970			89			13956
1987		13071			112			14320
1988		13495			102			14626
1989		11347			102			12483
1990		19736			171			21632
1991		28607			196			30781
1992		31932			241			34611
1993		15731			156			17467
1994		62100	30738		796	406		70948
1995		98363	48771		1087	443		110438
1996		108413	54909		1173	543		121445
1997		89032	45857		1184	596		102190
1998		75369	38700		1086	604		87436
1999		41257	20594		802	471		50161
2000		46904	23318		961	645		57580
2001		39742	20180		708	477		47606
2002		35341	16932		608	405		42095
2003		45020	22162		663	500		52383
2004		82290	41092		920	616		92512
2005	1835	95975	46497		934	611		106347
2006	2177	154753	75717	1491	1117	650	541	167160
2007	2677	199515	87418	17637	1488	944	789	216044
2008	3216	208630	90432	19037	1981	1323	993	230641
2009	3747	291059	122140	40309	2244	1403	944	315992
2010	5548	423031	176965	64664	2945	1780	1149	455753
2011	5408	460784	197305	57514	3378	1944	1375	498317
2012	6229	483768	206890	67054	3611	2032	1388	523890
2013	8668	563584	228298	98518	3935	2128	1463	607306
2014	6978	568642	234752	93155	4007	2210	1612	613164
2015	7802	708963	272272	155921	4168	2294	1436	755274
2016	9322	850972	310495	323210	4453	2360	1245	900450
2017	11232	1092924	373257	330244	5388	2576	1663	1152791
2018	14978	1516195	545570	414558	8188	3636	2906	1607173

注:机场客运量等于出港、进港、过站 3 项之和,2006 年后出港数据有调整。

主要年份邮电通讯主要指标

表 10-30

年份	邮电通讯业务收入（万元）	邮政速递业务收入	移动通讯业务收入	固定电话用户数（户）	城市电话	移动电话用户数（万户）
1978	251			6043	3839	
1980	325			9150	5916	
1981	416			9809	3682	
1982	506			10561	7293	
1983	561			11971	8370	
1984	630			12588	9052	
1985	741			14427	10614	
1986	806			16385	12078	
1987	987	301	686	18666	14109	
1988	1130	353	777	21606	16768	
1989	1285	451	834	25323	19996	
1990	1573	543	1030	29360	23730	
1991	4125	791	3334	37360	31332	
1992	6354	1048	5306	52779	46084	
1993	9770	1340	8430	74267	65937	
1994	13959	2066	11893	116521	97521	
1995	19645	2605	17040	162598	123183	
1996	28824	3403	25421	216139	144143	1.18
1997	36985	5121	31864	253615	154443	2.33
1998	50769	5291	45478	334059	184257	3.84
1999	67126	6680	60446	477183	272903	8.64
2000	95711	8639	87072	605975	321000	20.24
2001	119544	9534	110010	732662	364362	32.88
2002	105486	10869	94617	696907	341519	48.76
2003	124113	11026	113087	892000	441843	54.06
2004	126500	11563	114937	1222345	645628	62.43
2005	159343	12219	147124	1400700	785300	74.67
2006	173888	13938	159950	1449466	761707	108.54
2007	209447	17383	192064	1445300	782461	148.20
2008	251594	20433	231161	1372128	724109	181.61
2009	248021	27429	220592	1339172	767264	246.60
2010	270359	27485	242874	1101524	507992	306.68
2011	297209	28671	268537	1040840	567671	367.40
2012	342351	48400	293951	1036105	521980	383.22
2013	368782	55749	313033	948925	446261	414.21
2014	379896	73275	306621	886411	456327	433.46
2015	386910	94405	292505	785285	372611	426.02
2016	436288	111782	324507	686733	374750	426.30
2017	489566	139409	350156	620550	359056	440.79
2018	548211	173587	374624	569682	326129	483.73

邮政速递业务主要指标

表 10-31　　(2018 年)

	单　位	全　市	市　区	赣榆区	东海县	灌云县	灌南县
一、邮政局所总数	**处**	**127**	**59**	**24**	**27**	**24**	**17**
规模以上快递企业数量	个	57	24	8	10	8	7
快递营业网点数量	个	841	340	144	184	139	34
从业人员	人	5942	3479	594	840	607	422
二、邮路总长度	**公里**	**45864**	**27140**	**2402**	**9465**	**3445**	**3412**
农村投递路线长度	公里	15089	2330	2441	5825	2267	2226
三、已通邮的行政村	**个**	1435	140	422	346	302	225
提供投递服务的乡镇	个	61	6	15	17	12	11
四、邮政业务总收入	**万元**	**173587**	**84490**	**27010**	**30542**	**20338**	**11207**
# 邮政速递业务收入	万元	113502	69214	13298	16964	10390	3636
邮政业务总量	万元	338165	114480	61579	85234	55516	21356
五、主要经营业务量							
函　件	万件	100.44	65.30	13.37	11.79	6.20	3.78
包　裹	万件	5.36	2.68	1.23	0.88	0.29	0.28
机　要	件	35087	26800	2235	2870	1768	1414
# 出口	件	14622	12825	838	947	614	236
报 纸	万份	5241.11	2162.75	872.79	975.37	711.61	518.59
杂 志	万份	231.30	107.48	35.38	38.16	28.35	21.93
集邮票	万枚	214.50	108.38	36.71	22.04	35.04	12.33
集邮品	册	69758	43891	13267	4324	5593	2683
特快专递	万件	754.88	582.87	39.62	84.03	16.61	31.75
快　递	万件	13242.29	5524.52	2065.10	2784.22	2196.36	672.09
代理汇兑	万笔	6.72	2.70	0.51	1.44	0.93	1.14
六、邮政储蓄期末余额	**亿元**	**163.89**	**41.53**	**38.82**	**34.61**	**28.58**	**20.35**
# 定期期末余额	亿元	91.79	28.22	21.26	16.67	15.29	10.35

注:1、本资料按原口径统计,即除包括邮政外,还包括邮政速递公司数据。

2、邮政业务总收入为全社会口径,包括社会速递公司数据。

通讯业务主要指标

表 10-32　　　　（2018 年）

	单　位	全　市	市　区	赣榆区	东海县	灌云县	灌南县
一、业务收入							
邮政通讯业务总量	万元	712789	398938	126444	152944	100714	60194
# 邮政业务总量	万元	338165	176059	61579	85234	55516	21356
邮政通讯业务收入	万元	548211	334379	91876	98252	65536	50045
# 邮政业务收入	万元	173587	111500	27010	30542	20338	11207
通讯业务收入	万元	374624	222879	64866	67710	45198	38838
二、电话业务							
固定电话用户	户	569682	361874	107094	81057	70909	55842
# 农村电话用户	户	243553	110313	64388	51751	48887	32602
城市电话用户	户	326129	251561	42706	29306	22022	23240
移动电话年末用户	户	4837294	2664920	936286	946649	679970	545755
# 2G 移动电话用户	户	1404430	711721	280118	290343	220882	181484
3G 移动电话用户	户	66472	43908	10729	9208	8172	5184
4G 移动电话用户	户	3366392	1909291	645439	647098	450916	359087
三、互联网业务							
全部互联网用户数	户	5209539	2897097	1023953	1030636	702115	579691
# 固定宽带接入用户	户	1542557	856622	319847	312880	206303	166752
移动电话上网用户	户	3653213	2032610	702427	715099	494857	410647
四、其他							
全部网络视讯用户	户	1663763	855979	305401	313564	340803	153417
# 通讯网络视讯用户	户	1001749	517848	208276	194552	165803	123546
年末全部从业人数	人	2680	1905	314	303	247	225
通讯基站数	个	17459	9627	3299	3172	2498	2162

表 10-32　　　　（2017 年）

	单　位	全　市	市　区	# 赣榆区	东海县	灌云县	灌南县
通讯业务收入	万元	350156	214045	60867	59819	42079	34213
固定电话用户	户	620550	389593	117925	92932	77638	60387
移动电话年末用户	户	4407875	2390258	877361	868710	642002	506905
4G 移动电话用户	户	2767233	1553270	544273	535282	377804	300877
全部互联网用户数	户	4681883	2586958	935150	924688	650241	519996
# 固定宽带接入用户	户	1416973	786527	289772	284063	194250	152133

注：本表数据包括移动、电信、联通、铁通及市广电网络公司数据。

全市规模以上服务业主要经济状况

表 10-33

指标名称	单位	2018 年	2017 年	增长%
一、年初存货	**千元**	**66519740**	**60527804**	**9.9**
二、期末资产负债				
流动资产合计	千元	243672538	223472858	9.0
# 货币资金	千元	28775980	20836782	38.1
应收账款	千元	26862838	29824498	-9.9
存货	千元	79131878	56193463	40.8
可供出售金融资产	千元	792193	832281	-4.8
持有至到期投资	千元	215391	151038	42.6
长期股权投资	千元	22993131	25494357	-9.8
固定资产原价	千元	69397954	62443872	11.1
# 房屋和构筑物	千元	24700515	20966432	17.8
机器设备	千元	8699448	7355224	18.3
运输工具	千元	3384167	3233678	4.7
电子设备	千元	531080	398592	33.2
累计折旧	千元	20509803	17860245	14.8
# 本年折旧	千元	3836137	2715740	41.3
无形资产	千元	17654330	17315169	2.0
# 土地使用权	千元	7994529	8173275	-2.2
软件使用权	千元	25167	25002	0.7
商誉	千元	40330	40330	
资产总计	千元	498200675	442122162	12.7
流动负债合计	千元	124012539	107484548	15.4
# 应付账款	千元	14522817	10435018	39.2
负债合计	千元	311520043	272338392	14.4
所有者权益合计	千元	186680632	170010657	9.8
# 实收资本	千元	44201103	41871738	5.6
国家资本	千元	39143093	37371700	4.7
集体资本	千元	31374	25374	23.6
法人资本	千元	2814286	2324415	21.1
个人资本	千元	388574	355654	9.3
港澳台资本	千元	397126	367945	7.9
外商资本	千元	1426650	1426650	
三、损益及分配				
营业收入	千元	66518622	56624566	17.5

表 10-33 续表

指标名称	单位	2018 年	2017 年	增长%
# 主营业务收入	千元	64654227	52387976	23.4
营业成本	千元	56057092	48136003	16.5
# 主营业务成本	千元	54901748	45041499	21.9
税金及附加	千元	524821	464134	13.1
销售费用	千元	1332087	1218048	9.4
管理费用	千元	5319265	4998520	6.4
财务费用	千元	2707251	2176400	24.4
# 利息收入	千元	1121242	848779	32.1
利息支出	千元	3219764	1942651	65.7
资产减值损失	千元	318890	291499	9.4
公允价值变动收益(损失以"–"号记)	千元	829977	714283	16.2
投资收益(损失以"–"号记)	千元	676073	1086212	–37.8
资产处置收益(损失以"–"号记)	千元	48633	4943	883.9
其他收益	千元	1748130	22323	7731.1
营业利润	千元	3561494	1143160	211.5
营业外收入	千元	1079971	2230552	–51.6
营业外支出	千元	278733	260032	7.2
利润总额	千元	4362732	3113711	40.1
所得税费用	千元	758197	629547	20.4
四、成本费用及增值税				
行政事业性收费	千元	6154	12849	–52.1
材料和燃料费	千元	2701970	2753369	–1.9
经营租赁费	千元	669155	653977	2.3
运输费	千元	1329918	2001749	–33.6
研发、试验检验费	千元	240744	240695	0.0
水电费	千元	514124	473265	8.6
邮政通信费	千元	41675	38254	8.9
应付职工薪酬(本年贷方累计发生额)	千元	7836207	7026308	11.5
# 社会保险和住房公积金(单位负担部分)	千元	1578465	1056032	49.5
应交增值税	千元	905713	742078	22.1
五、平均用工人数	**人**	**79890**	**80149**	**–0.3**
人均月薪酬	元	8174	7305	11.9
六、增加值	**千元**	**16664372**	**12091420**	**37.8**

表 10-34

	单位数（个）	年初存货		流动资产合计	
		2018	2017	2018	2017
总　　计	**438**	**66519740**	**60527804**	**243672538**	**223472858**
(一)按单位规模					
大　型	23	22236109	20811081	95960448	80798243
中　型	56	7630591	6527995	47744260	36959343
小　型	233	36598798	33127893	98065370	96075216
微　型	95	49427	58868	1605614	9351333
(二)按登记注册类型					
内资企业	423	66500970	60493295	242516594	222025345
国有企业	21	6463674	5721293	8604297	8951468
集体企业	6	1571	2012	423285	322352
联营企业	1	132	210	3675	4203
有限责任公司	127	59745652	54488857	226179830	206138597
股份有限公司	16	29321	29827	2856706	2707679
私营企业	217	227303	219686	3619819	3206010
其他企业	35	33317	31410	828982	695036
港、澳、台商投资企业	8	8110	24559	421409	729123
外商投资企业	7	10660	9950	734535	718390
(三)按企业控股情况					
国有控股	109	66190419	60199466	233223494	213979650
集体控股	12	4250	5728	2453636	1898239
私人控股	250	227285	220981	4549498	4132270
港澳台商控股	6	4780	23925	283491	484593
外商控股	3	3448	3448	249384	215480
其他	10	4633	1219	1054076	1049120
(四)按隶属关系					
中　央	21	8307486	7349574	13533623	12610209
地　方	52	51844407	47296662	161082795	141597046
其　他	365	6367847	5881568	69056120	69265603
(五)按机构类型					
企业	390	66434815	60454767	241813579	221759352
事业单位	8	60747	54216	1260031	1190502
民办非企业单位	35	23765	18468	569040	490756
农民专业合作社	4	413	353	20749	26738
其他组织机构	1			9139	5510

主要经济指标(分类型)

单位:千元

货币资金		应收账款		存　货		可供出售金融资产	
2018	2017	2018	2017	2018	2017	2018	2017
28775980	**20836782**	**26862838**	**29824498**	**79131878**	**56193463**	**792193**	**832281**
10720361	7452821	8237038	6048189	32908886	15983634	226735	169223
6464254	6778278	9035053	7130385	9108469	7543966	163891	167705
11269279	6311972	9173477	13752468	36878915	32599191	399931	492498
206458	166308	305258	2826397	234617	65921	1636	2855
28306229	20472915	26640119	29607585	79086994	56173212	792193	832281
337594	299136	378931	340687	5584450	6437872	40491	69763
		337793	284361	980	843		
		1732	2700	123	132		
27213951	19595907	24085648	27398018	72905708	49369540	748852	709556
348550	183041	656590	616741	24779	29318	1636	51855
209502	188420	963900	818074	519712	297306	1214	1107
196632	206411	215525	147004	51242	38201		
109009	73257	91829	70968	12839	8025		
360742	290610	130890	145945	32045	12226		
27582531	19927123	24505302	27627658	78478785	55805251	790979	831174
272461	187971	419542	382268	3572	4984		
319184	266537	1356439	1302053	541970	305046	1214	1107
99370	61239	37690	27243	4457	4779		
141735	120237	59651	64803	22687	3448		
62339	30531	158517	167305	8059	4596		
1296882	1312534	945455	718612	8297771	8305981	218383	116020
16740635	11079155	21452979	22359753	58042331	38837823	242116	376655
10738463	8445093	4464404	6746133	12791776	9049659	331694	339606
28477620	20593638	26537141	29571330	79059530	56128104	792193	832281
145739	109227	124452	115675	37234	39151		
146883	133713	193024	120968	28723	17315		
5738	204	4118	13819	6391	8893		
		4103	2706				

表 10-34 续表 1

	单位数（个）	持有至到期投资		长期股权投资	
		2018	2017	2018	2017
总　计	**438**	**215391**	**151038**	**22993131**	**25494357**
(一)按单位规模					
大　型	23	110000	150000	2841429	2276273
中　型	56	104334	3	13837099	13235940
小　型	233	1057	1035	6277177	9965327
微　型	95			37426	16817
(二)按登记注册类型					
内资企业	423	215391	151038	22975131	25476357
国有企业	21	110000		372552	104352
集体企业	6				
联营企业	1				
有限责任公司	127	104337	6	20776995	23838486
股份有限公司	16		150000	1810012	1517590
私营企业	217	1054	1032	14572	15929
其他企业	35			1000	
港、澳、台商投资企业	8			7500	7500
外商投资企业	7			10500	10500
(三)按企业控股情况					
国有控股	109	214334	150003	22601971	25376093
集体控股	12				
私人控股	250	1054	1032	46215	42319
港澳台商控股	6				
外商控股	3			5000	5000
其他	10	3	3		200
(四)按隶属关系					
中　央	21	110000		89604	89604
地　方	52	104334	150003	7591419	10820690
其　他	365	1057	1035	15312108	14584063
(五)按机构类型					
企业	390	215391	151038	22653186	25423612
事业单位	8			338945	70745
民办非企业单位	35			1000	
农民专业合作社	4				
其他组织机构	1				

单位:千元

固定资产原价		房屋和构筑物		机器设备		运输工具	
2018	2017	2018	2017	2018	2017	2018	2017
69397954	**62443872**	**24700515**	**20966432**	**8699448**	**7355224**	**3384167**	**3233678**
31524695	30089808	11932778	11430888	3751824	3692568	1810793	1576597
29085533	24272855	10019274	6892811	3602169	2295062	553312	645473
7276957	6777668	2388722	2251271	1136925	1141997	737370	743827
771033	635970	93082	92437	42638	43407	232060	218737
60120175	53568730	23554387	19844641	7985230	6686303	3363524	3215858
1622539	1552506	901385	827576	297144	257781	153422	167782
345418	346817	242274	244251	12009	12193	80686	86719
1254	1249			1254	1249		
43752262	37731078	17571979	14164554	5530322	4282219	2442297	2326555
10600188	10907642	3416302	3453661	1430277	1417421	83725	85875
2229073	1919940	564021	640887	341932	390401	567001	529847
1569441	1109498	858426	513712	372292	325039	36393	19080
2276327	2280290	234719	236366	131025	122891	12037	10707
7001452	6594852	911409	885425	583193	546030	8606	7113
58557810	52467963	22515897	19025434	7049446	5722302	2526880	2404215
526505	499371	251374	253570	147207	127893	94296	93247
2829655	2459341	616460	645428	485433	523865	620031	598524
2179651	2183737	205849	205368	97792	95718	7497	8095
2911604	2862601	73802	65435	340837	306187	3304	2901
145945	164788	16902	30022	27862	69334	86252	95493
12379080	12365304	4827601	4800159	1659488	1667609	105274	133008
37075301	32609281	13309555	11511286	4380941	3151682	2225693	2085442
19943573	17469287	6563359	4654987	2659019	2535933	1053200	1015228
67151170	60637801	23680284	20225257	8148577	6845299	3338260	3202475
620542	601985	124224	124224	126900	102504	7870	9539
1608888	1184144	888475	608907	422033	405465	37889	21518
14977	17576	6341	6853	1938	1956	148	146
2377	2366	1191	1191				

表 10-34 续表 2

	单位数（个）	电子设备		累计折旧	
		2018	2017	2018	2017
总　计	**438**	**531080**	**398592**	**20509803**	**17860245**
(一)按单位规模					
大　型	23	293021	264269	7312014	6625698
中　型	56	188631	106364	9791051	9181151
小　型	233	41181	25718	2928051	1770070
微　型	95	1613	915	204336	141787
(二)按登记注册类型					
内资企业	423	484976	354041	17745347	15484965
国有企业	21	24322	16932	591924	461537
集体企业	6			37370	37204
联营企业	1			1203	1168
有限责任公司	127	283369	172673	11198311	9354884
股份有限公司	16	88080	85498	4620255	4694807
私营企业	217	14824	7235	778540	629844
其他企业	35	74381	71703	517744	305521
港、澳、台商投资企业	8	14455	13966	1390197	1264713
外商投资企业	7	31649	30585	1374259	1110567
(三)按企业控股情况					
国有控股	109	413499	304709	16736219	14784106
集体控股	12			91598	79770
私人控股	250	21098	8289	1052108	840754
港澳台商控股	6	13297	12821	1325496	1206433
外商控股	3	76	73	536567	418043
其他	10	8729	997	115015	122644
(四)按隶属关系					
中　央	21	120021	88155	7493655	6653498
地　方	52	306930	233984	7073779	6244195
其　他	365	104129	76453	5942369	4962552
(五)按机构类型					
企业	390	456699	326889	19857003	17451750
事业单位	8	70519	69312	169778	127767
民办非企业单位	35	3852	2383	478470	274860
农民专业合作社	4	10	8	3242	4905
其他组织机构	1			1310	963

单位:千元

本年折旧		无形资产		土地使用权		软件使用权	
2018	2017	2018	2017	2018	2017	2018	2017
3836137	**2715740**	**17654330**	**17315169**	**7994529**	**8173275**	**25167**	**25002**
1173073	991348	897295	875767	873048	852277	5647	5663
1203490	1105808	1276208	1089915	907600	929869	9539	8478
1354923	541824	15414633	15283193	6148877	6326069	9981	10861
53582	41219	51399	51443	50209	50209		
3442549	2328263	17228408	16879940	7569478	7739224	24988	24640
93775	45847	63558	60691	22392	22392	122	
11091	11191						
35	121						
2743639	1755090	16997975	16713279	7441879	7626383	18541	16181
297130	293025	87114	23017	37412	21431	667	802
179682	159760	49811	52191	37900	38262	5603	7657
117197	63229	29950	30762	29895	30756	55	
126195	126138	18863	18902	18000	18000	171	86
267393	261339	407059	416327	407051	416051	8	276
3132943	2086424	17312829	16982213	7667872	7857793	16687	13877
33294	30215	2297	2856			2297	2856
252976	210010	70020	56460	57829	42210	5827	7907
119773	118937	18171	18086	18000	18000	171	86
120717	118686	203458	207309	203450	207033	8	276
16564	67061						
1544194	726450	252808	198844	163356	159716	-69	108
1382485	1138165	12485345	11925071	3715940	3692093	10989	8022
909458	851125	4916177	5191254	4115233	4321466	14247	16872
3676267	2631333	17606775	17266924	7947151	8125036	24990	25002
55440	21664	28410	29056	28288	29056	122	
101956	60734	19145	19189	19090	19183	55	
2127	2013						
347	-4						

表 10-34 续表 3

	单位数（个）	商誉		资产总计	
		2018	2017	2018	2017
总　　计	**438**	**40330**	**40330**	**498200675**	**442122162**
(一)按单位规模					
大　型	23	40330	40330	210899902	174787626
中　型	56			113312248	100400092
小　型	233			169309149	152574870
微　型	95			3652026	13475016
(二)按登记注册类型					
内资企业	423	40330	40330	489017269	432737308
国有企业	21			10478435	10372360
集体企业	6			711920	637850
联营企业	1			3726	4284
有限责任公司	127	40330	40330	458076977	403457132
股份有限公司	16			11108237	11089648
私营企业	217			6276384	5377649
其他企业	35			2361590	1798385
港、澳、台商投资企业	8			2132628	2194441
外商投资企业	7			7050778	7190413
(三)按企业控股情况					
国有控股	109	40330	40330	474985112	421241201
集体控股	12			4537869	3899592
私人控股	250			8200482	7314699
港澳台商控股	6			1826127	1876834
外商控股	3			3003706	3036799
其他	10			1297640	1215427
(四)按隶属关系					
中　央	21			20416929	19484905
地　方	52	40330	40330	314883028	275511225
其　他	365			162900718	147126032
(五)按机构类型					
企业	390	40330	40330	493850936	438584552
事业单位	8			2231902	1882524
民办非企业单位	35			2075012	1607196
农民专业合作社	4			32621	40976
其他组织机构	1			10204	6914

单位：千元

流动负债合计		应付账款		负债合计		所有者权益	
2018	2017	2018	2017	2018	2017	2018	2017
124012539	**107484548**	**14522817**	**10435018**	**311520043**	**272338392**	**186680632**	**170010657**
40810972	40539972	4427636	3244507	137496737	117249263	73403165	57538363
33699416	27425420	4954694	4448044	73201390	63555001	40110858	37039293
48222719	38461598	4770455	2486944	98050581	84304938	71258568	68302618
1028076	900597	264681	205995	2192552	6710919	1459474	6764096
122744006	106063734	14292797	10153065	306581296	267126274	182435973	165837921
7077069	7589369	284632	201118	8158846	8793417	2319589	1578943
582996	23307	31708	23307	672268	565504	39652	72346
				1752	2316	1974	1968
106501502	91004203	12561554	8752972	285277084	246331002	172799893	157357371
5117367	4740402	580405	620694	6604938	6591289	4503299	4498359
2576097	2119634	517278	384853	4387551	3759378	1888833	1613917
888975	586819	317220	170121	1478857	1083368	882733	715017
99689	92680	21470	24300	1071424	1182530	1061204	1011911
1168844	1328134	208550	257653	3867323	4029588	3183455	3160825
117536714	102805799	13017198	9336484	295891943	258540852	179093169	162912723
764730	196399	95054	40077	3823218	3149493	714651	768966
3163854	2645817	771220	578867	5606817	5028272	2593665	2282073
47245	37214	11596	13330	1018980	1120814	807147	756020
427189	392644	98519	66273	1427433	1439156	1576273	1597643
843459	728080	186716	211590	851504	757026	446136	458401
14205361	13942296	1582597	1518313	14673942	14702236	5742987	4994590
65450894	50146462	9940403	6611753	199933994	169935824	114949034	105575401
44356284	43395790	2999817	2304952	96912107	87700332	65988611	59440666
122783191	106805953	14180303	10246621	308619895	270035613	185231041	168775826
445374	161096	57504	44999	1409596	1181968	822306	700556
779449	510647	281758	141135	1476342	1100877	598670	506319
4525	6852	3252	2263	7950	14487	24671	26489
				6260	5447	3944	1467

表 10-34 续表 4

	单位数（个）	实收资本		国家资本	
		2018	2017	2018	2017
总　　计	**438**	**44201103**	**41871738**	**39143093**	**37371700**
（一）按单位规模					
大　型	23	6436716	5894378	4536323	4285215
中　型	56	14831477	14618417	13239105	13033545
小　型	233	22537506	20969983	21307429	19992704
微　型	95	385254	379875	60236	60236
（二）按登记注册类型					
内资企业	423	40626468	38326409	37547734	35776466
国有企业	21	434050	264795	423196	253941
集体企业	6	430	430	430	430
联营企业	1	1300	1300	1300	1300
有限责任公司	127	38319731	36252636	36106265	34495360
股份有限公司	16	1230522	1236402	1007883	1016775
私营企业	217	544471	474882	8660	8660
其他企业	35	95964	95964		
港、澳、台商投资企业	8	697126	667945	240000	240000
外商投资企业	7	2877509	2877384	1355359	1355234
（三）按企业控股情况					
国有控股	109	40772937	38614114	38014043	36253250
集体控股	12	21930	12930	430	430
私人控股	250	676013	596252	15220	15220
港澳台商控股	6	480570	451389	237000	237000
外商控股	3	1917000	1917000	862800	862800
其他	10	216301	174301	3000	3000
（四）按隶属关系					
中　央	21	2577337	1905332	708929	328154
地　方	52	28060799	26677279	27861441	26590721
其　他	365	13562967	13289127	10572723	10452825
（五）按机构类型					
企业	390	44084751	41765986	39132493	37371700
事业单位	8	66918	56318	10600	
民办非企业单位	35	35874	35874		
农民专业合作社	4	13560	13560		
其他组织机构	1				

单位:千元

集体资本		法人资本		个人资本		港澳台资本	
2018	2017	2018	2017	2018	2017	2018	2017
31374	**25374**	**2814286**	**2324415**	**388574**	**355654**	**397126**	**367945**
7500	1500	1872908	1587678	19985	19985		
6318	6318	226300	218800	45304	45304	158000	158000
17556	17556	528028	331952	248367	220826	239126	209945
		180700	180700	71118	65739		
31374	25374	2658786	2168915	388574	355654		
9204	9204	1650	1650				
15500	9500	2156166	1711596	41800	36180		
		188099	185087	34540	34540		
2100	2100	259571	217282	274140	246840		
4570	4570	53300	53300	38094	38094		
		60000	60000			397126	367945
		95500	95500				
2886	2886	2356058	1958028	7500	7500	20000	20000
15500	9500	6000	3000				
2100	2100	321753	274912	336940	304020		
						243570	214389
2570	2570	77175	35175			133556	133556
7500	1500	1860908	1575678				
6318	6318	192000	79200	1040	1040		
17556	17556	761378	669537	387534	354614	397126	367945
23056	17056	2760986	2271115	344440	311520	397126	367945
6318	6318	50000	50000				
2000	2000	3300	3300	30574	30574		
				13560	13560		

表 10-34 续表 5

	单位数（个）	外商资本		营业收入	
		2018	2017	2018	2017
总　计	**438**	**1426650**	**1426650**	**66518622**	**56624566**
（一）按单位规模					
大　型	23			26162763	22693341
中　型	56	1156450	1156450	16032131	14768359
小　型	233	197000	197000	20141121	14883729
微　型	95	73200	73200	3548804	3767991
（二）按登记注册类型					
内资企业	423			63951928	54446455
国有企业	21			2881441	2830203
集体企业	6			394349	371071
联营企业	1			2837	3392
有限责任公司	127			48093007	38831228
股份有限公司	16			2889558	3093626
私营企业	217			8347516	8068058
其他企业	35			1343220	1248877
港、澳、台商投资企业	8			934971	973407
外商投资企业	7	1426650	1426650	1631723	1204704
（三）按企业控股情况					
国有控股	109	372450	372450	50900382	42069837
集体控股	12			1002930	786137
私人控股	250			10187147	9687693
港澳台商控股	6			710192	655608
外商控股	3	1054200	1054200	631446	433022
其他	10			1102375	1189014
（四）按隶属关系					
中　央	21			10119997	9083699
地　方	52			34817402	27747282
其　他	365	1426650	1426650	21581223	19793585
（五）按机构类型					
企业	390	1426650	1426650	64534472	54821311
事业单位	8			815450	742333
民办非企业单位	35			1082513	939861
农民专业合作社	4			67992	107377
其他组织机构	1			18195	13684

单位：千元

主营业务收入		营业成本		主营业务成本		税金及附加	
2018	2017	2018	2017	2018	2017	2018	2017
64654227	**52387976**	**56057092**	**48136003**	**54901748**	**45041499**	**524821**	**464134**
24722178	20936836	21418804	19116532	20708765	18372560	207804	176779
15832952	13904045	13065428	12403222	12819946	11596198	146938	131857
20022281	13702984	17834155	12898978	17713422	11731413	150691	115628
3452293	3363412	3198960	3351395	3129124	3022533	12771	33331
62113073	50233766	54026546	46387051	52896708	43359372	509381	453100
2790434	2663568	2767082	2728721	2749382	2699836	9392	7847
394349	359177	394505	359736	389201	342606	3778	5131
2837	3392	2408	2793	2408	2793	6	12
46464228	35729144	40349359	33057668	39405708	30952875	434151	361944
2883954	3073320	2114853	2343495	2098759	2304382	17771	18375
8245713	7210935	7326289	6959672	7224710	6169358	42884	56498
1331558	1194230	1072050	934966	1026540	887522	1399	3293
913933	953702	746256	804301	724415	742690	4306	2376
1627221	1200508	1284290	944651	1280625	939437	11134	8658
49263469	38866188	42864234	35884685	41921288	33818331	445962	376664
995135	767974	892815	704133	883517	684129	8506	7354
10057414	8803090	8557704	8160049	8435895	7288553	52459	62967
689400	637035	545721	510637	524068	449026	3961	2073
631446	432836	547618	376063	547618	376063	7295	7002
1088120	1165242	981623	1056263	972746	1035813	1797	1798
10012082	8154481	8465395	7475947	8394974	6741624	28214	37648
33316460	25958345	31001932	24422448	30150594	23474362	305357	242020
21325685	18275150	16589765	16237608	16356180	14825513	191250	184466
62724984	50672365	54389715	46691830	53285132	43651915	519980	457858
773368	709336	696228	607716	690977	600571	3313	2874
1069688	923066	899743	743203	862239	731497	1319	2068
67992	69525	63400	87266	63400	57516	101	1261
18195	13684	8006	5988			108	73

表 10–34 续表 6

	单位数（个）	销售费用		管理费用	
		2018	2017	2018	2017
总　　计	**438**	**1332087**	**1218048**	**5319265**	**4998520**
（一）按单位规模					
大　型	23	167568	190726	2459581	2393068
中　型	56	708751	662386	1327170	1195496
小　型	233	365787	259708	1361349	1238074
微　型	95	68556	58800	102084	101722
（二）按登记注册类型					
内资企业	423	1235586	1120356	5162543	4861493
国有企业	21	89257	75768	291063	194967
集体企业	6	869	871	57487	40663
联营企业	1	7		348	445
有限责任公司	127	620118	511510	3819618	3666183
股份有限公司	16	252207	222156	367144	351772
私营企业	217	235630	275941	440571	448320
其他企业	35	37498	34110	186312	159143
港、澳、台商投资企业	8	84827	92794	60643	58195
外商投资企业	7	11674	4898	96079	78832
（三）按企业控股情况					
国有控股	109	791775	753721	4056048	3883738
集体控股	12	12610	3195	109496	69688
私人控股	250	401882	328697	759953	698777
港澳台商控股	6	69445	79628	51774	51906
外商控股	3	3343	2469	29508	24129
其他	10	5382	5022	68135	72485
（四）按隶属关系					
中　央	21	532450	489264	682922	614139
地　方	52	132511	102854	2674111	2644787
其　他	365	667126	625930	1962232	1739594
（五）按机构类型					
企业	390	1284437	1172732	5074914	4800723
事业单位	8	10146	10683	96441	68292
民办非企业单位	35	31304	30002	146424	122319
农民专业合作社	4	786	4429	618	2314
其他组织机构	1	5414	202	868	4872

单位:千元

财务费用		利息收入		利息支出		资产减值损失	
2018	2017	2018	2017	2018	2017	2018	2017
2707251	**2176400**	**1121242**	**848779**	**3219764**	**1942651**	**318890**	**291499**
1650233	1168624	270295	215409	1661178	597195	98719	198566
804484	748527	822243	583610	1373004	1232017	37126	61897
227928	216106	26382	48794	169886	91796	183025	31026
20726	41680	2314	928	15681	21633		
2511057	1991516	1110143	837040	3080406	1774636	307274	280445
12166	10562	246606	241756	245714	252287	9278	-649
1596	1076						
-3	-2						
2246016	1720113	820230	594062	2598761	1303931	295891	262942
161192	175286	41957	282	197376	174168	8331	17155
78206	73361	308	687	34972	39748	-6099	986
11884	11120	1042	253	3583	4502	-127	11
20876	31021	3906	924	25376	27632	12217	10108
175318	153863	7193	10815	113982	140383	-601	946
2466498	1957590	1112156	836411	3135709	1812432	311762	281182
12693	128	1488	1298	1943	245	624	372
120888	110252	763	682	34660	40721	-4634	1855
21426	25077	2626	715	23209	25102	8535	7364
52376	54934	1741	9083	6285	50247	-161	-411
-6344	7025	1385	316			2891	1126
-30714	-2048	274814	263973	244061	257426	39747	22752
1784518	1487618	465499	299025	2054359	980615	237977	215263
953447	690830	380929	285781	921344	704610	41166	53484
2667537	2155006	1120159	848505	3201806	1928747	319017	291488
21136	5534	856	25	8857	5604	-148	
18376	14381	227	249	9101	8278	21	11
202	1479				22		

表 10-34 续表 7

	单位数（个）	公允价值变动收益		投资收益	
		2018	2017	2018	2017
总　计	**438**	**829977**	**714283**	**676073**	**1086212**
(一)按单位规模					
大 型	23	-50	10	526411	922471
中 型	56	739770	666212	55017	127316
小 型	233	90257	48041	91604	34051
微 型	95			3017	2272
(二)按登记注册类型					
内资企业	423	829710	718633	672748	1081447
国有企业	21			9045	12002
集体企业	6				
联营企业	1				
有限责任公司	127	829710	718613	602651	1039362
股份有限公司	16			62527	29864
私营企业	217			-1505	176
其他企业	35		20	30	43
港、澳、台商投资企业	8			2954	3114
外商投资企业	7	267	-4350	371	1651
(三)按企业控股情况					
国有控股	109	829710	718613	663894	1054798
集体控股	12				20002
私人控股	250			-1505	169
港澳台商控股	6			2280	2272
外商控股	3	267	-4350		
其他	10			7110	8897
(四)按隶属关系					
中 央	21			30979	22141
地 方	52	829710	718603	584136	657740
其 他	365	267	-4320	60958	406331
(五)按机构类型					
企业	390	829977	714263	671779	1086138
事业单位	8			4264	31
民办非企业单位	35		20	30	43
农民专业合作社	4				
其他组织机构	1				

单位：千元

资产处置收益		其他收益		营业利润		营业外收入	
2018	2017	2018	2017	2018	2017	2018	2017
48633	**4943**	**1748130**	**22323**	**3561494**	**1143160**	**1079971**	**2230552**
17382	355	298086	11132	1001883	382659	557274	976536
28063	4588	826063	4333	1591147	362094	185434	683889
3188		616625	6354	819837	221196	326384	549553
		7110	289	155834	188682	10264	15542
46938	4943	1748130	22322	3496532	1155276	1066060	2193548
56		443528	4433	155832	−170541	71947	160598
			25	−63886	−35311	44	699
				71	144	2	
29442	4588	1293585	15841	3083242	1025502	923685	1913861
17440	355	2470		50497	−4749	31396	80241
		8506	1972	236501	267101	29204	32738
		41	51	34275	73130	9782	5411
1695			1	10495	−22273	8636	18390
				54467	10157	5275	18614
16656	4943	1728450	20036	3202813	726522	1006528	2078192
		9919	255	−23895	22594	1257	4985
136		9719	1977	306710	338915	42542	39187
1695			1	13305	−18804	8517	16527
				−8266	−35514	358	6281
30146			1	86147	54193	10246	75143
−7560	1	452934	12256	878336	481212	106780	182951
21375	4942	1121592	4457	1237809	−18279	631818	1396785
34818		173604	5610	1445349	680227	341373	650816
48633	4943	1748088	22270	3576814	1087906	1069448	2220315
			1	−7402	47303	1186	4790
		42	32	−14602	−5246	9337	5407
			20	2885	10648		
				3799	2549		40

表 10-34 续表 8

	单位数（个）	营业外支出		利润总额	
		2018	2017	2018	2017
总　计	**438**	**278733**	**260032**	**4362732**	**3113711**
(一)按单位规模					
大　型	23	92714	69788	1466443	1289407
中　型	56	102286	77543	1674295	968561
小　型	233	78773	110660	1067448	660134
微　型	95	3372	1879	162726	202210
(二)按登记注册类型					
内资企业	423	276690	241233	4285902	3107622
国有企业	21	5979	2946	221800	-12890
集体企业	6	338	194	-64180	-34806
联营企业	1	2	4	71	140
有限责任公司	127	190878	180734	3816049	2758629
股份有限公司	16	47467	29558	34426	45934
私营企业	217	8950	9641	256755	290243
其他企业	35	23076	18156	20981	60372
港、澳、台商投资企业	8	1064	970	18067	-4853
外商投资企业	7	979	17829	58763	10942
(三)按企业控股情况					
国有控股	109	187545	228757	4021796	2575957
集体控股	12	45505	248	-68143	27331
私人控股	250	19238	10621	330014	367526
港澳台商控股	6	1025	932	20797	-3209
外商控股	3	90	205	-7998	-29438
其他	10	2574	877	93819	128459
(四)按隶属关系					
中　央	21	33973	59704	951143	604459
地　方	52	89039	118833	1780588	1259672
其　他	365	155721	81495	1631001	1249580
(五)按机构类型					
企业	390	255977	241640	4390285	3066626
事业单位	8	847	2004	-7063	50088
民办非企业单位	35	21868	15929	-27133	-15646
农民专业合作社	4	41	459	2844	10054
其他组织机构	1			3799	2589

单位：千元

所得税费用		行政事业性收费		材料和燃料费		经营租赁费		运输费	
2018	2017	2018	2017	2018	2017	2018	2017	2018	2017
758197	**629547**	**6154**	**12849**	**2701970**	**2753369**	**669155**	**653977**	**1329918**	**2001749**
175167	158890	818	2026	2088287	2016556	434308	421755	349442	428252
316261	246213	990	4384	155615	178733	175620	173829	190302	457074
240229	181261	3095	5325	388533	438582	55393	47130	709471	996848
24285	40407	1240	1055	64848	113670	2706	3629	78878	118137
729863	598387	5993	12601	2647584	2701182	605099	588260	1106571	1672793
7955	6878	86	208	50574	55859	9703	10114	30243	14107
1332	1270		50	10765	7818	123	113	2462	14041
30	20			45	40			1	2
643336	504455	1134	4248	1938394	1937095	491489	458480	540722	1032607
17299	9661	1198	2042	93323	74970	61112	67261	54153	28732
58947	74149	2843	3901	406696	502087	40381	48685	474027	579323
964	1954	732	2152	147787	123313	2291	3607	4963	3981
5005	10741	1	7	26812	29026	39540	36558	201436	296998
23329	20419	160	241	27574	23161	24516	29159	21911	31958
620308	478645	953	3594	2071853	2049702	578333	554709	736107	862976
16056	10812	495	576	15646	11359	2272	2188	6205	17108
82207	89907	3913	5749	409695	507669	43319	50256	552297	739526
5094	10232	1	1	23799	25325	36458	33443	25274	22466
5728	2431		55	549	313	780	353	248	45
26582	34637	43	614	8458	11354	4532	8277	4248	355156
22739	15327	440	2992	861741	930182	77305	67605	32500	16649
442515	314655	969	1049	1231102	1147251	408428	391447	474550	474684
292943	299565	4745	8808	609127	675936	183422	194925	822868	1510416
755975	626664	5405	10589	2530000	2605722	665694	649226	1324379	1997277
1293	1158	616	673	93229	114376	245	295	684	657
274	52	129	1584	78710	33240	3216	4456	4728	3673
	1025	4	3	31	31			127	142
655	648								

表 10-34 续表 9

	单位数（个）	研发、试验检验费		水电费	
		2018	2017	2018	2017
总　　计	**438**	**240744**	**240695**	**514124**	**473265**
(一)按单位规模					
大　型	23	161263	155814	190285	173623
中　型	56	63435	57106	272064	256085
小　型	233	15669	26639	32701	31547
微　型	95	325	1061	4233	3873
(二)按登记注册类型					
内资企业	423	238733	238694	432352	395963
国有企业	21	1	44	16675	12230
集体企业	6		1	3430	3053
联营企业	1			3	50
有限责任公司	127	186897	189612	276146	279405
股份有限公司	16	14099	3379	62228	39004
私营企业	217	37590	41720	47315	49473
其他企业	35	146	3938	26555	12748
港、澳、台商投资企业	8	1	1	31585	29925
外商投资企业	7	2010	2000	50187	47377
(三)按企业控股情况					
国有控股	109	188874	191628	393624	368244
集体控股	12	9926	3382	6257	4683
私人控股	250	41728	41672	41339	44817
港澳台商控股	6	1	1	31234	29704
外商控股	3			986	920
其他	10		1	1022	919
(四)按隶属关系					
中　央	21	160220	154826	140335	130440
地　方	52	2706	1881	197155	172982
其　他	365	77818	83988	176634	169843
(五)按机构类型					
企业	390	240529	236684	474462	449287
事业单位	8	1	1	11466	6971
民办非企业单位	35	214	4010	28042	16839
农民专业合作社	4			139	153
其他组织机构	1			15	15

单位:千元

邮政通信费		本年应付职工薪酬		社会保险和住房公积金		应交增值税		平均用工人数	
2018	2017	2018	2017	2018	2017	2018	2017	2018	2017
41675	**38254**	**7836207**	**7026308**	**1578465**	**1056032**	**905713**	**742078**	**79890**	**80149**
18681	16345	3647707	3599108	834355	514249	364628	265569	32470	31500
12035	11521	2469190	1959170	443886	319839	205808	214308	23442	23845
8923	8473	1330594	1108574	248110	180315	274579	224111	17835	17604
1136	1607	96526	140737	14926	17506	57079	32413	2435	3590
40156	36797	7583063	6803899	1519643	1008189	893644	717403	78018	78300
6475	4712	878453	467328	132785	91190	15294	22138	4384	4268
106	90	195432	181181	30258	27483	6314	5897	2850	3529
2	40	1675	3004	820	840	57	122	64	127
24651	23690	4643649	4404794	1049313	687483	690255	500939	44135	42566
2313	2479	515594	503600	149601	72552	14040	45217	5341	5498
4939	5100	885472	875825	97477	91183	166022	138526	14984	16248
1670	686	462788	368167	59389	37458	1662	4564	6260	6064
588	508	137896	121220	32816	27281	4471	9286	1003	966
931	949	115248	101189	26006	20562	7598	15389	869	883
31407	29450	5363034	4934427	1191757	781427	671524	538831	47139	47168
543	372	361070	302674	67839	55139	19398	17635	3885	4565
5627	6262	1141940	976201	155675	109111	195319	161541	17992	17619
440	357	124457	112193	29955	25171	2537	6976	840	842
34	39	36926	32609	5235	1247		2128	208	204
777	767	89311	87250	20262	17353	9387	5442	1248	1362
9905	9858	1712630	1276871	309889	233958	130690	161149	9676	8311
19977	16810	3332156	3324124	782283	457768	418017	274685	32316	34194
11793	11586	2791421	2425313	486293	364306	357006	306244	37898	37644
38828	37247	7116738	6445354	1470723	989448	898165	732553	71312	71760
1260	492	290698	229014	48142	26557	5721	3788	2618	2599
1484	496	420476	340768	58175	38744	849	4212	5811	5548
18	18	5633	8446	358	353	128	913	113	179
85	1	2662	2726	1067	930	850	612	36	63

表 10-35

	单位数（个）	年初存货		流动资产合计	
		2018	2017	2018	2017
总　　计	**438**	**66519740**	**60527804**	**243672538**	**223472858**
1、交通运输、仓储和邮政业	**188**	**8992922**	**8151385**	**34994509**	**32194847**
道路运输业	80	12619	28357	3156456	2956530
水上运输业	15	2458539	2311644	17715015	16341947
航空运输业	2			165645	87520
多式联运和运输代理业	57	70161	96944	5007069	3572858
装卸搬运和仓储业	24	6441911	5708874	8422776	8992521
邮政业	10	9692	5566	527548	243471
2、信息传输、软件和信息技术服务业	**18**	**50250**	**51022**	**563582**	**711109**
电信、广播电视和卫星传输服务	8	25528	20818	77284	371868
互联网和相关服务	4	1350	9855	71308	46821
软件和信息技术服务业	6	23372	20349	414990	292420
3、房地产业	**28**	**1361**	**7529**	**767372**	**411304**
房地产业	28	1361	7529	767372	411304
4、租赁和商务服务业	**57**	**33709884**	**32331851**	**116788739**	**95656508**
租赁业	5	1876	2116	21930	28892
商务服务业	52	33708008	32329735	116766809	95627616
5、科学研究和技术服务业	**50**	**3176433**	**2567967**	**23195271**	**19814721**
研究和试验发展	4	2089660	1808289	5735149	4270245
专业技术服务业	36	1086082	759262	17367226	15473627
科技推广和应用服务业	10	691	416	92896	70849
6、水利、环境和公共设施管理业	**17**	**20487571**	**17302322**	**65270537**	**72700620**
水利管理业	1			24609	30265
生态保护和环境治理业	3	106	83	153345	32901
公共设施管理业	12	13509897	10987438	47921661	59138090
土地管理业	1	6977568	6314801	17170922	13499364
7、居民服务、修理和其他服务业	**10**	**25652**	**20949**	**108752**	**131866**
居民服务业	4	3679	2313	80323	96999
机动车、电子产品和日用产品修理业	5	21973	18636	28429	30162
其他服务业	1				4705
8、教育	**37**	**5356**	**2524**	**336821**	**315947**
教育	37	5356	2524	336821	315947
9、卫生和社会工作	**21**	**35219**	**37282**	**707783**	**633879**
卫生	21	35219	37282	707783	633879
10、文化、体育和娱乐业	**12**	**35092**	**54973**	**939172**	**902057**
新闻和出版业	2	31076	32921	121674	57785
广播、电视、电影和录音制作业	5	630	437	728092	755538
文化艺术业	1	318		25177	17788
体育	2	3068	21615	62301	69022
娱乐业	2			1928	1924

主 要 经 济 指 标(分 行 业)

单位:千元

货币资金		应收账款		存货		可供出售金融资产	
2018	2017	2018	2017	2018	2017	2018	2017
28775980	**20836782**	**26862838**	**29824498**	**79131878**	**56193463**	**792193**	**832281**
2088905	**1279020**	**8201528**	**6811889**	**8209709**	**8668724**	**30567**	**89509**
273962	263312	1087309	1197837	24414	28872	14564	14457
577640	462584	4654237	3646780	2478358	2117658	7656	10891
85649	20352	32850	47782				
727942	278784	1803152	1330278	112187	77520		
423264	252943	557884	540572	5584703	6438436	8347	64161
448	1045	66096	48640	10047	6238		
-132726	**157111**	**299386**	**306255**	**93650**	**62686**		
-334132	-3863	200930	218434	24538	28933		
30536	27761	28764	20432	1710	10358		
170870	133213	69692	67389	67402	23395		
59213	**65858**	**51146**	**69037**	**152572**	**6819**		
59213	65858	51146	69037	152572	6819		
11600453	**9233966**	**2877478**	**2646554**	**40588578**	**33597516**	**306125**	**311244**
2927	1093	3006	2807	125	123		
11597526	9232873	2874472	2643747	40588453	33597393	306125	311244
6591801	**6087413**	**8320703**	**6418229**	**4727648**	**3211768**	**344674**	**235162**
1223209	986840	293424	107824	2980926	2089660	170336	35366
5361952	5098634	7978976	6268485	1739820	1112712	174338	199796
6640	1939	48303	41920	6902	9396		
8235063	**3727217**	**6724078**	**13244545**	**25274413**	**10569368**	**110827**	**196366**
		13826	10280				
19202	15112	1646	-1251	5796	14168		
6578688	3342623	6708543	13235516	18234586	3577631	107827	196366
1637173	369482	63		7034031	6977569	3000	
18873	**15183**	**19501**	**22760**	**21760**	**26184**		
16825	13378	16408	18009	5101	3944		
2048	1805	3093	3151	16659	22240		
			1600				
130115	**132948**	**128175**	**77852**	**5494**	**5214**		
130115	132948	128175	77852	5494	5214		
68320	**86598**	**202980**	**188807**	**54063**	**40147**		
68320	86598	202980	188807	54063	40147		
115963	**51468**	**37863**	**38570**	**3991**	**5037**		
81626	12339	15269	20092	497	1075		
11771	21696	9860	5139	665	581		
22293	17268	1821	581	495	313		
		9922	11307	2334	3068		
273	165	991	1451				

表 10-35 续表 1

	单位数（个）	持有至到期投资		长期股权投资	
		2018	2017	2018	2017
总　计	**438**	**215391**	**151038**	**22993131**	**25494357**
1、交通运输、仓储和邮政业	**188**	**1060**	**151038**	**2145931**	**1855603**
道路运输业	80	532	522	269719	248451
水上运输业	15			61500	61500
航空运输业	2			2010	2010
多式联运和运输代理业	57			51804	55127
装卸搬运和仓储业	24	528	150516	1760898	1488515
邮政业	10				
2、信息传输、软件和信息技术服务业	**18**			**2557390**	**2557390**
电信、广播电视和卫星传输服务	8				
互联网和相关服务	4				
软件和信息技术服务业	6			2557390	2557390
3、房地产业	**28**			**8900**	**8900**
房地产业	28			8900	8900
4、租赁和商务服务业	**57**			**15979987**	**15123077**
租赁业	5				200
商务服务业	52			15979987	15122877
5、科学研究和技术服务业	**50**	**214331**		**695201**	**107842**
研究和试验发展	4				
专业技术服务业	36	214331		695201	107842
科技推广和应用服务业	10				
6、水利、环境和公共设施管理业	**17**			**1265777**	**5770800**
水利管理业	1			2700	2200
生态保护和环境治理业	3				
公共设施管理业	12			194367	4700090
土地管理业	1			1068710	1068510
7、居民服务、修理和其他服务业	**10**				
居民服务业	4				
机动车、电子产品和日用产品修理业	5				
其他服务业	1				
8、教育	**37**				
教育	37				
9、卫生和社会工作	**21**			**1000**	
卫生	21			1000	
10、文化、体育和娱乐业	**12**			**338945**	**70745**
新闻和出版业	2				
广播、电视、电影和录音制作业	5			338945	70745
文化艺术业	1				
体育	2				
娱乐业	2				

单位:千元

固定资产原价		房屋和构筑物		机器设备		运输工具	
2018	2017	2018	2017	2018	2017	2018	2017
69397954	**62443872**	**24700515**	**20966432**	**8699448**	**7355224**	**3384167**	**3233678**
36573316	**34925404**	**10753575**	**10603965**	**3531997**	**3524034**	**1598279**	**1678468**
2159468	1908432	469952	436211	102954	134509	903350	967370
25406875	24121487	5163319	5047474	983919	966937	372628	364867
142438	127484	52826	52825	54399	54401	20258	20258
928996	892408	545279	557390	103431	100999	151728	162921
7676596	7625830	4333578	4342791	2239141	2232803	130434	130990
258943	249763	188621	167274	48153	34385	19881	32062
11525176	**11707462**	**3209942**	**3224436**	**1440725**	**1257838**	**35520**	**28926**
11485331	11662487	3202745	3202726	1432029	1244506	33295	25907
22318	27335	3500	17795	3000	7276	1405	1770
17527	17640	3697	3915	5696	6056	820	1249
131437	**139076**	**23822**	**24744**	**18376**	**19270**	**6371**	**6948**
131437	139076	23822	24744	18376	19270	6371	6948
8760274	**6425634**	**5411742**	**3357335**	**579236**	**559095**	**1484658**	**1256096**
133324	125373	4586	4271	6760	5334	119995	113501
8626950	6300261	5407156	3353064	572476	553761	1364663	1142595
8062562	**5263535**	**3510460**	**2261846**	**2415683**	**1316960**	**90581**	**105622**
2379263	2215330	846436	868213	413197	441253	22723	38976
5447380	2833442	2636720	1366607	1986786	860375	66614	65423
235919	214763	27304	27026	15700	15332	1244	1223
1725698	**1825250**	**615350**	**619261**	**86215**	**88499**	**53063**	**59750**
9346	8438	7044	7044	28	28	2219	1366
253849	250841	191886	190879	50601	50324	2558	4200
1457702	1557625	416420	421338	35586	36780	48286	50356
4801	8346				1367		3828
79084	**73012**	**51766**	**36094**	**6296**	**5415**	**9423**	**10009**
55536	49382	34597	20439	1953	995	7776	7281
23548	22997	17169	15655	4343	3787	1647	2728
	633				633		
1000235	**832642**	**494772**	**424536**	**183978**	**199043**	**54029**	**52269**
1000235	832642	494772	424536	183978	199043	54029	52269
1150519	**846865**	**522521**	**308382**	**297669**	**264573**	**29740**	**11571**
1150519	846865	522521	308382	297669	264573	29740	11571
389653	**404992**	**106565**	**105833**	**139273**	**120497**	**22503**	**24019**
85134	117927	10000	10000	2876	2596	1120	1118
226908	209443	81016	79909	131561	111584	5242	7217
36498	35958					1006	1257
30562	29227	7797	7672	3402	3380	13777	13179
10551	12437	7752	8252	1434	2937	1358	1248

表 10-35 续表 2

	单位数（个）	电子设备		累计折旧	
		2018	2017	2018	2017
总　　计	**438**	**531080**	**398592**	**20509803**	**17860245**
1、交通运输、仓储和邮政业	**188**	**190116**	**164649**	**7911578**	**7090184**
道路运输业	80	19628	18420	874697	750167
水上运输业	15	44859	43351	3770407	3365102
航空运输业	2			67848	67848
多式联运和运输代理业	57	15353	2059	316624	277307
装卸搬运和仓储业	24	110256	100799	2743494	2552031
邮政业	10	20	20	138508	77729
2、信息传输、软件和信息技术服务业	**18**	**19849**	**17977**	**7284258**	**6456878**
电信、广播电视和卫星传输服务	8	17276	16722	7267353	6437894
互联网和相关服务	4	1050	462	5833	8956
软件和信息技术服务业	6	1523	793	11072	10028
3、房地产业	**28**	**1304**	**774**	**29366**	**26963**
房地产业	28	1304	774	29366	26963
4、租赁和商务服务业	**57**	**42899**	**37495**	**2222828**	**1868326**
租赁业	5	590	1098	70577	67396
商务服务业	52	42309	36397	2152251	1800930
5、科学研究和技术服务业	**50**	**180992**	**89819**	**1912565**	**1577545**
研究和试验发展	4	105829	81424	975745	882479
专业技术服务业	36	75125	8366	908606	675360
科技推广和应用服务业	10	38	29	28214	19706
6、水利、环境和公共设施管理业	**17**	**2994**	**2829**	**330337**	**292258**
水利管理业	1	55	45	4323	4213
生态保护和环境治理业	3	2104	1985	56510	39812
公共设施管理业	12	835	799	264856	242680
土地管理业	1			4648	5553
7、居民服务、修理和其他服务业	**10**	**1027**	**963**	**38838**	**36261**
居民服务业	4	877	854	30806	28462
机动车、电子产品和日用产品修理业	5	150	109	8032	7674
其他服务业	1				125
8、教育	**37**	**7148**	**1840**	**310397**	**166681**
教育	37	7148	1840	310397	166681
9、卫生和社会工作	**21**	**73850**	**71403**	**382810**	**290895**
卫生	21	73850	71403	382810	290895
10、文化、体育和娱乐业	**12**	**10901**	**10843**	**86826**	**54254**
新闻和出版业	2	5	3	34334	8370
广播、电视、电影和录音制作业	5			18481	15513
文化艺术业	1	10889	10840	22253	20860
体育	2			10784	8164
娱乐业	2	7		974	1347

单位:千元

本年折旧		无形资产		土地使用权		软件使用权	
2018	2017	2018	2017	2018	2017	2018	2017
3836137	**2715740**	**17654330**	**17315169**	**7994529**	**8173275**	**25167**	**25002**
1217213	**1126029**	**944243**	**840540**	**704736**	**696046**	**9549**	**8115**
169659	137620	61558	62956	58785	60475	2773	2481
665815	593133	525178	530525	524957	530383	171	86
2351	3511	22392	22392	22392	22392		
66794	120662	267789	156006	69672	53270	1842	785
300982	265510	67326	68661	28930	29526	4763	4763
11612	5593						
1474680	**712709**	**88209**	**43051**	**34014**	**34909**	**2658**	**4347**
1470384	709625	83046	35703	34012	34907	-92	82
2612	1668	2413	3083	2	2		
1684	1416	2750	4265			2750	4265
14865	**13770**	**1190**	**1234**				
14865	13770	1190	1234				
369944	**324706**	**7440288**	**7672667**	**6660373**	**6832670**	**2585**	**2516**
15764	12315						
354180	312391	7440288	7672667	6660373	6832670	2585	2516
435807	**335410**	**806654**	**663888**	**515655**	**528872**	**10294**	**9998**
204408	182615	76736	78664	76736	78664		
220414	144629	729918	585224	438919	450208	10294	9998
10985	8166						
140386	**95613**	**8311858**	**8030908**	**18000**	**18000**		
110	473						
43630	34643	21869	21952	18000	18000		
95047	59661	8289989	8008956				
1599	836						
4575	**4097**	**5009**	**5119**	**5009**	**5119**		
3330	2923	5009	5119	5009	5119		
1245	1174						
65265	**40114**	**20495**	**20551**	**20495**	**20551**		
65265	40114	20495	20551	20495	20551		
80503	**53417**	**36302**	**37114**	**36247**	**37108**	**55**	
80503	53417	36302	37114	36247	37108	55	
32899	**9875**	**82**	**97**			**26**	**26**
25964	3317						
2824	1793	56	71				
1244	1636	26	26			26	26
2633	2761						
234	368						

表 10-35 续表 3

	单位数（个）	商誉		资产总计	
		2018	2017	2018	2017
总　　计	**438**	**40330**	**40330**	**498200675**	**442122162**
1、交通运输、仓储和邮政业	**188**			**96834573**	**91818077**
道路运输业	80			5421157	5140122
水上运输业	15			65638836	62753078
航空运输业	2			398330	182690
多式联运和运输代理业	57			9190064	7217684
装卸搬运和仓储业	24			15511269	16176700
邮政业	10			674917	347803
2、信息传输、软件和信息技术服务业	**18**			**6279957**	**6658400**
电信、广播电视和卫星传输服务	8			5724506	6225510
互联网和相关服务	4			113605	113652
软件和信息技术服务业	6			441846	319238
3、房地产业	**28**			**1041718**	**751396**
房地产业	28			1041718	751396
4、租赁和商务服务业	**57**	**40330**	**40330**	**213355624**	**181333016**
租赁业	5			89056	94863
商务服务业	52	40330	40330	213266568	181238153
5、科学研究和技术服务业	**50**			**60824737**	**56241891**
研究和试验发展	4			7522960	6142609
专业技术服务业	36			52983244	49816011
科技推广和应用服务业	10			318533	283271
6、水利、环境和公共设施管理业	**17**			**114984819**	**101226998**
水利管理业	1			32332	36730
生态保护和环境治理业	3			378039	282622
公共设施管理业	12			96327015	86336979
土地管理业	1			18247433	14570667
7、居民服务、修理和其他服务业	**10**			**161142**	**184030**
居民服务业	4			111538	130088
机动车、电子产品和日用产品修理业	5			49604	48729
其他服务业	1				5213
8、教育	**37**			**1297246**	**1051205**
教育	37			1297246	1051205
9、卫生和社会工作	**21**			**1787453**	**1483940**
卫生	21			1787453	1483940
10、文化、体育和娱乐业	**12**			**1633406**	**1373209**
新闻和出版业	2			188540	199464
广播、电视、电影和录音制作业	5			1290054	1036898
文化艺术业	1			39448	32920
体育	2			94715	90346
娱乐业	2			20649	13581

单位:千元

流动负债合计		应付账款		负债合计		所有者权益	
2018	2017	2018	2017	2018	2017	2018	2017
124012539	**107484548**	**14522817**	**10435018**	**311520043**	**272338392**	**186680632**	**170010657**
18296571	**17220128**	**3355731**	**2969932**	**61759155**	**59913112**	**35075418**	**31917737**
2015749	1941376	352222	242879	3514609	3266312	1906548	1868863
2999426	3279659	1898224	1778633	41695712	41213968	23943124	21556829
187824	98812	103393	65449	232484	239712	165846	-57022
3639975	1931204	773973	659295	5434292	3500466	3755772	3717218
9091873	9673957	159580	163426	10492938	11379123	5018331	4797577
361724	295120	68339	60250	389120	313531	285797	34272
3480458	**3402065**	**1134575**	**1082856**	**4525216**	**4578129**	**1754741**	**2274473**
3201757	3225336	1010331	1015426	4218689	4378285	1505817	2041427
17553	16532	10844	346	29190	26169	84415	87483
261148	160197	113400	67084	277337	173675	164509	145563
564166	**446921**	**34752**	**11045**	**997025**	**676397**	**44693**	**93866**
564166	446921	34752	11045	997025	676397	44693	93866
53459139	**45962855**	**1778179**	**1333206**	**118523116**	**98742894**	**94832508**	**82590122**
44899	52347	20135	2014	46468	53974	42588	40889
53414240	45910508	1758044	1331192	118476648	98688920	94789920	82549233
17759058	**14073926**	**3225376**	**3143361**	**37797067**	**35434740**	**23027670**	**20807151**
4206480	3010529	264351	281372	4409699	3417281	3113261	2725328
13493407	10894795	2947655	2843274	33185731	31809652	19797513	18006359
59171	168602	13370	18715	201637	207807	116896	75464
29101119	**25614334**	**4590361**	**1682759**	**84657526**	**70347595**	**30327293**	**30879403**
11508	16312	5008	7390	11508	16312	20824	20418
35486	-59371	7389	5971	136334	44861	241705	237761
17559159	19428233	2866729	1594349	69225048	57718937	27101967	28618042
11494966	6229160	1711235	75049	15284636	12567485	2962797	2003182
89560	**62530**	**52165**	**30217**	**104229**	**78207**	**56913**	**106276**
70471	42852	50841	28688	70471	42852	41067	87236
19089	19678	1324	1529	33758	33405	15846	15777
					1950		3263
289238	**188215**	**103137**	**52595**	**772857**	**618864**	**524389**	**432341**
289238	188215	103137	52595	772857	618864	524389	432341
709288	**475280**	**247108**	**127352**	**1212503**	**977241**	**574950**	**506699**
709288	475280	247108	127352	1212503	977241	574950	506699
263942	**38294**	**1433**	**1695**	**1171349**	**971213**	**462057**	**402589**
239982	22070	378	468	253019	123701	-64479	76356
11028	13176	946	741	830405	769780	459649	267118
4743	2396	109	486	4743	2396	34705	30524
				74381	73788	20334	16558
8189	652			8801	1548	11848	12033

表 10-35 续表 4

	单位数（个）	实收资本		国家资本	
		2018	2017	2018	2017
总　计	**438**	**44201103**	**41871738**	**39143093**	**37371700**
1、交通运输、仓储和邮政业	**188**	**7960891**	**7439029**	**5971961**	**5517985**
道路运输业	80	1310705	1275166	1210000	1190000
水上运输业	15	4141713	3856000	2649263	2365050
航空运输业	2	70000	70000	70000	70000
多式联运和运输代理业	57	565695	516108	216500	216500
装卸搬运和仓储业	24	1870778	1720455	1826198	1676435
邮政业	10	2000	1300		
2、信息传输、软件和信息技术服务业	**18**	**39860**	**39820**	**19269**	**19269**
电信、广播电视和卫星传输服务	8				
互联网和相关服务	4	23269	23269	19269	19269
软件和信息技术服务业	6	16591	16551		
3、房地产业	**28**	**70460**	**69460**	**8660**	**8660**
房地产业	28	70460	69460	8660	8660
4、租赁和商务服务业	**57**	**14755845**	**14335765**	**14406112**	**14099032**
租赁业	5	6783	6783	4700	4700
商务服务业	52	14749062	14328982	14401412	14094332
5、科学研究和技术服务业	**50**	**6159665**	**5861674**	**4017631**	**4007670**
研究和试验发展	4	1818488	1533258		
专业技术服务业	36	4322617	4309856	4017631	4007670
科技推广和应用服务业	10	18560	18560		
6、水利、环境和公共设施管理业	**17**	**15005177**	**13957775**	**14703551**	**13703000**
水利管理业	1				
生态保护和环境治理业	3	160570	119719		
公共设施管理业	12	14344607	13338056	14203551	13203000
土地管理业	1	500000	500000	500000	500000
7、居民服务、修理和其他服务业	**10**	**19953**	**19828**	**5509**	**5384**
居民服务业	4	14773	14648	5509	5384
机动车、电子产品和日用产品修理业	5	5180	5180		
其他服务业	1				
8、教育	**37**	**62699**	**21634**		
教育	37	62699	21634		
9、卫生和社会工作	**21**	**101525**	**101525**		
卫生	21	101525	101525		
10、文化、体育和娱乐业	**12**	**25028**	**25228**	**10400**	**10700**
新闻和出版业	2	12028	12028		
广播、电视、电影和录音制作业	5	600	600		
文化艺术业	1	10400	10700	10400	10700
体育	2				
娱乐业	2	2000	1900		

单位：千元

集体资本		法人资本		个人资本		港澳台资本	
2018	2017	2018	2017	2018	2017	2018	2017
31374	**25374**	**2814286**	**2324415**	**388574**	**355654**	**397126**	**367945**
		411262	**360935**	**170018**	**152459**	**178000**	**178000**
		63083	60168	37622	24998		
		152880	152880	25120	23620	158000	158000
		193799	147087	62196	59321	20000	20000
				44580	44020		
		1500	800	500	500		
		10583	**10543**	**10008**	**10008**		
				4000	4000		
		10583	10543	6008	6008		
		36300	**36300**	**25500**	**24500**		
		36300	36300	25500	24500		
4670	**4670**	**282583**	**173583**	**62480**	**58480**		
		2083	2083				
4670	4670	280500	171500	62480	58480		
10886	**10886**	**1883018**	**1593679**	**51130**	**52439**		
		1812908	1527678	5580	5580		
10886	10886	70110	66001	26990	28299		
				18560	18560		
7500	**1500**	**55000**	**55000**	**20000**	**8330**	**219126**	**189945**
		55000	55000	20000	8330	85570	56389
7500	1500					133556	133556
		5180	**5180**	**9264**	**9264**		
				9264	9264		
		5180	5180				
		57650	**16585**	**5049**	**5049**		
		57650	16585	5049	5049		
2000	**2000**	**65000**	**65000**	**34525**	**34525**		
2000	2000	65000	65000	34525	34525		
6318	**6318**	**7710**	**7610**	**600**	**600**		
6318	6318	5710	5710				
				600	600		
		2000	1900				

表 10-35 续表 5

	单位数（个）	外商资本		营业收入	
		2018	2017	2018	2017
总　　计	**438**	**1426650**	**1426650**	**66518622**	**56624566**
1、交通运输、仓储和邮政业	**188**	**1229650**	**1229650**	**31126647**	**28753558**
道路运输业	80			3673599	3300223
水上运输业	15	1156450	1156450	15525386	14752172
航空运输业	2			72629	55049
多式联运和运输代理业	57	73200	73200	7650110	6141174
装卸搬运和仓储业	24			3135139	3940042
邮政业	10			1069784	564898
2、信息传输、软件和信息技术服务业	**18**			**4537104**	**4162196**
电信、广播电视和卫星传输服务	8			3878346	3590804
互联网和相关服务	4			173436	207892
软件和信息技术服务业	6			485322	363500
3、房地产业	**28**			**662940**	**597758**
房地产业	28			662940	597758
4、租赁和商务服务业	**57**			**10037129**	**8853883**
租赁业	5			83047	99539
商务服务业	52			9954082	8754344
5、科学研究和技术服务业	**50**	**197000**	**197000**	**8974359**	**8000162**
研究和试验发展	4			2456547	2233103
专业技术服务业	36	197000	197000	6341512	5574060
科技推广和应用服务业	10			176300	192999
6、水利、环境和公共设施管理业	**17**			**8436939**	**3647806**
水利管理业	1			42584	39562
生态保护和环境治理业	3			160712	126457
公共设施管理业	12			7135608	3391214
土地管理业	1			1098035	90573
7、居民服务、修理和其他服务业	**10**			**468467**	**557887**
居民服务业	4			179532	199610
机动车、电子产品和日用产品修理业	5			213515	260886
其他服务业	1			75420	97391
8、教育	**37**			**734382**	**637720**
教育	37			734382	637720
9、卫生和社会工作	**21**			**1183608**	**1071329**
卫生	21			1183608	1071329
10、文化、体育和娱乐业	**12**			**357047**	**342267**
新闻和出版业	2			91844	94807
广播、电视、电影和录音制作业	5			166421	164245
文化艺术业	1			14649	9934
体育	2			38775	30629
娱乐业	2			45358	42652

单位：千元

主营业务收入		营业成本		主营业务成本		税金及附加	
2018	2017	2018	2017	2018	2017	2018	2017
64654227	**52387976**	**56057092**	**48136003**	**54901748**	**45041499**	**524821**	**464134**
29679901	**25851912**	**27964377**	**25752612**	**27130462**	**23523167**	**136112**	**117413**
3606219	3040147	3281798	2863933	3236699	2647070	18686	19614
14244389	12784633	13670967	13151158	12929951	11705083	76345	51036
61051	42765	271188	204757	270097	204757	5	34
7604449	5916913	7245797	5732715	7213748	5464852	23893	29219
3101616	3704902	2696375	3293735	2684673	3180880	14817	15226
1062177	362552	798252	506314	795294	320525	2366	2284
4432997	**4062477**	**3167296**	**2929944**	**3070242**	**2837534**	**14731**	**14865**
3774239	3491085	2649100	2489749	2552102	2397517	13199	12870
173436	207892	119619	142658	119563	142480	514	425
485322	363500	398577	297537	398577	297537	1018	1570
652717	**585939**	**514027**	**481463**	**497642**	**467753**	**12610**	**6142**
652717	585939	514027	481463	497642	467753	12610	6142
9862834	**8135968**	**7030336**	**7251349**	**6920641**	**6723715**	**182615**	**151438**
82889	99053	52626	67084	52626	67084	492	1316
9779945	8036915	6977710	7184265	6868015	6656631	182123	150122
8932025	**7907366**	**7674469**	**6725135**	**7641564**	**6635912**	**104715**	**120286**
2456547	2233103	2012120	1713919	2012120	1713919	5802	16735
6303299	5539342	5519295	4858616	5490322	4816931	98180	101698
172179	134921	143054	152600	139122	105062	733	1853
8429117	**3341313**	**7459946**	**2949686**	**7456767**	**2896577**	**57632**	**37096**
42584	39562	35439	31861	35439		316	323
160699	126457	83292	82597	83292	82570	3429	1576
7133262	3085002	6254715	2751757	6251536	2730536	52112	35053
1092572	90292	1086500	83471	1086500	83471	1775	144
459769	**538331**	**422508**	**475250**	**417592**	**468224**	**2564**	**2823**
177408	186969	145283	129220	145013	126970	1879	2025
206941	253971	206361	252975	201715	248199	222	205
75420	97391	70864	93055	70864	93055	463	593
723816	**604098**	**592943**	**447456**	**588010**	**403965**	**6471**	**7251**
723816	604098	592943	447456	588010	403965	6471	7251
1163112	**1051751**	**917132**	**837541**	**876364**	**818255**	**1189**	**858**
1163112	1051751	917132	837541	876364	818255	1189	858
317939	**308821**	**314058**	**285567**	**302464**	**266397**	**6182**	**5962**
85086	94807	61584	71027	61584	70871	952	1030
134071	130799	169100	145806	159032	133328	3277	3038
14649	9934	16489	11617	16489	11617	58	30
38775	30629	31360	23595	31360	18683	641	658
45358	42652	35525	33522	33999	31898	1254	1206

表 10-35 续表 6

	单位数（个）	销售费用		管理费用	
		2018	2017	2018	2017
总　　计	**438**	**1332087**	**1218048**	**5319265**	**4998520**
1、交通运输、仓储和邮政业	**188**	**272477**	**252937**	**1992592**	**2087604**
道路运输业	80	94443	91396	324123	317334
水上运输业	15	12064	13516	1018042	1167601
航空运输业	2	1	1	15379	11433
多式联运和运输代理业	57	62500	55734	195393	214069
装卸搬运和仓储业	24	70568	73931	306929	318016
邮政业	10	32901	18359	132726	59151
2、信息传输、软件和信息技术服务业	**18**	**552794**	**523672**	**266342**	**237765**
电信、广播电视和卫星传输服务	8	538576	505517	192701	170350
互联网和相关服务	4	3985	7429	26494	27071
软件和信息技术服务业	6	10233	10726	47147	40344
3、房地产业	**28**	**3279**	**5358**	**121084**	**106806**
房地产业	28	3279	5358	121084	106806
4、租赁和商务服务业	**57**	**282199**	**226932**	**1335961**	**1133660**
租赁业	5	675	996	18141	20617
商务服务业	52	281524	225936	1317820	1113043
5、科学研究和技术服务业	**50**	**85998**	**77675**	**696751**	**775616**
研究和试验发展	4	33293	28084	268931	282677
专业技术服务业	36	48317	41960	423025	486647
科技推广和应用服务业	10	4388	7631	4795	6292
6、水利、环境和公共设施管理业	**17**	**34402**	**18169**	**554191**	**348344**
水利管理业	1	29	3	3003	3394
生态保护和环境治理业	3	3078	7315	20990	19620
公共设施管理业	12	31295	10851	506102	300260
土地管理业	1			24096	25070
7、居民服务、修理和其他服务业	**10**	**10705**	**4271**	**27565**	**38068**
居民服务业	4	8331	2429	19986	28355
机动车、电子产品和日用产品修理业	5	2374	1842	4522	5445
其他服务业	1			3057	4268
8、教育	**37**	**22821**	**50714**	**112265**	**108101**
教育	37	22821	50714	112265	108101
9、卫生和社会工作	**21**	**50530**	**40410**	**159170**	**124836**
卫生	21	50530	40410	159170	124836
10、文化、体育和娱乐业	**12**	**16882**	**17910**	**53344**	**37720**
新闻和出版业	2	10164	10746	29386	16315
广播、电视、电影和录音制作业	5	5147	5013	5745	4694
文化艺术业	1	221	742	13810	13426
体育	2	772	715	2447	2196
娱乐业	2	578	694	1956	1089

单位：千元

财务费用		利息收入		利息支出		资产减值损失	
2018	2017	2018	2017	2018	2017	2018	2017
2707251	**2176400**	**1121242**	**848779**	**3219764**	**1942651**	**318890**	**291499**
1392256	**1244733**	**321082**	**283040**	**1530857**	**670638**	**105398**	**196552**
59011	46429	1576	1928	36453	30655	-2742	-612
1167227	1004121	15559	9500	1037917	202724	83582	167699
1036	10200	6	8	1042	10208	394	57
14388	8219	15130	28725	33552	19481	17510	20559
147362	174281	288505	242803	421861	408604	-989	8849
3232	1483	306	76	32	-1034	7643	
26724	**24367**	**1892**	**1961**	**27949**	**22193**	**32460**	**30888**
25844	24072	1344	1299	26945	21753	32603	30400
199	235	102	64	59	54	-524	333
681	60	446	598	945	386	381	155
6511	**4001**	**15**	**230**	**172**	**2194**		
6511	4001	15	230	172	2194		
856765	**520355**	**525627**	**443324**	**1069098**	**794928**	**34733**	**39861**
451	649	5	-3				
856314	519706	525622	443327	1069098	794928	34733	39861
371055	**316443**	**265243**	**104195**	**567188**	**433552**	**255**	**24181**
-9786	-8763	22216	19100	9082	11192	1548	1447
379316	320771	243024	85090	557183	419827	-1293	22734
1525	4435	3	5	923	2533		
6492	**38612**	**6339**	**15545**	**5912**	**4852**	**146171**	
-84	-176	86	-180	2	4		
5006	3920	17	35	4960	3990	-6136	
5367	40360	1490	9820		480	152307	
-3797	-5492	4746	5870	950	378		
298	**292**	**-76**	**167**	**55**	**120**	**-1**	**10**
-66	82	-107	123		3		
385	244	4	4	55	117	-1	10
-21	-34	27	40				
6583	**4282**	**18**	**42**	**2314**	**1654**	**20**	**10**
6583	4282	18	42	2314	1654	20	10
18107	**17128**	**1025**	**211**	**7146**	**6674**	**-147**	**1**
18107	17128	1025	211	7146	6674	-147	1
22460	**6187**	**77**	**64**	**9073**	**5846**	1	**-4**
8875	5601	40	25	8833	5604		
13016	32					-4	-4
-33	-30	37	39	4	9	5	
271	262			236	233		
331	322						

表 10-35 续表 7

	单位数（个）	公允价值变动收益		投资收益	
		2018	2017	2018	2017
总　　计	**438**	**829977**	**714283**	**676073**	**1086212**
1、交通运输、仓储和邮政业	**188**	**89940**	**52391**	**480495**	**612499**
道路运输业	80			765	-14602
水上运输业	15	-50		423975	585702
航空运输业	2				
多式联运和运输代理业	57	89990	52391	5786	10278
装卸搬运和仓储业	24			49969	31121
邮政业	10				
2、信息传输、软件和信息技术服务业	**18**			**14550**	**7758**
电信、广播电视和卫星传输服务	8			14550	
互联网和相关服务	4				586
软件和信息技术服务业	6				7172
3、房地产业	**28**			**984**	**20059**
房地产业	28			984	20059
4、租赁和商务服务业	**57**		**10**	**54523**	**373457**
租赁业	5				
商务服务业	52		10	54523	373457
5、科学研究和技术服务业	**50**	**740037**	**661862**	**10449**	**21759**
研究和试验发展	4			1430	3938
专业技术服务业	36	740037	661862	9019	17821
科技推广和应用服务业	10				
6、水利、环境和公共设施管理业	**17**			**110422**	**50485**
水利管理业	1				
生态保护和环境治理业	3				
公共设施管理业	12			110422	50485
土地管理业	1				
7、居民服务、修理和其他服务业	**10**				
居民服务业	4				
机动车、电子产品和日用产品修理业	5				
其他服务业	1				
8、教育	**37**		**20**	**24**	**102**
教育	37		20	24	102
9、卫生和社会工作	**21**				
卫生	21				
10、文化、体育和娱乐业	**12**			**4626**	**93**
新闻和出版业	2				
广播、电视、电影和录音制作业	5			4264	
文化艺术业	1			362	93
体育	2				
娱乐业	2				

单位:千元

资产处置收益		其他收益		营业利润		营业外收入	
2018	2017	2018	2017	2018	2017	2018	2017
48633	**4943**	**1748130**	**22323**	**3561494**	**1143160**	**1079971**	**2230552**
47678	**389**	**599373**	**6311**	**480898**	**-214669**	**676203**	**1032477**
56	34	144650	624	43751	-47767	65733	152115
		572	68	-78344	-216371	485254	596419
		292880		77506	-171433	30625	122237
30282		1327	910	218014	151762	30933	92889
17340	355	159943	4709	127329	91833	63285	68485
		1		92642	-22693	373	332
-6011		**9458**	**3862**	**494754**	**412315**	**9945**	**64293**
-6011		1124	1075	435986	358921	8349	58109
		5095	1	28244	30328	545	3759
		3239	2786	30524	23066	1051	2425
		10081	**7**	**16494**	**14054**	**1935**	**2153**
		10081	7	16494	14054	1935	2153
4333	**42**	**559115**	**316**	**932491**	**-94859**	**339412**	**874586**
				10662	8877	58	39
4333	42	559115	316	921829	-103736	339354	874547
2459	**4512**	**114448**	**11369**	**908509**	**655922**	**15845**	**197804**
		13220	10903	159289	213845	2212	445
2459	4512	101228	446	727415	421719	13633	197359
			20	21805	20358		
174		**438142**	**229**	**726843**	**306613**	**20536**	**20129**
				3881	4157	143	151
		6722		57775	11429	5003	8501
174		431420	229	675726	303647	15369	11468
				-10539	-12620	21	9
				4828	**37173**	**2036**	**3762**
				4119	37499	56	246
				-348	165	1980	2398
				1057	-491		1118
		252	**221**	**-6957**	**-12229**	**6725**	**8033**
		252	221	-6957	-12229	6725	8033
		15	**3**	**37642**	**49818**	**3785**	**3115**
		15	3	37642	49818	3785	3115
		17246	**5**	**-34008**	**-10978**	**3549**	**24200**
			4	-19117	-9909	689	4460
				-25596	5666	355	578
		17246		1707	-15758	2320	19162
			1	3284	3204		
				5714	5819	185	

表 10-35 续表 8

	单位数（个）	营业外支出		利润总额	
		2018	2017	2018	2017
总　　计	**438**	**278733**	**260032**	**4362732**	**3113711**
1、交通运输、仓储和邮政业	**188**	**80138**	**105130**	**1076963**	**712679**
道路运输业	80	6791	3871	102693	100478
水上运输业	15	46838	95965	360072	284083
航空运输业	2	1065	259	107066	-49455
多式联运和运输代理业	57	4141	1351	244806	243300
装卸搬运和仓储业	24	20056	3169	170558	157149
邮政业	10	1247	515	91768	-22876
2、信息传输、软件和信息技术服务业	**18**	**29474**	**34118**	**475225**	**442490**
电信、广播电视和卫星传输服务	8	29349	34055	414986	382975
互联网和相关服务	4	46	10	28743	34077
软件和信息技术服务业	6	79	53	31496	25438
3、房地产业	**28**	**197**	**808**	**18232**	**15399**
房地产业	28	197	808	18232	15399
4、租赁和商务服务业	**57**	**126245**	**93065**	**1145658**	**686662**
租赁业	5	78	10	10642	8906
商务服务业	52	126167	93055	1135016	677756
5、科学研究和技术服务业	**50**	**8283**	**4455**	**916071**	**849180**
研究和试验发展	4	3200	698	158301	213592
专业技术服务业	36	4842	3217	736206	615905
科技推广和应用服务业	10	241	540	21564	19683
6、水利、环境和公共设施管理业	**17**	**8313**	**2083**	**739066**	**324659**
水利管理业	1		1	4024	4307
生态保护和环境治理业	3	108	127	62670	19803
公共设施管理业	12	6704	1711	684391	313404
土地管理业	1	1501	244	-12019	-12855
7、居民服务、修理和其他服务业	**10**	**670**	**643**	**6194**	**40292**
居民服务业	4	183	61	3992	37684
机动车、电子产品和日用产品修理业	5	487	582	1145	1981
其他服务业	1			1057	627
8、教育	**37**	**7542**	**1779**	**-7774**	**-5975**
教育	37	7542	1779	-7774	-5975
9、卫生和社会工作	**21**	**17730**	**16422**	**23697**	**36633**
卫生	21	17730	16422	23697	36633
10、文化、体育和娱乐业	**12**	**141**	**1529**	**-30600**	**11692**
新闻和出版业	2	53	382	-18481	-5832
广播、电视、电影和录音制作业	5	12	4	-25253	6240
文化艺术业	1	76	890	3951	2514
体育	2			3284	3204
娱乐业	2		253	5899	5566

单位:千元

所得税费用		行政事业性收费		材料和燃料费		经营租赁费		运输费	
2018	2017	2018	2017	2018	2017	2018	2017	2018	2017
758197	**629547**	**6154**	**12849**	**2701970**	**2753369**	**669155**	**653977**	**1329918**	**2001749**
216667	**218507**	**3575**	**5361**	**988699**	**924076**	**505346**	**492845**	**1264702**	**1940653**
25031	28606	709	1388	225358	227509	18981	18218	137558	296183
78979	87530	613	599	526706	472872	381618	365705	433143	455465
				799	193			499	329
73543	69752	2071	2961	50164	44167	15176	11018	611057	1040727
38506	31714	78	274	155079	152683	65645	74830	24920	93670
608	905	104	139	30593	26652	23926	23074	57525	54279
6583	**5149**	**272**	**2870**	**884**	**18790**	**65785**	**54947**	**2944**	**7908**
	−3825	257	2829	800	18577	60943	53523	2554	3771
3459	7679	15	31	8	140	56	600	1	4001
3124	1295		10	76	73	4786	824	389	136
4135	**6221**	**48**	**76**	**8328**	**5087**	**474**	**367**	**1196**	**931**
4135	6221	48	76	8328	5087	474	367	1196	931
145942	**165948**	**315**	**958**	**509405**	**515706**	**66444**	**68477**	**17330**	**26084**
999	1613	173	236	865	13101	3930	8462	767	997
144943	164335	142	722	508540	502605	62514	60015	16563	25087
257350	**202589**	**975**	**1029**	**854725**	**933061**	**18488**	**17598**	**30710**	**10167**
3989	3372			839577	911090			1061	1216
252796	197772	906	966	14947	21890	17702	17299	29162	8459
565	1445	69	63	201	81	786	299	487	492
118521	**15006**	**36**	**66**	**7743**	**9231**	**617**	**624**	**5062**	**9008**
1068	989	36	35	2350	2600	206	47	2	1
10402	3595		30	411	3083			5025	8535
107051	10422		1	4982	3548	382	352	35	472
						29	225		
3837	**10999**	**20**	**14**	**150211**	**187853**	**1970**	**1970**	**112**	**121**
2877	10401			134					
65	60	20	14	150077	187853	1970	1970	112	121
895	538								
2329	**2626**	**61**	**229**	**5253**	**6303**	**1891**	**8402**	**3012**	**2518**
2329	2626	61	229	5253	6303	1891	8402	3012	2518
63	**56**	**678**	**2081**	**153454**	**129648**	**3439**	**4906**	**2656**	**2079**
63	56	678	2081	153454	129648	3439	4906	2656	2079
2770	**2446**	**174**	**165**	**23268**	**23614**	**4701**	**3841**	**2194**	**2280**
7	21	15	17	4599	4838	1	161	1	9
821	625	3	1	17950	18148	3768	2828	1	8
		19			135	504	645	54	96
821	747	137	134	56	51	138	127	1797	1774
1121	1053		13	663	442	290	80	341	393

表 10-35 续表 9

	单位数（个）	研发、试验检验费		水电费	
		2018	2017	2018	2017
总　计	**438**	**240744**	**240695**	**514124**	**473265**
1、交通运输、仓储和邮政业	**188**	**33243**	**36663**	**260113**	**244323**
道路运输业	80	159	399	13648	13536
水上运输业	15	2540	2117	164500	147946
航空运输业	2			2048	1945
多式联运和运输代理业	57	497	635	5836	4044
装卸搬运和仓储业	24	47	1212	47710	53732
邮政业	10	30000	32300	26371	23120
2、信息传输、软件和信息技术服务业	**18**	**30495**	**39551**	**139690**	**127410**
电信、广播电视和卫星传输服务	8	42	34	138722	126572
互联网和相关服务	4	7036	18787	711	703
软件和信息技术服务业	6	23417	20730	257	135
3、房地产业	**28**	**1**	**4**	**7689**	**6942**
房地产业	28	1	4	7689	6942
4、租赁和商务服务业	**57**	**658**	**748**	**27891**	**33806**
租赁业	5	144	200	1072	903
商务服务业	52	514	548	26819	32903
5、科学研究和技术服务业	**50**	**175969**	**159331**	**22538**	**19819**
研究和试验发展	4	160302	154848	9341	10678
专业技术服务业	36	15614	4433	12735	8720
科技推广和应用服务业	10	53	50	462	421
6、水利、环境和公共设施管理业	**17**		**50**	**10506**	**10861**
水利管理业	1			110	114
生态保护和环境治理业	3			3577	6780
公共设施管理业	12		50	6546	3621
土地管理业	1			273	346
7、居民服务、修理和其他服务业	**10**			**440**	**431**
居民服务业	4			110	116
机动车、电子产品和日用产品修理业	5			330	315
其他服务业	1				
8、教育	**37**	**83**	**110**	**19441**	**8749**
教育	37	83	110	19441	8749
9、卫生和社会工作	**21**	**238**	**4185**	**22719**	**17813**
卫生	21	238	4185	22719	17813
10、文化、体育和娱乐业	**12**	**57**	**53**	**3097**	**3111**
新闻和出版业	2	1	2	92	99
广播、电视、电影和录音制作业	5			2225	2009
文化艺术业	1			152	450
体育	2	56	51	61	61
娱乐业	2			567	492

单位:千元

邮政通信费		本年应付职工薪酬		社会保险和住房公积金		应交增值税		平均用工人数	
2018	2017	2018	2017	2018	2017	2018	2017	2018	2017
41675	**38254**	**7836207**	**7026308**	**1578465**	**1056032**	**905713**	**742078**	**79890**	**80149**
25971	**24940**	**3364968**	**3203970**	**714360**	**458856**	**249241**	**283776**	**31392**	**33172**
2091	2435	556501	584163	91965	79934	62458	50603	7947	9061
12422	11299	1391533	1544021	336371	191253	127720	141111	11976	12584
142	223	33208	29413	11490	8631	-1928	1651	400	323
4430	3961	203241	213004	42740	40231	31313	28190	2355	2450
2706	3981	638082	648294	192917	118028	23849	59698	6753	7018
4180	3041	542403	185075	38877	20779	5829	2523	1961	1736
3694	**4848**	**406076**	**359139**	**81039**	**77536**	**96490**	**128473**	**3345**	**3524**
2795	4014	342579	298765	69051	65194	89085	115766	2750	2757
627	619	21898	23282	5341	6807	2994	1092	229	375
272	215	41599	37092	6647	5535	4411	11615	366	392
197	**93**	**207445**	**194535**	**37784**	**27645**	**28356**	**11822**	**5519**	**5641**
197	93	207445	194535	37784	27645	28356	11822	5519	5641
2698	**2135**	**1374908**	**1169243**	**280660**	**181213**	**183014**	**129005**	**17607**	**17263**
164	170	10478	10323	2056	2634	1487	1650	154	200
2534	1965	1364430	1158920	278604	178579	181527	127355	17453	17063
4234	**4001**	**1131556**	**1004018**	**210327**	**159871**	**85619**	**100620**	**6907**	**6133**
1910	1911	455745	401666	85958	75596	4933	8560	2773	1672
2243	2007	655350	580857	121432	82696	78640	89532	3788	4051
81	83	20461	21495	2937	1579	2046	2528	346	410
1341	**559**	**360953**	**252742**	**88924**	**34036**	**230056**	**60740**	**3358**	**2636**
90	117	9842	8321	1524	1463	1981	1839	60	50
104	63	17443	16257	2268	2149	10377	11928	148	146
1083	280	318267	210986	82285	27353	217241	46920	3062	2342
64	99	15401	17178	2847	3071	457	53	88	98
135	**114**	**183840**	**190531**	**44950**	**38907**	**20438**	**12117**	**1554**	**1667**
15	3	104571	88995	21519	19616	6394	5451	810	885
120	111	8405	8481	1955	1509	745	1183	156	170
		70864	93055	21476	17782	13299	5483	588	612
1144	**390**	**347235**	**270025**	**48788**	**29399**	**3619**	**8067**	**4790**	**4750**
1144	390	347235	270025	48788	29399	3619	8067	4790	4750
1643	**695**	**348757**	**290954**	**45301**	**33329**	**1479**	**549**	**4254**	**4143**
1643	695	348757	290954	45301	33329	1479	549	4254	4143
618	**479**	**110469**	**91151**	**26332**	**15240**	**7401**	**6909**	**1164**	**1220**
30	21	23378	21317	9217	1201	1760	1231	287	275
474	321	66300	51772	13531	10102	1828	2359	525	559
56	86	13800	10484	3350	2754	583	335	178	183
51	51	4148	4072	177	172	2610	2402	100	102
7		2843	3506	57	1011	620	582	74	101

表 10-36

	单位数（个）	年初存货		流动资产合计	
		2018	2017	2018	2017
总　计	**438**	**66519740**	**60527804**	**243672538**	**223472858**
(一)市 区	**289**	**66049219**	**60324998**	**229354312**	**215255997**
连云区	62	11763222	11487261	43969580	41257899
海州区	91	9927872	9402059	50298958	43559228
赣榆区	54	14375354	13819577	25691366	26165927
开发区	55	7682398	5624867	23001215	41489666
徐圩新区	5	1111414	842918	17965540	15124108
云台山风景区	1	693	902	394517	281745
高新区	21	21188266	19147414	68033136	47377424
(二)辖 县	**149**	**470521**	**202806**	**14318226**	**8216861**
东海县	93	283309	166309	12817672	6900192
灌云县	28	147206	7856	485900	325221
灌南县	28	40006	28641	1014654	991448

主要经济指标(分县区)

单位:千元

货币资金		应收账款		存货		可供出售金融资产	
2018	2017	2018	2017	2018	2017	2018	2017
28775980	**20836782**	**26862838**	**29824498**	**79131878**	**56193463**	**792193**	**832281**
28073581	**20273749**	**25698998**	**29185898**	**76883843**	**55889563**	**790879**	**831174**
1598294	1590450	5732427	4593941	11830666	11925347	31811	87146
10542282	7781985	2595867	2847672	15304511	10233417	349983	379341
845001	962486	452004	340405	14701620	14042007		
6160314	2661731	6392288	14479190	6420672	6266247	93555	187127
5495392	4833688	8482054	6400990	1744558	1111366	142194	142194
		334386	280843	832	693		
3432298	2443409	1709972	242857	26880984	12310486	173336	35366
702399	**563033**	**1163840**	**638600**	**2248035**	**303900**	**1314**	**1107**
463820	433726	889574	387707	2181604	241582	1214	1107
154242	22709	81289	89682	14543	3686	100	
84337	106598	192977	161211	51888	58632		

表 10-35 续表 1

	单位数（个）	持有至到期投资		长期股权投资	
		2018	2017	2018	2017
总　　计	**438**	**215391**	**151038**	**22993131**	**25494357**
(一)市 区	**289**	**214334**	**150003**	**22990046**	**25491265**
连云区	62		150000	1840271	1572610
海州区	91	110003	3	1640661	1011000
赣榆区	54			3777710	3576670
开发区	55			3054815	7518055
徐圩新区	5	104331		676966	91607
云台山风景区	1				
高新区	21			11999623	11721323
(二)辖 县	**149**	**1057**	**1035**	**3085**	**3092**
东海县	93	1054	1032	3085	3092
灌云县	28				
灌南县	28	3	3		

单位:千元

固定资产原价		房屋和构筑物		机器设备		运输工具	
2018	2017	2018	2017	2018	2017	2018	2017
69397954	**62443872**	**24700515**	**20966432**	**8699448**	**7355224**	**3384167**	**3233678**
62315277	**57997364**	**20140835**	**18643886**	**7501360**	**6357678**	**3010978**	**2886693**
24656792	24230219	8894583	8819426	2835423	2819867	523913	526872
17339449	17256119	5720091	5505308	1638618	1608282	2057343	1814668
3571740	2829122	675107	709099	299429	327184	150995	128770
7859694	7792340	1016605	1028049	452494	447978	179253	202034
4609033	2157796	2437626	1165667	1607501	492312	38697	33321
250198	250026	227456	227435	4289	4266	18453	18325
4028371	3481742	1169367	1188902	663606	657789	42324	162703
7082677	**4446508**	**4559680**	**2322546**	**1198088**	**997546**	**373189**	**346985**
5083801	2829388	3447490	1508623	877712	675029	194316	189281
762295	540915	470306	258813	117805	110100	104546	92053
1236581	1076205	641884	555110	202571	212417	74327	65651

表 10–35 续表 2

	单位数（个）	电子设备		累计折旧	
		2018	2017	2018	2017
总　计	**438**	**531080**	**398592**	**20509803**	**17860245**
(一)市 区	**289**	**434125**	**305833**	**19317154**	**17038105**
连云区	62	108449	100058	5120768	4824974
海州区	91	72399	61286	8865644	8496526
赣榆区	54	4797	3904	700737	459893
开发区	55	53430	36777	1775416	1524535
徐圩新区	5	72087	5441	595840	439499
云台山风景区	1			9118	7218
高新区	21	122963	98367	2249631	1285460
(二)辖 县	**149**	**96955**	**92759**	**1192649**	**822140**
东海县	93	21638	19001	710846	444651
灌云县	28	140	129	172540	118392
灌南县	28	75177	73629	309263	259097

单位:千元

本年折旧		无形资产		土地使用权		软件使用权	
2018	2017	2018	2017	2018	2017	2018	2017
3836137	**2715740**	**17654330**	**17315169**	**7994529**	**8173275**	**25167**	**25002**
3566634	**2507459**	**17419737**	**17075854**	**7763905**	**7938200**	**25159**	**24726**
693853	663448	109398	86652	101214	78270	6776	5634
1001795	959709	3898276	3871312	3143993	3106072	4889	6349
149181	109198	3984888	4206199	3895920	4114591	535	450
338705	339631	8649346	8377465	228223	234236	4200	4535
171638	101544	663874	416921	285678	293384	4790	3224
1900	1908						
1209562	332021	113955	117305	108877	111647	3969	4534
269503	**208281**	**234593**	**239315**	**230624**	**235075**	**8**	**276**
122797	104076	175733	179504	175633	179216	8	276
47044	34272	20351	20451	20351	20451		
99662	69933	38509	39360	34640	35408		

表 10-35 续表 3

	单位数（个）	商誉		资产总计	
		2018	2017	2018	2017
总　计	**438**	**40330**	**40330**	**498200675**	**442122162**
(一)市 区	**289**	**40330**	**40330**	**462714804**	**414744030**
连云区	62			98631999	99153029
海州区	91	40330	40330	107579304	86360961
赣榆区	54			41623844	42285453
开发区	55			62296897	65688264
徐圩新区	5			55764491	51071384
云台山风景区	1			635629	524553
高新区	21			96182640	69660386
(二)辖 县	**149**			**35485871**	**27378132**
东海县	93			31818609	24304861
灌云县	28			1499882	1050025
灌南县	28			2167380	2023246

单位:千元

流动负债合计		应付账款		负债合计		所有者权益	
2018	2017	2018	2017	2018	2017	2018	2017
124012539	**107484548**	**14522817**	**10435018**	**311520043**	**272338392**	**186680632**	**170010657**
119015850	**104813473**	**13539186**	**9996312**	**290073574**	**256839801**	**172641230**	**158131116**
9714052	13423893	2532581	2232137	55026968	57719331	43605031	41451417
38735244	35085542	2558162	2370858	68435133	57950194	39144171	28606015
12784858	11839655	308847	314944	22991189	22894939	18632655	19385567
21059654	21082166	2197000	1662433	40547932	40067707	21748965	25639424
14326765	10320216	2809196	2795931	35132787	32187910	20631704	18883474
582896	23207	31608	23207	582896	461523	52733	63030
21812381	13038794	3101792	596802	67356669	45558197	28825971	24102189
4996689	**2671075**	**983631**	**438706**	**21446469**	**15498591**	**14039402**	**11879541**
3871244	1772390	622355	158934	19153126	13833720	12665483	10471141
379753	377232	217531	189338	1027883	674851	471999	375174
745692	521453	143745	90434	1265460	990020	901920	1033226

表 10-35 续表 4

	单位数（个）	实收资本		国家资本	
		2018	2017	2018	2017
总　计	**438**	**44201103**	**41871738**	**39143093**	**37371700**
(一)市 区	**289**	**42074349**	**39913237**	**37545783**	**35886108**
连云区	62	2510241	2290301	2072942	1859714
海州区	91	6217429	5835549	5924421	5656241
赣榆区	54	4196484	4153118	4025307	4025946
开发区	55	17647288	16420092	16001670	14822464
徐圩新区	5	4139424	4139424	4005868	4005868
云台山风景区	1				
高新区	21	7363483	7074753	5515575	5515875
(二)辖 县	**149**	**2126754**	**1958501**	**1597310**	**1485592**
东海县	93	1685398	1671489	1425006	1424881
灌云县	28	268974	128200	172304	60711
灌南县	28	172382	158812		

单位：千元

集体资本		法人资本		个人资本		港澳台资本	
2018	2017	2018	2017	2018	2017	2018	2017
31374	**25374**	**2814286**	**2324415**	**388574**	**355654**	**397126**	**367945**
28804	**22804**	**2667094**	**2177223**	**291462**	**285896**	**311556**	**311556**
		147479	142767	58620	56620	158000	158000
8318	8318	195102	80093	89588	90897		
4986	4986	101733	61728	64458	60458		
15500	9500	391872	350757	61796	60921	20000	20000
						133556	133556
		1830908	1541878	17000	17000		
2570	**2570**	**147192**	**147192**	**97112**	**69758**	**85570**	**56389**
		18800	18800	44592	30808		
		3600	3600	7500	7500	85570	56389
2570	2570	124792	124792	45020	31450		

表 10-35 续表 5

	单位数（个）	外商资本		营业收入	
		2018	2017	2018	2017
总　　计	**438**	**1426650**	**1426650**	**66518622**	**56624566**
(一)市 区	**289**	**1229650**	**1229650**	**61081583**	**51802866**
连云区	62	73200	73200	20876326	20097143
海州区	91			14008742	11789606
赣榆区	54			2204246	2753202
开发区	55	1156450	1156450	11071857	8360314
徐圩新区	5			6651875	4889629
云台山风景区	1			161135	126469
高新区	21			6107402	3786503
(二)辖 县	**149**	**197000**	**197000**	**5437039**	**4821700**
东海县	93	197000	197000	3629418	3086907
灌云县	28			528728	607490
灌南县	28			1278893	1127303

单位：千元

主营业务收入		营业成本		主营业务成本		税金及附加	
2018	2017	2018	2017	2018	2017	2018	2017
64654227	**52387976**	**56057092**	**48136003**	**54901748**	**45041499**	**524821**	**464134**
59339606	**48285976**	**52083169**	**44263142**	**51025093**	**41838817**	**433993**	**406587**
19562560	17920199	18495631	17921600	17839475	16385228	121113	80886
13730128	11228349	10407765	9211859	10161056	8754255	120756	136853
2197775	2540030	1829206	2278595	1721575	1976413	10515	22395
11032181	8231306	9840837	7377368	9821254	7310485	48253	37682
6623791	4825698	6254470	4611812	6242016	4564585	99160	97518
161135	126469	174629	130433	174629	130433	3304	3599
6032036	3413925	5080631	2731475	5065088	2717418	30892	27654
5314621	**4102000**	**3973923**	**3872861**	**3876655**	**3202682**	**90828**	**57547**
3518839	2393735	2536664	2512020	2450077	1867863	81111	47552
526255	605364	429573	497191	424738	493222	4117	5589
1269527	1102901	1007686	863650	1001840	841597	5600	4406

表 10-35 续表 6

	单位数（个）	销售费用		管理费用	
		2018	2017	2018	2017
总　　计	**438**	**1332087**	**1218048**	**5319265**	**4998520**
(一)市 区	**289**	**1185827**	**1051117**	**4612992**	**4384299**
连云区	62	47606	35571	1399059	1561068
海州区	91	697514	727651	1475017	1275720
赣榆区	54	97298	78456	206795	203591
开发区	55	256363	138485	640036	509178
徐圩新区	5	28274	24732	219836	263322
云台山风景区	1	869	871	37364	24744
高新区	21	57903	45351	634885	546676
(二)辖 县	**149**	**146260**	**166931**	**706273**	**614221**
东海县	93	111857	128361	440033	402257
灌云县	28	19670	18002	75439	50406
灌南县	28	14733	20568	190801	161558

单位:千元

财务费用		利息收入		利息支出		资产减值损失	
2018	2017	2018	2017	2018	2017	2018	2017
2707251	**2176400**	**1121242**	**848779**	**3219764**	**1942651**	**318890**	**291499**
2457703	**2057185**	**1117646**	**836499**	**3141364**	**1865569**	**324471**	**291427**
1078745	995462	61569	10500	1111162	224838	91571	176433
556870	393827	201031	182895	605130	418043	68413	66180
146482	84759	1214	2873	47776	18126	1387	65
137052	183988	254366	246568	367453	406104	154376	3583
385180	306633	251686	102666	576587	431336	5186	38467
404	-6						
152970	92522	347780	290997	433256	367122	3538	6699
249548	**119215**	**3596**	**12280**	**78400**	**77082**	**-5581**	**72**
222110	94945	2469	11740	63996	67406	308	26
11928	11162	88	323	6356	4065	55	3
15510	13108	1039	217	8048	5611	-5944	43

表 10-35 续表 7

	单位数（个）	公允价值变动收益		投资收益	
		2018	2017	2018	2017
总　　计	**438**	**829977**	**714283**	**676073**	**1086212**
(一)市 区	**289**	**829710**	**718613**	**655730**	**1082233**
连云区	62	-50		488180	632837
海州区	91		10	26410	262327
赣榆区	54			4066	4351
开发区	55			72444	22853
徐圩新区	5	829760	718603	5147	6662
云台山风景区	1				
高新区	21			59483	153203
(二)辖 县	**149**	**267**	**-4330**	**20343**	**3979**
东海县	93	267	-4330	20343	3979
灌云县	28				
灌南县	28				

单位:千元

资产处置收益		其他收益		营业利润		营业外收入	
2018	2017	2018	2017	2018	2017	2018	2017
48633	**4943**	**1748130**	**22323**	**3561494**	**1143160**	**1079971**	**2230552**
47136	**4902**	**1311587**	**21261**	**2827568**	**1142769**	**1001865**	**1996069**
47581	356	18640	539	196952	−39683	506690	712562
−6030	34	287512	5542	990276	245350	375598	662120
2783		170114	582	89526	94272	3893	233147
305		577984	3251	645673	136134	24136	32538
2439	4512	95775		592890	271670	17703	182993
				−55435	−33172	30	656
58		161562	11347	367686	468198	73815	172053
1497	**41**	**436543**	**1062**	**733926**	**391**	**78106**	**234483**
1497	41	428868	1013	687798	−88765	47434	213100
		961	46	−11093	25183	5660	5632
		6714	3	57221	63973	25012	15751

表 10-35 续表 8

	单位数（个）	营业外支出		利润总额	
		2018	2017	2018	2017
总　计	**438**	**278733**	**260032**	**4362732**	**3113711**
(一)市 区	**289**	**251364**	**236386**	**3578069**	**2902483**
连云区	62	70388	83205	633254	589674
海州区	91	85503	83888	1280371	823625
赣榆区	54	59313	36040	34106	291245
开发区	55	5098	19419	664711	149253
徐圩新区	5	1834	563	608759	454222
云台山风景区	1	54	60	-55459	-32576
高新区	21	29174	13211	412327	627040
(二)辖 县	**149**	**27369**	**23646**	**784663**	**211228**
东海县	93	13317	16170	721915	108165
灌云县	28	4465	3661	-9898	27154
灌南县	28	9587	3815	72646	75909

单位：千元

所得税费用		行政事业性收费		材料和燃料费		经营租赁费		运输费	
2018	2017	2018	2017	2018	2017	2018	2017	2018	2017
758197	**629547**	**6154**	**12849**	**2701970**	**2753369**	**669155**	**653977**	**1329918**	**2001749**
723321	**582389**	**4467**	**8564**	**2455090**	**2453933**	**603577**	**581381**	**1245446**	**1865937**
147158	147324	1559	2964	619554	498925	410250	397261	730279	1114590
137286	138017	669	3202	612406	598930	102156	93621	81464	77762
14720	44307	575	683	85248	86981	18655	18176	99625	58252
159095	65122	1558	1574	237158	272027	58289	53266	261179	536684
232664	173622	27	110	1494	5039	10181	13800	60464	58411
				4750	3250				
32398	13997	79	31	894480	988781	4046	5257	12435	20238
34876	**47158**	**1687**	**4285**	**246880**	**299436**	**65578**	**72596**	**84472**	**135812**
18765	22680	880	1875	36333	59321	61579	63648	10319	21540
333	10921	103	1451	129867	135204	522	5786	64105	86746
15778	13557	704	959	80680	104911	3477	3162	10048	27526

表 10-35 续表 9

	单位数（个）	研发、试验检验费		水电费	
		2018	2017	2018	2017
总　　计	**438**	**240744**	**240695**	**514124**	**473265**
(一)市 区	**289**	**240106**	**232809**	**475392**	**440667**
连云区	62	4742	16435	163649	153833
海州区	91	46198	36500	201774	190604
赣榆区	54	59	61	19370	16423
开发区	55	22133	19110	57946	52646
徐圩新区	5	1653	949	9341	3877
云台山风景区	1			2015	1970
高新区	21	165321	159754	21297	21314
(二)辖 县	**149**	**638**	**7886**	**38732**	**32598**
东海县	93	510	7411	15037	14483
灌云县	28	1	210	3209	2886
灌南县	28	127	265	20486	15229

单位:千元

邮政通信费		本年应付职工薪酬		社会保险和住房公积金		应交增值税		平均用工人数	
2018	2017	2018	2017	2018	2017	2018	2017	2018	2017
41675	**38254**	**7836207**	**7026308**	**1578465**	**1056032**	**905713**	**742078**	**79890**	**80149**
38633	**34847**	**6811745**	**6068215**	**1427167**	**943062**	**777521**	**618056**	**65131**	**64345**
17548	16231	2206640	2359992	568503	311033	161106	186058	21834	22472
11993	11368	2365428	1918997	399858	331562	300011	286173	22578	22860
1766	798	342610	302351	56305	40403	13279	12612	5069	5484
2794	3245	653735	422123	142533	93581	169074	96796	5374	4005
404	145	207995	202752	48414	29747	24909	29028	1163	1390
		70399	66909	7023	5702	2886	1787	813	891
4128	3060	964938	795091	204531	131034	106256	5602	8300	7243
3042	**3407**	**1024462**	**958093**	**151298**	**112970**	**128192**	**124022**	**14759**	**15804**
1653	2387	524404	517196	78280	61110	78666	60722	8193	8915
149	557	83610	94916	9482	7273	14288	35523	1970	2162
1240	463	416448	345981	63536	44587	35238	27777	4596	4727

表 10-37

	单位数（个）	企业使用的计算机数（台）	企业从事信息技术工作的员工（人）
总　计	**2600**	**115652**	**6356**
(一)单位规模			
大 型	60	40631	867
中 型	528	33825	1686
小 型	1560	28802	3104
微 型	421	3690	551
(二)登记注册类型			
内资企业	2448	103394	5895
国有企业	44	4991	115
集体企业	21	417	36
联营企业	1	5	1
有限责任公司	537	42042	1914
股份有限公司	52	10812	261
私营企业	1753	35540	3426
其他企业	37	9552	138
港、澳、台商投资企业	59	5033	135
外商投资企业	93	7225	326
(三)企业控股情况			
国有控股	255	40181	1253
集体控股	50	1753	227
私人控股	2059	48336	4096
港澳台商控股	55	5112	128
外商控股	78	6273	303
其他	53	1934	136
(四)隶属关系			
中 央	44	17438	298
地 方	126	19792	581
其 他	2430	78422	5477
(五)机构类型			
企 业	2550	103589	6143
事业单位	8	1713	46
民办非企业单位	35	10336	159
农民专业合作社	6	11	5
其他组织机构	1	3	3

和电子商务主要指标(分类型)

单位:万元

企业有局域网(LAN)数(个)	企业全年信息化投入	#一次性投入第	#运营维护投入	一次性投入中:硬件投入
1990	**70702**	**50664**	**20038**	**24446**
59	28633	21904	6729	7861
420	19528	13687	5841	7836
1233	17057	11104	5952	6310
250	3799	2723	1075	1343
1850	64193	46308	17884	21730
35	3051	1843	1208	1292
10	271	215	56	185
	5		5	
437	34905	26272	8633	10112
45	4193	3155	1038	1310
1288	20111	13667	6444	7814
32	1648	1153	495	1015
51	2577	1874	702	1370
89	3932	2481	1451	1346
223	28641	21622	7019	8071
37	2061	1493	568	972
1520	29543	20589	8954	11571
48	2471	1776	695	1275
74	3289	1962	1327	932
42	2243	1588	655	284
42	13981	10426	3556	3494
104	10476	7610	2866	3434
1844	46244	32628	13616	17518
1944	68249	49031	19218	23105
8	627	291	336	192
33	1818	1337	481	1144
4	9	6	3	5
1				

表 10-37 续表 1

	单位数（个）	一次性投入中：软件投入	企业拥有的网站数量（个）
总　计	**2600**	**26218**	**1462**
(一)单位规模			
大　型	60	14043	75
中　型	528	5851	313
小　型	1560	4794	908
微　型	421	1380	137
(二)登记注册类型			
内资企业	2448	24579	1353
国有企业	44	551	27
集体企业	21	30	7
联营企业	1		
有限责任公司	537	16160	344
股份有限公司	52	1845	46
私营企业	1753	5853	902
其他企业	37	138	26
港、澳、台商投资企业	59	504	37
外商投资企业	93	1136	72
(三)企业控股情况			
国有控股	255	13550	183
集体控股	50	521	23
私人控股	2059	9019	1088
港澳台商控股	55	501	37
外商控股	78	1031	55
其他	53	1304	38
(四)隶属关系			
中　央	44	6932	33
地　方	126	4176	87
其　他	2430	15110	1342
(五)机构类型			
企　业	2550	25926	1424
事业单位	8	99	7
民办非企业单位	35	193	30
农民专业合作社	6	1	
其他组织机构	1		1

单位:万元

电子商务交易金额	电子商务商品交易金额	电子商务服务交易金额	电子商务销售合计	电子商务销售商品金额
1483903	**1474895**	**9008**	**962786**	**955032**
1104825	1103311	1514	695473	694636
199122	196943	2179	119927	117768
162406	157804	4602	132643	128334
17339	16827	513	14544	14294
1462272	1453279	8993	943425	935686
641277	641277		374154	374154
395151	390775	4377	223145	218831
15709	14436	1273	9433	8837
409927	406605	3323	336495	333684
135	135		135	135
11585	11570	15	10460	10445
10046	10046		8901	8901
979545	978176	1369	566185	564821
1320		1320	1320	
423969	420502	3467	346938	344043
17647	16349	1298	14695	14074
9403	9403		8459	8459
51884	50330	1554	25054	23500
641194	641189	5	372743	372743
385978	383776	2202	216188	213986
456732	449931	6801	373855	368303
1483768	1474760	9008	962651	954897
135	135		135	135

表 10-37 续表 2

	单位数（个）	电子商务销售服务金额	电子商务销售金额_B2B 商品
总　计	**2600**	**7754**	**805073**
(一)单位规模			
大　型	60	837	601720
中　型	528	2159	70820
小　型	1560	4308	118920
微　型	421	250	13614
(二)登记注册类型			
内资企业	2448	7739	792986
国有企业	44		374154
集体企业	21		
联营企业	1		
有限责任公司	537	4315	207812
股份有限公司	52	596	6180
私营企业	1753	2811	204663
其他企业	37		135
港、澳、台商投资企业	59	15	4578
外商投资企业	93		7509
(三)企业控股情况			
国有控股	255	1364	563470
集体控股	50	1320	
私人控股	2059	2895	214217
港澳台商控股	55	621	6685
外商控股	78		7567
其他	53	1554	13000
(四)隶属关系			
中　央	44		371820
地　方	126	2202	203558
其　他	2430	5552	229696
(五)机构类型			
企　业	2550	7754	804938
事业单位	8		
民办非企业单位	35		
农民专业合作社	6		135
其他组织机构	1		

单位:万元

电子商务销售金额_B2B服务	电子商务销售金额_B2C商品	电子商务销售金额_B2C服务	电子商务销售金额_国(境)外商品	电子商务销售金额_国(境)外服务
4686	**149959**	**3069**	**82834**	**50**
504	92916	333	53583	
1656	46948	503	647	
2446	9415	1863	28604	50
30	680	220		
4681	142699	3059	76570	50
2674	11019	1641	53813	
263	2657	333		
1726	129021	1085	22757	50
5	5867	10	4547	
	1393		1717	
1105	1351	259	53750	
463		857		
1810	129826	1085	22957	50
276	7389	345	4547	
	893		1080	
1032	10500	522	500	
	923			
1612	10428	590	53613	
3074	138608	2478	29221	50
4686	149959	3069	82834	50

表 10-37 续表 3

	单位数（个）	电子商务采购合计	电子商务采购金额商品
总　　计	**2600**	**521117**	**519863**
(一)单位规模			
大　型	60	409353	408676
中　型	528	79195	79175
小　型	1560	29763	29469
微　型	421	2796	2533
(二)登记注册类型			
内资企业	2448	518847	517594
国有企业	44	267123	267123
集体企业	21		
联营企业	1		
有限责任公司	537	172006	171944
股份有限公司	52	6276	5599
私营企业	1753	73432	72921
其他企业	37		
港、澳、台商投资企业	59	1125	1125
外商投资企业	93	1145	1145
(三)企业控股情况			
国有控股	255	413360	413355
集体控股	50		
私人控股	2059	77031	76460
港澳台商控股	55	2952	2275
外商控股	78	944	944
其他	53	26830	26830
(四)隶属关系			
中　央	44	268451	268446
地　方	126	169790	169790
其　他	2430	82877	81628
(五)机构类型			
企　业	2550	521117	519863
事业单位	8		
民办非企业单位	35		
农民专业合作社	6		
其他组织机构	1		

单位:万元

电子商务采购金额服务	电子商务采购金额_国(境)外商品	电子商务采购金额_国(境)外服务	企业拥有电子商务交易平台(个)	企业自有电子商务交易平台数量(个)	平台全年电子商务交易额
1254	**2470**	**2**	**2570**	**15**	**34204**
677			56	6	11950
20	1		526	2	21627
294	2453	2	1554	5	147
263	16		403	2	480
1254	2227	2	2420	13	34173
			43		
			20		
			1		
62	350		525	4	22019
677			50	1	100
512	1877	2	1741	8	12054
			37		
			57	2	31
	243		93		
5			251	2	586
			49		
572	1877	2	2039	10	12087
677			53	2	31
	593		78		
			50	1	21500
5			44		
			122	3	22086
1249	2470	2	2404	12	12118
1254	2470	2	2520	15	34204
			8		
			35		
			6		
			1		

表 10-38

	单位（个）	企业使用的计算机数（台）	企业从事信息技术工作的员工（人）
总　　计	**2600**	**115652**	**6356**
1、采矿业	**5**	**166**	**6**
黑色金属矿采选业	3	46	3
铁矿采选	2	40	2
锰矿、铬矿采选	1	6	1
非金属矿采选业	2	120	3
化学矿开采	1	70	1
采盐	1	50	2
2、制造业	**962**	**40520**	**2270**
农副食品加工业	124	2000	170
食品制造业	38	982	107
酒、饮料和精制茶制造业	9	412	23
纺织业	22	501	40
纺织服装、服饰业	46	537	137
皮革、毛皮、羽毛及其制品和制鞋业	13	78	15
木材加工和木、竹、藤、棕、草制品业	34	306	45
家具制造业	9	154	13
造纸和纸制品业	8	105	16
印刷和记录媒介复制业	18	270	26
文教、工美、体育和娱乐用品制造业	32	902	54
石油、煤炭及其他燃料加工业	7	195	52
化学原料和化学制品制造业	158	6201	297
医药制造业	32	14233	375
化学纤维制造业	5	548	14
橡胶和塑料制品业	17	123	26
非金属矿物制品业	173	2409	353
黑色金属冶炼和压延加工业	15	1541	49
有色金属冶炼和压延加工业	17	356	24
金属制品业	29	815	74
通用设备制造业	26	1538	70
专用设备制造业	32	1541	88
汽车制造业	15	436	25
铁路、船舶、航空航天和其他运输设备制造业	6	183	7
电气机械和器材制造业	40	2422	103

和电子商务主要指标(分行业)

单位:万元

企业有局域网(LAN)数(个)	企业全年信息化投入	# 一次性投入第	# 运营维护投入	一次性投入中:硬件投入
1990	**70702**	**50664**	**20038**	**24446**
3	**37**	**23**	**14**	**13**
1	7		7	
	0.2			
1	7		7	
2	30	23	7	13
1	20	15	5	5
1	10	8	2	8
808	**24742**	**18130**	**6611**	**9043**
96	1210	656	554	390
33	387	205	182	110
7	375	332	43	53
17	446	399	47	269
39	457	367	90	195
6	44	25	19	15
25	116	65	51	38
7	37	15	21	9
8	72	44	28	31
15	79	40	39	30
25	297	151	147	81
6	545	493	52	264
137	5470	4136	1334	2141
29	5175	3964	1211	2167
5	104	85	19	39
13	59	27	32	19
146	1059	574	485	399
12	3035	2370	665	1223
17	112	76	36	38
27	263	161	102	92
21	1587	1259	328	427
31	589	437	152	298
14	449	332	117	161
6	23	14	9	8
36	932	600	332	276

表 10-38 续表 1

	单位（个）	企业使用的计算机数（台）	企业从事信息技术工作的员工（人）
总　计	**2600**	**115652**	**6356**
计算机、通信和其他电子设备制造业	20	1239	38
仪器仪表制造业	4	282	7
废弃资源综合利用业	13	211	22
3、电力、热力、燃气及水生产和供应业	**35**	**7233**	**106**
电力、热力生产和供应业	24	6451	63
燃气生产和供应业	4	111	5
水的生产和供应业	7	671	38
4、建筑业	**319**	**10466**	**1019**
房屋建筑业	161	5454	527
土木工程建筑业	69	2932	267
建筑安装业	34	1155	83
建筑装饰、装修和其他建筑业	55	925	142
5、批发和零售业	**447**	**8148**	**690**
批发业	213	3395	260
零售业	234	4753	430
6、交通运输、仓储和邮政业	188	11526	514
道路运输业	80	2153	131
水上运输业	15	4995	222
航空运输业	2	72	3
多式联运和运输代理业	57	1701	63
装卸搬运和仓储业	24	1445	57
邮政业	10	1160	38
7、住宿和餐饮业	**78**	**1545**	**97**
住宿业	30	1065	52
餐饮业	48	480	45
8、信息传输、软件和信息技术服务业	**18**	**6431**	**617**
电信、广播电视和卫星传输服务	8	5768	304
互联网和相关服务	4	244	100
软件和信息技术服务业	6	419	213
9、房地产业	**344**	**4776**	**430**
房地产开发经营	316	4106	380
物业管理	27	668	48

单位:万元

企业有局域网(LAN)数（个）	企业全年信息化投入	#一次性投入第	#运营维护投入	一次性投入中：硬件投入
1990	**70702**	**50664**	**20038**	**24446**
18	1582	1133	449	129
3	122	90	32	78
9	117	79	37	63
33	**6615**	**4479**	**2136**	**1156**
22	6211	4186	2025	1092
4	9	3	6	3
7	396	290	105	62
226	**6911**	**4770**	**2141**	**3461**
107	3794	2811	983	2083
53	1139	724	415	487
30	1331	815	517	613
36	647	420	226	278
286	**3729**	**1979**	**1749**	**1217**
126	1743	1081	662	592
160	1986	899	1087	624
153	8560	5778	2783	3316
65	641	279	362	125
14	5167	3842	1325	1812
1	212	200	12	200
48	506	238	268	197
17	1171	711	460	585
8	864	508	356	396
63	**301**	**192**	**109**	**96**
29	103	60	43	35
34	198	132	66	62
17	**4718**	**3566**	**1152**	**1479**
8	2279	1893	386	1310
4	1740	1521	219	87
5	699	152	547	82
231	**3941**	**2723**	**1218**	**1216**
209	3782	2638	1144	1152
21	159	85	74	63

表 10-38 续表 2

	单位（个）	企业使用的计算机数(台)	企业从事信息技术工作的员工(人)
总　　计	**2600**	**115652**	**6356**
房地产租赁经营	1	2	2
10、租赁和商务服务业	**57**	**5009**	**137**
租赁业	5	42	9
商务服务业	52	4967	128
11、科学研究和技术服务业	**50**	**5172**	**180**
研究和试验发展	4	2131	19
专业技术服务业	36	2929	150
科技推广和应用服务业	10	112	11
12、水利、环境和公共设施管理业	**17**	**1069**	**51**
水利管理业	1	79	4
生态保护和环境治理业	3	82	3
公共设施管理业	12	758	42
土地管理业	1	150	2
13、居民服务、修理和其他服务业	**10**	**874**	**10**
居民服务业	4	374	4
机动车、电子产品和日用产品修理业	5	55	4
其他服务业	1	445	2
14、教育	**37**	**9744**	**160**
教育	37	9744	160
15、卫生和社会工作	**21**	**2152**	**39**
卫生	21	2152	39
16、文化、体育和娱乐业	**12**	**821**	**30**
新闻和出版业	2	165	5
广播、电视、电影和录音制作业	5	522	18
文化艺术业	1	110	2
体育	2	17	2
娱乐业	2	7	3
附:按三次产业分			
第二产业	1321	58385	3401
# 工 业	1002	47919	2382
第三产业	1279	57267	2955
# 规上服务业	438	43468	1788

单位:万元

企业有局域网(LAN)数(个)	企业全年信息化投入	# 一次性投入第	# 运营维护投入	一次性投入中:硬件投入
1990	**70702**	**50664**	**20038**	**24446**
1	1	1	0.2	1
41	**1726**	**1405**	**322**	**653**
5	17	10	8	5
36	1709	1395	314	648
42	**6132**	**5276**	**856**	**787**
2	4726	4520	206	413
31	1372	737	635	357
9	34	20	14	17
14	**603**	**542**	**61**	**529**
1	20	17	3	12
3	11	1	10	1
9	533	486	47	479
1	39	38	1	38
10	**244**	**103**	**141**	**99**
4	24	18	6	16
5	10	5	5	2
1	210	80	130	80
34	**1768**	**1314**	**454**	**1149**
34	1768	1314	454	1149
19	**459**	**311**	**149**	**189**
19	459	311	149	189
10	**216**	**73**	**143**	**42**
2	79	28	51	28
4	124	38	86	8
1	7	5	2	5
2	4	2	2	2
1	2		2	
1070	38305	27403	10902	13673
844	31394	22633	8761	10212
920	32397	23261	9135	10772
362	24586	18453	6133	8307

表 10-38 续表 3

	单位（个）	一次性投入中：软件投入	企业拥有的网站数量(个)
总　　计	**2600**	**26218**	**1462**
1、采矿业	**5**	**10**	**3**
黑色金属矿采选业	3		
铁矿采选	2		
锰矿、铬矿采选	1		
非金属矿采选业	2	10	3
化学矿开采	1	10	1
采盐	1		2
2、制造业	**962**	**9088**	**669**
农副食品加工业	124	266	72
食品制造业	38	96	35
酒、饮料和精制茶制造业	9	279	6
纺织业	22	130	11
纺织服装、服饰业	46	172	24
皮革、毛皮、羽毛及其制品和制鞋业	13	10	2
木材加工和木、竹、藤、棕、草制品业	34	27	21
家具制造业	9	6	7
造纸和纸制品业	8	13	5
印刷和记录媒介复制业	18	9	9
文教、工美、体育和娱乐用品制造业	32	70	15
石油、煤炭及其他燃料加工业	7	229	6
化学原料和化学制品制造业	158	1995	131
医药制造业	32	1798	43
化学纤维制造业	5	46	5
橡胶和塑料制品业	17	8	9
非金属矿物制品业	173	175	104
黑色金属冶炼和压延加工业	15	1148	9
有色金属冶炼和压延加工业	17	38	11
金属制品业	29	68	18
通用设备制造业	26	832	21
专用设备制造业	32	138	30
汽车制造业	15	171	13
铁路、船舶、航空航天和其他运输设备制造业	6	6	5
电气机械和器材制造业	40	324	30

单位:万元

电子商务交易金额	电子商务商品交易金额	电子商务服务交易金额	电子商务销售合计	电子商务销售商品金额
1483903	**1474895**	**9008**	**962786**	**955032**
123	**123**		**98**	**98**
123	123		98	98
123	123		98	98
451142	**449141**	**2001**	**280614**	**279479**
10115	10002	113	4483	4433
22173	22120	53	21060	21009
162	162		120	120
3	3		3	3
1850	1850		650	650
150	150			
2348	2348		2348	2348
22	22		2	2
180	180		180	180
341872	341742	130	196715	196640
14608	14602	6	13676	13676
143	143		142	142
1500	1500		1080	1080
31274	29611	1663	21902	20961
38	38			
1705	1705		1500	1500
388	367	21	263	245
8561	8561		4776	4776
2261	2256	5	2236	2236
2869	2859	10	2409	2409

表 10-38 续表 4

	单位（个）	一次性投入中：软件投入	企业拥有的网站数量(个)
总　　计	**2600**	**26218**	**1462**
计算机、通信和其他电子设备制造业	20	1004	15
仪器仪表制造业	4	12	7
废弃资源综合利用业	13	16	5
3、电力、热力、燃气及水生产和供应业	**35**	**3323**	**20**
电力、热力生产和供应业	24	3094	15
燃气生产和供应业	4	1	1
水的生产和供应业	7	229	4
4、建筑业	**319**	**1309**	**138**
房屋建筑业	161	728	62
土木工程建筑业	69	237	26
建筑安装业	34	202	21
建筑装饰、装修和其他建筑业	55	142	29
5、批发和零售业	**447**	**762**	**182**
批发业	213	488	74
零售业	234	274	108
6、交通运输、仓储和邮政业	**188**	**2462**	**109**
道路运输业	80	154	38
水上运输业	15	2029	13
航空运输业	2		1
多式联运和运输代理业	57	41	35
装卸搬运和仓储业	24	126	16
邮政业	10	112	6
7、住宿和餐饮业	**78**	**95**	**43**
住宿业	30	25	24
餐饮业	48	70	19
8、信息传输、软件和信息技术服务业	**18**	**2087**	**18**
电信、广播电视和卫星传输服务	8	583	9
互联网和相关服务	4	1434	4
软件和信息技术服务业	6	70	5
9、房地产业	**344**	**1507**	**131**
房地产开发经营	316	1486	116
物业管理	27	21	14

单位:万元

电子商务交易金额	电子商务商品交易金额	电子商务服务交易金额	电子商务销售合计	电子商务销售商品金额
1483903	**1474895**	**9008**	**962786**	**955032**
8240	8240		6569	6569
680	680		500	500
247	**242**	**5**	**41**	**38**
47	45	2	32	32
8	8			
192	189	3	9	6
1004019	**1002558**	**1461**	**662086**	**660635**
678086	678086	0	410883	410883
325933	324472	1461	251203	249752
8828	**7765**	**1063**	**8344**	**7413**
1005		1005	895	
1	1			
4258	4258		4161	4161
3564	3506	58	3288	3252
3991	**377**	**3614**	**3861**	**246**
2084	316	1768	1953	185
1908	61	1847	1908	61
14229	**13801**	**428**	**6828**	**6618**
12014	12014		5217	5217
1790	1365	425	1355	1145
425	422	3	256	256
281	**256**	**25**		
281	256	25		

表 10-38 续表 5

	单位（个）	一次性投入中：软件投入	企业拥有的网站数量(个)
总　　计	**2600**	**26218**	**1462**
房地产租赁经营	1		1
10、租赁和商务服务业	**57**	**752**	**42**
租赁业	5	4	3
商务服务业	52	747	39
11、科学研究和技术服务业	**50**	**4490**	**34**
研究和试验发展	4	4107	4
专业技术服务业	36	380	27
科技推广和应用服务业	10	3	3
12、水利、环境和公共设施管理业	**17**	**13**	**8**
水利管理业	1	5	1
生态保护和环境治理业	3	0.4	1
公共设施管理业	12	7	6
土地管理业	1		
13、居民服务、修理和其他服务业	**10**	**4**	**5**
居民服务业	4	2	3
机动车、电子产品和日用产品修理业	5	3	2
其他服务业	1		
14、教育	**37**	**165**	**34**
教育	37	165	34
15、卫生和社会工作	**21**	**121**	**16**
卫生	21	121	16
16、文化、体育和娱乐业	**12**	**30**	**10**
新闻和出版业	2		3
广播、电视、电影和录音制作业	5	30	5
文化艺术业	1		1
体育	2		
娱乐业	2		1
附:按三次产业分			
第二产业	1321	13730	830
# 工 业	1002	12421	692
第三产业	1279	12489	632
# 规上服务业	438	10146	291

单位:万元

电子商务交易金额	电子商务商品交易金额	电子商务服务交易金额	电子商务销售合计	电子商务销售商品金额
1483903	**1474895**	**9008**	**962786**	**955032**
563	**560**	**3**	**488**	**486**
563	560	3	488	486
4	**4**			
4	4			
20	**20**		**20**	**20**
20	20		20	20
30	**30**			
30	30			
210	**10**	**200**	**200**	
210	10	200	200	
9	**9**			
9	9			
208		**208**	**208**	
208		208	208	
451512	449506	2006	280753	279615
451265	449264	2001	280712	279577
1032392	1025389	7002	682034	675418
24101	22199	1902	16088	14537

表 10-38 续表 6

	单位（个）	电子商务销售服务金额	电子商务销售金额_B2B 商品
总　　计	**2600**	**7754**	**805073**
1、采矿业	**5**		**50**
黑色金属矿采选业	3		
铁矿采选	2		
锰矿、铬矿采选	1		
非金属矿采选业	2		50
化学矿开采	1		50
采盐	1		
2、制造业	**962**	**1135**	**260834**
农副食品加工业	124	50	3706
食品制造业	38	51	20506
酒、饮料和精制茶制造业	9		56
纺织业	22		
纺织服装、服饰业	46		
皮革、毛皮、羽毛及其制品和制鞋业	13		650
木材加工和木、竹、藤、棕、草制品业	34		
家具制造业	9		2348
造纸和纸制品业	8		
印刷和记录媒介复制业	18		
文教、工美、体育和娱乐用品制造业	32		180
石油、煤炭及其他燃料加工业	7		
化学原料和化学制品制造业	158	75	195700
医药制造业	32		3690
化学纤维制造业	5		142
橡胶和塑料制品业	17		820
非金属矿物制品业	173	941	17607
黑色金属冶炼和压延加工业	15		
有色金属冶炼和压延加工业	17		
金属制品业	29		1500
通用设备制造业	26	18	243
专用设备制造业	32		4256
汽车制造业	15		2236
铁路、船舶、航空航天和其他运输设备制造业	6		
电气机械和器材制造业	40		1536

单位:万元

电子商务销售金额_B2B 服务	电子商务销售金额_B2C 商品	电子商务销售金额_B2C 服务	电子商务销售金额_国(境)外商品	电子商务销售金额_国(境)外服务
4686	**149959**	**3069**	**82834**	**50**
	48			
	48			
	48			
565	**18645**	**570**	**82469**	**2**
50	727			
26	503	25	14939	2
	64			
	3			
	2			
			180	
73	940	2	57233	
	9986		1928	
			137	
	260		1080	
398	3354	543	368	
18	2			
	520		532	
	873		1325	

表 10-38 续表 7

	单位（个）	电子商务销售服务金额	电子商务销售金额_B2B 商品
总　计	**2600**	**7754**	**805073**
计算机、通信和其他电子设备制造业	20		5258
仪器仪表制造业	4		400
废弃资源综合利用业	13		
3、电力、热力、燃气及水生产和供应业	**35**		
电力、热力生产和供应业	24		
燃气生产和供应业	4		
水的生产和供应业	7		
4、建筑业	**319**	**3**	**33**
房屋建筑业	161		30
土木工程建筑业	69		
建筑安装业	34		
建筑装饰、装修和其他建筑业	55	3	3
5、批发和零售业	**447**	**1451**	**537317**
批发业	213		395901
零售业	234	1451	141416
6、交通运输、仓储和邮政业	**188**	**931**	**6363**
道路运输业	80	895	
水上运输业	15		
航空运输业	2		
多式联运和运输代理业	57		
装卸搬运和仓储业	24		4161
邮政业	10	36	2202
7、住宿和餐饮业	**78**	**3614**	**151**
住宿业	30	1768	130
餐饮业	48	1847	21
8、信息传输、软件和信息技术服务业	**18**	**210**	**256**
电信、广播电视和卫星传输服务	8		
互联网和相关服务	4	210	
软件和信息技术服务业	6		256
9、房地产业	**344**		
房地产开发经营	316		
物业管理	27		

单位:万元

电子商务销售金额_B2B 服务	电子商务销售金额_B2C 商品	电子商务销售金额_B2C 服务	电子商务销售金额_国(境)外商品	电子商务销售金额_国(境)外服务
4686	**149959**	**3069**	**82834**	**50**
	1311		4547	
	100		200	
3	**5**		**30**	
	2		30	
3	3			
896	**123318**	**555**	**35**	**48**
	14982			
896	108336	555	35	48
628	**1050**	**303**	**300**	
596		299		
32	1050	4	300	
2334	**95**	**1280**		
1484	55	284		
850	40	996		
	6362	**210**		
	5217			
	1145	210		

表 10-38 续表 8

	单位（个）	电子商务销售服务金额	电子商务销售金额_B2B 商品
总　　计	**2600**	**7754**	**805073**
房地产租赁经营	1		
10、租赁和商务服务业	**57**	**2**	**60**
租赁业	5		
商务服务业	52	2	60
11、科学研究和技术服务业	**50**		
研究和试验发展	4		
专业技术服务业	36		
科技推广和应用服务业	10		
12、水利、环境和公共设施管理业	**17**		**10**
水利管理业	1		
生态保护和环境治理业	3		
公共设施管理业	12		10
土地管理业	1		
13、居民服务、修理和其他服务业	**10**		
居民服务业	4		
机动车、电子产品和日用产品修理业	5		
其他服务业	1		
14、教育	**37**	**200**	
教育	37	200	
15、卫生和社会工作	**21**		
卫生	21		
16、文化、体育和娱乐业	**12**	**208**	
新闻和出版业	2		
广播、电视、电影和录音制作业	5	208	
文化艺术业	1		
体育	2		
娱乐业	2		
附:按三次产业分			
第二产业	1321	1138	260917
# 工 业	1002	1135	260884
第三产业	1279	6616	544156
# 规上服务业	438	1551	6689

单位:万元

电子商务销售金额_B2B 服务	电子商务销售金额_B2C 商品	电子商务销售金额_B2C 服务	电子商务销售金额_国(境)外商品	电子商务销售金额_国(境)外服务
4686	**149959**	**3069**	**82834**	**50**
2	**426**			
2	426			
	10			
	10			
50		**150**		
50		150		
208				
208				
568	18698	570	82499	2
565	18693	570	82469	2
4118	131261	2498	335	48
888	7848	663	300	

表 10-38 续表 9

	单位 （个）	电子商务采购合计	电子商务 采购金额商品
总　　计	**2600**	**521117**	**519863**
1、采矿业	**5**	**25**	**25**
黑色金属矿采选业	3		
铁矿采选	2		
锰矿、铬矿采选	1		
非金属矿采选业	2	25	25
化学矿开采	1	25	25
采盐	1		
2、制造业	**962**	**170528**	**169663**
农副食品加工业	124	5632	5569
食品制造业	38	1113	1111
酒、饮料和精制茶制造业	9	42	42
纺织业	22		
纺织服装、服饰业	46		
皮革、毛皮、羽毛及其制品和制鞋业	13	1200	1200
木材加工和木、竹、藤、棕、草制品业	34	150	150
家具制造业	9		
造纸和纸制品业	8	20	20
印刷和记录媒介复制业	18		
文教、工美、体育和娱乐用品制造业	32		
石油、煤炭及其他燃料加工业	7		
化学原料和化学制品制造业	158	145157	145102
医药制造业	32	932	926
化学纤维制造业	5	1	1
橡胶和塑料制品业	17	420	420
非金属矿物制品业	173	9372	8650
黑色金属冶炼和压延加工业	15	38	38
有色金属冶炼和压延加工业	17		
金属制品业	29	205	205
通用设备制造业	26	125	122
专用设备制造业	32	3785	3785
汽车制造业	15	25	20
铁路、船舶、航空航天和其他运输设备制造业	6		
电气机械和器材制造业	40	460	450

单位:万元

电子商务采购金额服务	电子商务采购金额_国(境)外商品	电子商务采购金额_国(境)外服务	企业拥有电子商务交易平台(个)	企业自有电子商务交易平台数量(个)	平台全年电子商务交易额
1254	**2470**	**2**	**2570**	**15**	**34204**
			5		
			3		
			2		
			1		
			2		
			1		
			1		
866	**1827**		**956**	**8**	**11518**
63	2		124		
2	420		37	1	100
			9		
			22		
			46		
			13		
			34		
			9		
			8		
			18		
			32		
			7		
55			157	1	30
6	800		31	3	11361
			5		
	240		17		
722	350		171	2	26
			15		
			17		
			29		
3	15		26		
			32		
5			15		
			6		
10			39	1	1

表 10-38 续表 10

	单位（个）	电子商务采购合计	电子商务采购金额商品
总　　计	**2600**	**521117**	**519863**
计算机、通信和其他电子设备制造业	20	1671	1671
仪器仪表制造业	4	180	180
废弃资源综合利用业	13		
3、电力、热力、燃气及水生产和供应业	**35**		
电力、热力生产和供应业	24		
燃气生产和供应业	4		
水的生产和供应业	7		
4、建筑业	**319**	**206**	**204**
房屋建筑业	161	15	13
土木工程建筑业	69		
建筑安装业	34	8	8
建筑装饰、装修和其他建筑业	55	183	183
5、批发和零售业	**447**	**341933**	**341923**
批发业	213	267203	267203
零售业	234	74730	74720
6、交通运输、仓储和邮政业	**188**	**485**	**353**
道路运输业	80	110	
水上运输业	15		
航空运输业	2		
多式联运和运输代理业	57	1	1
装卸搬运和仓储业	24	98	98
邮政业	10	276	254
7、住宿和餐饮业	**78**	**131**	**131**
住宿业	30	131	131
餐饮业	48		
8、信息传输、软件和信息技术服务业	**18**	**7401**	**7183**
电信、广播电视和卫星传输服务	8	6797	6797
互联网和相关服务	4	435	220
软件和信息技术服务业	6	169	166
9、房地产业	**344**	**281**	**256**
房地产开发经营	316	281	256
物业管理	27		

单位:万元

电子商务采购金额服务	电子商务采购金额_国(境)外商品	电子商务采购金额_国(境)外服务	企业拥有电子商务交易平台(个)	企业自有电子商务交易平台数量(个)	平台全年电子商务交易额
1254	**2470**	**2**	**2570**	**15**	**34204**
			20		
			4		
			13		
			35		
			24		
			4		
			7		
2			**317**		
2			159		
			69		
			34		
			55		
10	**641**	**2**	**441**	**5**	**21740**
			212		
10	641	2	229	5	21740
132	**1**		**187**		
110			80		
			15		
			1		
	1		57		
			24		
22			10		
			77		
			30		
			47		
218			**17**	**1**	**460**
			8		
215			3	1	460
3			6		
25	**1**		**335**		
25	1		307		
			27		

表 10-38 续表 11

	单位（个）	电子商务采购合计	电子商务采购金额商品
总　　计	**2600**	**521117**	**519863**
房地产租赁经营	1		
10、租赁和商务服务业	**57**	**75**	**74**
租赁业	5		
商务服务业	52	75	74
11、科学研究和技术服务业	**50**	**4**	**4**
研究和试验发展	4		
专业技术服务业	36	4	4
科技推广和应用服务业	10		
12、水利、环境和公共设施管理业	**17**		
水利管理业	1		
生态保护和环境治理业	3		
公共设施管理业	12		
土地管理业	1		
13、居民服务、修理和其他服务业	**10**	**30**	**30**
居民服务业	4		
机动车、电子产品和日用产品修理业	5	30	30
其他服务业	1		
14、教育	**37**	**10**	**10**
教育	37	10	10
15、卫生和社会工作	**21**	**9**	**9**
卫生	21	9	9
16、文化、体育和娱乐业	**12**		
新闻和出版业	2		
广播、电视、电影和录音制作业	5		
文化艺术业	1		
体育	2		
娱乐业	2		
附:按三次产业分			
第二产业	1321	170759	169892
# 工 业	1002	170553	169688
第三产业	1279	350358	349972
# 规上服务业	438	8013	7662

单位:万元

电子商务采购金额服务	电子商务采购金额_国(境)外商品	电子商务采购金额_国(境)外服务	企业拥有电子商务交易平台(个)	企业自有电子商务交易平台数量(个)	平台全年电子商务交易额
1254	**2470**	**2**	**2570**	**15**	**34204**
			1		
1			**55**	**1**	**486**
			5		
1			50	1	486
			49		
			4		
			35		
			10		
			17		
			1		
			3		
			12		
			1		
			10		
			4		
			5		
			1		
			37		
			37		
			20		
			20		
			12		
			2		
			5		
			1		
			2		
			2		
868	1827		1313	8	11518
866	1827		996	8	11518
386	643	2	1257	7	22686
351	1		432	2	946

全市全部联网直报企业信息化

表 10-39

	单位（个）	企业使用的计算机数（台）	企业从事信息技术工作的员工（人）
总　计	**2600**	**115652**	**6356**
(一)市　区	**1486**	**94194**	**4249**
市　直	2	5283	34
连云区	183	10909	541
海州区	491	30459	1589
赣榆区	483	14797	880
开发区	229	20119	738
徐圩新区	18	2339	70
云台山风景区	2	98	6
高新区	78	10190	391
(二)辖 县	**1114**	**21458**	**2107**
东海县	564	9172	1141
灌云县	255	4102	482
灌南县	295	8184	484

和电子商务主要指标(分县区)

单位:万元

企业有局域网(LAN)数(个)	企业全年信息化投入	#一次性投入第	#运营维护投入	一次性投入中:硬件投入
1990	**70702**	**50664**	**20038**	**24446**
1138	**58510**	**42471**	**16039**	**19375**
2	5204	3273	1931	733
143	9253	6832	2420	3200
398	15190	11130	4060	5831
329	7320	5086	2235	3197
179	9017	6145	2872	3784
18	2297	2002	294	931
1	14	8	7	7
68	10216	7995	2221	1692
852	**12191**	**8193**	**3998**	**5071**
478	5872	3850	2021	2484
175	2482	1595	887	947
199	3837	2747	1090	1639

表 10-39 续表 1

	单位（个）	一次性投入中：软件投入	企业拥有的网站数量（个）
总　计	**2600**	**26218**	**1462**
（一）市　区	**1486**	**23096**	**919**
市　直	2	2540	1
连云区	183	3632	115
海州区	491	5300	351
赣榆区	483	1889	229
开发区	229	2362	149
徐圩新区	18	1071	15
云台山风景区	2	1	
高新区	78	6303	59
（二）辖　县	**1114**	**3122**	**543**
东海县	564	1366	277
灌云县	255	648	118
灌南县	295	1108	148

单位:万元

电子商务交易金额	电子商务商品交易金额	电子商务服务交易金额	电子商务销售合计	电子商务销售商品金额
1483903	**1474895**	**9008**	**962786**	**955032**
1417391	**1411143**	**6249**	**914907**	**909022**
328361	328361		188091	188091
14853	14357	496	14684	14188
878911	876024	2887	570799	568153
58271	56828	1443	49581	48248
129594	129537	57	84366	84316
100	100		100	100
7302	5937	1365	7287	5927
66512	**63753**	**2760**	**47879**	**46011**
46825	44347	2478	36153	34541
10313	10072	241	4927	4705
9375	9334	41	6799	6764

表 10-39 续表 2

	单位（个）	电子商务销售服务金额	电子商务销售金额_B2B 商品
总　计	**2600**	**7754**	**805073**
(一)市　区	**1486**	**5886**	**764696**
市　直	2		188091
连云区	183	496	13846
海州区	491	2646	452905
赣榆区	483	1333	47565
开发区	229	50	57198
徐圩新区	18		100
云台山风景区	2		
高新区	78	1360	4992
(二)辖　县	**1114**	**1869**	**40377**
东海县	564	1612	29405
灌云县	255	222	4272
灌南县	295	35	6700

单位:万元

电子商务销售金额_B2B 服务	电子商务销售金额_B2C 商品	电子商务销售金额_B2C 服务	电子商务销售金额_国(境)外商品	电子商务销售金额_国(境)外服务
4686	**149959**	**3069**	**82834**	**50**
3640	**144325**	**2245**	**73756**	**2**
			53583	
456	342	40		
1832	115248	814	11728	
864	683	469	428	
25	27118	25	8017	2
463	935	897		
1046	**5634**	**823**	**9078**	**48**
790	5136	822	6728	48
221	433	1		
35	64		2350	

表 10-39 续表 3

	单位（个）	电子商务采购合计	电子商务采购金额商品
总　计	**2600**	**521117**	**519863**
(一)市　区	**1486**	**502484**	**502121**
市　直	2	140270	140270
连云区	183	169	169
海州区	491	308112	307871
赣榆区	483	8690	8580
开发区	229	45228	45221
徐圩新区	18		
云台山风景区	2		
高新区	78	15	10
(二)辖 县	**1114**	**18633**	**17742**
东海县	564	10672	9806
灌云县	255	5386	5367
灌南县	295	2576	2570

单位:万元

电子商务采购金额服务	电子商务采购金额_国(境)外商品	电子商务采购金额_国(境)外服务	企业拥有电子商务交易平台(个)	企业自有电子商务交易平台数量(个)	平台全年电子商务交易额
1254	**2470**	**2**	**2570**	**15**	**34204**
363	**259**		**1471**	**12**	**34158**
			2		
	1		179	1	23
241	240		483	6	22673
110	17		483		
7	1		227	4	11362
			17	1	100
			2		
5			78		
891	**2211**	**2**	**1099**	**3**	**46**
866	1411	2	561	1	6
19			245	1	10
6	800		293	1	30

11

批发零售、住宿餐饮

主要年份分地区社会消费品零售总额

表 11-1　　　　单位:万元

年　　份	全　市	市　区	# 赣榆区	东海县	灌云县	灌南县
1978	37173	18299	6519	8299	6542	4033
1980	51221	26979	10450	9823	8607	5812
1983	73638	27130	13877	13131	12092	7408
1985	108209	60986	18662	19650	15583	11990
1990	216207	131920	36989	32767	34289	17231
1991	236932	101467	39433	41039	36197	18796
1992	266492	114543	44789	47136	39069	20955
1993	386841	218295	86626	67363	64898	36285
1994	545278	293398	119604	100777	105478	45625
1995	697327	380162	152031	136092	125569	55504
1996	829642	472640	172747	152373	143182	61447
1997	891542	494240	186210	168113	155941	73248
1998	941915	512329	197268	184712	164115	80759
1999	993713	541300	209316	192547	172608	87258
2000	1065701	588467	225034	207739	172900	96595
2001	1147574	636548	239748	223653	182423	104950
2002	1260330	718070	258194	237799	190470	113991
2003	1378617	806223	272735	248428	202142	121824
2004	1574788	934668	304645	277872	225870	136378
2005	1820800	1089308	348819	318163	257040	156289
2006	2115302	1266276	404867	369510	297979	181537
2007	2490785	1491870	476805	435152	350361	213401
2008	3104447	1846338	595029	549666	439840	268603
2009	3626978	2145889	664633	641612	489338	350139
2010	4306460	2548578	788181	762295	580179	415409
2011	5002331	2915503	945271	931645	686767	468415
2012	5754940	3348982	1082792	1078900	786918	540140
2013	6555728	3836304	1236395	1208892	895713	614819
2014	7404732	4320999	1365086	1389772	948965	744996
2015	8307149	4835675	1534357	1562104	1065688	835140
2016	9333099	5444381	1724614	1758934	1194538	935246
2017	10383081	6050525	1909992	1960203	1331190	1041163
2018	11213088	6538517	2064068	2118837	1434899	1120834

社会消费品零售总额

表 11-2　　(2018 年)　　单位:万元

指　　标	全　市	市　区	东海县	灌云县	灌南县
社会消费品零售总额	**11213088**	**6538518**	**2118837**	**1434899**	**1120834**
一、按销售在地分组:					
1、城镇	8982718	5845373	1378103	917420	841822
其中:城区	6151447	5210715	826829	73966	39938
2、乡村	2230370	693145	740734	517480	279012
二、按行业分组:					
(一)批发业	2095369	1246572	354644	189280	304873
1、限额以上	495208	478351	16478		379
2、限额以下	1600161	768221	338166	189280	304495
(1)限额以下企业	466540	246107	80063	59873	80497
(2)个体	1133621	522114	258103	129407	223998
(二)零售业	7485308	4411498	1419928	1020955	632926
1、限额以上	2756991	1871391	560621	125049	199931
2、限额以下	4728317	2540108	859307	895907	432996
(1)限额以下企业	2143026	1153196	443389	358332	188110
(2)个体	2585291	1386912	415918	537575	244886
(三)住宿业	312203	172060	100501	23408	16234
1、限额以上	31080	19977	8421	634	2048
2、限额以下	281123	152083	92080	22774	14186
(1)限额以下企业	97561	78229	12837	583	5913
(2)个体	183562	73853	79244	22192	8274
(四)餐饮业	1320209	708388	243764	201257	166800
1、限额以上	266597	190972	53396	10675	11555
2、限额以下	1053612	517417	190368	190582	155245
(1)限额以下企业	293785	130761	58394	46048	58582
(2)个体	759827	386656	131975	144534	96663

注:限额以上含限额以上个体户。

市区社会消费品零售总额

表 11-3　　（2018 年）　　单位：万元

指　　标	市　区	连云区	海州区	赣榆区	开发区	高新区
社会消费品零售总额	**6538518**	**867453**	**2975644**	**2064068**	**291760**	**339593**
一、按销售在地分组：						
1、城镇	5845373	867453	2975644	1371998	290685	339593
其中:城区	5210715	867453	2963846	992944	94236	292236
2、乡村	693145			692069	1075	
二、按行业分组：						
（一）批发业	1246572	266917	287914	497746	134700	59294
1、限额以上企业	478351	8107	152215	200758	117271	
2、限额以下企业和个体	768221	258810	135699	296988	17429	59294
(1)限额以下企业	246107		60945	149608		35554
(2)个体	522114	258810	74754	147380	17429	23740
（二）零售业	4411498	372995	2380156	1289332	151833	217183
1、限额以上企业	1871391	138484	1181871	413682	91119	46235
2、限额以下企业和个体	2540108	234511	1198285	875650	60714	170948
(1)限额以下企业	1153196	17425	536167	466285		133319
(2)个体	1386912	217086	662119	409365	60714	37629
（三）住宿业	172060	22307	125033	9287		15433
1、星级以上企业	19977	7089	9398	932		2558
2、星级以下企业和个体	152083	15218	115635	8355		12875
(1)星级以下企业	78229		67170	429		10631
(2)个体	73853	15218	48465	7926		2244
（四）餐饮业	708388	205234	182541	267703	5227	47683
1、限额以上企业	190972	42446	89572	55914	870	2171
2、限额以下企业和个体	517417	162788	92969	211790	4357	45512
(1)限额以下企业	130761	44491	39991	15154		31125
(2)个体	386656	118297	52978	196635	4357	14387

批发和零售业商品销售表

表 11-4　　(2018 年)　　单位:万元

	销售总额合计	批发业	零售业
总　计	**41029088**	**31566006**	**9463081**
1、限额以上	10323839	7189235	3134604
2、限额以下	30705249	24376771	6328478
一、批发业	25083717	22988348	2095369
1、限额以上	7475919	6980711	495208
2、限额以下	17607798	16007637	1600161
二、零售业	15945370	8577658	7367712
1、限额以上	2847920	208524	2639396
2、限额以下	13097451	8369134	4728317

住宿和餐饮业经营情况表

表 11-5　　(2018 年)　　单位:万元

	住宿和餐饮业合计	住宿业	餐饮业
营业额总计	**2019102**	**473839**	**1545263**
(一)限额以上营业额	345510	67491	278019
1、客房收入	45272	35355	9917
2、餐费收入	275729	24503	251226
3、商品销售额	18117	2746	15371
4、其他收入	6392	4887	1505
(二)限额以下营业额	1673592	406348	1267244
其中:餐费收入和商品销售额	1334735	281123	1053612

注:限额以上包含本地限上法人、限上个体和限上产业活动单位。

限额以上批发零售贸易业基本情况

表 11-6

（2018 年）

类型或行业	法人单位（个）	经营网点（个）	零售企业营业面积（平方米）	从业人员（个）	销售额（万元）
批发零售贸易业合计	447	850	633476	31331	11284919
市　区	267	513	507556	26936	10346620
连云区	27	75	44399	1979	1150330
海州区	110	296	387086	8106	3339087
赣榆区	86	86	56879	1761	3723329
开发区	38	50	8073	14738	2081934
高新区	6	6	11119	352	51941
东海县	101	199	65813	2793	423023
灌云县	32	36	13524	461	170499
灌南县	47	102	46583	1141	344777
（一）批发业	213	259	92074	20724	9176830
市　区	141	156	69824	18963	8566609
连云区	21	21	17474	388	1042331
海州区	42	46	19981		1957367
赣榆区	40	40	22560	826	3546949
开发区	36	47	7620	14558	2012284
高新区	2	2	2189	31	7678
东海县	27	47	15017	1234	262074
灌云县	20	20	4615	168	145058
灌南县	25	36	2618	359	203088
（二）零售业	234	591	541402	10607	2108089
市　区	126	357	437732	7973	1780010
连云区	6	54	26925	1591	107999
海州区	68	250	367105	4946	1381719
赣榆区	46	46	34319	935	176380
开发区	2	3	453	180	69649
高新区	4	4	8930	321	44263
东海县	74	152	50796	1559	160949
灌云县	12	16	8909	293	25441
灌南县	22	66	43965	782	141689
在零售业中					
1.按经营方式	234	591	541402	10607	2108089
独立商店	218	378	466540	7247	1759074
连锁店总店	5	152	34747	2038	120565
连锁店分店					
其它	11	61	40115	1322	228451
2.按业态分	234	591	541402	10607	2108089
有店铺零售	224	251	535451	10221	1947883
食杂店					
便利店	4	18	20148	329	27925
超市	15	58	23138	1796	109840
大型超市	5	5	91980	854	68850
百货店	9	59	85284	1371	195589
专业店	98	282	192522	2458	848307
专卖店	71	137	105838	3006	597382
家具建材商店	5	5	960	27	23682
购物中心	1	1	9999	78	7261
厂家直销中心	14	14	5126	262	60232
无店铺零售	9	9	5951	386	160206
网上商店	1	1	200	88	29139

限额以上住宿和餐饮业基本情况

表 11-7

（2018 年）

类型或行业	法人单位（个）	经营网点（个）	零售企业营业面积（平方米）	从业人员（个）	销售额（万元）
住宿和餐饮业合计	78	82	195470	5702	111018
市　区	58	62	134968	4223	85487
连云区	14	14	29400	1090	18699
海州区	30	30	53874	1974	44954
赣榆区	10	10	38759	538	12199
开发区		1	1885	112	1655
高新区	4	7	11050	509	7980
东海县	12	12	18628	907	18830
灌云县	4	4	34058	286	3456
灌南县	4	4	7816	286	3245
(一)住宿业	30	30	83209	3289	57326
市　区	21	21	62395	2379	41940
连云区	9	9	27400	961	15572
海州区	9	9	26595	915	18962
赣榆区	2	2	4800	178	1816
开发区					
高新区	1	1	3600	325	5590
东海县	4	4	10560	599	12110
灌云县	2	2	7438	139	812
灌南县	3	3	2816	172	2464
(二)餐饮业	48	52	112261	2413	53691
市　区	37	42	72573	1844	43547
连云区	5	5	2000	129	3128
海州区	21	21	27279	1059	25992
赣榆区	8	8	33959	360	10383
开发区		1	1885	112	1655
高新区	3	6	7450	184	2390
东海县	8	8	8068	308	6720
灌云县	2	2	26620	147	2643
灌南县	1	1	5000	114	781
在住宿业中	30	30	83209	3289	57326
按星级等级分组					
一星					
二星	1	1	600	67	1126
三星	9	9	29498	540	5677
四星	5	5	23100	494	8337
五星	3	3	12380	833	16650
其他	12	12	17631	1355	25536
在餐饮业中					
按国民经济行业分组	48	52	112261	2413	53691
正餐服务	42	45	103033	2097	42130
快餐服务	5	6	3228	296	6232
饮料及冷饮服务					
其他餐饮服务	1	1	6000	20	5329

限额以上批发零售贸易业商品购、销、存总额

表 11-8　　（2018 年）　　单位：万元

项　　目	购进总额	#从生产者购进	#进　口
批发零售贸易企业总计	**10683139**	**10339780**	**343359**
市　区	9866256	9535899	330357
连云区	1088611	927414	161198
海州区	3171872	3111890	59982
赣榆区	3601416	3578016	23400
开发区	1951343	1865565	85778
高新区	53014	53014	
东海县	357256	347595	9661
灌云县	164115	164115	
灌南县	295512	292172	3340
一、批发业	8695633	8438173	257460
其中：国有控股	973225	856805	116420
1、按登记注册类型分组			
内资企业	8203266	7986630	216636
国有企业	675000	657145	17856
集体企业	20050	20050	
有限责任公司	2188849	2080282	108568
国有独资公司	203025	104461	98564
其他有限责任公司	1985824	1975821	10004
股份有限公司	1678330	1663229	15101
私营企业	3641036	3565925	75112
私营有限责任公司	3603676	3528564	75112
私营股份有限公司	18639	18639	
2、按国民经济行业分组			
农、林、牧、渔产品批发	149632	149632	
谷物、豆及薯类批发	112527	112527	
种子批发	1690	1690	
畜牧渔业饲料批发	11566	11566	
食品、饮料及烟草制品批发	702209	702209	
米、面制品及食用油批发	325360	325360	
果品、蔬菜批发	10787	10787	
肉、禽、蛋及水产品批发	74931	74931	
盐及调味品批发	8678	8678	
酒、饮料及茶叶批发			
烟草制品批发	267123	267123	
医药及医疗器材批发	694915	693797	1118
西药批发	664719	664719	

表 11-8 续表 1　　（2018 年）　　单位:万元

项　　目	购进总额	# 从生产者购进	# 进　口
中药材及中成药批发	6125	6125	
矿产品、建材及化工产品批发	6651934	6466093	185841
煤炭及制品批发	759043	642623	116420
石油及制品批发	2500335	2500335	
非金属矿及制品批发	90646	56551	34095
金属及金属矿批发	2391101	2381429	9673
建材批发	558477	548874	9603
化肥批发	60975	60975	
其他化工产品批发	291357	275306	16050
机械设备、五金交电及电子产品批发	142580	101756	40824
农业机械批发	19548	19548	
汽车、摩托车及零配件批发	17476	17476	
五金、交电批发	3455	3455	
通讯及广播电视设备批发			
再生物资回收与批发	75246	75246	
其他批发	50628	9805	40824
二、零售业	1987506	1901607	85899
其中:国有控股	632575	603201	29374
1、按登记注册类型分组			
内资企业	1948356	1862457	85899
国有企业			
集体企业	1280	1280	
股份合作企业			
有限责任公司	248879	248879	
国有独资公司	6396	6396	
其他有限责任公司	242483	242483	

表 11-8 续表 2　　（2018 年）　　单位:万元

项　目	购进总额	# 从生产者购进	# 进　口
股份有限公司	681033	651660	29374
私营企业	1015699	959173	56525
私营独资企业	4202	4202	
私营合伙企业			
私营有限责任公司	981999	925474	56525
私营股份有限公司	29498	29498	
其他	1466	1466	
港、澳、台商投资企业	4693	4693	
2、按国民经济行业分组			
综合零售	283598	260198	23400
百货零售	65399	41999	23400
超级市场零售	209362	209362	
其他综合零售	8837	8837	
食品、饮料及烟草制品专门零售	124267	97771	26496
饮料及茶叶零售	73771	73771	
烟草制品零售			
其他食品零售	6597	6597	
纺织、服装及日用品专门零售	7526	7526	
服装零售			
文化、体育用品及器材专门零售	186680	186600	79
图书零售			
珠宝首饰零售	27979	27921	58
医药及医疗器材专门零售	56603	55253	1350
药品零售	53142	53142	
汽车、摩托车、零配件和燃料及其他动力销售	1169477	1138243	31234
汽车新车零售	525850	523990	1860
汽车旧车零售	1833	1833	
汽车零配件零售	9115	9115	
摩托车及零配件零售	2782	2782	
机动车燃油零售	629897	600523	29374
机动车燃气零售			
家用电器及电子产品专门零售	61381	61381	

表 11-8 续表 3　　　　（2018 年）　　　　单位:万元

项　　目	购进总额	# 从生产者购进	# 进　　口
家用视听设备零售	12098	12098	
日用家电零售	38492	38492	
计算机、软件及辅助设备零售	3552	3552	
五金、家具及室内装饰材料专门零售	82176	82176	
生活用燃料零售	15798	12458	3340
3、按经营方式分组			
独立门店	1673523	1587624	85899
连锁总店(总部)	103402	103402	
连锁门店			
其他	210581	210581	
4、按零售业态分组			
超市	94632	94632	
大型超市	62129	62129	
百货店	78284	78284	
专业店	919320	886708	32612
专卖店	554913	525056	29857
购物中心	7039	7039	
厂家直销中心	56282	56282	
补充资料:			
批发业其他有限责任公司	1985824	1975821	10004
其中:1、国有控股	83694	83694	
2、集体控股			
股份有限公司	1678330	1663229	15101
其中:1、国有控股	11506	11506	
2、集体控股			
零售业其他有限责任公司	242483	242483	
其中:1、国有控股	8567	8567	
2、集体控股	1699	1699	
股份有限公司	681033	651660	29374

表 11-8 续表 4　　（2018 年）　　单位：万元

项　　目	销售总额	批　发	出　口	零　售	期末库存总额
批发零售贸易企业总计	**11284919**	**8892331**	**229083**	**2392588**	**578131**
市　区	10346620	8254241	207133	2092379	507289
连云区	1150330	1034433	74903	115897	54126
海州区	3339087	1910057	48717	1429029	324063
赣榆区	3723329	3407059	13595	316270	64487
开发区	2081934	1895013	67353	186921	56982
高新区	51941	7678	2565	44263	7631
东海县	423023	257915	12323	165108	31919
灌云县	170499	150639		19860	16291
灌南县	344777	229537	9627	115240	22632
一、批发业	9176830	8717058	226782	459771	278714
其中：国有控股	1081025	1068647		12379	76351
1、按登记注册类型分组					
内资企业	8669515	8300468	185609	369047	278212
国有企业	773630	769099		4531	61347
集体企业	20200	20200			558
有限责任公司	2314619	2157567	66563	157052	110952
国有独资公司	204929	202463		2467	8678
其他有限责任公司	2109690	1955104	66563	154585	102275
股份有限公司	1681758	1521510		160249	7340
私营企业	3879308	3832093	119046	47215	98015
私营有限责任公司	3841875	3798350	113913	43525	93218
私营股份有限公司	17006	13317	5133	3690	3775
2、按国民经济行业分组					
农畜产品批发	145868	142259		3609	27554
谷物、豆及薯类批发	105137	101531		3605	26118
种子、饲料批发	1745	1745			103
棉、麻批发	14410	14410			839
食品、饮料及烟草制品批发	846972	752550	18037	94422	27074
米、面制品及食用油批发	342673	248251		94422	3140
果品、蔬菜批发	11375	11375			392
肉、禽、蛋及水产品批发	95760	95760	13595		1109
盐及调味品批发	8806	8806			889
饮料及茶叶批发					
烟草制品批发	369994	369994			19827
医药及医疗器材批发	770150	737266	8619	32884	83412
西药批发	731895	699390		32505	77531

表 11-8 续表 5　　　　（2018 年）　　　　单位:万元

项　　目	销售总额	批　发	出　口	零　售	期末库存总额
中药材及中成药批发	7748	7369		379	668
矿产品、建材及化工产品批发	6865841	6570683	132201	295158	110211
煤炭及制品批发	786839	785584		1255	26699
石油及制品批发	2508972	2220761		288211	19751
非金属矿及制品批发	80006	80006	88		11997
金属及金属矿批发	2460897	2460787	15736	110	25798
建材批发	635972	633851	60489	2121	5811
化肥批发	64949	64793		156	7786
其他化工产品批发	328207	324902	55888	3305	12371
机械设备、五金交电及电子产品批发	169493	141310	45982	28183	4295
农业机械批发	23463	23463			516
汽车、摩托车及零配件批发	17958	17958			1598
五金、交电批发	3818	3818	3818		0.1
通讯及广播电视设备批发					
再生物资回收与批发	96536	96536			14537
其他批发	52663	48560	41173	4102	712
二、零售业	2108089	175272	2301	1932817	299417
其中:国有控股	502510	35217	2301	467293	144688
1、按登记注册类型分组					
内资企业	2065922	175272	2301	1890650	299281
国有企业					
集体企业	1652	214		1439	105
股份合作企业					
有限责任公司	374567	13127		361440	35742
国有独资公司	8184			8184	301
其他有限责任公司	366383	13127		353256	35440

表 11-8 续表 6　　(2018 年)　　单位:万元

项　　目	销售总额	批　发	出　口	零　售	期末库存总额
股份有限公司	547075	37118	2301	509956	150246
私营企业	1140394	124813		1015581	113172
私营独资企业	4992			4992	473
私营合伙企业					
私营有限责任公司	1105771	121966		983805	108274
私营股份有限公司	29631	2848		26784	4424
其他	2234			2234	16
港、澳、台商投资企业	5393			5393	65
2、按国民经济行业分组					
综合零售	366093	17952		348141	30430
百货零售	130339	17952		112387	7075
超级市场零售	228185			228185	21988
其他综合零售	7569			7569	1368
食品、饮料及烟草制品专门零售	147077	49055		98022	12837
饮料及茶叶零售	97668	23102		74566	2071
烟草制品零售					
其他食品零售	7424	3705		3719	549
纺织、服装及日用品专门零售	9882	2894		6988	788
服装零售					
文化、体育用品及器材专门零售	233581	34788		198793	33419
图书零售					
珠宝首饰零售	43866	189		43677	9282
医药及医疗器材专门零售	70901	10904		59998	5635
药品零售	65375	6802		58573	5347
汽车、摩托车、零配件和燃料及其他动力销售	1055357	45966	2301	1009390	197983
汽车新车零售	540780	9234		531546	53427
汽车旧车零售	2291			2291	122
汽车零配件零售	9862	2508		7354	1083
摩托车及零配件零售	2771			2771	111
机动车燃油零售	499653	34224	2301	465429	143240
机动车燃气零售					
家用电器及电子产品专门零售	122565	11235		111330	17330

表 11-8 续表 7　　　　（2018 年）　　　　单位：万元

项　　目	销售总额	批发	出口	零售	期末库存总额
家用视听设备零售	13411	1413		11998	5618
日用家电零售	94292	8726		85566	10073
计算机、软件及辅助设备零售	3486	883		2603	215
五金、家具及室内装饰材料专门零售	83874	286		83588	533
生活用燃料零售	18759	2191		16567	463
3、按经营方式分组					
独立门店	1759074	164505	2301	1594569	270708
连锁总店（总部）	120565			120565	9639
连锁门店					
其他	228451	10767		217684	19070
4、按零售业态分组					
超市	109840	2894		106946	9316
大型超市	68850	372		68478	2585
百货店	195589	7824		187765	9053
专业店	848307	72853	2301	775454	182644
专卖店	597382	66756		530625	69696
购物中心	7261			7261	587
厂家直销中心	60232	8805		51428	2973
补充资料：					
批发业其他有限责任公司	2109690	1955104	66563	154585	102275
其中：1、国有控股	90892	85511		5381	6324
2、集体控股					
股份有限公司	1681758	1521510		160249	7340
其中：1、国有控股	11573	11573			2
2、集体控股					
零售业其他有限责任公司	366383	13127		353256	35440
其中：1、国有控股	9562	993		8569	1539
2、集体控股	17742	6871		10871	263
股份有限公司	547075	37118	2301	509956	150246

星级住宿业和限额以上餐饮企业财务状况

表 11-9　　（2018 年）　　单位:万元

指标名称	年末资产负债					
	流动资产合计	固定资产原价	累计折旧	本年折旧	资产总计	负债合计
总　计	**65410**	**189688**	**68760**	**11818**	**255815**	**143999**
一、住宿业	32163	141136	57678	7244	134970	103643
1、按登记注册类型分组						
内资企业	32163	141136	57678	7244	134970	103643
国有企业	1300	3300	2777	81	1889	1188
集体企业						
股份合作企业						
有限责任公司	22312	101345	41675	5000	92121	63166
股份有限公司						
私营企业	8552	36491	13226	2164	40960	39288
港、澳、台商投资企业						
2、按国民经济行业分组						
旅游饭店	29227	115497	56612	6974	104707	98474
一般旅馆	2803	25569	1019	264	30076	4945
其他住宿服务	133	70	47	6	187	223
3、按星级等级分组						
二星	229	58	6	2	536	17
三星	3344	10958	6554	326	8937	6220
四星	7653	48257	12100	738	47428	21845
五星	8213	46698	25741	3050	35432	27465
其他	12725	35165	13277	3128	42637	48095
二、餐饮业	33247	48553	11083	4573	120845	40356
1、按登记注册类型分组						
内资企业	32805	47743	10324	4560	120004	39218
有限责任公司	7769	24025	3407	910	31968	14161
股份有限公司	4824	467	351	36	40095	4165
私营企业	19999	23247	6563	3613	47725	20742
港、澳、台商投资企业	441	810	759	13	841	1139
2、按国民经济行业分组						
正餐服务	29962	46598	9680	4462	114308	38026
快餐服务	3097	1675	1270	83	4136	2105
其他餐饮服务	188	280	132	27	2402	225
3、按经营方式						
独立经营	28773	46428	9532	4428	114886	36884
连锁经营分店	3201	1699	1291	74	4286	2160
其他	1272	426	260	71	1673	1312

表 11-9 续表 1　　（2018 年）　　单位:万元

指标名称	年末资产负债		营业收入合计	营业成本合计	主营业务税金及附加
	所有者权益合计	实收资本			
总　计	**111817**	**83155**	**97402**	**47655**	**865**
一、住宿业	31327	33865	47619	17617	462
1、按登记注册类型分组					
内资企业	31327	33865	47619	17617	462
国有企业	701	1400	1175	511	10
集体企业					
股份合作企业					
有限责任公司	28954	27148	30751	10960	340
股份有限公司					
私营企业	1672	5317	15694	6146	112
港、澳、台商投资企业					
2、按国民经济行业分组					
旅游饭店	6232	32282	42065	15657	420
一般旅馆	25131	1533	4117	1359	39
其他住宿服务	-36	50	1437	602	3
3、按星级等级分组					
二星	519	500	1126	507	24
三星	2717	2939	5690	2897	67
四星	25583	9631	8445	3546	209
五星	7967	15012	15115	5671	96
其他	-5458	5783	17243	4997	67
二、餐饮业	80489	49290	49783	30037	403
1、按登记注册类型分组					
内资企业	80787	48112	49343	29867	398
有限责任公司	17806	23035	7521	4504	21
股份有限公司	35930	4316	2448	757	11
私营企业	26984	20751	39009	24252	366
港、澳、台商投资企业	-297	1178	441	171	5
2、按国民经济行业分组					
正餐服务	76282	46144	38362	22941	269
快餐服务	2031	970	6232	2807	10
其他餐饮服务	2176	2176	5190	4289	123
3、按经营方式					
独立经营	78003	47739	37626	22098	383
连锁经营分店	2126	1169	4938	2078	10
其他	361	382	7219	5861	9

表 11-9 续表 2

(2018 年)

单位:万元

指标名称	其它业务利润	营业费用	管理费用	财务费用	营业利润
总　计	**101**	**27376**	**22104**	**780**	**-1362**
一、住宿业	12	15718	16398	472	-3039
1、按登记注册类型分组					
内资企业	12	15718	16398	472	-3039
国有企业			700	-1	-46
集体企业					
股份合作企业					
有限责任公司		11209	11370	304	-3421
股份有限公司					
私营企业	12	4509	4328	170	428
港、澳、台商投资企业					
2、按国民经济行业分组					
旅游饭店		13360	15145	445	-2953
一般旅馆	12	1548	1193	24	-45
其他住宿服务		810	61	4	-42
3、按星级等级分组					
二星		390	86	1	119
三星		1550	1231	16	-63
四星		2636	3200	179	-1324
五星		4751	6214	88	-1704
其他	12	6392	5668	188	-67
二、餐饮业	89	11658	5706	307	1677
1、按登记注册类型分组					
内资企业	-0.4	11418	5458	303	1904
有限责任公司	-0.4	1896	1607	41	-548
股份有限公司		895	772	9	5
私营企业		8627	3077	252	2440
港、澳、台商投资企业	90	240	248	5	-227
2、按国民经济行业分组					
正餐服务	89	9629	4368	231	929
快餐服务		1871	1248	6	290
其他餐饮服务		157	90	71	459
3、按经营方式					
独立经营	89	8687	4642	281	1540
连锁经营分店		1772	785	24	270
其他		1198	280	3	-132

表 11-9 续表 3　　（2018 年）　　单位:万元

指标名称	年末资产负债				
	利润总额	所得税费用	应付职工薪酬(本年贷方累计发生额)	亏损企业数（个）	亏损总额
总　计	**-1310**	**559**	**27120**	**27**	**5807**
一、住宿业	-3006	224	12948	14	4423
1、按登记注册类型分组					
内资企业	-3006	224	12948	14	4423
国有企业	-50		1261	3	50
集体企业					
股份合作企业					
有限责任公司	-3601	211	8762	6	4035
股份有限公司					
私营企业	645	13	2925	5	339
港、澳、台商投资企业					
2、按国民经济行业分组					
旅游饭店	-2914	219	10937	12	4240
一般旅馆	-45	4	1542	1	136
其他住宿服务	-47	1	469	1	47
3、按星级等级分组					
二星	119	2	241		
三星	-66	18	2122	3	181
四星	-1371		2027	4	1371
五星	-1822	198	4089	1	2226
其他	135	6	4469	6	645
二、餐饮业	1697	335	14172	13	1383
1、按登记注册类型分组					
内资企业	1925	335	14032	11	1155
有限责任公司	-515	12	2583	6	921
股份有限公司	6	5	726	1	15
私营企业	2427	319	10612	4	219
港、澳、台商投资企业	-228		141	2	228
2、按国民经济行业分组					
正餐服务	948	150	9884	12	1382
快餐服务	290	34	4186	1	2
其他餐饮服务	459	151	102		
3、按经营方式					
独立经营	1568	293	9878	12	1183
连锁经营分店					
其他	-142	9	523	1	200

限额以上批发零售贸易企业财务状况表

表 11-10　（2018 年）　单位:万元

指　　标	年末资产负债					
	流动资产合　计	其中:应收账款	存　货	固定资产原　价	累计折旧	固定资产净　值
总　计	**3645889**	**1018816**	**432512**	**481173**	**176395**	**299390**
一、批发业	3141935	951294	273355	254860	96886	157974
1、按登记注册类型分组						
内资企业	2945064	869343	271658	254855	96881	157974
国有企业	383085	66763	57764	40690	22575	18116
集体企业	1463	315	619	374	272	102
有限责任公司	636320	246408	106917	89230	39222	50008
股份有限公司	109135	18966	7226	7382	4557	2825
私营企业	1815062	536890	99134	117179	30256	86923
二、零售业	503954	67522	159157	226313	79509	141416
1、按登记注册类型分类						
内资企业	462857	66005	158608	214292	73548	135356
国有企业						
集体企业	485	314	105	224	93	131
股份合作企业						
有限责任公司	100929	14152	30929	38099	19656	18443
股份有限公司	16848	2235	7275	54581	24446	24852
私营企业	343267	48966	120272	120506	29243	91158
2、按国民经济行业分组						
综合零售	93319	4291	21257	88669	26699	61965
百货零售	49506	760	5936	19140	14982	4152
超级市场零售	43730	3501	15321	69006	11471	57535
3、按经营方式分组						
独立经营	442222	60021	129308	212292	73293	133611
连锁经营总店	34865	3659	15271	11925	5560	6366
连锁经营分店						
4、按零售业态分组						
超市	25064	2425	6128	11713	4296	7417
大型超市	31501	313	4165	58843	9043	49800
百货店	26293	5131	4466	12821	10436	2379
专业店	150205	21012	38233	82560	32225	44954
专卖店	206672	32206	84984	48837	18052	30785

表 11-10 续表 1

（2018 年）

单位：万元

指　　标	年末资产负债					
	本年折旧	资产总计	流动负债合计	非流动负债合计	负债合计	所有者权益合计
总　计	**51306**	**4445597**	**3100250**	**417958**	**3517813**	**927784**
一、批发业	26888	3679861	2662461	405668	3068129	611733
1、按登记注册类型分组						
内资企业	26886	3438210	2452996	405668	2858664	579546
国有企业	2099	427544	253410	16767	270176	157368
集体企业	50	1990	714		714	1277
有限责任公司	9482	816899	574780	31353	606132	210767
股份有限公司	315	129769	109104		109104	20665
私营企业	14939	2062007	1514989	357549	1872538	189470
二、零售业	24419	765736	437789	12290	449685	316051
1、按登记注册类型分类						
内资企业	18964	716538	414559	12290	426455	290083
国有企业						
集体企业	29	599	364		364	234
股份合作企业						
有限责任公司	5698	158955	94148	2533	96618	62337
股份有限公司	1916	81209	15839	1898	17737	63471
私营企业	11266	473566	303546	7859	311073	162493
2、按国民经济行业分组						
综合零售	13731	192044	124103	7807	131911	60133
百货零售	5864	56146	31828	2328	34156	21990
超级市场零售	7751	135482	92249	5461	97710	37772
3、按经营方式分组						
独立经营	20483	663711	382753	10343	392702	271009
连锁经营总店	3783	47278	38136		38136	9142
连锁经营分店						
4、按零售业态分组						
超市	3816	38842	27780	1037	28817	10025
大型超市	7892	82124	76889	1658	78547	3578
百货店	719	58979	7986	3788	11774	47205
专业店	5469	247832	99478	3907	103385	144447
专卖店	4400	266502	174054	18	174008	92494

表 11-10 续表 2

（2018 年）

单位：万元

指　　标	损益及分配					
	实收资本	主营业务收　入	主营业务成　本	营业税金及附加	主营业务税金及附加	其他业务利　润
总　计	**574523**	**9677478**	**8986933**	**58391**	**57453**	**10878**
一、批发业	391131	7811384	7322426	53074	52841	2543
1、按登记注册类型分组						
内资企业	362311	7608617	7123974	52958	52725	2543
国有企业	30296	671202	568253	45127	45127	
集体企业	1170	18859	16501	20	20	
有限责任公司	96385	2017026	1794717	2730	2666	1911
股份有限公司	17398	1456435	1446105	512	511	
私营企业	217062	3445096	3298398	4570	4401	632
二、零售业	183392	1866094	1664507	5317	4611	8335
1、按登记注册类型分类						
内资企业	167951	1823689	1627579	5285	4580	8335
国有企业						
集体企业	124	1570	1396	1	1	61
股份合作企业						
有限责任公司	29048	300969	255473	1319	1294	4319
股份有限公司	40568	477036	441266	737	193	59
私营企业	97262	1042099	927690	3227	3091	3896
2、按国民经济行业分组						
综合零售	23523	298884	251423	1340	1338	3594
百货零售	14851	92975	82570	395	394	463
超级市场零售	8302	199427	163355	916	915	3131
3、按经营方式分组						
独立经营	175765	1552110	1394493	4701	4001	5205
连锁经营总店	2555	117045	95411	295	295	3130
连锁经营分店						
4、按零售业态分组						
超市	8023	96377	78397	245	244	3133
大型超市	3119	66551	58496	558	558	
百货店	12194	142906	122445	561	560	463
专业店	78984	745846	673687	1936	1283	2080
专卖店	69982	554450	494953	1595	1569	1450

表 11-10 续表 3　　（2018 年）　　单位：万元

指　　标	损益及分配					
	销售费用	管理费用	财务费用	营业利润	营业外收入	利润总额
总　计	**304328**	**135303**	**119123**	**118523**	**11099**	**126850**
一、批发业	190157	102164	111411	84875	9254	92659
1、按登记注册类型分组						
内资企业	190151	101544	109686	83001	9168	90779
国有企业	8286	18403	-1281	34930	23	34772
集体企业	729	516	73	821		821
有限责任公司	102713	69391	83009	14172	3913	17271
股份有限公司	5462	2020	1135	1737	15	1701
私营企业	72962	11215	26751	31341	5218	36215
二、零售业	114171	33139	7712	33648	1845	34192
1、按登记注册类型分类						
内资企业	108646	32903	7707	31397	1842	31938
国有企业						
集体企业	145	17	1	13		13
股份合作企业						
有限责任公司	39893	6530	1465	1735	453	2073
股份有限公司	18831	4266	1621	-4127	439	-3751
私营企业	49740	22058	4617	33587	948	33412
2、按国民经济行业分组						
综合零售	36683	5403	545	9677	300	9221
百货零售	7585	1967	-109	3634	14	3642
超级市场零售	29077	3423	642	5136	286	4673
3、按经营方式分组						
独立经营	80658	25496	6940	29078	1513	29424
连锁经营总店	17657	4979	530	1285	310	1510
连锁经营分店						
4、按零售业态分组						
超市	15842	2193	492	1855	263	2020
大型超市	6544	1389	257	2371	20	2359
百货店	15869	2529	-206	2687	57	2108
专业店	33213	10793	1436	12187	686	12652
专卖店	28272	12403	5227	10228	740	10779

表 11-10 续表 4

（2018 年）

单位：万元

指标	损益及分配					
	应交所得税	应付职工薪酬	应交增值税	五、从事批发和零售业活动的从业人员平均人数(人)	亏损企业数(个)	亏损总额
总计	**28392**	**283658**	**101096**	**29246**	**71**	**17753**
一、批发业	21099	224621	80949	19237	31	8232
1、按登记注册类型分组						
内资企业	20720	224533	80698	19225	31	8232
国有企业	8540	27251	15613	1110		
集体企业	7	219	29	36		
有限责任公司	6007	171212	32304	14274	12	1409
股份有限公司	368	1844	2302	170	1	2
私营企业	5798	24007	30449	3635	18	6821
二、零售业	7293	59037	20147	10009	40	9521
1、按登记注册类型分类						
内资企业	6818	55928	20001	9635	40	9521
国有企业						
集体企业	1	70	12	18		
股份合作企业						
有限责任公司	654	21389	4158	3652	8	2616
股份有限公司	235	2255	49	269	2	4405
私营企业	5925	32139	15782	5677	30	2499
2、按国民经济行业分组						
综合零售	1035	25226	1578	3946	3	667
百货零售	931	4193	350	540	1	252
超级市场零售	94	20921	1197	3380	2	415
3、按经营方式分组						
独立经营	6366	40292	16989	6676	37	9485
连锁经营总店	273	11299	1558	2034	1	28
连锁经营分店						
4、按零售业态分组						
超市	119	9376	1113	1778	2	256
大型超市	321	5313	137	766	1	411
百货店	623	8077	1219	1369	1	1620
专业店	3139	12963	7120	2271	14	5414
专卖店	2399	15644	8152	2745	17	1510

星级住宿业和限额以上餐饮业经营情况

表 11-11　　(2018 年)　　单位:万元

指标名称	营业额	客房收入	餐费收入	商品销售收入	床位数（个）	餐位数（位）
总　计	**111018**	**38143**	**61969**	**4608**	**12715**	**33695**
(一)住宿业	57326	28071	23942	1462	9441	18987
其中:国有控股	29391	13036	12138	1026	4536	11288
1、按登记注册类型分组						
内资	57326	28071	23942	1462	9441	18987
国有	1186	465	260	270	890	786
集体						
股份合作						
联营企业						
有限责任公司	32078	14496	13703	803	4824	12349
国有独资公司	10742	4658	4571	21	1273	4468
其他有限责任公司	21336	9838	9132	782	3551	7881
股份有限公司						
私营企业	24062	13110	9979	389	3727	5852
私营独资	1003	491	362	150	119	922
私营合伙						
私营有限责任公司	23059	12619	9617	239	3608	4930
私营股份有限公司						
与港澳台商合资经营						
港澳台商独资						
其他港澳台投资						
外商投资企业						
中外合资经营						

表 11-11 续表 1　　（2018 年）　　单位:万元

指标名称	营业额	客房收入	餐费收入	商品销售收入	床位数（个）	餐位数（位）
2、按国民经济行业分组						
旅游饭店	51486	24278	21974	1411	8023	16737
一般旅馆	4207	2884	1256	39	830	1365
其他住宿业	1633	910	711	12	588	885
3、按星级等级分组						
一星						
二星	1126	614	502	10	260	600
三星	5677	2693	2414	352	1996	3601
四星	8337	3556	3176	25	1415	3410
五星	16650	7049	7490	883	1474	4484
其他	25536	14159	10360	192	4296	6892
5、按单位规模分						
大型						
中型	30511	13075	13888	819	3510	10132
小型	18074	10211	6673	433	5104	8056
微型						
（二）餐饮业	53691	10072	38027	3147	3274	14708
其中:国有控股	7266	2200	3947	128	644	2988
内资	53251	9996	37714	3094	3224	14258
国有	364		364	1		800
集体						
有限责任公司	9169	3277	4800	122	1257	1644
其他有限责任公司	7014	3006	3595	103	1123	1406

表 11-11 续表 2　　（2018 年）　　单位：万元

指标名称	营业额				床位数（个）	餐位数（位）
		客房收入	餐费收入	商品销售收入		
股份有限公司	2561	821	1693	26	203	1320
私营企业	41157	5898	30857	2946	1764	10494
私营独资	4917	759	3936	120	368	2096
私营合伙						
私营有限责任公司	34860	4478	26339	2823	946	7998
私营股份有限公司	1379	661	582	3	450	400
港澳台投资企业	441	76	313	53	50	450
与港澳台商合资经营	329		278	51		300
与港澳台商合作经营						
外商投资企业						
中外合资经营						
2、按国民经济行业分组						
正餐服务	42130	8272	30986	1620	3124	12480
快餐服务	6232		5033	4		1868
其他餐饮业	5329	1799	2007	1523	150	360
3、按经营方式分组						
独立门店	39879	9389	25371	2779	2946	12431
连锁总店（总部）						
连锁门店	6593	683	5528	277	328	1442
其他	7219		7128	91		835
4、按单位规模分组						
大型						
中型	8000	1074	6705	211	150	1860
小型	41093	7536	28330	2894	2586	11736
微型	1403	76	1305	22	50	644

12

科技、教育、文化、卫生

科学技术基本情况

表 12-1

（2018 年）

指标	单位	全市	市区	赣榆区	东海县	灌云县	灌南县
一、高新技术企业数	个						
二、科技活动机构							
独立科研机构	个	26	16	3	6	3	1
大中型企业科技活动机构	个	94	63	18	8	7	16
省级以上工程技术研究中心	个	88	65	11	13	1	9
省级以上科技公共服务平台	个	12	7	1	3	1	1
高新技术企业科技活动机构	个	228	162	31	19	22	25
三、科技活动人员							
独立科研机构	人	524	419	41	55	45	5
高新技术企业科技活动机构	人	11128	9751	640	235	422	720
四、科学研究成果							
获市级以上科技进步奖	项	20	19	1			1
获市级以上专利奖	项	5	5				
五、科技活动经费							
经费支出（独立科研机构）	万元	10455	9541	597	632	252	30
经费收入（独立科研机构）	万元	9856	8713	628	652	451	40
获批国家重大专项项目经费	万元	4275	4275				
获批省科技计划项目经费	万元	15629	14687	701	310	155	478
高新技术企业科技活动经费支出	万元	751359	705772	16487	20289	7833	17465
其中：来自政府部门的科技活动经费	万元	16864	15385	461	1143	119	217

注：上表数据由市科学技术局提供。

各级各类学校数

表 12-2　　　　单位:所

年份	普通高等学校	中等专业学校	普通中学	高中	初中
1990	3	7	326	59	267
1991	3	7	322	59	263
1992	3	7	318	55	263
1993	3	7	307	55	252
1994	3	7	296	56	240
1995	3	8	280	51	229
1996	3	8	277	57	220
1997	3	8	274	61	213
1998	3	8	246	47	199
1999	3	7	229	42	187
2000	4	5	225	41	184
2001	4	5	207	42	165
2002	3	5	202	42	160
2003	3	5	189	46	143
2004	3	4	212	49	163
2005	3	4	214	57	157
2006	3	4	214	57	157
2007	3	5	206	55	151
2008	3	5	200	52	148
2009	3	5	205	51	154
2010	3	8	189	47	142
2011	3	8	179	40	139
2012	3	9	179	36	143
2013	4	9	176	35	141
2014	4	9	173	36	137
2015	5	10	174	36	138
2016	5	9	174	37	137
2017	5	9	177	37	140
2018	5	9	180	36	144

注:本页数据由市教育局提供。

表 12-2 续表

单位:所

年　　份	技工学校	职业学校	小　学	特殊教育学校	#盲聋哑学校
1990	4	27	1892	4	4
1991	4	32	1871	5	4
1992	5	29	1864	6	4
1993	5	25	1847	6	4
1994	5	28	1829	6	4
1995	5	27	1820	6	4
1996	6	28	1795	7	5
1997	6	29	1783	7	5
1998	6	23	1764	7	5
1999	5	20	1699	7	5
2000	5	17	1641	7	5
2001	5	16	1475	8	5
2002	4	14	1368	8	5
2003	4	14	1465	7	5
2004	5	13	469	7	5
2005	5	16	487	7	5
2006	5	17	490	7	5
2007	7	16	488	7	5
2008	7	12	494	7	5
2009	7	13	503	7	5
2010	9	7	443	7	5
2011	9	7	432	7	5
2012	12	5	435	7	5
2013	13	5	439	7	7
2014	13	5	449	7	7
2015	9	5	447	7	7
2016	11	5	451	7	7
2017	9	5	445	7	7
2018	9	5	451	7	7

注:本页数据由市教育局提供,其中技工学校数据来自市人力资源和社会保障局。

各级各类学校在校学生数

表 12-3

单位：人

年份	普通高等学校	中等专业学校	普通中学	高中	初中
1990	3190	4330	168494	22144	146350
1991	3150	4076	171329	22018	149311
1992	3596	4323	172432	22300	150132
1993	5316	5629	176597	21709	154888
1994	5981	7337	189174	21759	167415
1995	6351	10416	212732	23286	189446
1996	6871	16135	240003	27499	212504
1997	8926	20925	263635	33393	230242
1998	9428	23325	265209	38001	227208
1999	12307	22848	229940	42651	187289
2000	16159	17007	239500	48256	191244
2001	19298	16180	264222	56444	207778
2002	22428	14024	304960	66081	238879
2003	24247	14081	354980	74734	280246
2004	25064	18544	390503	86574	303929
2005	27510	26372	396120	96550	299570
2006	28063	38068	384191	109928	274263
2007	30228	47781	370361	121263	249098
2008	27637	53308	356523	120424	236099
2009	29192	55503	332519	112473	220046
2010	34508	53172	309140	108386	200754
2011	33862	48118	286107	106472	179635
2012	33841	50567	268494	102895	165599
2013	37591	42981	231466	86090	145376
2014	38042	36268	225305	80525	144780
2015	38619	34768	224826	76254	148572
2016	38647	37474	230091	74489	155602
2017	39855	36589	239735	73662	166073
2018	41610	50488	257535	74973	183562

注：本页数据由市教育局提供。

表 12-3 续表 单位：人

年份	技工学校	职业学校	小学	特殊教育学校	#盲聋哑学校
1990	1408	10720	409909	551	551
1991	1738	11696	417868	689	
1992	1953	11873	438430	803	
1993	2088	13468	469523	885	436
1994	2365	13419	517062	1448	464
1995	2819	15446	549268	2450	764
1996	3344	14087	589823	4158	841
1997	3447	12822	628242	4567	829
1998	4457	11835	657460	4274	750
1999	2874	7626	641894	3573	593
2000	2275	8879	634715	3323	535
2001	2075	10514	608463	4061	448
2002	3407	13098	564650	3013	491
2003	4471	17549	504045	2890	609
2004	6778	18147	446970	2459	2210
2005	6880	24102	411449	2126	2126
2006	11140	24051	381113	864	739
2007	12528	26698	353887	872	737
2008	12995	20631	334553	925	785
2009	13508	16744	326435	940	790
2010	13508	9742	327142	914	797
2011	14154	8303	336028	947	790
2012	15507	7267	349956	960	790
2013	10156	13889	355233	911	911
2014	10622	12125	384162	842	842
2015	8139	10469	410813	873	873
2016	7751	7952	430024	930	930
2017	6776	7483	444611	1000	1000
2018	7647	6923	452190	1153	1153

注：本页数据由市教育局提供，其中技工学校数据来自市人力资源和社会保障局。

各类学校专任教师数

表 12-4

单位:人

年份	普通高等学校	中等专业学校	技工学校	职业中学	普通中学	小学
1990	444	417	157	721	9441	18548
1991	440	414	144	748	9732	18371
1992	464	404	185	840	9843	18433
1993	477	429	187	845	10073	18532
1994	525	461	214	917	10478	19235
1995	543	497	242	1083	11420	19736
1996	612	526	231	1056	12194	20588
1997	653	528	272	1076	12992	21026
1998	707	438	300	1138	13346	21572
1999	867	436	315	910	13708	20828
2000	1313	211	285	806	13984	21922
2001	1468	247	212	753	14624	22469
2002	1371	264	285	887	15560	21823
2003	1432	294	296	1095	16972	20545
2004	1491	383	416	1103	18300	20574
2005	1620	413	342	1252	19786	20166
2006	1718	445	400	1457	20306	20487
2007	1666	710	880	1514	20381	20626
2008	1771	777	880	1359	20758	21059
2009	1791	830	1175	1453	20938	20957
2010	2714	1872	1175	1082	24505	22063
2011	1781	1544	1136	1108	22239	20260
2012	1780	1576	1431	1055	22180	19876
2013	1913	1604	1511	886	20822	20860
2014	1916	1604	1204	1119	20440	21172
2015	2194	1526	945	1120	19744	21965
2016	2128	1511	831	1113	19959	23614
2017	2254	1530	889	1133	20951	24813
2018	2329	1690	1018	971	21911	26490

注:本页数据由市教育局提供,其中技工学校数据来自市人力资源和社会保障局。

每一专任教师平均负担学生数

表 12-5　　单位:人

年　　份	普通高等学　校	中等专业学　校	技工学校	职业中学	普通中学	小　学
1990	7.18	10.38	8.97	14.87	17.77	21.93
1991	7.16	9.85	12.07	15.64	17.52	22.70
1992	7.75	10.70	10.56	14.13	17.33	23.53
1993	11.14	13.12	11.17	15.94	17.53	25.34
1994	11.39	15.92	11.05	14.63	18.05	26.88
1995	11.70	20.96	11.65	14.26	18.62	27.83
1996	11.23	30.67	14.48	13.34	19.68	28.65
1997	13.67	39.63	12.67	11.92	20.29	29.88
1998	13.34	53.25	14.86	10.40	19.87	30.48
1999	7.68	52.40	9.12	8.38	16.77	30.82
2000	11.78	80.60	7.98	11.02	17.13	28.95
2001	13.15	65.51	9.79	13.96	18.07	27.08
2002	16.36	53.12	11.95	14.77	19.47	25.87
2003	16.93	47.89	15.10	16.03	70.92	24.53
2004	16.81	48.41	16.29	16.45	21.34	21.72
2005	16.98	63.85	20.12	19.25	20.02	20.40
2006	16.33	85.55	27.85	16.51	18.92	18.60
2007	16.39	67.30	14.24	17.63	18.17	17.15
2008	15.61	68.61	14.76	15.18	17.18	15.89
2009	16.39	66.87	11.5	11.52	15.88	15.58
2010	19.33	35.78	11.6	11.46	14.64	15.76
2011	19.01	31.16	12.45	7.49	12.86	16.58
2012	19.01	32.09	12.65	6.89	12.11	17.61
2013	19.65	26.8	12.6	15.68	11.12	17.03
2014	19.85	22.61	11.33	10.84	11.02	18.14
2015	17.83	22.78	8.61	9.35	11.39	18.7
2016	18.16	24.80	9.33	7.14	11.53	18.29
2017	17.68	23.91	7.60	6.60	11.44	17.92
2018	17.87	21.44	7.60	7.13	11.80	17.07

注:本页数据由市教育局提供,其中技工学校数据来自市人力资源和社会保障局。

各类学校和在校学生数

表 12-6　　（2018 年）

指　　标	全　市	市　区	赣榆区	东海县	灌云县	灌南县
一、学校数(个)						
1.高等学校	5	5				
2.中等专业学校	9	8	2			1
3.普通中学						
高　　中	36	19	9	8	5	4
初　　中	144	60	32	30	27	27
4.职业中学	5	3		1	1	
5.技工学校	9	6		2	1	
6.小　　学	451	176	106	124	102	49
二、在校学生数(人)						
1.高等学校	41610	41610				
2.中等专业学校	36239	19764	6149	4778	3973	7724
3.普通中学	258535	113991	62507	66068	42799	35677
高　　中	74973	37009	20106	17241	11467	9256
初　　中	183562	76982	42401	48827	31332	26421
4.职业中学	6923	6483		440		
5.技工学校	7647	6864		501	282	
6.小　　学	452190	193038	105240	123699	70615	64838

注:本页数据由市教育局提供,其中技工学校数据来自市人力资源和社会保障局。

各类学校招生数和毕业生数

表 12-7

（2018 年）

指　　标	全　市	市　区	赣榆区	东海县	灌云县	灌南县
一、各类学校招生数(人)						
1.高等学校	22823	22823				
2.中等专业学校	11196	5467	1888	1930	1086	2713
3.普通中学	93564	40962	23041	25200	14960	12442
高　　中	26251	12885	7133	6180	3872	3314
初　　中	67313	28077	15908	19020	11088	9128
4.职业中学	1937	1937				
5.技工学校	3166	2904		206	56	
6.小　　学	76159	33938	17654	20348	11388	10485
二、各类学校毕业生数(人)						
1.高等学校	14549	14549				
2.中等专业学校	10925	6960	1935	580	872	2513
3.普通中学	64039	29230	16069	15540	12000	7269
高　　中	23960	12052	6753	5102	4068	2738
初　　中	40079	17178	9316	10438	7932	4531
4.职业中学	2064	1575		489		
5.技工学校	2268	2104		62	102	
6.小　　学	67881	27818	15728	18967	11706	9390

注：本页数据由市教育局提供，其中技工学校数据来自市人力资源和社会保障局。

各类学校教职员工数和专任教师数

表 12-8 （2018 年） 单位：人

指　　标	全　市	市　区	赣榆区	东海县	灌云县	灌南县
一、教职员工数						
1.高等学校	3161	3161				
2.中等专业学校	2010	1659	460	16		335
3.普通中学	26762	12283	6872	6334	3644	4501
4.技工学校	1498	1148		61	289	
5.职业中学	1037	624		203	210	
6.小　　学	24885	11038	5958	7186	3287	3374
二、各类学校专任教师数						
1.高等学校	2356	2356				
2.中等专业学校	1690	1354	370	11		325
3.普通中学	21911	10118	5589	5671	3020	3102
4.技工学校	1018	770		33	215	
5.职业中学	971	569		192	210	
6.小　　学	26490	11729	6415	7370	3361	4030

入学率和升学率

表 12-9

指　　标	2018			2017		
	学龄儿童入学率	小学毕业生升学率	初中毕业生升学率	学龄儿童入学率	小学毕业生升学率	初中毕业生升学率
全　　市	100	99.16	95.44	100	97.99	96.05
市　　区	100	99.25	95.78	100	98.57	96.07
赣 榆 区	100	99.24	95.77	100	97.38	96.07
东 海 县	100	99.15	95.72	100	99.45	96.05
灌 云 县	100	99.03	94.72	100	95.72	96.01
灌 南 县	100	99.13	94.89	100	96.22	96.02

注：本页数据由市教育局提供，市区小学毕业生升学率和初中毕业生升学率不含赣榆区数据。

成人教育基本情况

表 12-10

（2018 年）

单位：人

指标	学校数(所)	在校学生数	毕业生数	教职员工数	# 专任教师
一、成人高等学校					
淮海工学院		5608	2658		
连云港开放大学					
师专成教院		7566	820		
职技院成教部		2151	175		
二、成人中等学校					
成人中等专业学校		7326	664		
成人中学	58	3698	2287	518	341
三、成人初等学校					
四、其他成人教育学校	585	425245	430215	2669	2052

幼儿教育基本情况

表 12-11

（2018 年）

单位：人

指标	幼儿园(个)	在园幼儿	教职工数		
				教师	保健人员
总　计	596	221260	20250	11798	542
市　区	240	96863	11856	6799	332
赣榆区	103	54335	6321	3807	143
东海县	139	54475	6024	3668	128
灌云县	119	41945	848	549	25
灌南县	98	27977	1522	782	57

注：本页数据由市教育局提供。

艺术事业基本情况

表 12-12

（2018 年）

指标	单位	全市	市区	赣榆区	东海县	灌云县	灌南县
一、艺术表演团体	个	7	4	1	1	1	1
京剧团	个	1	1	1			
二、演职员工数	人	197	135	17	31	16	15
三、艺术演出场次	场	1108	454	160	254	140	260
四、剧场、影剧院	个	7	3	1	1	2	1
五、座席数	个	6995	3261	1344	1288	1165	1281
六、观众人数	千人次	546	305	1.4	51	100	90
附：群众文化事业							
文化馆	个	7	4	1	1	1	1
文化站(机构)	个	87	44	15	19	13	11

图书馆、博物馆基本情况

表 12-13

（2018 年）

指标	单位	全市	市区	赣榆区	东海县	灌云县	灌南县
一、公共图书馆	间	8	5	1	1	1	1
公共图书馆藏书	册	3174073	1911480	555990	767362	295631	199600
#古籍	册	3191	2000		595	196	400
累计发放有效借书证	个	180571	129246	10247	34725	7000	9600
图书流通人次	人次	3773468	2381473	281130	1214995	67000	110000
图书流通册次	册次	3674831	1959184	130100	1443300	150000	122347
阅览座席数	个	3647	2847	418	320	240	240
二、博物馆	个	10	6	2	2	1	1
文物藏品件数(实际数量)	件	17778	12063	852	2079	3286	350
#一级品	件	28	24	1	4		
参观人数	人次	1747708	1347208	836518	262500	114000	8000

注：本页数据由市文化广电和旅游局提供。

电视台及节目制作情况

表 12–14

指 标	单位	2018		2017	
		全 市	市 区	全 市	市 区
一、电视台数	座	5	1	5	1
发射台及转播台	座	7	3	7	3
节目套数	套	6	2	6	2
平均每周播出时间	小时	653	255	657	256
电视人口复盖率	%	100	100	100	100
卫星电视地面站	座				
二、制作节目时间	小时	8377	6587	8098	6417
# 新闻资讯类	小时	2924	2410	2622	2110
综艺益智类	小时	483	72	446	125

广播电台及节目制作情况

表 12–15

指 标	单位	2018		2017	
		全 市	市 区	全 市	市 区
一、电 台	座	5	1	5	1
发射台及转播台	座	7	3	7	3
# 调频广播	座	7	3	7	3
节目套数	套	7	3	7	3
平均每日播音时间	小时	106	55	106	55
广播人口覆盖率	%	100	100	100	100
二、制作节目时间	小时	22411	12875	22746	13118
# 新闻资讯类	小时	5319	3329	5533	3543
综艺益智类	小时	2760	640	2735	585

注:本页数据由市文化广电和旅游局提供。

主要年份卫生机构、床位、人员数

表 12-16

年份	卫生机构数（个）	医院（含卫生院）	医院床位数（张）	卫生技术人员数（人）	医师（含卫生院）	每万人拥有医院床位数（张）	每万人拥有医生数（人）
1985	622	132	5325	8082	3102	15.0	8.7
1990	659	139	6195	9922	4347	15.6	11.0
1991	690	139	6398	10480	4563	15.7	11.2
1992	690	140	6559	10951	4656	15.8	11.2
1993	665	141	6452	11040	4850	15.4	11.6
1994	663	146	6433	11390	5037	15.2	11.9
1995	663	146	6501	12000	5230	15.3	12.3
1996	797	147	6603	12164	5130	15.3	11.9
1997	806	147	6712	12587	5421	15.4	12.5
1998	838	147	6739	12690	5593	15.3	12.7
1999	731	149	6882	12336	5531	15.4	12.4
2000	670	149	6962	12050	5276	15.4	11.7
2001	708	147	6983	12244	5497	15.2	11.9
2002	705	154	7336	11831	5115	15.8	11.0
2003	790	150	7419	12072	5346	15.9	11.5
2004	867	150	7672	11675	5236	18.8	11.2
2005	923	158	8240	11829	5248	18.2	11.5
2006	982	166	8979	12468	5455	18.7	11.4
2007	826	168	9248	13095	5481	20.7	12.3
2008	800	164	10453	13369	5465	23.5	12.3
2009	820	170	11085	14566	5748	24.5	12.5
2010	2620	205	11799	15774	6009	24.6	12.6
2011	2666	179	12555	17247	6409	28.6	14.6
2012	2619	179	15682	19040	7333	35.6	16.6
2013	2616	181	17141	20453	7647	38.7	17.3
2014	2702	184	17672	21896	8065	39.7	18.1
2015	2708	187	18572	23056	8701	41.5	19.4
2016	2726	197	22663	26152	10979	50.4	24.4
2017	2703	197	23450	27540	11508	51.9	25.5
2018	2700	180	24395	28847	12102	54	26.8

注:本页数据由市卫生健康委员会提供。

全市卫生机构、床位、人员数

表 12-17

指标	机构数（个）	床位数（张）	卫生技术人员数（人）	执业医师数（人）	注册护士（人）
总计	2700	26197	28847	12102	12601
市区	1383	13989	16525	6623	7467
赣榆区	711	4726	5036	2182	2060
东海县	535	4734	4601	2105	1906
灌云县	416	3623	4012	1759	1637
灌南县	366	3851	3709	1615	1591
一、医院合计	89	18215	15551	5205	8144
综合医院	57	13605	11969	4019	6343
中医医院	6	2209	2218	790	1030
专科医院	20	1730	1228	350	697
二、基层医疗卫生机构	2564	6807	11368	6161	3794
社区卫生服务中心	25	610	918	356	367
卫生院	91	6180	6023	2858	2099
村卫生室	1709		1775	1607	168
门诊部	113		1033	467	480
诊所、卫生所、医务室	586		1368	751	563
三、专业公共卫生机构	44	757	1828	693	623
1、疾病预防控制中心	9		355	226	35
2、专科疾病防治所、站	1	200	4	2	
3、妇幼保健所、站	9	557	1136	420	508
4、急救中心	1		50	27	21
5、采供血机构	1		87	3	57
6、卫生监管所	7		166		
7、计划生育服务机构	16		30	15	2
四、其他卫生机构	3	418	100	43	40
疗养院	1	418	94	38	40

注：本页数据由市卫生健康委员会提供。

分县卫生机构情况

表 12-18　　(2018 年)　　单位:个

指　　标	全　市	市　区	赣榆区	东海县	灌云县	灌南县
总　　计	2700	1383	711	535	416	366
#1.医　　院	89	49	13	15	13	12
#综合医院	57	30	7	10	9	8
中医医院	6	3	1	1	1	1
中西医结合医院						
专科医院	20	12	2	4	3	1
2、妇幼保健院	1	1				1
3.卫 生 院	91	34	26	21	19	17
4、社区卫生服务中心	25	25				
5.疗 养 院	1	1				

分县床位数

表 12-19　　(2018 年)　　单位:张

指　　标	全　市	市　区	赣榆区	东海县	灌云县	灌南县
总　　计	26197	13989	4726	4734	3623	3851
#1.医　　院	18215	10530	3202	2885	2347	2453
#综合医院	13605	7809	2198	2124	1794	1878
中医医院	2209	1043	423	418	393	355
中西医结合医院						
专科医院	1730	1207	160	343	160	20
2、妇幼保健院	401	401				31
3.卫 生 院	6180	1733	1444	1849	1231	1367
4、社区卫生服务中心	610	610				
5.疗 养 院	418	418				

注:本页数据由市卫生健康委员会提供。

各类卫生技术人员数

表 12-20

（2018年）

单位:人

指　　标	全 市	市 区	赣榆区	东海县	灌云县	灌南县
1、卫生技术人员总计	28847	16525	5036	4601	4012	3709
#医院、卫生院	21574	11637	4322	3525	3487	2925
执业医师	12102	6623	2182	2105	1759	1615
#医院、卫生院	8063	4260	1667	1333	1419	1051
注册护士	12601	7467	2060	1906	1637	1591
药剂人员	1236	773	222	215	141	107
技师	1296	788	213	191	171	146
其他人员	1612	874	359	184	304	250
2、其他技术人员	1489	805	319	191	204	289
3、管理人员	1205	827	172	126	155	97
4、工勤人员	2694	1383	596	509	326	476

注:本页数据由市卫生健康委员会提供。

医 院 工 作 情 况

表 12-21

年 份	医院数（个）	诊疗人次（万人）	#门 诊	急 诊	健康检查（万人）	入院人数（人）	出院人数（人）
2000	36	255.4	219.6	26.4	4.2	82327	82538
2001	36	267.3	225.7	24.7	7.3	87543	87150
2002	45	276.3	236.3	25.1	4.6	97580	97337
2003	43	229.7	208.9	20.8	12.1	109165	108613
2004	47	280.3	236.2	19.7	11.7	134948	134126
2005	53	316.2	302.7	22.8	15.5	154965	154408
2006	60	322.7	280.8	24.0	13.4	170547	169744
2007	62	380.6	312.6	28.6	26.5	198855	198066
2008	58	392.9	348.2	31.3	21.5	215493	216242
2009	56	430.1	378.8	36.7	25.2	242195	241643
2010	59	454.5	396.5	38.6	34.9	257629	259755
2011	64	481.4	423.2	40.5	34.1	287311	278885
2012	65	544.5	477.6	48.4	38.9	332991	332450
2013	66	612.1	527.7	61.8	41.0	376026	373476
2014	68	652.7	579.9	51.1	42.5	407816	408093
2015	70	670.4	588.3	58.7	42.0	424640	423209
2016	80	659.8	575.8	59.6	47.7	453053	450546
2017	80	709.15	625.11	67.7	48.0	489528	486743
2018	89	729.45	642.23	65.8	47.9	507243	507268

注：本页数据由市卫生健康委员会提供。

表 12-21 续表

年　　份	年底实有医院床位数（张）	平均开放病床数(张)	病床周转次数(次／年)	病床工作日（日）	病床使用率（%）	出院者平均住院日(日)
2000	4695	4695	18.0	190.0	52.0	10.0
2001	4690	4691	19.0	192.0	53.0	10.0
2002	5943	5487	21.3	218.9	60.0	10.7
2003	5160	4903	22.6	234.3	64.2	9.9
2004	5386	4867	27.6	298.3	81.7	10.3
2005	5780	5580	27.7	294.6	80.7	9.9
2006	6495	6381	26.6	286.5	78.5	9.8
2007	6763	6542	30.3	310.0	85.0	10.1
2008	7743	7084	30.5	301.7	82.7	9.9
2009	7958	7904	30.6	299.7	82.1	9.7
2010	8518	8259	31.5	296.0	81.1	9.2
2011	8804	8488	32.9	299.9	82.2	9.0
2012	11597	10720	31.0	273.9	74.8	8.7
2013	12213	11487	32.5	293.2	80.1	8.9
2014	12484	11907	34.3	298.6	81.8	8.9
2015	13256	13164	32.1	277.0	75.9	8.5
2016	16606	13749	32.8	280.6	76.9	8.4
2017	16769	15142	32.1	281.0	77.0	8.5
2018	18215	17142	29.6	266.8	73.1	8.8

注:本页数据由市卫生健康委员会提供。

医院、卫生院运营情况

表 12-22

（2018 年）

指　　标	单 位	医 院	综合医院	中医院	专科医院	卫生院	社区服务中心
机 构 数	个	89	57	6	20	91	25
诊疗人次	万人	729.5	550.8	140.1	37.8	629.0	109.4
#门诊人次	万人	642.3	477.2	127.5	36.9	590.4	93.0
急诊人次	万人	65.8	53.5	11.9	0.4	25.7	7.9
健康检查	万人	47.9	36.4	6.2	5.1	50.1	10.2
入院人数	人	50.72	42.66	6.12	1.62	12.71	0.35
出院人数	人	50.73	42.62	6.17	1.69	12.76	0.35
年底实有床位数	张	18215	13605	2209	1730	6180	610
平均开放病床数	张	17142	12732	2158	1653	5520	544
病床周转次数	次 / 年	29.6	33.5	28.6	10.2	23.1	6.4
病床工作日	日	266.8	275.4	265.2	247.1	175.2	74.8
病床使用率	%	73.1	75.46	72.65	67.71	48	20.48
出院者平均住院日	日	8.8	8.1	9.2	24	6.7	7.2

注：本页数据由市卫生健康委员会提供。

13

民政、司法、城建、环保

优抚、社会救济和扶贫情况

表 13-1

指　　标	单 位	2018		2017	
		全 市	市 区	全 市	市 区
一、优抚事业					
优抚事业单位数	个	4	1	4	1
优抚收养单位床位数	张	160	28	150	28
年末优抚对象疗养数	人	744	114	700	100
重点优抚对象数	人	16346	4692	17004	4700
革命伤残人员数	人	2567	1136	2554	999
优待烈(因公牺牲、病故军人)属数	人	403	141	546	142
在乡复员军人数	人	1080	706	1200	750
义务兵家庭优待数	户	3230	1615	3300	1700
优抚事业费用	万元	21184	8256	25511	8577
二、社会救济					
城镇居民最低生活保障对象人数	人	7294	5405	9744	4933
城镇居民最低生活保障对象户数	户	4096	2876	5211	2560
农村居民最低生活保障对象人数	人	86131	23922	99920	26142
农村居民最低生活保障对象户数	户	50515	12546	57540	13444
农村五保供养人数	人	7353	2051	7086	2106
其中:集中供养	人	1890	373	3003	420
分散供养	人	5463	1678	4083	1686

注:本页数据由市退役军人事务局和市民政局提供。

社 会 福 利 事 业 基 本 情 况

表 13-2

（2018 年）

指　　标	单　位	全　市	市　区	# 赣榆区	东海县	灌云县	灌南县
一、社会福利院	个	5	3	1		1	1
工作人员	人	167	157	11		5	5
床　　位	张	880	530	20		300	50
年末收养人数	人	294	195	20		97	2
二、城镇养老公寓等各类养老机构	个	37	28	2	5	1	3
工作人员	人	382	348	17	15	4	15
床　　位	张	4716	3006	318	680	160	870
年末收养人数	人	1400	926	116	237	67	170
二、农村特困人员供养机构	个	97	24	16	19	18	36
工作人员	人	579	244	198	56	99	180
床　　位	张	10828	3161	2421	2833	2264	2570
年末收养人数	人	3069	584	376	945	579	961

注：本页数据由市民政局提供。

婚 姻 登 记 情 况

表 13-3

单位:对

	2018			2017		
	登记结婚对数	复婚	登记离婚对数	登记结婚对数	复婚	登记离婚对数
全 市	45608	3441	15916	47373	3042	15456
一、市 区	16601	1313	6346	18219	1302	6260
连云区	1707	259	991	1866	258	1045
海州区	5749	732	2910	6213	628	2865
赣榆区	9145	322	2445	10140	416	2350
二、三 县	29007	2128	9570	29154	1740	9196
东海县	10191	564	3417	10774	398	3229
灌云县	8681	683	3201	9479	692	3172
灌南县	10135	881	2952	8901	650	2795

注:本页数据由市民政局提供。

律 师 公 证 和 调 解 工 作

表 13-4

指　　标	单 位	2018		2017	
		全 市	市 区	全 市	市 区
一、律师机构人员					
律师事务所	所	64	50	62	49
律　师	人	697	586	664	561
# 专职律师	人	677	566	644	541
# 女　性	人	185	169	149	134
兼职律师	人	20	20	20	20
聘请担任常年法律顾问的单位	个	3001	2734	2844	2559
# 担任政府法律顾问	个	181	152	174	144
民事诉讼代理	件	23513	18075	18076	14085
经济诉讼代理	件	8750	7325	7930	6531
刑事辩护及代理	件	4033	3446	2626	1817
行政诉讼代理	件	670	466	545	329
非诉讼代理	件	7235	5772	6674	4877
代理法律援助	件	2998	1523	2919	1590
12348 公共法律服务热线接听量	人次	15395	8181	17550	13347
二、公证工作					
公证处	个	7	4	7	4
公证人员	人	108	59	99	58
# 公证员	人	36	22	38	25
公证员助理	人	72	37	61	33
办理公证文书	件	46840	24206	47125	27955
国内民事	件	26006	12700	21373	11139
国内经济	件	12526	7147	18439	12417
涉外(涉港澳台)	件	8308	4359	7313	4399
三、人民调解工作					
司法所人员	人	544	264	518	245
# 司法行政专编	人	247	116	109	85
人民调解委员会	个	1973	877	1946	865
人民调解员	人	9613	3709	9522	3617
# 专职人民调解员	人	2254	1361	2155	1168
调解民事纠纷	件	55842	32061	29746	10753

注:本页数据由市司法局提供。

社会治安主要指标

表 13-5

（2018 年）

指　　标	单　位	全　市	市　区	赣榆区	东海县	灌云县	灌南县
一、刑事案件(法院数)							
刑事案件立案数(受理)	件	5236	3328	743	768	689	451
罪犯人数	人	4506	2699	760	748	704	355
民事案件发案数(受理)	件	57178	32549	11987	10659	7540	6430
二、治安案件							
受 理 数	件	33727	19520	5740	7043	4540	2624
查 处 数	件	33727	19520	5740	7043	4540	2624
三、城市交通事故							
交通事故	件	397	194	85	76	69	58
受伤人数	人	319	171	92	38	59	51
死亡人数	人	226	89	39	65	45	27
损失金额	万元	130	94	40	8	17	11
四、火　　灾							
火灾事故	件	857	340	28	225	62	230
死亡人数	人	6	2				4
受伤人数	人						
损失金额	万元	2667	2186	107	190	154	137

注:本页数据由市法院、公安局和消防支队提供。

城市建设用地和市政设施情况

表 13-6

指　　标	2010	2011	2012	2013	2014	2015	2016	2017	2018
一、建设用地情况									
城市面积(平方公里)	7434	7223	7223	7223	7223	7223	7223	7223	7223
建成区面积(平方公里)	217	230	246	262	275	289	297	307	309
城市建设用地(平方公里)	264	274	283	294	307	321	331	341	309
# 居住用地	113	116	116	119	123	125	127	129	107
公共设施用地	31	32	21	22	23	24	24	26	24
工业用地	51	56	56	60	64	67	69	71	61
仓储用地	11	11	12	12	14	15	17	18	15
交通设施用地	10	10	31	32	33	36	47	39	44
市政设施用地	5	5	5	5	5	5	8	7	6
二、市政设施情况									
道路长度(公里)	1854	1915	1949	1993	2027	2077	2163	2493	2513
道路面积(万 M^2)	3155	3275	3359	3464	3562	3812	4016	4335	4234
人均道路面积(M^2)	22	20	20	20	21	21	22	23	23
人行道面积(万 M^2)	547	573	583	602	620	673	907	751	730
桥梁数(座)	217	232	239	258	267	268	280	257	232
排水管道长度(公里)	2147	2296	2473	2564	2669	2808	3038	3037	3137
路灯盏数(盏)	101947	106003	110749	122289	120432	137613	141803	113590	121548
污水日处理能力(万 M^3)	20	28	32	32	34	40	41	48	47
污水年处理量(万 M^3)	6390	7201	7224	9156	9479	11405	11761	12239	11742

说明:本页数据由市住房和城乡建设局提供,城市建设方面从 2009 年开始改为全市数,以前年份为市区数。

城市园林绿化和环境卫生情况

表 13-7

指　　标	2010	2011	2012	2013	2014	2015	2016	2017	2018
一、园林绿化									
建成区绿地面积(公顷)	7378	8303	9713	9556	10203	10798	11144	11341	11514
#公共绿地	1606	1918	2060	2138	2295	2379	2449	2277	2339
建成区绿化覆盖面积(公顷)	8235	8975	8997	10348	10993	11617	11979	12434	12680
建城区绿化覆盖率(%)	37.98	39.6	36.65	36.54	39.98	40.24	40.37	40.55	41.03
人均公共绿地面积(M^2)	10.82	11.92	12.34	12.51	13.26	13.16	13.44	13.41	13.81
城市公园数(个)	28	32	34	37	39	39	39	36	39
公园面积(公顷)	590	691	822	878	894	987	999	986	1005
公园游人数(万人次)	240		218.5	284.6	301	336	385		
二、环境卫生									
实际清扫面积(万 M^2)	2289	3228	2464	2851	2913	3206	4252	5211	4761
生活垃圾清运量(万吨)	49.65	48.26	51.82	52	54	66.11	67.7	74.8	88.87
粪便清运量(万吨)	4.41	3.62	4.67	4.77	7.63	7.37	4.29		
垃圾无害化处理厂(座)	2	2	3	3	3	4	4	4	8
无害化处理能力(吨/日)	1600	1400	1880	1800	2100	2100	2600	2625	4234
垃圾无害化处理量(万吨)	18.34	18.56	36.9	42.85	51.35	66.11	67.7	74.87	88.87

注:本页数据由市住房和城乡建设局提供。

城市供水和城市燃气情况

表 13-8

指 标	2010	2011	2012	2013	2014	2015	2016	2017	2018
一、城市供水									
水厂个数(个)	3	3	3	3	3	3	11	10	10
水厂综合生产能力(万吨/日)	55.7	55.8	64.3	66.3	78.3	78.3	79.7	81	75.5
供水管道长度(公里)	2595	3326	3461	3641	3902	4013	4147	4040	4334
供水总量(万吨)	14172	15017	14499	14783	15642	16859	16103	15789	15854
#生产用水	4185	4792	4811	5023	4890	5244	3814	3327	3994
#家庭用水	4027	4367	4784	5056	5348	5751	6073	5886	6037
用水人口(万人)	147.75	160.41	166.52	170.75	172.95	180.52	181.51	185.26	185.35
人均日生活用水量(升)	103.34	113.11	118.68	119.33	119	127.93	128	134.43	137.09
自来水普及率(%)	103.13	100	100	100	100	100	100	100	99.92
二、节约用水									
计划用水量(万立方米)	16682	20080	22719	29642	160207	162190	166139	168556	171780
取水量(万立方米)	9345	9753	10800	10853	11774	12098	13043	13606	11140
生产用水重复利用量(万立方米)	7337	10327	11919	18789	148433	150092	153096	153054	158906
节约用水量(万立方米)	7690	1899	3737	3978	4078	4252	4354	2740	2786
三、城市燃气									
液化石油气供气总量(吨)	30705	32643	32967	31400	31924	33492.5	33710	48299	34211
#家庭用气	19544	20202	20515	20469	21662	22150	22799	38048	22810
用气户数(万户)	24.24	23.06	23.42	22.46	22.56	21.13	21.13	47.06	19.94
用气人口(万人)	86.88	79.66	78.25	80.37	74.62	73.05	72.22	66.12	62.81
天然气供气总量(万立方米)	7604	8623	9211	10703	12637	13400	14591.32	17689.32	38487
#家庭用气	2006	2694	3039	3414	6072	6181	6741	8675	9350
家庭用气户数(万户)	18.33	22.45	24.76	27.19	29.61	29.67	32.69	43.39	50.05
用气人口(万人)	57.04	71.92	82.23	85.83	95.34	106.96	107.98	118.26	122.62
天然气供气管道长度(公里)	1127	1363	1554.64	1816.83	1988.97	2111.66	2148.22	2277.79	2684.8
煤气、液化气普及率(%)	100	100	100	100	100	100	100	100	99.97

注:本页数据由市住房和城乡建设局提供。

工业“三废”排放及处理情况

表 13-9

（2018 年）

指　　标	单　位	全　市	市　区		东海县	灌云县	灌南县
				赣榆区			
一、废水排放量							
工业废水排放总量	万吨	3770	3299	787	239	159	73
工业化学需氧量排放量	吨	4545	3423	1391	339	584	199
二、废气排放量							
工业烟(粉)尘产生量	吨	1632198	1337439	174561	31956	2061	260742
工业烟(粉)尘排放量	吨	13397	5959	3315	935	599	5905
工业二氧化硫产生量	吨	107066	91755	19054	3021	1493	10797
工业二氧化硫排放量	吨	9501	5403	2658	1530	704	1864
工业氮氧化物排放量	吨	16027	9637	5084	1128	326	4936
三、工业固体废物							
一般工业固体废物综合利用率	%	94.60	91.20	96.30	96.70	98.90	99.80

注：本页数据由市生态环境局提供，统计范围包括有污染排放的工业企业和生活及其他排污单位。

14

江苏市县社会经济

三大区域主要指标

表 14-1

（2018 年）

指　　标	苏　南	苏　中	苏　北
年末常住人口（万人）	3365.74	1647.67	3037.29
土地面积（平方公里）	28084	22928	54865
地区生产总值（亿元）	53956.76	19000.80	21365.98
第一产业	907.13	951.16	2189.90
第二产业	24358.79	9005.13	9243.51
第三产业	28690.84	9044.51	9932.57
# 工业	22060.19	7685.83	7729.90
人均地区生产总值（元）	160747	115360	70369
地区生产总值指数（上年 =100）	106.9	106.9	105.3
粮食产量（万吨）	437.10	911.37	2436.09
油料产量（万吨）	9.23	33.50	43.31
棉花产量（万吨）	0.24	0.84	1.17
规模以上工业利润总额(亿元)	5093.60	2045.94	1306.72
社会消费品零售总额(亿元)	19226.16	5928.67	8075.52
进出口总额(亿美元)	5592.74	653.14	394.51
# 出口	3345.43	435.26	259.82
实际使用外资(亿美元)	153.59	53.09	49.74
一般公共预算收入（亿元）	5464.12	1303.37	1595.00
一般公共预算支出（亿元）	5544.59	1972.93	3060.82
金融机构存款余额（亿元）	92711.27	24118.54	22888.16
# 住户存款	27597.85	12024.54	11146.22
金融机构贷款余额（亿元）	78904.14	18226.24	18588.62
居民人均可支配收入（元）	51065	35573	26997
城镇常住居民人均可支配收入（元）	58564	44330	33607
农村常住居民人均可支配收入（元）	29030	21815	17982

沿海地区主要指标

表 14-2

（2018 年）

地　　区	年末户籍人口(万人)	土地面积(平方公里)	人口密度(人/平方公里)	就业人员(万人)	#第二产业	#第三产业
沿海三市合计	**2121.59**	**35096**	**542**	**1137.30**	**451.8**	**428.2**
沿海地带合计	**1664.30**	**28887**	**529**	**914.45**	**364.95**	**350.57**
南通市市区	215.11	2140	1108	135.98	58.34	62.77
海　安　县	92.73	1183	731	53.85	28.40	15.00
如　东　县	102.08	2791	351	61.40	30.51	19.00
启　东　市	111.04	1715	554	66.38	29.06	22.00
海　门　市	99.59	1144	791	64.04	30.99	19.00
连云港市区	224.06	3012	698	109.62	39.50	44.18
灌　云　县	103.74	1538	525	47.85	13.08	16.39
灌　南　县	81.92	1028	620	36.44	11.09	10.39
盐城市市区	244.11	5131	463	136.97	52.01	61.85
响　水　县	62.36	1474	337	27.45	9.88	10.54
滨　海　县	122.57	1950	477	55.10	19.12	21.27
射　阳　县	95.18	2606	337	55.67	19.71	21.89
东　台　市	109.81	3176	306	63.70	23.26	26.29

表 14-2 续表 1

（2018 年）

地　区	地区生产总值（亿元）	第一产业	第二产业	第三产业	# 工业	人均地区生产总值（元）
沿海三市合计	**16685.78**	**1296.74**	**7591.72**	**7797.32**	**6335.17**	**87600**
沿海地带合计	**14026.36**	**1044.84**	**6400.23**	**6581.30**	**5337.31**	**91871**
南通市市区	3048.89	60.91	1392.14	1595.85	1167.41	129064
海 安 县	993.00	61.41	467.40	464.19	388.17	114798
如 东 县	952.29	75.22	439.13	437.94	373.47	97232
启 东 市	1063.33	72.04	505.34	485.95	400.55	111824
海 门 市	1249.00	58.80	609.51	580.69	506.51	137958
连云港市区	1549.29	125.72	678.43	745.14	525.44	73695
灌 云 县	375.00	69.15	159.06	146.79	119.46	46374
灌 南 县	352.99	57.24	162.12	133.63	140.07	55397
盐城市市区	2202.00	171.38	1066.61	964.01	903.21	92646
响 水 县	349.86	42.82	173.91	133.13	158.20	70112
滨 海 县	475.42	63.45	193.75	218.22	161.54	50997
射 阳 县	536.61	87.67	196.71	252.23	179.63	60875
东 台 市	878.68	99.03	356.12	423.53	313.65	90084

表 14-2 续表 2

（2018 年）

单位：%

地　　区	三次产业占 GDP 比重				一般公共预算收入占 GDP 比重	外　贸依存度
	第一产业	第二产业	第三产业	# 工业		
沿海三市合计	**7.8**	**45.5**	**46.7**	**38.0**	**7.3**	**22.8**
沿海地带合计	**7.4**	**45.6**	**46.9**	**38.1**	**7.6**	**20.7**
南通市市区	2.0	45.7	52.3	38.3	9.0	45.1
海　安　县	6.2	47.1	46.7	39.1	6.2	12.3
如　东　县	7.9	46.1	46.0	39.2	6.0	42.4
启　东　市	6.8	47.5	45.7	37.7	6.8	18.3
海　门　市	4.7	48.8	46.5	40.6	5.7	16.2
连云港市区	8.1	43.8	48.1	33.9	10.7	36.9
灌　云　县	18.4	42.4	39.1	31.9	6.0	3.6
灌　南　县	16.2	45.9	37.9	39.7	6.4	3.6
盐城市市区	7.8	48.4	43.8	41.0	8.5	18.5
响　水　县	12.2	49.7	38.1	45.2	7.2	12.5
滨　海　县	13.3	40.8	45.9	34.0	6.1	7.6
射　阳　县	16.3	36.7	47.0	33.5	4.9	5.8
东　台　市	11.3	40.5	48.2	35.7	6.5	7.2

表 14-2 续表 3

（2018 年）

地　　区	规模以上工业企业个数（个）	#高技术产业企业	#国有控股企业	资产合计（亿元）	主营业务收入（亿元）	利润总额（亿元）
沿海三市合计	**9653**	**722**	**226**	**18443.68**	**22339.22**	**1694.33**
沿海地带合计	**7520**	**643**	**206**	**16319.16**	**19497.92**	**1531.70**
南通市市区	1450	137	47	3230.42	3969.89	275.20
海　安　县	983	87	2	1552.42	2432.85	173.62
如　东　县	733	31	17	1262.10	1991.87	159.34
启　东　市	501	56	9	1544.08	1774.64	184.87
海　门　市	683	48	11	1103.23	2109.24	262.11
连云港市区	499	33	34	2815.07	2000.57	225.30
灌　云　县	96	23	2	111.24	64.86	-2.06
灌　南　县	137	6	3	242.41	281.18	8.94
盐城市市区	1228	124	41	2298.07	2382.66	78.64
响　水　县	163	10	8	637.50	751.97	68.12
滨　海　县	207	33	6	493.56	341.98	25.59
射　阳　县	317	12	15	372.48	515.21	23.78
东　台　市	523	43	11	656.56	881.00	48.25

表 14-2 续表 4

（2018 年）

地　　区	房地产开发投资（亿元）	# 住宅	社会消费品零售总额（亿元）	进出口总额（亿美元）	# 出口	实际使用外资（亿美元）
沿海三市合计	**1555.98**	**1184.25**	**5988.81**	**576.87**	**356.42**	**40.98**
沿海地带合计	**1426.80**	**1086.92**	**5080.82**	**527.30**	**315.45**	**37.46**
南通市市区	469.77	331.97	1205.60	209.13	138.46	11.29
海 安 县	53.81	31.57	324.93	18.56	15.31	3.38
如 东 县	31.95	26.18	377.66	61.00	20.63	3.01
启 东 市	86.79	71.52	376.94	29.57	23.09	3.08
海 门 市	67.19	47.32	399.36	30.50	26.78	3.26
连云港市区	273.04	225.01	653.85	86.74	34.38	4.00
灌 云 县	19.21	14.67	143.49	2.04	1.84	0.21
灌 南 县	24.04	20.93	112.08	1.96	1.48	0.83
盐城市市区	267.88	211.80	798.16	61.46	31.37	5.76
响 水 县	9.95	9.20	77.69	6.62	6.01	0.58
滨 海 县	25.73	21.90	130.93	5.46	4.70	0.55
射 阳 县	43.26	40.34	190.02	4.73	2.73	0.61
东 台 市	54.18	34.49	290.10	9.52	8.68	0.90

表 14-2 续表 5　　（2018 年）　　单位:亿元

地　　区	一般公共预算收入	#税收收入	一般公共预算支出	年末金融机构存款余额	#住户存款	年末金融机构贷款余额
沿海三市合计	**1221.50**	**996.49**	**2136.83**	**21397.69**	**10878.60**	**16620.79**
沿海地带合计	**1072.46**	**875.25**	**1788.53**	**18952.51**	**9168.06**	**14852.84**
南通市市区	273.60	228.62	339.89	5437.23	2260.41	4225.72
海 安 县	61.71	51.64	112.49	1386.21	785.50	1059.14
如 东 县	57.55	48.05	119.18	1192.69	698.07	698.82
启 东 市	72.31	59.64	95.23	1386.69	874.19	943.68
海 门 市	71.01	56.82	102.71	1515.63	883.29	1066.98
连云港市区	166.48	134.64	242.84	2218.14	838.63	2128.73
灌 云 县	22.33	16.42	56.57	320.06	177.02	244.12
灌 南 县	22.50	18.63	53.41	270.20	133.24	215.51
盐城市市区	187.63	150.20	323.22	3306.32	1228.87	2884.29
响 水 县	25.35	20.54	61.54	229.27	128.56	195.76
滨 海 县	28.94	22.58	81.00	376.67	227.90	334.95
射 阳 县	26.36	21.76	85.11	485.94	339.10	346.07
东 台 市	56.70	45.70	115.34	827.46	593.29	509.08

表 14-2 续表 6

（2018 年）

地　　区	公路里程（公里）	民用汽车拥有量（万辆）	公路客运量（万人）	公路货运量（万吨）	全社会用电量（亿千瓦时）	# 工业用电
沿海三市合计	**51464**	**327.43**	**17525**	**29596**	**932.75**	**614.92**
沿海地带合计	**41351**	**270.28**	**15126**	**24445**	**786.78**	**521.31**
南通市市区	3999	65.71	3939	5906	169.72	112.27
海　安　县	2466	15.81	447	2139	52.85	39.40
如　东　县	2867	18.93	564	1587	59.08	43.27
启　东　市	3652	19.80	1002	647	37.73	22.61
海　门　市	2563	20.44	402	923	45.06	29.44
连云港市区	4622	33.75	2473	6086	109.93	67.11
灌　云　县	2607	9.29	378	1252	13.56	5.00
灌　南　县	1823	6.20	560	547	28.19	20.07
盐城市市区	6755	41.49	2965	2056	127.47	81.45
响　水　县	1804	5.53	302	275	46.14	38.84
滨　海　县	2272	10.04	812	1128	29.16	18.60
射　阳　县	2605	10.71	641	825	25.62	14.47
东　台　市	3316	12.58	641	1074	42.28	28.77

沿东陇海线地区主要指标

表 14-3

（2018 年）

地区	年末户籍人口（万人）	土地面积（平方公里）	人口密度（人/平方公里）	就业人员（万人）	#第二产业	#第三产业
东陇海合计	998.06	11789	745	468.26	161.35	195.83
徐州市市区	341.81	3063	1094	160.07	52.04	80.32
新沂市	113.21	1592	573	54.98	20.09	20.09
邳州市	194.36	2085	692	87.00	31.69	31.10
连云港市区	224.06	3012	698	109.62	39.50	44.18
东海县	124.62	2037	477	56.59	18.03	20.14

表 14-3 续表 1

（2018 年）

地区	地区生产总值（亿元）	第一产业	第二产业	第三产业	#工业	人均地区生产总值（元）
东陇海合计	7144.95	530.05	3036.37	3578.52	1227.35	81616
徐州市市区	3527.26	124.73	1523.81	1878.71	1322.00	105955
新沂市	653.32	73.82	261.91	317.59	219.41	71719
邳州市	920.66	132.32	364.44	423.90	305.58	63888
连云港市区	1549.29	125.72	678.43	745.14	525.44	73695
东海县	494.42	73.46	207.78	213.18	176.92	50916

表 14-3 续表 2

（2018 年）

地区	规模以上工业企业个数（个）	#高技术产业企业	#国有控股企业	资产合计（亿元）	主营业务收入（亿元）	利润总额（亿元）
东陇海合计	2285	150	93	8645.02	6307.25	482.08
徐州市市区	735	71	45	4673.29	3300.64	188.96
新沂市	310	11	2	374.03	388.85	27.80
邳州市	451	33	5	546.37	438.29	30.01
连云港市区	499	33	34	2815.07	2000.57	225.30
东海县	290	2	7	236.26	178.90	10.01

表 14-3 续表 3　　(2018 年)

地　　区	房地产开发投资（亿元）	# 住宅	社会消费品零售总额（亿元）	进出口总　额（亿美元）	# 出口	实际使用外　资（亿美元）
东陇海合计	873.33	724.66	3277.18	186.10	118.11	26.54
徐州市市区	455.44	372.79	1898.40	66.96	54.34	16.50
新　沂　市	46.27	41.20	209.48	12.38	11.09	2.72
邳　州　市	73.35	62.64	303.56	15.30	14.41	2.34
连云港市区	273.04	225.01	653.85	86.74	34.38	4.00
东　海　县	25.23	23.02	211.88	4.73	3.89	0.99

表 14-3 续表 4　　(2018 年)　　单位:亿元

地　　区	一般公共预算收入	# 税收收入	一般公共预算支出	年末金融机构存款余　额	# 住户存款	年末金融机构贷款余　额
东陇海合计	589.66	468.83	929.92	8181.88	3715.90	6489.98
徐州市市区	289.01	228.80	400.07	4438.32	1921.56	3207.23
新　沂　市	52.38	41.75	99.50	470.98	267.35	332.88
邳　州　市	58.78	45.89	120.77	644.04	417.24	488.14
连云港市区	166.48	134.64	242.84	2218.14	838.63	2128.73
东　海　县	23.00	17.76	66.75	410.40	271.13	333.00

表 14-3 续表 5　　(2018 年)

地　　区	公路里程（公里）	民用汽车拥有量（万辆）	公路客运量（万人）	公路货运量（万吨）	全社会用电量（亿千瓦时）	# 工业用电
东陇海合计	17311	146.23	11610	22480	319.46	191.43
徐州市市区	3910	74.49	6917	10023	117.66	71.78
新　沂　市	2711	8.76	699	1444	34.49	23.78
邳　州　市	3210	14.90	641	2847	30.56	14.42
连云港市区	4622	33.75	2473	6086	109.93	67.11
东　海　县	2858	14.34	880	2080	26.83	14.33

各市市区主要指标

表 14-4

（2018 年）

城　　市	土　地 面　积 (平方公里)	年　　末 户籍人口 （万人）	#女	当　　年 出生人口 （万人）	当　　年 死亡人口 （万人）	年　　末 常住人口 （万人）
南京市区	6587	696.94	350.09	7.88	4.15	843.62
无锡市区	1644	263.13	134.01	2.36	1.87	366.66
徐州市区	3063	341.81	167.47	4.34	1.49	335.07
常州市区	2838	303.16	155.06	2.73	2.13	396.53
苏州市区	4653	364.09	185.32	3.84	2.38	556.02
南通市区	2140	215.11	110.28	1.69	1.80	237.06
连云港市区	3012	224.06	108.32	3.18	1.46	210.35
淮安市区	4476	333.34	162.52	3.14	2.28	308.53
盐城市区	5131	244.11	119.66	2.36	1.68	237.42
扬州市区	2306	233.22	117.82	1.76	1.60	245.84
镇江市区	1088	103.00	52.04	0.80	0.80	123.52
泰州市区	1567	163.95	81.98	1.33	1.45	163.49
宿迁市区	2153	176.61	85.86	2.33	1.72	161.24

表 14-4 续表 1　　　　（2018 年）　　　　单位:万人

城　　市	年末就业人员	# 私营企业就业人员	# 个体就业人员	就业人员按三次产业分		
				第一产业	第二产业	第三产业
南京市区	500.80	396.75	123.93	24.56	171.54	304.70
无锡市区	214.74	155.11	45.99	3.16	112.75	98.83
徐州市区	160.07	59.88	45.26	27.70	52.04	80.32
常州市区	232.30	158.89	63.31	17.84	113.09	101.37
苏州市区	348.01	258.40	85.69	9.96	197.21	140.84
南通市区	135.98	90.63	43.73	14.87	58.34	62.77
连云港市区	109.62	34.40	19.52	25.96	39.50	44.18
淮安市区	178.52	47.99	39.20	42.92	58.81	76.79
盐城市区	136.97	57.94	25.59	23.11	52.01	61.85
扬州市区	139.21	86.50	36.62	11.30	61.68	66.23
镇江市区	69.91	38.19	24.07	5.42	25.55	38.94
泰州市区	97.40	61.68	23.55	13.10	39.70	44.60
宿迁市区	90.41	27.92	26.96	22.46	31.99	35.96

表 14-4 续表 2 （2018 年）

城　　市	地　区 生产总值 (亿元)	第一产业	第二产业	第三产业	人均地区 生产总值 (元)	地区生产 总值指数 (上年 =100)
南京市区	12820.40	273.42	4721.61	7825.37	152886	108.0
无锡市区	5919.16	37.48	2501.79	3379.89	161843	107.0
徐州市区	3527.26	124.73	1523.81	1878.71	105956	104.5
常州市区	6123.93	105.73	2820.41	3197.79	154641	106.9
苏州市区	8779.59	76.85	4151.22	4551.52	158309	106.9
南通市区	3048.89	60.91	1392.14	1595.85	129064	105.2
连云港市区	1549.29	125.72	678.43	745.14	73695	105.1
淮安市区	2387.00	199.88	1038.89	1148.58	77472	
盐城市区	2202.00	171.38	1066.61	964.01	92646	105.3
扬州市区	3475.94	100.01	1630.54	1745.38	142020	107.0
镇江市区	1965.79	28.60	916.36	1020.83	159276	103.8
泰州市区	2150.11	70.34	1110.95	968.82	131678	107.0
宿迁市区	967.11	70.78	467.61	428.72	60112	

表 14-4 续表 3　　　　（2018 年）　　　　单位:亿元

城　　市	房地产开发投　　资	#住宅	商品房屋销售建筑面积(万平方米)	#住宅	待售面积(万平方米)	#住宅
南京市区	2354.17	1574.64	1220.73	982.65	352.49	196.92
无锡市区	990.74	725.80	911.81	846.41	436.30	157.14
徐州市区	455.44	372.79	591.38	552.37	80.17	48.34
常州市区	535.04	406.74	697.80	560.91	366.04	81.83
苏州市区	1567.82	1287.37	1018.81	919.71	448.23	180.10
南通市区	469.77	331.97	849.00	769.00	513.00	304.00
连云港市区	273.04	225.01	343.15	326.61	101.82	61.70
淮安市区	254.42	180.10	651.00	585.00	714.75	376.31
盐城市区	267.88	211.80	506.59	448.34	159.89	96.32
扬州市区	444.45	321.49	474.91	419.35	155.00	50.00
镇江市区	167.18	135.26	199.76	186.86	96.55	52.23
泰州市区	150.27	119.01	353.42	316.36	181.37	105.49
宿迁市区	107.08	81.09	277.77	260.19	87.81	39.79

表 14-4 续表 4 （2018 年） 单位:亿元

城　　市	规上工业企业单位数（个）	#大中型企　业	资产总计	负债合计	主营业务收　　入	利润总额
南京市区	2556	395	12900.78	6839.18	12171.02	909.84
无锡市区	3092	400	7707.07	3590.07	7837.07	632.32
徐州市区	735	181	4673.29	2589.93	3300.64	188.96
常州市区	3863	510	8496.98	4619.98	10134.76	638.40
苏州市区	4721	918	13974.04	7109.58	14488.15	948.32
南通市区	1450	188	3230.42	1545.03	3969.89	275.20
连云港市区	499	63	2815.07	1658.21	2000.57	225.30
淮安市区	1137	95	1923.73	907.35	2674.82	171.59
盐城市区	1167	178	2298.07	1338.72	2382.66	78.64
扬州市区	1520	303	2938.66	1544.51	3571.74	270.66
镇江市区	728	81	2062.23	1070.33	1850.36	142.59
泰州市区	1118	103	2493.99	1314.65	3409.11	200.09
宿迁市区	530	72	1519.77	495.56	1160.52	191.66

表 14-4 续表 5　　(2018 年)　　单位:亿元

城　　市	一般公共预算收入	# 税收收入	一般公共预算支出	存　款余　额	# 住户存款	贷　款余　额
南京市区	1470.02	1242.49	1532.72	33740.63	6914.84	28402.34
无锡市区	638.23	535.45	684.75	9905.48	3175.10	7377.08
徐州市区	289.01	228.80	400.07	4438.32	1921.56	3207.23
常州市区	494.04	431.38	507.65	8677.30	3299.18	6633.49
苏州市区	1132.56	1039.69	1106.52	18070.12	4763.92	17579.20
南通市区	273.60	228.62	339.89	5437.23	2260.41	4225.72
连云港市区	166.48	134.64	242.84	2218.14	838.63	2128.73
淮安市区	185.73	151.33	486.77	2332.08	900.09	2296.40
盐城市区	187.63	150.20	323.22	3536.97	1232.61	2994.02
扬州市区	224.72	174.21	351.59	4142.92	1800.85	3370.46
镇江市区	157.33	115.74	204.93	2488.56	844.94	1985.56
泰州市区	187.00	145.88	249.37	3136.52	1231.02	2506.70
宿迁市区	107.71	94.14	181.83	1363.69	463.39	1221.63

表 14-4 续表 6

（2018 年）

城市	社会消费品零售总额（亿元）	进出口总额(亿美元)	出口	进口	实际使用外资(亿美元)	星级饭店数(个)
南京市区	5832.46	654.91	378.79	276.12	38.53	76
无锡市区	2056.14	649.64	390.84	258.80	23.01	22
徐州市区	1898.40	66.96	54.34	12.62	16.50	35
常州市区	2256.37	332.39	240.74	91.66	23.10	27
苏州市区	2955.90	1886.78	1072.32	814.46	24.77	47
南通市区	1205.60	209.13	138.46	70.67	11.29	20
连云港市区	653.85	86.74	34.38	52.36	4.00	14
淮安市区	857.32	37.13	23.27	13.86	0.83	21
盐城市区	798.16	61.46	31.37	30.09	5.76	11
扬州市区	1054.59	86.66	65.54	21.11	9.18	26
镇江市区	668.12	72.30	39.73	32.57	4.93	6
泰州市区	638.13	59.62	36.82	22.80	9.37	10
宿迁市区	356.60	21.03	13.73	7.30	1.73	10

表 14-4 续表 7

（2018 年）

城　　市	邮电业务收　　入（亿元）	固定电话用　　户（万户）	年末移动电话用户（万户）	互联网宽带接入用户（万户）	全年用电量(亿千瓦时)	
						# 城乡居民生活用电
南京市区	251.48	213.19	1294.07	427.63	606.40	92.94
无锡市区	120.28	82.31	541.05	193.69	349.91	43.32
徐州市区	52.41	48.42	434.42	130.07	117.66	17.88
常州市区	98.42	86.42	492.36	234.11	395.41	43.60
苏州市区	235.80	137.34	1057.94	320.43	696.19	72.68
南通市区	55.81	61.07	345.97	105.33	169.72	25.69
连云港市区	33.44	36.19	266.49	85.66	109.93	18.61
淮安市区	13.88	12.56	135.17	40.08	135.27	22.96
盐城市区	35.76	38.75	297.31	93.81	127.47	19.58
扬州市区	70.12	63.95	311.28	108.73	139.30	24.95
镇江市区	23.50	29.15	159.81	74.51	120.27	12.95
泰州市区	30.06	36.09	211.52	78.44	106.25	15.43
宿迁市区	22.39	11.31	177.03	49.05	84.54	11.15

表 14-4 续表 8　　　　（2018 年）

城　　市	普通本专科在校学生数（万人）	专利申请受理量(件)	公共图书馆图书藏量（千册）	医疗卫生机构数（个）	卫生机构床位数（万张）	执业(助理)医师（万人）
南京市区	85.68	99020	19644	2801	5.50	3.16
无锡市区	10.34	45429	4973	1447	3.16	1.33
徐州市区	13.07	16821	1733	1592	3.32	1.33
常州市区	12.47	39801	4866	1128	2.29	1.20
苏州市区	17.45	83746	14520	1636	3.91	1.78
南通市区	10.68	25701	2130	1054	1.91	0.84
连云港市区	4.21	5881	1754	1383	1.40	0.66
淮安市区	7.18	13561	1501	1269	1.93	0.90
盐城市区	6.26	19656	3031	1050	1.50	0.71
扬州市区	7.90	22466	3287	1065	1.45	0.69
镇江市区	8.38	12110	2218	414	0.88	0.41
泰州市区	6.34	18441	1964	651	1.31	0.51
宿迁市区	2.25	6728	711	672	1.00	0.41

表 14-4 续表 9 （2018 年）

城　　市	城市常住居民人均可支配收入	城市常住居民人均消费性支出	食品烟酒	衣着	居住
南京市区	59308	33537	8489	2379	7411
无锡市区	55113	32614	9041	2598	6765
徐州市区	37398	23436	6520	1728	4010
常州市区	54000	30351	8121	2298	6144
苏州市区	63481	37403	9406	2120	9306
南通市区	43298	25070	6897	1708	5730
连云港市区	35379	20931	5870	1790	4685
淮安市区	29341	16295	4752	1204	3324
盐城市区	40060	21583	5407	1841	5051
扬州市区	38924	25966	7865	2126	5288
镇江市区	48325	28823	7800	2108	5995
泰州市区	44384	25740	7360	2121	5935
宿迁市区	29483	17361	5714	1356	3171

单位:元

生活用品及服务	交通通信	教育文化娱乐	医疗保健	其他用品和服务	人均住房建筑面积(平方米)	居民消费价格指数(上年=100)
1992	4151	6136	1962	1018	40.1	102.4
1765	4815	4538	2071	1021	43.2	102.3
1884	3418	2655	2512	710	44.8	102.3
1734	4592	4610	2121	731	48.6	102.2
1965	6153	5703	1776	975	45.8	102.6
1473	3935	2932	1620	775	52.7	102.3
1539	2252	2714	1487	593	48.2	102.3
991	1647	2950	1011	416	51.0	102.1
1307	2670	3069	1616	621	39.6	101.9
1432	2901	4143	1396	815	49.2	102.2
1635	4537	4595	1250	903	47.4	102.0
1366	3451	3213	1536	757	49.2	102.0
1125	1733	2926	1084	251	45.2	102.1

市 辖 区 主 要 指 标

表 14-5

（2018 年）

市辖区	年末户籍人口（万人）	土地面积（平方公里）	地区生产总值（亿元）	# 第二产业	# 第三产业
南京市					
玄武区	47.32	75	895.37	1.38	894.00
秦淮区	69.05	49	1043.03	45.05	998.00
建邺区	37.89	83	746.87	299.21	448.00
鼓楼区	92.42	53	1478.37	77.67	1401.00
浦口区	74.32	910	1050.11	489.71	518.00
栖霞区	51.24	395	1394.62	919.23	468.00
雨花台区	29.79	132	651.05	158.56	492.00
江宁区	112.33	1563	2163.60	1126.59	971.00
六合区	93.27	1471	1227.90	735.24	425.00
溧水区	44.38	1064	789.09	411.76	333.00
高淳区	44.93	790	682.59	328.37	310.00
无锡市					
锡山区	46.17	399	883.31	454.37	412.81
惠山区	48.91	325	907.38	530.30	360.71
滨湖区	52.58	628	1050.35	458.50	588.20
梁溪区	78.34	72	1269.34	192.40	1076.94
新吴区	37.13	220	1800.80	1169.94	629.52
徐州市					
鼓楼区	31.57	66	261.43	55.85	205.49
云龙区	36.86	120	330.92	39.92	289.62
贾汪区	52.27	612	330.57	150.98	153.71
泉山区	56.85	100	624.56	82.23	541.82
铜山区	133.15	1871	1090.66	519.60	482.19

表 14-5 续表 1

（2018 年）

市辖区	年末户籍人口（万人）	土地面积（平方公里）	地区生产总值（亿元）	#第二产业	#第三产业
常州市					
天宁区	47.67	155	802.47	220.88	573.77
钟楼区	43.45	133	741.43	238.81	500.17
新北区	60.13	509	1458.33	745.60	693.46
武进区	97.04	1065	2380.13	1292.04	1048.42
金坛区	54.87	976	801.93	403.46	362.45
苏州市					
虎丘区	40.70	332	1256.27	758.82	496.00
吴中区	68.29	2231	1124.73	525.89	577.00
相城区	43.49	490	771.06	380.10	382.00
姑苏区	73.48	83	709.35	66.67	643.00
吴江区	84.08	1237	1925.03	986.79	895.00
南通市					
崇川区	53.86	160	819.51	195.26	624.19
港闸区	19.77	152	405.01	221.37	182.28
通州区	125.70	1562	1269.00	622.47	588.18
连云港市					
连云区	13.38	798	145.65	52.69	87.58
海州区	68.29	701	364.04	97.50	248.28
赣榆区	119.97	1514	608.26	280.79	236.21
淮安市					
淮安区	23.00	111	547.00	207.86	266.44
淮阴区	29.00	106	535.00	224.85	234.40
清江浦区	26.00	109	480.00	109.49	358.49
洪泽区	21.00	109	313.00	126.20	149.70

表 14-5 续表 2

（2018 年）

市辖区	年末户籍人口(万人)	土地面积（平方公里）	地区生产总值（亿元）	#第二产业	#第三产业
盐城市					
亭湖区	69.52	800	478.95	173.41	269.97
盐都区	71.13	1015	546.72	261.83	238.13
大丰区	71.09	3008	699.93	273.77	343.07
扬州市					
广陵区	49.40	335	795.75	351.07	435.00
邗江区	62.16	553	955.16	365.02	569.00
江都区	104.47	1330	1070.05	494.44	509.00
镇江市					
京口区	31.31	125	475.00	124.85	349.13
润州区	21.26	124	218.39	42.60	175.15
丹徒区	29.05	617	417.02	216.52	180.58
泰州市					
海陵区	42.92	237	622.02	299.21	314.34
高港区	26.27	287	549.99	327.10	209.63
姜堰区	77.81	928	715.58	327.91	340.20
宿迁市					
宿城区	95.35	926	339.11	131.21	184.34
宿豫区	65.87	1108	302.82	167.87	105.95

表 14-5 续表 3　　（2018 年）

市辖区	一般公共预算收入(亿元)	房地产开发投资(亿元)	#住宅	社会消费品零售总额(亿元)	进出口总额(亿美元)	#出口	实际使用外资(万美元)
南京市							
玄武区	81.16	116.51	68.88	804.60	85.29	29.78	20100
秦淮区	90.28	115.88	43.42	1082.40	98.29	63.99	22571
建邺区	117.01	340.06	207.99	240.90	13.15	10.25	26110
鼓楼区	117.70	166.24	83.16	1003.00	57.36	38.76	26100
浦口区	135.63	484.58	354.66	338.10	10.90	5.46	33873
栖霞区	133.64	323.05	225.36	327.40	130.26	50.77	75215
雨花台区	82.74	188.18	135.77	417.30	40.94	28.03	21093
江宁区	255.06	310.93	217.67	756.50	152.26	105.21	84161
六合区	127.55	160.63	122.49	402.50	7.57	4.43	13461
溧水区	63.09	102.07	72.39	235.20	9.41	7.88	20506
高淳区	31.32	41.99	38.85	224.60	9.62	7.27	14394
无锡市							
锡山区	86.69	169.00	132.90	203.37	52.35	39.74	40612
惠山区	92.35	147.94	134.87	216.15	33.51	28.82	22620
滨湖区	103.69	368.37	241.87	308.97	29.74	22.83	26651
梁溪区	53.88	176.39	125.53	989.03	25.97	23.64	10204
新吴区	198.64	129.04	90.63	338.62	508.07	275.80	130032
徐州市							
鼓楼区	19.50	38.47	27.71	455.49	1.74	1.70	17407
云龙区	28.06	58.70	38.97	462.32	4.15	3.98	11500
贾汪区	22.57	66.83	59.16	84.15	5.07	4.84	21423
泉山区	37.21	159.11	138.73	604.42	5.31	4.92	8064
铜山区	65.13	102.96	85.26	290.04	14.23	13.53	36301

表 14-5 续表 4

（2018 年）

市辖区	一般公共预算收入(亿元)	房地产开发投资(亿元)	#住宅	社会消费品零售总额(亿元)	进出口总额(亿美元)	#出口	实际使用外资(万美元)
常州市							
天宁区	54.78	105.16	79.62	566.30	32.95	27.52	20085
钟楼区	43.63	101.09	67.78	379.35	25.93	23.24	19162
新北区	120.87	98.67	85.51	359.59	127.93	84.77	77027
武进区	178.48	158.51	123.73	645.43	120.46	85.25	77003
金坛区	56.55	71.59	50.11	305.70	23.80	19.05	30015
苏州市							
虎丘区	159.00	295.84	262.79	290.34	455.58	288.27	43501
吴中区	160.61	307.30	276.89	441.24	88.34	61.44	37285
相城区	108.50	244.27	214.11	225.89	54.76	41.54	23039
姑苏区	62.30	209.10	140.47	968.84	23.47	20.64	610
吴江区	202.90	321.59	262.96	535.86	228.93	160.88	45084
南通市							
崇川区	70.00	160.62	106.15	462.97	71.07	41.85	7677
港闸区	42.04	126.91	75.24	157.72	26.91	21.45	13196
通州区	72.25	104.87	84.04	405.04	37.71	31.01	31667
连云港市							
连云区	12.26	27.70	17.16	86.75	20.48	6.29	7199
海州区	34.79	102.15	81.60	297.56	10.26	8.75	8227
赣榆区	25.81	28.97	25.13	206.41	6.23	4.99	9509
淮安市							
淮安区	24.50	27.23	22.37	205.38	3.90	3.73	9572
淮阴区	26.27	32.16	22.50	123.60	6.01	2.32	20014
清江浦区	30.07	110.80	71.81	346.07	5.18	4.13	9664
洪泽区	19.30	6.52	4.84	112.01	1.92	1.72	13902

表 14-5 续表 5　　　　（2018 年）

市辖区	一般公共预算收入(亿元)	房地产开发投资(亿元)	#住宅	社会消费品零售总额(亿元)	进出口总额(亿美元)	#出口	实际使用外资(万美元)
盐城市							
亭湖区	33.93	68.49	48.95	291.33	8.75	6.23	5605
盐都区	34.56	33.06	30.73	196.92	10.56	4.88	10370
大丰区	55.13	38.49	30.19	187.89	23.07	11.55	15003
扬州市							
广陵区	35.12	110.90	77.39	341.31	16.11	13.96	10100
邗江区	60.02	242.69	166.04	328.62	23.43	20.17	22705
江都区	52.89	54.23	47.90	294.45	22.37	14.74	22011
镇江市							
京口区	21.21	38.73	31.85	313.75	19.12	9.40	3752
润州区	13.58	69.00	52.00	124.33	2.86	2.29	1154
丹徒区	23.11	25.12	22.17	72.04	7.76	7.14	1758
泰州市							
海陵区	37.73	36.49	28.55	252.86	17.13	14.54	18413
高港区	40.95	9.79	7.95	61.46	14.53	4.58	26879
姜堰区	37.79	43.49	31.93	180.55	13.93	12.35	16122
宿迁市							
宿城区	19.00	44.86	34.20	209.10	5.10	3.89	2837
宿豫区	19.46	19.44	12.97	66.97	6.51	5.07	9605

表 14-5 续表 6

（2018 年）

市辖区	年末户籍人口（万人）	出生人口（人）	死亡人口（人）	年末总户数（万户）	土地面积（平方公里）	人口密度（人/平方公里）
南京市浦口区	74.32	11719	3494	26.01	910	922
南京市江宁区	112.33	16996	5755	41.59	1563	824
南京市六合区	93.27	9773	6335	31.97	1471	677
南京市溧水区	44.38	5873	2957	15.75	1064	445
南京市高淳区	44.93	5090	3352	15.92	790	576
徐州市贾汪区	52.27	6925	2978	13.64	612	705
徐州市铜山区	133.15	17016	5321	35.40	1871	562
常州市武进区	97.04	8989	6994	34.33	1065	1362
常州市金坛区	54.87	4144	4329	19.94	976	576
苏州市吴江区	84.08	8103	6572	26.43	1237	1059
南通市通州区	125.70	8889	11627	50.94	1562	731
连云港市赣榆区	119.97	18570	8182	34.67	1514	640
淮安市淮安区	23.00	10500	7600	32.48	111	8531
淮安市淮阴区	29.00	8600	6000	28.33	106	7406
淮安市洪泽区	21.00	2900	2300	11.61	109	3047
盐城市盐都区	71.13	7058	5355	23.73	1015	627
盐城市大丰区	71.09	4999	5925	26.87	3008	233
扬州市邗江区	62.16	5223	4071	19.71	553	1278
扬州市江都区	104.47	7536	9000	34.57	1330	765
镇江市丹徒区	29.05	2310	2530	10.35	617	513
泰州市姜堰区	77.81	5199	7687	26.59	928	787
宿迁市宿豫区	65.87	8569	7033	16.65	1108	569

表 14-5 续表 7

（2018 年）

单位:万人

市辖区	就业人员	第一产业	第二产业	第三产业	私营企业就业人员	个体就业人员
南京市浦口区	19.90	1.64	7.75	10.51	11.32	6.88
南京市江宁区	76.85	6.40	35.67	34.78	43.57	29.31
南京市六合区	31.40	5.21	13.43	12.76	11.64	8.82
南京市溧水区	32.58	3.68	19.15	9.75	15.38	6.85
南京市高淳区	31.05	5.70	15.70	9.65	19.97	4.52
徐州市贾汪区	22.42	6.98	7.36	8.09	6.75	3.38
徐州市铜山区	55.19	17.53	18.51	19.15	14.00	11.44
常州市武进区	89.23	7.76	51.30	30.17	67.83	21.76
常州市金坛区	37.23	5.40	18.28	13.55	19.96	8.20
苏州市吴江区	86.19	3.45	52.81	29.93	51.73	17.71
南通市通州区	69.35	14.26	33.20	22.00	24.58	16.32
连云港市赣榆区	57.47	18.31	22.36	16.80	9.53	6.37
淮安市淮安区	54.46	18.68	16.89	18.89	13.18	6.15
淮安市淮阴区	45.73	14.95	14.36	16.42	11.41	8.28
淮安市洪泽区	19.79	5.68	6.79	7.32	8.85	4.76
盐城市盐都区	38.80	7.32	15.13	16.35	11.71	6.05
盐城市大丰区	44.77	10.17	15.76	18.84	1.60	0.78
扬州市邗江区	37.87	0.62	15.18	22.00	22.50	10.33
扬州市江都区	59.86	9.35	27.02	23.00	33.89	10.97
镇江市丹徒区	19.98	3.66	8.07	8.25	10.06	6.45
泰州市姜堰区	43.10	10.00	17.00	16.10	21.86	7.52
宿迁市宿豫区	36.12	9.75	12.60	13.77	8.84	6.28

表 14-5 续表 8 （2018 年）

市辖区	地区生产总值(亿元)	第一产业	第二产业	第三产业	#工业	地区生产总值指数(上年=100)
南京市浦口区	1050.11	42.28	489.71	518.00	421.54	110.5
南京市江宁区	2163.60	65.80	1126.59	971.00	961.05	108.3
南京市六合区	1227.90	67.47	735.24	425.00	652.91	109.3
南京市溧水区	789.09	44.16	411.76	333.00	356.99	108.1
南京市高淳区	682.59	44.05	328.37	310.00	261.10	107.2
徐州市贾汪区	330.57	25.88	150.98	153.71	142.76	104.2
徐州市铜山区	1090.66	88.88	519.60	482.19	475.91	103.5
常州市武进区	2380.13	39.67	1292.04	1048.42	1237.70	106.8
常州市金坛区	801.93	36.02	403.46	362.45	340.62	111.1
苏州市吴江区	1925.03	43.10	986.79	895.00	924.33	107.0
南通市通州区	1269.00	58.35	622.47	588.18	518.35	107.8
连云港市赣榆区	608.26	91.26	280.79	236.21	206.44	104.8
淮安市淮安区	547.00	72.62	207.86	266.44	141.10	106.8
淮安市淮阴区	535.00	75.25	224.85	234.40	193.26	106.4
淮安市洪泽区	313.00	36.91	126.20	149.70	108.49	106.6
盐城市盐都区	546.72	46.76	261.83	238.13	224.74	107.1
盐城市大丰区	699.93	83.09	273.77	343.07	239.96	105.2
扬州市邗江区	955.16	21.10	365.02	569.00	296.37	108.0
扬州市江都区	1070.05	66.95	494.44	509.00	407.85	105.0
镇江市丹徒区	417.02	19.92	216.52	180.58	202.29	102.8
泰州市姜堰区	715.58	47.47	327.91	340.20	267.77	106.8
宿迁市宿豫区	302.82	29.01	167.87	105.95	147.74	107.1

表 14-5 续表 9　　（2018 年）　　单位：亿元

市辖区	房地产开发投资	# 住　宅	商品房销售面积（万平方米）	一般公共预算收入	# 税收收入	一般公共预算支出
南京市浦口区	484.58	354.66	312.79	53.33	47.66	66.69
南京市江宁区	310.93	217.67	108.06	255.06	226.19	242.22
南京市六合区	160.63	122.49	171.43	37.25	31.10	66.64
南京市溧水区	102.07	72.39	156.86	63.09	50.68	95.33
南京市高淳区	41.99	38.85	53.35	31.32	28.25	67.84
徐州市贾汪区	66.83	59.16	107.15	22.57	17.60	37.82
徐州市铜山区	102.96	85.26	140.91	65.13	50.85	119.81
常州市武进区	158.51	123.73	249.62	178.48	157.80	171.06
常州市金坛区	71.59	50.11	78.07	56.55	49.46	73.66
苏州市吴江区	321.59	262.96	316.85	202.90	183.60	193.06
南通市通州区	104.87	84.04	169.00	72.25	58.50	116.16
连云港市赣榆区	28.97	25.13	82.39	25.81	22.10	69.59
淮安市淮安区	27.23	22.37	100.32	24.50	20.97	75.89
淮安市淮阴区	32.16	22.50	119.54	26.27	21.14	67.60
淮安市洪泽区	6.52	4.84	52.95	19.30	17.09	38.77
盐城市盐都区	33.06	30.73	11.53	34.56	28.18	64.65
盐城市大丰区	38.49	30.19	38.16	55.13	44.95	91.06
扬州市邗江区	242.69	166.04	252.03	60.02	48.91	67.39
扬州市江都区	54.23	47.90	79.47	52.89	41.30	112.19
镇江市丹徒区	25.12	22.17	36.93	23.11	19.49	32.70
泰州市姜堰区	43.49	31.93	106.23	37.79	31.66	71.61
宿迁市宿豫区	19.44	12.97	46.93	19.46	17.78	37.90

表 14-5 续表 10

（2018 年）

市辖区	资产合计（亿元）	负债合计（亿元）	主营业务收入（亿元）	利润总额（亿元）	平均用工人数（万人）
南京市浦口区	1299.01	813.21	1025.13	35.40	6.53
南京市江宁区	3648.39	1939.64	2820.67	285.50	20.39
南京市六合区	2380.74	1101.26	2749.01	228.03	9.28
南京市溧水区	758.81	471.17	901.75	106.80	6.91
南京市高淳区	609.54	361.22	690.12	40.71	4.76
徐州市贾汪区	351.31	194.84	250.34	11.64	2.41
徐州市铜山区	1319.35	542.49	1303.43	99.63	8.42
常州市武进区	3663.97	1908.28	4678.27	282.91	33.91
常州市金坛区	1305.03	832.71	1595.10	126.04	9.71
苏州市吴江区	3743.54	2104.53	3700.21	220.96	39.80
南通市通州区	949.93	457.76	1992.18	132.62	14.28
连云港市赣榆区	317.95	211.75	516.49	24.35	3.03
淮安市淮安区	231.53	119.46	618.13	28.27	3.71
淮安市淮阴区	347.73	176.01	586.79	25.62	3.23
淮安市洪泽区	241.56	141.33	404.75	18.68	3.01
盐城市盐都区	448.93	174.27	638.77	44.28	0.57
盐城市大丰区	833.16	520.52	811.72	34.14	0.68
扬州市邗江区	915.79	481.32	914.70	62.74	11.13
扬州市江都区	872.00	496.15	1290.60	104.97	12.07
镇江市丹徒区	418.38	228.22	347.19	39.02	2.91
泰州市姜堰区	525.72	268.62	759.60	43.00	5.57
宿迁市宿豫区	288.98	154.28	297.60	16.73	3.23

注:本表是规模以上工业效益指标。

表 14-5 续表 11　　　　　　　　　　　　（2018 年）

市辖区	社会消费品零售总额（亿元）	进出口总额（亿美元）	出口总额（亿美元）	协议注册外　资（亿美元）	实际使用外　资（亿美元）
南京市浦口区	338.10	10.90	5.46	5.26	3.39
南京市江宁区	756.50	152.26	105.21	29.38	8.42
南京市六合区	402.50	7.57	4.43	1.57	1.35
南京市溧水区	235.20	9.41	7.88	3.51	2.05
南京市高淳区	224.60	9.62	7.27	5.14	1.44
徐州市贾汪区	84.15	5.07	4.84	4.52	2.14
徐州市铜山区	290.04	14.23	13.53	10.73	3.63
常州市武进区	645.43	120.46	85.25	11.33	7.70
常州市金坛区	305.70	23.80	19.05	11.68	3.00
苏州市吴江区	535.86	228.93	160.88	6.28	4.51
南通市通州区	405.04	37.71	31.01	11.49	3.17
连云港市赣榆区	206.41	6.23	4.99	1.63	0.95
淮安市淮安区	205.38	3.90	3.73	2.18	0.96
淮安市淮阴区	123.60	6.01	2.32	3.41	2.00
淮安市洪泽区	112.01	1.92	1.72	4.29	1.39
盐城市盐都区	196.92	10.56	4.88	2.26	1.04
盐城市大丰区	187.89	23.07	11.55	3.00	1.50
扬州市邗江区	328.62	23.43	20.17	3.69	2.27
扬州市江都区	294.45	22.37	14.74	2.69	2.20
镇江市丹徒区	72.04	7.76	7.14	–0.27	0.18
泰州市姜堰区	180.55	13.93	12.35	3.56	1.61
宿迁市宿豫区	66.97	6.51	5.07	2.92	0.96

表 14-5 续表 12

（2018 年）

市辖区	普通中学在校学生（万人）	小学在校学生（万人）	医院个数（个）	医院床位数（张）	执业（助理）医师（人）	城镇常住居民人均可支配收入（元）
南京市浦口区	2.07	4.85	4	1146	945	55005
南京市江宁区	4.19	8.05	30	6112	3976	57474
南京市六合区	3.03	4.45	10	1424	1495	53427
南京市溧水区	1.55	2.53	8	1803	1070	52393
南京市高淳区	1.49	2.22	14	1742	1090	53332
徐州市贾汪区	1.85	4.64	6	1545	1138	33144
徐州市铜山区	5.70	13.00	17	3392	2909	37818
常州市武进区	5.39	10.61	19	4269	3012	56610
常州市金坛区	1.87	2.76	10	2157	1392	50770
苏州市吴江区	4.56	9.74	13	5207	2933	63425
南通市通州区	3.25	5.30	12	4022	2625	48138
连云港市赣榆区	6.25	10.52	13	3202	2182	31954
淮安市淮安区	5.15	6.65	7	2383	2589	30936
淮安市淮阴区	3.64	6.17	7	4161	2864	33458
淮安市洪泽区	1.37	1.72	2	965	721	35824
盐城市盐都区	2.71	3.71	3	1668	1848	38755
盐城市大丰区	2.16	2.76	24	2852	1804	36462
扬州市邗江区	2.14	3.67	20	2074	1993	47262
扬州市江都区	3.61	4.04	13	3355	1975	43118
镇江市丹徒区	0.97	1.50	2	380	524	48151
泰州市姜堰区	3.23	3.21	12	2931	1765	43637
宿迁市宿豫区	1.50	5.32	28	3166	1205	27755

市县主要指标

表 14-6

（2018 年）

市　　县	年末户籍人口（万人）	#女	年末常住人口（万人）	出生人数（人）	死亡人数（人）	人口密度（人/平方公里）
南京市	**696.94**	**350.09**	**843.62**	**78750**	**41507**	**1281**
无锡市	**497.21**	**252.48**	**657.45**	**42117**	**36939**	**1421**
江阴市	125.95	63.60	165.18	9990	9227	1674
宜兴市	108.13	54.88	125.61	8508	8987	629
徐州市	**1044.77**	**504.13**	**880.20**	**139514**	**53436**	**748**
丰　县	121.48	58.03	95.05	15883	5563	655
沛　县	129.81	62.16	111.88	17096	8044	620
睢宁县	144.10	68.79	102.80	19975	7762	581
新沂市	113.21	54.53	91.19	16713	7270	573
邳州市	194.36	93.13	144.21	26413	9931	692
常州市	**382.20**	**194.37**	**472.86**	**33964**	**27437**	**1082**
溧阳市	79.04	39.31	76.33	6709	6112	497
苏州市	**703.55**	**359.38**	**1072.17**	**68487**	**49004**	**1238**
常熟市	106.80	55.04	151.58	6932	9259	1188
张家港市	92.94	47.51	126.06	7077	7047	1277
昆山市	90.32	45.97	166.59	12524	4836	1787
太仓市	49.40	25.55	71.92	3516	4092	888
南通市	**762.52**	**387.88**	**731.00**	**52870**	**69915**	**693**
如东县	102.08	51.95	97.85	5622	10099	351
启东市	111.04	56.74	95.00	6588	10353	554
如皋市	141.97	71.24	124.17	11144	12866	788
海门市	99.59	50.73	90.47	6682	9599	791
海安市	92.73	46.94	86.45	5966	8994	731
连云港市	**534.34**	**255.58**	**452.00**	**75031**	**34690**	**594**
东海县	124.62	59.64	97.10	21043	7972	477
灌云县	103.74	49.02	80.83	12450	6519	525
灌南县	81.92	38.60	63.72	9729	5602	620

表 14-6 续表 1

（2018 年）

市　县	年末户籍人口（万人）	#女	年末常住人口（万人）	出生人数（人）	死亡人数（人）	人口密度（人 / 平方公里）
淮安市	**561.33**	**8.00**	**492.50**	**50200**	**36900**	**491**
涟水县	16.00	1.00	84.98	9400	6700	7979
盱眙县	79.82	39.13	65.70	6600	5000	6186
金湖县	34.90	17.47	33.29	2800	2400	3132
盐城市	**824.73**	**399.27**	**720.00**	**81607**	**53253**	**425**
响水县	62.36	29.50	49.70	7341	3541	337
滨海县	122.57	58.08	93.00	13702	5929	477
阜宁县	112.28	53.47	82.54	11831	7456	574
射阳县	95.18	46.32	87.85	8134	6582	337
建湖县	78.42	37.80	72.45	8328	3901	626
东台市	109.81	54.44	97.04	8684	9043	306
扬州市	**458.83**	**230.13**	**453.10**	**33665**	**33886**	**687**
宝应县	88.76	43.76	75.90	5601	6482	519
仪征市	56.03	27.93	57.06	4188	4188	633
高邮市	80.82	40.62	74.30	6249	7244	387
镇江市	**270.78**	**137.10**	**319.64**	**22326**	**21966**	**832**
丹阳市	80.63	40.84	98.97	6038	6572	945
扬中市	28.25	14.43	34.39	3346	2302	1052
句容市	58.90	29.79	62.76	4963	5078	455
泰州市	**503.39**	**247.13**	**463.57**	**42299**	**42578**	**801**
兴化市	155.67	73.98	124.38	14053	12660	519
靖江市	65.88	33.32	68.48	6128	5187	1045
泰兴市	117.88	57.85	107.22	8836	10276	917
宿迁市	**591.26**	**284.58**	**492.59**	**75666**	**47307**	**578**
沭阳县	198.28	94.71	156.72	27646	12468	682
泗阳县	106.79	50.94	84.75	10993	7601	615
泗洪县	109.58	53.06	89.88	13688	10029	334

表 14-6 续表 2

（2018 年）

市　县	年末总户数（万户）	# 乡村户数	土地面积(平方公里)	建成区面积(平方公里)	建成区绿化覆盖面积(公顷)
南京市	**246.44**	**62.68**	**6587**	**817**	**36833**
无锡市	**169.20**	**59.57**	**4627**	**552**	**23780**
江阴市	38.19	18.12	987	125	5399
宜兴市	37.46	20.96	1997	84	3636
徐州市	**280.98**	**174.69**	**11765**	**476**	**20383**
丰　县	32.65	25.48	1450	32	1286
沛　县	37.41	24.25	1806	52	2160
睢宁县	33.44	25.05	1769	34	1415
新沂市	31.36	20.71	1592	37	1582
邳州市	46.52	33.04	2085	49	2122
常州市	**134.91**	**71.29**	**4372**	**300**	**12905**
溧阳市	26.45	20.11	1535	32	1357
苏州市	**230.92**	**87.34**	**8657**	**756**	**31967**
常熟市	32.25	17.72	1276	98	4497
张家港市	32.33	20.06	987	59	2416
昆山市	30.92	10.42	932	72	3236
太仓市	15.80	6.57	810	52	2095
南通市	**285.34**	**197.17**	**10549**	**395**	**17011**
如东县	36.63	30.15	2791	25	1071
启东市	46.02	37.89	1715	33	1399
如皋市	44.57	35.36	1576	41	1702
海门市	38.70	29.69	1144	30	1257
海安市	34.09	24.87	1183	32	1351
连云港市	**145.92**	**94.01**	**7615**	**309**	**12680**
东海县	29.73	22.18	2037	31	1272
灌云县	26.45	19.68	1538	28	1144
灌南县	22.21	14.90	1028	28	1122

表 14-6 续表 3

（2018 年）

市　县	年末总户数（万户）	# 乡村户数	土地面积(平方公里)	建成区面积(平方公里)	建成区绿化覆盖面积(公顷)
淮安市	**166.64**	**99.58**	**10030**	**292**	**12289**
涟水县	30.68	22.34	107	37	1533
盱眙县	21.61	16.27	106	40	1637
金湖县	12.44	7.92	106	26	1106
盐城市	**269.69**	**181.11**	**16931**	**358**	**15116**
响水县	16.90	11.79	1474	22	928
滨海县	34.66	23.87	1950	35	1484
阜宁县	35.25	21.65	1439	46	1906
射阳县	30.99	20.88	2606	25	1054
建湖县	28.70	18.65	1157	29	1163
东台市	38.48	32.14	3176	37	1573
扬州市	**147.82**	**100.22**	**6591**	**273**	**11859**
宝应县	26.97	20.79	1462	35	1460
仪征市	18.39	11.91	902	39	1695
高邮市	25.23	19.22	1922	27	1134
镇江市	**101.65**	**57.18**	**3840**	**223**	**9441**
丹阳市	27.86	19.73	1047	36	1483
扬中市	10.63	7.85	327	15	601
句容市	22.86	16.26	1378	29	1200
泰州市	**166.30**	**119.42**	**5787**	**237**	**10041**
兴化市	50.66	37.11	2395	40	1714
靖江市	21.05	15.75	656	34	1442
泰兴市	39.29	30.98	1170	34	1395
宿迁市	**151.52**	**106.37**	**8524**	**237**	**10194**
沭阳县	49.74	36.06	2299	65	2782
泗阳县	27.08	19.80	1378	40	1706
泗洪县	29.32	19.10	2694	38	1606

表 14-6 续表 4

（2018 年）

单位：万人

市县	就业人员	第一产业	第二产业	第三产业	私营企业就业人员	个体就业人员
南京市	**462.60**	**42.60**	**146.20**	**273.80**	**396.75**	**123.93**
无锡市	**388.20**	**15.80**	**213.60**	**158.80**	**291.99**	**79.31**
江阴市	99.33	4.69	60.68	33.96	72.03	23.53
宜兴市	74.13	7.95	40.17	26.01	64.84	9.79
徐州市	**483.10**	**119.90**	**170.20**	**193.00**	**143.21**	**105.97**
丰县	55.02	16.27	20.25	18.50	9.31	10.24
沛县	64.05	18.35	23.51	22.19	17.05	7.73
睢宁县	61.98	18.55	22.63	20.80	19.83	12.75
新沂市	54.98	14.81	20.09	20.09	21.48	10.26
邳州市	87.00	24.21	31.69	31.10	15.66	19.72
常州市	**282.20**	**29.40**	**137.40**	**115.40**	**184.19**	**72.94**
溧阳市	49.90	11.56	24.31	14.03	25.30	9.64
苏州市	**692.30**	**21.70**	**405.80**	**264.80**	**489.84**	**171.59**
常熟市	104.42	3.64	63.06	37.72	55.19	23.23
张家港市	77.15	4.07	45.70	27.38	63.95	19.88
昆山市	116.90	1.59	73.42	41.89	81.94	34.46
太仓市	45.82	2.44	26.41	16.97	30.36	8.33
南通市	**455.00**	**83.70**	**211.60**	**159.70**	**227.89**	**101.74**
如东县	61.40	12.31	30.51	19.00	19.56	9.91
启东市	66.38	15.42	29.06	22.00	22.92	7.42
如皋市	73.35	16.66	34.30	22.00	32.91	16.05
海门市	64.04	14.08	30.99	19.00	26.01	13.20
海安市	53.85	10.36	28.40	15.00	35.85	11.43
连云港市	**250.50**	**77.70**	**81.70**	**91.10**	**54.39**	**43.96**
东海县	56.59	18.41	18.03	20.14	9.59	11.13
灌云县	47.85	18.37	13.08	16.39	5.80	7.59
灌南县	36.44	14.96	11.09	10.39	4.61	5.73

表 14-6 续表 5　　（2018 年）　　单位：万人

市　县	就业人员	第一产业	第二产业	第三产业	私营企业就业人员	个体就业人员
淮安市	**285.10**	**76.90**	**89.90**	**118.30**	**90.57**	**58.15**
涟水县	48.68	16.93	11.67	20.07	12.09	8.21
盱眙县	38.60	11.60	12.78	14.22	11.13	7.81
金湖县	19.30	5.44	6.64	7.22	8.73	2.93
盐城市	**431.80**	**95.90**	**158.50**	**177.40**	**156.79**	**63.57**
响水县	27.45	7.03	9.88	10.54	6.57	4.41
滨海县	55.10	14.71	19.12	21.27	13.76	5.94
阜宁县	50.07	13.47	17.56	19.04	20.32	7.69
射阳县	55.67	14.07	19.71	21.89	11.38	5.99
建湖县	42.84	9.36	16.96	16.52	12.04	5.51
东台市	63.70	14.15	23.26	26.29	34.77	8.43
扬州市	**267.10**	**39.40**	**120.40**	**107.30**	**140.08**	**61.87**
宝应县	42.12	10.28	18.82	13.00	16.29	7.99
仪征市	39.65	7.77	18.41	13.00	13.64	7.79
高邮市	46.12	10.05	21.49	15.00	23.65	9.48
镇江市	**194.80**	**21.90**	**85.10**	**87.80**	**111.63**	**55.48**
丹阳市	63.75	5.71	32.95	25.09	42.27	16.41
扬中市	21.76	1.31	11.40	9.05	18.55	3.75
句容市	39.40	9.42	15.22	14.76	12.62	11.26
泰州市	**275.50**	**55.70**	**111.90**	**107.90**	**127.36**	**63.89**
兴化市	73.90	21.70	25.70	26.50	19.19	15.39
靖江市	40.70	6.20	20.60	13.90	21.21	8.20
泰兴市	63.50	14.70	25.90	22.90	25.28	16.75
宿迁市	**282.70**	**84.30**	**101.10**	**97.30**	**97.60**	**67.41**
沭阳县	94.23	26.86	36.63	30.74	44.65	16.98
泗阳县	49.40	18.18	16.06	15.16	12.76	11.88
泗洪县	48.66	16.80	16.42	15.44	12.27	11.59

表 14-6 续表 6　　（2018 年）　　单位:万人

市　县	乡　村就业人员	# 农　林牧渔业	# 工业	# 建筑业	# 交通运输、仓储及邮政业	# 批发和零售业
南京市	**112.68**	**21.46**	**35.57**	**23.37**	**6.71**	**7.90**
无锡市	**112.16**	**15.20**	**69.78**	**6.11**	**3.05**	**5.12**
江阴市	36.02	3.95	24.55	1.57	1.04	1.44
宜兴市	36.14	7.89	18.90	3.10	0.99	1.58
徐州市	**356.40**	**126.28**	**104.61**	**51.81**	**16.11**	**22.92**
丰　县	52.85	21.47	15.61	7.27	1.83	2.70
沛　县	50.70	16.47	14.90	10.17	1.85	2.47
睢宁县	59.60	22.92	17.54	8.61	1.52	2.93
新沂市	44.52	17.75	10.06	8.45	1.38	2.70
邳州市	62.94	19.61	20.03	6.17	4.21	5.70
常州市	**127.37**	**22.54**	**60.05**	**16.73**	**4.85**	**6.67**
溧阳市	32.14	7.64	8.97	9.31	1.84	1.86
苏州市	**171.58**	**21.02**	**104.35**	**9.65**	**5.45**	**10.43**
常熟市	38.38	3.42	24.05	2.07	1.16	2.36
张家港市	31.77	3.12	21.00	1.54	1.30	1.71
昆山市	20.92	1.60	12.94	1.08	0.60	1.34
太仓市	15.19	2.69	9.86	0.57	0.37	0.31
南通市	**297.53**	**60.23**	**88.85**	**62.84**	**15.42**	**26.70**
如东县	47.44	7.62	18.13	9.89	2.44	2.73
启东市	47.99	10.51	12.87	10.62	2.09	4.52
如皋市	60.75	12.96	18.82	10.68	2.23	3.63
海门市	48.73	11.10	11.66	11.33	2.29	6.72
海安市	37.18	6.63	11.34	8.63	2.98	3.09
连云港市	**177.46**	**74.93**	**32.33**	**32.27**	**8.61**	**8.95**
东海县	43.48	18.68	7.84	8.63	2.27	2.02
灌云县	38.76	19.71	5.61	4.16	1.15	1.48
灌南县	31.08	14.05	5.19	5.03	2.28	1.65

市　　县	乡　　村 就业人员	# 农　林 牧渔业	# 工业	# 建筑业	# 交通运输、 仓储及邮政业	# 批发和 零售业
淮安市	**211.87**	**84.60**	**43.37**	**31.08**	**7.17**	**9.02**
涟水县	49.82	20.29	6.84	5.39	1.20	1.77
盱眙县	34.25	13.48	7.10	3.94	1.15	1.31
金湖县	13.18	4.45	3.69	2.50	0.42	0.53
盐城市	**298.13**	**104.61**	**61.25**	**37.20**	**13.99**	**14.28**
响水县	21.73	8.79	5.65	1.38	0.75	0.86
滨海县	43.36	15.53	5.80	4.88	2.50	1.87
阜宁县	36.28	14.03	5.15	5.83	1.71	1.59
射阳县	34.56	12.04	5.50	3.87	1.69	2.02
建湖县	30.07	9.01	9.30	3.55	1.30	1.67
东台市	48.50	18.70	10.30	6.78	2.02	2.20
扬州市	**180.59**	**32.15**	**66.12**	**34.24**	**7.39**	**11.65**
宝应县	40.87	10.05	12.03	9.75	1.84	2.80
仪征市	23.08	3.13	7.72	5.28	0.87	1.31
高邮市	36.83	8.80	14.29	6.60	1.24	1.97
镇江市	**100.24**	**19.87**	**50.78**	**11.60**	**3.48**	**3.41**
丹阳市	36.58	6.29	21.81	3.01	1.06	1.15
扬中市	13.64	1.90	8.82	0.66	0.36	0.51
句容市	26.58	7.13	8.53	5.90	1.13	0.86
泰州市	**215.26**	**41.51**	**66.39**	**35.85**	**13.11**	**17.29**
兴化市	60.65	19.33	10.40	5.98	4.34	5.67
靖江市	31.03	4.93	15.86	2.80	1.55	1.70
泰兴市	56.91	8.34	16.95	11.57	3.45	5.84
宿迁市	**222.07**	**83.63**	**63.19**	**29.39**	**7.86**	**12.98**
沭阳县	78.89	26.80	27.93	8.33	3.20	4.32
泗阳县	40.60	13.99	12.52	5.25	1.20	2.25
泗洪县	38.31	20.29	6.32	4.63	1.09	2.13

表 14-6 续表 8　　　　（2018 年）　　　　单位:亿元

市　县	地　区 生产总值	第一产业	第二产业	第三产业	#工业	人均地区生 产总值(元)
南京市	**12820.40**	**273.42**	**4721.61**	**7825.37**	**4055.14**	**152886**
无锡市	**11438.62**	**125.07**	**5464.01**	**5849.54**	**5009.33**	**174270**
江阴市	3806.18	36.98	2071.91	1697.29	1990.78	230538
宜兴市	1713.28	50.61	890.31	772.36	764.41	136473
徐州市	**6755.23**	**631.39**	**2812.02**	**3311.82**	**2329.18**	**76915**
丰　县	460.14	86.85	182.69	190.60	138.16	48380
沛　县	762.62	104.11	332.87	325.64	222.25	68137
睢宁县	577.30	96.40	235.56	245.34	172.48	56149
新沂市	653.32	73.82	261.91	317.59	219.41	71577
邳州市	920.66	132.32	364.44	423.90	305.58	63824
常州市	**7050.27**	**156.25**	**3263.29**	**3630.73**	**2951.35**	**149275**
溧阳市	935.51	51.06	453.97	430.48	379.67	122626
苏州市	**18597.47**	**213.99**	**8933.28**	**9450.20**	**8240.37**	**173765**
常熟市	2400.23	39.90	1230.01	1130.00	1161.97	158332
张家港市	2720.18	30.63	1423.68	1266.00	1352.35	216027
昆山市	3832.06	31.62	2074.53	1726.00	1951.17	230270
太仓市	1330.72	34.98	675.47	620.00	631.33	185470
南通市	**8427.00**	**397.77**	**3947.88**	**4081.35**	**3283.23**	**115320**
如东县	952.29	75.22	439.13	437.94	373.47	97232
启东市	1063.33	72.04	505.34	485.95	400.55	111824
如皋市	1120.48	69.39	534.36	516.73	447.12	90031
海门市	1249.00	58.80	609.51	580.69	506.51	137958
海安市	993.00	61.41	467.40	464.19	388.17	114798
连云港市	**2771.70**	**325.57**	**1207.39**	**1238.74**	**961.89**	**61332**
东海县	494.42	73.46	207.78	213.18	176.92	50916
灌云县	375.00	69.15	159.06	146.79	119.46	46373
灌南县	352.99	57.24	162.12	133.63	140.07	55397

表 14-6 续表 9　　　　（2018 年）　　　　单位:亿元

市　　县	地　区生产总值	第一产业	第二产业	第三产业	# 工业	人均地区生产总值(元)
淮安市	**3601.25**	**358.70**	**1508.11**	**1734.44**	**1268.00**	**73204**
涟水县	476.00	62.39	183.93	229.95	152.51	56033
盱眙县	441.00	59.39	173.78	208.17	140.95	67185
金湖县	296.00	37.04	111.51	147.74	98.61	89023
盐城市	**5487.08**	**573.40**	**2436.45**	**2477.23**	**2090.05**	**75987**
响水县	349.86	42.82	173.91	133.13	158.20	70112
滨海县	475.42	63.45	193.75	218.22	161.54	50997
阜宁县	482.83	58.88	210.42	213.53	154.39	58274
射阳县	536.61	87.67	196.71	252.23	179.63	60875
建湖县	561.68	50.17	238.93	272.58	202.84	77196
东台市	878.68	99.03	356.12	423.53	313.65	90084
扬州市	**5466.17**	**273.34**	**2623.24**	**2569.59**	**2283.60**	**120944**
宝应县	630.46	71.79	282.24	276.00	230.35	83032
仪征市	673.94	23.84	347.49	303.00	306.19	118400
高邮市	669.02	77.71	291.33	300.00	232.32	89972
镇江市	**4050.00**	**138.40**	**1976.60**	**1935.00**	**1804.00**	**126906**
丹阳市	1250.25	48.56	631.07	570.62	605.88	126736
扬中市	542.00	18.36	273.24	250.40	261.17	157742
句容市	571.10	46.41	264.19	260.50	233.10	91077
泰州市	**5107.63**	**280.05**	**2434.01**	**2393.57**	**2119.00**	**109988**
兴化市	905.13	124.85	339.92	440.36	291.71	72422
靖江市	1002.05	24.44	492.51	485.10	442.32	146061
泰兴市	1050.34	60.42	490.63	499.29	430.64	97697
宿迁市	**2750.72**	**300.84**	**1279.54**	**1170.34**	**1080.78**	**55906**
沭阳县	825.45	97.35	373.98	354.11	332.51	52704
泗阳县	479.22	61.22	236.25	181.75	196.39	56602
泗洪县	478.95	69.99	203.20	205.76	170.70	53303

表 14-6 续表 10

（2018 年）

市　　县	地区生产总值指数（上年 =100）	三次产业占 GDP 比重（%）			一般公共预算收入占 GDP 比重（%）	外　贸依存度（%）
		第一产业	第二产业	第三产业		
南 京 市	**108.0**	**2.1**	**36.9**	**61.0**	**11.5**	**33.7**
无 锡 市	**107.4**	**1.1**	**47.8**	**51.1**	**8.8**	**53.9**
江 阴 市	107.0	1.0	54.4	44.6	6.7	41.9
宜 兴 市	108.0	2.9	52.0	45.1	7.0	16.3
徐 州 市	**104.2**	**9.3**	**41.6**	**49.0**	**7.8**	**11.5**
丰　　县	103.0	18.9	39.7	41.4	6.1	11.7
沛　　县	103.6	13.7	43.6	42.7	7.4	5.9
睢 宁 县	104.4	16.7	40.8	42.5	7.2	8.8
新 沂 市	104.3	11.3	40.1	48.6	8.0	12.5
邳 州 市	103.5	14.4	39.6	46.0	6.4	11.0
常 州 市	**107.0**	**2.2**	**46.3**	**51.5**	**7.9**	**32.1**
溧 阳 市	108.0	5.5	48.5	46.0	7.1	8.1
苏 州 市	**106.8**	**1.2**	**48.0**	**50.8**	**11.4**	**125.7**
常 熟 市	106.8	1.7	51.2	47.1	8.8	69.5
张家港市	106.7	1.1	52.3	46.5	8.6	88.3
昆 山 市	107.2	0.8	54.1	45.0	10.1	153.9
太 仓 市	106.8	2.6	50.8	46.6	11.7	72.2
南 通 市	**107.2**	**4.7**	**46.8**	**48.4**	**7.2**	**30.2**
如 东 县	107.5	7.9	46.1	46.0	6.0	42.4
启 东 市	107.4	6.8	47.5	45.7	6.8	18.3
如 皋 市	107.3	6.2	47.7	46.1	6.2	21.8
海 门 市	108.0	4.7	48.8	46.5	5.7	16.2
海 安 市	108.1	6.2	47.1	46.7	6.2	12.3
连云港市	**104.7**	**11.7**	**43.6**	**44.7**	**8.5**	**22.7**
东 海 县	104.9	14.9	42.0	43.1	4.7	6.3
灌 云 县	104.0	18.4	42.4	39.1	6.0	3.6
灌 南 县	104.0	16.2	45.9	37.9	6.4	3.6

表 14-6 续表 11

（2018 年）

市　县	地区生产总值指数(上年 =100)	三次产业占 GDP 比重(%)			一般公共预算收入占 GDP 比重(%)	外贸依存度(%)
		第一产业	第二产业	第三产业		
淮安市	**106.5**	**10.0**	**41.9**	**48.2**	**6.9**	**9.2**
涟水县	106.6	13.1	38.6	48.3	4.5	4.6
盱眙县	106.5	13.5	39.4	47.2	4.1	2.4
金湖县	106.5	12.5	37.7	49.9	7.4	12.1
盐城市	**105.5**	**10.5**	**44.4**	**45.1**	**6.9**	**11.5**
响水县	108.1	12.2	49.7	38.1	7.2	12.5
滨海县	105.3	13.3	40.8	45.9	6.1	7.6
阜宁县	105.3	12.2	43.6	44.2	5.7	5.2
射阳县	105.6	16.3	36.7	47.0	4.9	5.8
建湖县	105.6	8.9	42.5	48.5	5.0	4.6
东台市	105.6	11.3	40.5	48.2	6.5	7.2
扬州市	**106.7**	**5.0**	**48.0**	**47.0**	**6.2**	**14.4**
宝应县	107.0	11.4	44.8	43.8	4.4	11.8
仪征市	107.0	3.5	51.6	45.0	7.6	16.7
高邮市	108.0	11.6	43.5	44.8	5.5	4.9
镇江市	**103.1**	**3.4**	**48.8**	**47.8**	**7.4**	**19.2**
丹阳市	102.8	3.9	50.5	45.6	4.9	16.9
扬中市	105.0	3.4	50.4	46.2	6.0	8.7
句容市	105.5	8.1	46.3	45.6	8.8	8.0
泰州市	**106.7**	**5.5**	**47.6**	**46.9**	**7.0**	**19.0**
兴化市	104.5	13.7	37.6	48.7	4.4	5.3
靖江市	107.1	2.4	49.2	48.4	6.6	18.6
泰兴市	107.2	5.8	46.7	47.5	7.1	32.5
宿迁市	**106.8**	**10.9**	**46.5**	**42.5**	**7.5**	**8.6**
沭阳县	106.8	11.8	45.3	42.9	5.7	6.3
泗阳县	106.9	12.8	49.3	37.9	5.3	6.7
泗洪县	106.9	14.6	42.4	43.0	5.4	3.0

表 14-6 续表 12　　　　（2018 年）　　　　单位:亿元

市　县	农林牧渔业总产值	农业	林业	畜牧业	渔业	农林牧渔服务业
南京市	**489.47**	**277.28**	**29.15**	**33.37**	**123.04**	**26.63**
无锡市	**226.19**	**138.87**	**18.84**	**8.19**	**35.57**	**24.73**
江阴市	67.57	39.00	8.31	2.79	9.31	8.17
宜兴市	89.36	54.84	4.13	3.62	19.01	7.77
徐州市	**1211.96**	**760.86**	**21.58**	**337.49**	**48.01**	**44.03**
丰　县	171.33	124.33	1.26	38.59	1.24	5.91
沛　县	203.14	128.02	1.17	53.84	7.69	12.41
睢宁县	184.61	104.60	4.76	61.37	6.37	7.50
新沂市	153.92	77.58	5.75	42.27	20.88	7.43
邳州市	267.19	173.89	4.71	65.12	9.88	13.59
常州市	**293.80**	**162.49**	**2.13**	**27.01**	**81.02**	**21.15**
溧阳市	94.71	51.22	1.21	6.35	31.73	4.18
苏州市	**410.09**	**177.64**	**24.57**	**24.10**	**134.41**	**49.37**
常熟市	75.09	44.41	2.78	3.60	14.68	9.63
张家港市	59.78	34.86	7.68	4.12	4.49	8.61
昆山市	56.87	17.38	4.92	0.66	30.43	3.48
太仓市	66.97	29.55	3.86	8.86	16.75	7.96
南通市	**761.23**	**324.55**	**4.89**	**167.67**	**178.57**	**85.56**
如东县	156.71	50.87	1.12	36.70	57.08	10.95
启东市	144.81	46.47	0.82	14.24	65.59	17.69
如皋市	120.57	65.57	0.25	39.07	7.12	8.56
海门市	106.35	52.58	1.13	13.88	23.18	15.57
海安市	125.32	49.46	0.35	51.47	11.34	12.70
连云港市	**636.65**	**304.65**	**16.00**	**115.89**	**155.49**	**44.62**
东海县	144.43	83.81	4.45	26.54	12.94	16.70
灌云县	138.70	68.78	2.97	35.66	17.93	13.35
灌南县	106.69	71.29	2.41	19.51	8.56	4.92

表 14-6 续表 13　　（2018 年）　　单位:亿元

市　　县	农林牧渔业总产值	农业	林业	畜牧业	渔业	农林牧渔服务业
淮安市	**662.58**	**413.70**	**15.11**	**147.12**	**73.56**	**13.09**
涟水县	123.22	86.53	3.37	26.68	3.78	2.85
盱眙县	108.87	63.93	1.86	19.30	21.87	1.90
金湖县	69.55	40.09	2.06	7.74	17.60	2.06
盐城市	**1183.89**	**519.46**	**30.80**	**311.93**	**237.80**	**83.90**
响水县	80.23	36.49	1.71	19.62	15.27	7.15
滨海县	120.66	61.48	4.99	26.70	23.85	3.64
阜宁县	120.25	45.68	4.12	40.40	19.59	10.46
射阳县	196.81	77.57	5.18	44.36	53.48	16.23
建湖县	100.27	38.19	2.33	25.81	25.10	8.83
东台市	219.54	101.67	4.68	63.59	32.80	16.79
扬州市	**514.02**	**243.36**	**13.98**	**61.87**	**166.05**	**28.75**
宝应县	132.73	51.13	2.86	13.20	58.58	6.95
仪征市	47.22	28.79	2.60	9.06	2.23	4.54
高邮市	148.83	55.74	2.31	18.79	63.93	8.06
镇江市	**245.94**	**135.64**	**10.10**	**31.94**	**36.11**	**32.15**
丹阳市	83.85	47.06	2.08	10.84	12.46	11.41
扬中市	28.93	14.01	1.09	3.67	5.06	5.10
句容市	78.81	46.62	5.32	8.40	8.59	9.88
泰州市	**484.36**	**269.90**	**3.61**	**70.80**	**115.67**	**24.39**
兴化市	221.02	96.94	1.56	17.35	93.88	11.29
靖江市	42.73	26.02	0.50	8.56	3.55	4.09
泰兴市	101.55	66.75	1.02	24.81	5.66	3.30
宿迁市	**559.37**	**334.65**	**19.86**	**89.21**	**98.78**	**16.85**
沭阳县	184.80	145.55	5.69	26.39	3.35	3.83
泗阳县	117.18	61.94	7.90	17.13	25.53	4.68
泗洪县	138.72	58.75	2.01	21.39	53.18	3.40

表 14-6 续表 14

（2018 年）

市　　县	农作物总播种面积（千公顷）	#粮食作物	农业机械总动力（万千瓦）	农用化肥施用量（万吨）	农村用电量（亿千瓦小时）
南京市	**270.05**	**151.38**	**231.62**	**6.71**	**32.08**
无锡市	**145.37**	**84.34**	**96.33**	**4.89**	**422.58**
江阴市	34.75	19.94	26.66	1.28	182.26
宜兴市	82.26	55.17	48.26	2.26	87.30
徐州市	**1178.48**	**765.66**	**736.85**	**56.59**	**69.96**
丰　县	153.44	98.43	83.93	8.02	5.69
沛　县	157.75	99.27	104.60	6.97	7.16
睢宁县	186.78	146.42	120.65	11.32	9.42
新沂市	192.73	104.50	124.03	7.60	4.37
邳州市	229.08	123.69	128.44	10.71	16.49
常州市	**181.19**	**109.51**	**143.71**	**5.54**	**169.43**
溧阳市	80.19	61.96	55.91	1.91	59.52
苏州市	**217.79**	**124.47**	**148.07**	**6.44**	**599.54**
常熟市	58.93	33.06	31.70	2.18	79.89
张家港市	52.32	33.56	30.15	1.06	123.77
昆山市	19.55	12.62	17.93	0.69	109.73
太仓市	37.25	18.94	21.12	0.83	59.58
南通市	**784.63**	**535.36**	**413.93**	**21.16**	**185.65**
如东县	167.16	140.86	94.56	3.97	22.83
启东市	132.12	81.24	63.36	3.14	12.34
如皋市	144.14	101.46	87.54	2.96	45.25
海门市	110.65	50.94	39.48	3.98	27.67
海安市	102.15	79.39	69.96	4.23	26.84
连云港市	**623.95**	**505.77**	**616.02**	**32.43**	**33.01**
东海县	204.15	163.08	163.82	6.55	10.83
灌云县	143.44	120.03	128.95	9.56	6.45
灌南县	108.03	86.70	132.21	4.38	2.87

表 14-6 续表 15

（2018 年）

市　县	农作物总播种面积(千公顷)	#粮食作物	农业机械总动力(万千瓦)	农用化肥施用量（万吨）	农村用电量(亿千瓦小时)
淮安市	**804.08**	**681.06**	**634.92**	**34.28**	**17.26**
涟水县	170.22	138.78	126.15	5.72	2.35
盱眙县	165.47	149.98	127.10	5.36	3.96
金湖县	81.85	75.41	80.50	2.59	2.49
盐城市	**1365.78**	**983.15**	**703.79**	**48.91**	**83.13**
响水县	114.71	85.20	76.86	4.54	2.83
滨海县	161.71	129.12	89.36	6.77	9.98
阜宁县	166.64	125.65	85.77	3.64	6.89
射阳县	195.57	155.53	106.83	9.07	9.80
建湖县	110.58	96.55	65.76	3.20	10.31
东台市	243.89	146.64	97.86	4.98	17.01
扬州市	**476.54**	**396.09**	**278.31**	**18.35**	**60.79**
宝应县	132.53	114.75	60.96	3.53	12.02
仪征市	49.00	39.22	41.72	1.17	7.80
高邮市	136.34	116.50	73.52	4.44	11.89
镇江市	**200.93**	**153.30**	**149.50**	**4.94**	**75.92**
丹阳市	76.18	65.01	38.25	1.42	48.01
扬中市	15.99	10.73	14.03	0.34	10.92
句容市	62.84	42.65	57.61	1.98	7.00
泰州市	**530.22**	**385.99**	**284.02**	**15.30**	**134.58**
兴化市	206.16	166.36	124.58	6.19	41.82
靖江市	50.27	40.09	27.93	1.82	14.29
泰兴市	131.35	85.76	62.95	2.72	44.46
宿迁市	**741.48**	**598.76**	**605.18**	**36.58**	**48.91**
沭阳县	253.25	184.69	214.30	14.35	24.89
泗阳县	118.46	95.43	106.19	3.60	5.94
泗洪县	198.49	175.55	162.40	9.68	4.47

表 14-6 续表 16　　（2018 年）　　单位:万吨

市　县	粮食产量	油料产量	棉花产量（吨）	肉类总产量	#猪牛羊肉	水产品产量
南京市	**106.92**	**3.34**	**1418**	**4.86**	**2.69**	**16.60**
无锡市	**56.80**	**0.48**		**2.00**	**1.46**	**12.23**
江阴市	13.06	0.12		0.47	0.35	2.59
宜兴市	37.71	0.33		1.25	0.88	8.18
徐州市	**484.48**	**12.32**	**10317**	**69.90**	**38.77**	**16.87**
丰　县	55.18	0.42	5616	6.52	4.83	0.29
沛　县	63.12	0.29	2176	13.54	4.98	1.82
睢宁县	93.74	3.03	502	8.83	5.88	2.23
新沂市	70.44	6.90		10.87	6.99	5.88
邳州市	80.69	1.02	408	15.78	6.72	2.53
常州市	**78.15**	**1.57**	**166**	**8.28**	**4.14**	**14.01**
溧阳市	45.57	1.13	166	2.13	1.11	4.61
苏州市	**87.92**	**0.59**	**139**	**3.85**	**2.62**	**19.56**
常熟市	22.96	0.19	50	0.65	0.59	2.51
张家港市	22.60	0.21	17	0.56	0.44	1.33
昆山市	9.25	0.05	22	0.04	0.02	2.94
太仓市	13.19	0.13	50	1.55	0.70	1.19
南通市	**336.90**	**20.89**	**7860**	**45.61**	**27.34**	**81.13**
如东县	97.92	2.42	1312	10.81	6.34	30.24
启东市	32.10	5.50	1402	5.40	2.64	33.12
如皋市	67.26	2.36	41	12.47	7.36	2.59
海门市	24.62	5.07	4752	3.97	1.51	5.08
海安市	61.85	0.99		7.77	5.72	4.59
连云港市	**364.03**	**8.35**	**80**	**22.85**	**17.87**	**72.85**
东海县	116.32	3.53		5.91	4.68	6.84
灌云县	86.87	0.06		4.87	4.27	5.62
灌南县	63.59	0.10		3.35	3.21	3.89

表 14-6 续表 17　　（2018 年）　　单位:万吨

市　县	粮食产量	油料产量	棉花产量（吨）	肉类总产量	#猪牛羊肉	水产品产量
淮安市	**482.26**	**5.57**	**68**	**24.05**	**14.16**	**26.10**
涟水县	93.25	2.62		4.29	3.05	1.70
盱眙县	103.82	0.68	68	5.97	3.39	8.12
金湖县	56.48	0.43		1.09	0.47	4.49
盐城市	**704.31**	**13.10**	**800**	**73.80**	**54.05**	**119.75**
响水县	60.17	1.12		5.12	4.52	6.73
滨海县	96.46	1.67	140	8.72	8.15	9.92
阜宁县	94.26	1.08		15.43	11.71	7.45
射阳县	112.61	0.76	460	7.92	5.50	22.49
建湖县	71.50	1.13	50	5.38	3.56	10.34
东台市	100.05	3.23	150	14.10	8.93	18.51
扬州市	**287.36**	**3.88**	**62**	**16.07**	**8.95**	**39.61**
宝应县	86.88	0.82		3.79	2.51	14.80
仪征市	27.49	0.41	18	1.92	0.99	0.75
高邮市	84.88	1.20		5.00	2.63	16.90
镇江市	**107.30**	**3.25**	**643**	**6.80**	**4.50**	**9.57**
丹阳市	46.13	0.60		2.76	1.53	4.12
扬中市	7.86	0.10		0.64	0.52	0.80
句容市	29.30	1.95	619	1.28	0.96	2.65
泰州市	**287.11**	**8.73**	**472**	**23.88**	**19.87**	**38.92**
兴化市	126.79	2.43	314	5.20	3.77	29.80
靖江市	29.05	0.35		3.05	2.75	1.00
泰兴市	63.17	3.30		8.35	7.60	2.44
宿迁市	**401.02**	**3.96**	**477**	**27.99**	**18.00**	**26.16**
沭阳县	127.12	1.49		8.60	6.55	1.82
泗阳县	62.69	0.69	12	4.45	3.60	8.38
泗洪县	113.53	1.44	444	5.59	4.18	9.80

表14-6续表18　　（2018年）　　单位:亿元

市　县	资产合计	负债合计	主营业务收　入	主营业务成　本	利润总额	平均用工人数(万人)
南京市	**12632.89**	**6680.30**	**11945.91**	**9645.12**	**894.96**	**61.45**
无锡市	**17028.44**	**8827.90**	**16576.71**	**14194.75**	**1204.94**	**114.95**
江阴市	6532.84	3728.33	5735.76	4963.84	458.88	38.69
宜兴市	2461.21	1417.89	2920.50	2470.64	240.53	14.97
徐州市	**6216.03**	**3288.97**	**5030.28**	**4095.55**	**292.71**	**45.19**
丰　县	192.23	119.06	325.46	294.37	12.49	3.25
沛　县	237.13	135.61	284.60	258.82	11.26	4.20
睢宁县	192.98	92.48	292.45	251.30	22.20	3.92
新沂市	374.03	166.84	388.85	337.43	27.80	4.37
邳州市	546.37	185.05	438.29	394.11	30.01	5.64
常州市	**9670.52**	**5424.17**	**11394.03**	**9810.25**	**726.26**	**80.29**
溧阳市	1173.55	804.19	1259.27	1074.44	87.86	7.02
苏州市	**32073.74**	**16784.21**	**33840.03**	**29115.78**	**2034.08**	**275.48**
常熟市	4245.12	2340.18	3826.12	3288.94	220.36	29.63
张家港市	5126.75	2826.10	4987.55	4295.87	378.63	25.33
昆山市	6666.05	3480.80	8493.91	7545.74	389.44	78.43
太仓市	2211.48	1166.43	2312.67	1935.40	157.30	18.56
南通市	**9812.43**	**4713.64**	**14029.55**	**12023.81**	**1165.55**	**88.40**
如东县	1262.10	561.50	1991.87	1724.32	159.34	10.23
启东市	1544.08	738.58	1774.64	1462.08	184.87	12.60
如皋市	1120.17	609.42	1751.06	1548.29	110.42	14.56
海门市	1103.23	539.11	2109.24	1750.32	262.11	10.87
海安市	1552.42	720.00	2432.85	2118.03	173.62	13.14
连云港市	**3481.03**	**1957.80**	**2493.70**	**1814.33**	**230.47**	**20.67**
东海县	236.26	96.36	178.90	156.79	10.01	3.01
灌云县	111.24	67.80	64.86	56.01	−2.06	1.09
灌南县	242.41	144.64	281.18	247.02	8.94	2.51

注:该页为规模以上工业企业主要经济指标。

表 14-6 续表 19　　(2018 年)　　单位:亿元

市　　县	资产合计	负债合计	主营业务收　　入	主营业务成　　本	利润总额	平均用工人数(万人)
淮 安 市	**2597.38**	**1270.08**	**3866.77**	**3268.32**	**213.40**	**28.67**
涟 水 县	265.17	111.46	427.99	351.85	47.42	4.86
盱 眙 县	225.60	140.63	527.01	473.34	24.28	3.59
金 湖 县	264.36	166.36	268.95	229.31	14.92	2.88
盐 城 市	**5150.22**	**3035.72**	**5815.97**	**5070.18**	**298.31**	**43.45**
响 水 县	637.50	439.00	751.97	685.36	68.12	1.94
滨 海 县	493.56	301.17	341.98	273.80	25.59	4.21
阜 宁 县	350.94	202.78	437.61	392.57	21.18	6.08
射 阳 县	372.48	205.15	515.21	433.25	23.78	2.88
建 湖 县	341.10	151.50	505.54	422.70	32.74	5.08
东 台 市	656.56	397.40	881.00	790.30	48.25	5.78
扬 州 市	**4898.00**	**2531.34**	**6803.15**	**5896.95**	**424.88**	**52.54**
宝 应 县	824.56	485.78	1510.65	1327.06	81.81	10.10
仪 征 市	772.44	387.70	1061.81	905.18	113.02	6.11
高 邮 市	635.92	293.60	1084.80	939.66	68.05	9.20
镇 江 市	**5019.13**	**2765.09**	**4162.10**	**3570.02**	**233.36**	**34.49**
丹 阳 市	1326.54	783.47	1056.11	858.05	102.46	14.44
扬 中 市	947.64	528.28	657.80	548.79	37.79	5.64
句 容 市	706.86	385.63	551.40	472.45	35.98	5.11
泰 州 市	**5948.08**	**3122.21**	**6979.70**	**5636.39**	**455.51**	**47.77**
兴 化 市	522.27	256.27	723.12	632.99	33.66	5.34
靖 江 市	1457.74	704.01	1238.59	1074.89	99.29	9.21
泰 兴 市	1164.05	623.72	1327.69	1076.83	107.91	10.30
宿 迁 市	**2470.17**	**1136.61**	**2188.65**	**1743.46**	**271.83**	**30.11**
沭 阳 县	505.96	207.47	670.46	556.09	79.25	8.25
泗 阳 县	213.77	112.66	252.36	215.81	21.78	3.96
泗 洪 县	252.41	150.20	213.97	177.76	24.81	3.69

表 14-6 续表 20　　　　　　（2018 年）

市　　县	公路里程（公里）	# 等级公路	公　路客运量（万人）	公　路货运量（万吨）	民用汽车拥有量（万辆）	# 私人汽车
南京市	**10632**	**10571**	**8278**	**14995**	**258.24**	**207.25**
无锡市	**7576**	**7576**	**5179**	**15761**	**192.17**	**161.42**
江阴市	2433	2433	406	3228	48.34	42.47
宜兴市	2402	2402	602	1627	29.95	26.22
徐州市	**16611**	**15798**	**9960**	**21164**	**136.64**	**125.53**
丰　县	1858	1850	452.7	1903.74	12.03	11.55
沛　县	2410	2410	374.3	2714.8	12.64	11.85
睢宁县	2511	2407	876.5	2231.77	13.83	12.97
新沂市	2711	2388	698.59	1443.53	8.76	8.10
邳州市	3210	2907	640.71	2847.38	14.90	14.25
常州市	**9331**	**9331**	**4087**	**13068**	**133.76**	**113.41**
溧阳市	2624	2624	771.4	2985	16.16	14.46
苏州市	**12173**	**12173**	**29123**	**14787**	**387.02**	**329.72**
常熟市	2501	2501	3253	1536	47.27	41.69
张家港市	1619	1619	2886	1917	40.16	34.57
昆山市	1692	1692	3733	1615	64.32	52.95
太仓市	1341	1341	2578	1562	23.97	20.15
南通市	**19005**	**19005**	**6807**	**13746**	**167.27**	**149.31**
如东县	2867	2867	564	1587	18.93	17.67
启东市	3652	3652	1002	647	19.80	18.58
如皋市	3458	3458	453	2545	26.59	24.46
海门市	2563	2563	402	923	20.44	19.00
海安市	2466	2466	447	2139	15.81	14.25
连云港市	**11909**	**11909**	**4290**	**9965**	**63.58**	**58.80**
东海县	2858	2858	880	2080	14.34	13.67
灌云县	2607	2607	378	1252	9.29	8.84
灌南县	1823	1823	560	547	6.20	5.85

表 14-6 续表 21

（2018 年）

市　县	公路里程（公里）	#等级公路	公路客运量（万人）	公路货运量（万吨）	民用汽车拥有量（万辆）	#私人汽车
淮安市	**13436**	**12845**	**5995**	**6671**	**57.80**	**52.01**
涟水县	2586	2356	1352	594	9.66	8.94
盱眙县	2733	2732	1429	1769	6.02	5.34
金湖县	1506	1410	1162	1487	3.41	3.01
盐城市	**20550**	**20333**	**6428**	**5885**	**96.58**	**87.30**
响水县	1804	1804	302	275	5.53	5.08
滨海县	2272	2264	812	1128	10.04	9.18
阜宁县	1972	1970	401	255	8.73	8.15
射阳县	2605	2411	641	825	10.71	10.03
建湖县	1826	1816	666	272	7.49	6.79
东台市	3316	3316	641	1074	12.58	11.61
扬州市	**9730**	**9363**	**3094**	**7634**	**77.10**	**68.43**
宝应县	1971	1863	394	608	7.92	7.32
仪征市	1578	1578	282	1131	9.52	8.60
高邮市	2188	2154	692	989	9.57	8.60
镇江市	**7255**	**7255**	**2965**	**8058**	**61.18**	**53.78**
丹阳市	2267	2267	631	1835	19.66	17.71
扬中市	837	837	299	490	6.67	5.91
句容市	2557	2557	528	1209	6.66	6.02
泰州市	**9954**	**9953**	**6057**	**3041**	**76.82**	**69.00**
兴化市	2890	2889	1246	478	14.15	13.32
靖江市	1359	1359	968	363	14.41	12.85
泰兴市	2236	2236	1640	660	15.67	14.27
宿迁市	**10565**	**10183**	**4762**	**4476**	**61.66**	**61.66**
沭阳县	2878	2625			18.28	10.31
泗阳县	1751	1726			9.75	5.89
泗洪县	2388	2388			8.38	5.00

表 14-6 续表 22

（2018 年）

市县	邮电业务总量（亿元）	固定电话用户（万户）	移动电话用户（万户）	互联网宽带接入用户（万户）	全年用电量（亿千瓦时）	#工业用电
南京市	**847.75**	**201.17**	**1284.06**	**451.98**	**606.40**	**331.27**
无锡市	**613.43**	**137.82**	**964.07**	**333.18**	**732.81**	**551.49**
江阴市	74.35	26.48	216.29	69.67	277.96	240.84
宜兴市	36.26	20.95	151.60	49.67	104.94	78.00
徐州市	**446.90**	**94.55**	**903.74**	**290.45**	**352.05**	**219.91**
丰县	33.89	6.55	81.57	24.78	24.10	13.38
沛县	39.85	7.54	99.81	29.15	40.86	27.97
睢宁县	48.09	9.10	97.30	29.59	23.27	9.79
新沂市	50.31	7.59	88.43	27.65	34.49	23.78
邳州市	49.17	9.18	123.42	36.24	30.56	14.42
常州市	**391.74**	**102.50**	**653.93**	**236.76**	**489.72**	**373.05**
溧阳市	10.75	15.91	87.47	18.52	94.31	79.13
苏州市	**1376.56**	**255.51**	**1783.19**	**588.15**	**1562.49**	**1227.77**
常熟市	67.00	31.84	206.31	75.70	191.76	157.24
张家港市	14.00	23.55	175.72	70.93	313.83	284.66
昆山市	48.00	40.66	309.14	116.49	253.47	194.47
太仓市	11.00	15.48	106.53	39.39	107.24	86.84
南通市	**454.08**	**135.54**	**813.49**	**292.05**	**433.31**	**295.86**
如东县	15.69	17.28	91.80	31.37	59.08	43.27
启东市	15.53	25.44	101.05	36.83	37.73	22.61
如皋市	19.49	22.37	128.48	43.53	60.32	40.32
海门市	32.97	20.89	105.98	38.34	45.06	29.44
海安市	17.66	21.17	88.22	36.01	52.85	39.40
连云港市	**231.65**	**57.80**	**447.53**	**150.90**	**178.51**	**106.52**
东海县	8.52	8.11	94.66	31.29	26.83	14.33
灌云县	5.55	7.09	68.00	20.63	13.56	5.00
灌南县	2.14	5.58	54.58	16.68	28.19	20.07

表 14-6 续表 23

（2018 年）

市　　县	邮电业务总量（亿元）	固定电话用户（万户）	移动电话用户（万户）	互联网宽带接入用户（万户）	全年用电量(亿千瓦时)	# 工业用电
淮安市	**227.12**	**41.67**	**458.63**	**151.61**	**186.59**	**115.97**
涟水县	1.05	4.45	74.44	20.78	18.69	9.26
盱眙县	0.67	3.18	58.00	18.47	19.49	10.23
金湖县	0.56	2.88	23.68	11.14	13.14	8.37
盐城市	**313.23**	**69.11**	**685.78**	**228.56**	**320.93**	**212.54**
响水县	4.39	2.75	43.61	14.51	46.14	38.84
滨海县	8.39	6.60	70.19	21.18	29.16	18.60
阜宁县	7.61	5.21	70.08	21.78	26.16	15.82
射阳县	8.16	6.11	78.68	22.28	25.62	14.47
建湖县	7.50	5.30	65.18	20.81	24.11	14.59
东台市	11.09	9.98	90.62	29.98	42.28	28.77
扬州市	**268.35**	**94.63**	**508.49**	**181.10**	**248.99**	**165.64**
宝应县	30.25	12.41	64.65	20.82	23.21	13.63
仪征市	30.34	12.43	62.43	20.24	45.74	37.57
高邮市	34.83	14.50	73.90	24.70	40.74	29.11
镇江市	**185.18**	**60.32**	**355.61**	**133.31**	**255.24**	**183.42**
丹阳市	53.83	14.64	100.81	35.15	84.92	65.88
扬中市	18.77	7.18	38.84	14.52	19.30	12.85
句容市	27.67	9.34	56.15	20.55	30.76	16.99
泰州市	**229.66**	**79.90**	**470.90**	**166.11**	**286.14**	**205.74**
兴化市	59.22	15.19	104.02	37.55	67.48	51.65
靖江市	43.80	15.73	76.86	29.45	43.58	30.28
泰兴市	55.64	20.03	103.16	40.22	68.83	52.07
宿迁市	**259.47**	**33.53**	**464.57**	**147.71**	**192.05**	**123.84**
沭阳县	94.86	10.87	148.04	44.04	54.51	35.19
泗阳县	36.11	6.59	79.78	24.19	28.88	17.02
泗洪县	35.94	4.15	85.00	24.53	24.12	12.20

表 14-6 续表 24　　（2018 年）　　单位:亿元

市　　县	房地产开发投资	#住宅	商品房屋销售建筑面积(万平方米)	#住宅	待售面积(万平方米)	#住宅
南京市	**2354.17**	**1574.64**	**1220.73**	**982.65**	**352.49**	**196.92**
无锡市	**1314.86**	**1004.57**	**1378.35**	**1255.54**	**758.02**	**342.54**
江阴市	223.90	194.62	330.19	288.27	160.48	104.53
宜兴市	100.22	84.15	136.36	120.86	161.25	80.87
徐州市	**716.43**	**585.31**	**1253.45**	**1160.67**	**135.07**	**90.93**
丰　县	32.09	29.62	88.58	84.32	24.11	17.90
沛　县	61.83	41.62	120.82	109.08	2.10	1.03
睢宁县	47.44	37.45	142.23	127.42	6.47	3.78
新沂市	46.27	41.20	135.57	130.56	4.70	3.99
邳州市	73.35	62.64	174.88	156.92	17.51	15.89
常州市	**595.89**	**460.05**	**815.01**	**673.23**	**412.91**	**104.60**
溧阳市	60.86	53.31	117.21	112.32	46.87	22.77
苏州市	**2557.91**	**2111.60**	**1994.13**	**1788.30**	**789.03**	**320.95**
常熟市	220.66	182.86	169.31	147.05	48.42	10.01
张家港市	211.70	183.41	280.75	252.60	84.72	21.60
昆山市	397.01	321.80	397.40	359.14	155.86	80.18
太仓市	160.72	136.16	127.86	109.79	51.79	29.06
南通市	**759.52**	**540.05**	**1731.53**	**1570.45**	**809.00**	**447.00**
如东县	31.95	26.18	105.00	100.00	13.00	10.00
启东市	86.79	71.52	285.00	277.00	18.00	8.00
如皋市	50.01	31.47	157.00	129.00	127.00	49.00
海门市	67.19	47.32	152.00	140.00	70.00	44.00
海安市	53.81	31.57	184.00	156.00	66.00	32.00
连云港市	**341.52**	**283.64**	**562.62**	**532.47**	**135.77**	**87.96**
东海县	25.23	23.02	73.90	64.85	4.29	2.03
灌云县	19.21	14.67	40.66	39.31	9.14	8.13
灌南县	24.04	20.93	104.91	101.70	20.52	16.10

表 14-6 续表 25　　(2018 年)　　单位:亿元

市　县	房地产开发投资	#住宅	商品房屋销售建筑面积(万平方米)	#住宅	待售面积(万平方米)	#住宅
淮安市	**312.02**	**226.69**	**937.25**	**830.94**	**932.97**	**490.31**
涟水县	17.69	14.94	134.50	111.20	75.87	36.18
盱眙县	30.01	24.03	109.50	100.40	89.71	40.91
金湖县	9.90	7.62	42.50	34.52	52.64	36.92
盐城市	**454.94**	**360.56**	**915.09**	**811.45**	**351.98**	**226.99**
响水县	9.95	9.20	30.74	29.71	1.85	0.50
滨海县	25.73	21.90	61.33	55.13	3.84	3.63
阜宁县	37.14	30.90	92.67	87.47	42.94	36.72
射阳县	43.26	40.34	56.34	52.83	57.36	42.71
建湖县	16.80	11.93	58.38	50.89	52.39	26.32
东台市	54.18	34.49	109.06	87.07	33.71	20.79
扬州市	**620.98**	**455.87**	**746.17**	**665.41**	**196.00**	**73.00**
宝应县	33.39	27.30	78.67	77.83	8.00	2.00
仪征市	74.25	54.47	76.29	68.02	6.00	3.00
高邮市	68.90	52.60	118.81	102.67	28.00	18.00
镇江市	**355.99**	**281.22**	**512.74**	**471.75**	**294.81**	**170.20**
丹阳市	75.50	51.72	110.54	91.24	120.18	66.87
扬中市	20.32	18.64	46.99	44.07	45.71	26.80
句容市	92.99	75.59	160.20	154.32	32.37	24.30
泰州市	**345.07**	**275.37**	**694.26**	**629.12**	**283.36**	**158.88**
兴化市	32.12	19.10	67.60	58.91	15.05	10.32
靖江市	57.11	46.22	89.35	80.11	30.91	5.24
泰兴市	114.21	97.26	194.40	183.24	56.03	37.84
宿迁市	**253.04**	**206.61**	**722.88**	**668.70**	**226.84**	**102.28**
沭阳县	55.06	46.09	182.24	161.91	97.26	35.09
泗阳县	52.82	48.86	149.92	143.86	25.66	14.64
泗洪县	37.75	30.33	112.95	102.73	16.12	12.76

表 14-6 续表 26

（2018 年）

市　　县	社会消费品零售总额（亿元）	#批发和零售业	进出口总　额(亿美元)	出　口	进　口	实际使用外　资(亿美元)
南京市	**5832.46**	**5262.20**	**654.91**	**378.79**	**276.12**	**38.53**
无锡市	**3672.70**	**3382.76**	**934.44**	**567.81**	**366.63**	**36.91**
江阴市	949.29	895.18	242.46	142.64	99.82	9.51
宜兴市	667.27	636.63	42.34	34.33	8.01	4.63
徐州市	**3102.00**	**2849.06**	**117.44**	**97.08**	**20.36**	**18.98**
丰　县	180.78	166.86	8.14	3.73	4.40	0.80
沛　县	294.46	270.23	6.83	6.52	0.31	1.94
睢宁县	215.32	199.84	7.71	6.78	0.93	1.37
新沂市	209.48	189.37	12.38	11.09	1.28	2.72
邳州市	303.56	281.86	15.30	14.41	0.88	2.34
常州市	**2613.19**	**2357.28**	**343.86**	**250.72**	**93.14**	**24.22**
溧阳市	356.82	318.48	11.47	9.98	1.49	3.01
苏州市	**5746.90**	**5034.59**	**3541.14**	**2068.31**	**1472.83**	**45.25**
常熟市	824.92	750.07	252.59	172.98	79.61	4.87
张家港市	605.87	508.60	364.67	175.18	189.49	3.95
昆山市	1021.77	832.07	891.40	580.52	310.87	7.27
太仓市	338.44	290.51	145.70	67.31	78.39	4.40
南通市	**3088.77**	**2817.63**	**385.91**	**254.53**	**131.38**	**25.81**
如东县	377.66	357.34	61.00	20.63	40.37	3.01
启东市	376.94	342.36	29.57	23.09	6.48	3.08
如皋市	404.27	358.01	37.15	30.26	6.88	4.57
海门市	399.36	365.78	30.50	26.78	3.72	3.26
海安市	324.93	280.18	18.56	15.31	3.25	3.38
连云港市	**1121.31**	**958.07**	**95.47**	**41.59**	**53.88**	**6.03**
东海县	211.88	177.46	4.73	3.89	0.84	0.99
灌云县	143.49	121.02	2.04	1.84	0.20	0.21
灌南县	112.08	93.78	1.96	1.48	0.48	0.83

表 14-6 续表 27

（2018 年）

市县	社会消费品零售总额（亿元）	#批发和零售业	进出口总额（亿美元）	出口	进口	实际使用外资（亿美元）
淮安市	**1239.66**	**1116.28**	**50.10**	**33.67**	**16.43**	**11.82**
涟水县	143.48	131.77	3.33	2.97	0.36	1.30
盱眙县	134.41	118.47	1.63	1.40	0.23	1.24
金湖县	104.44	92.94	5.44	5.17	0.26	1.35
盐城市	**1778.74**	**1579.65**	**95.49**	**60.31**	**35.19**	**9.13**
响水县	77.69	71.80	6.62	6.01	0.61	0.58
滨海县	130.93	117.80	5.46	4.70	0.76	0.55
阜宁县	134.70	125.44	3.81	3.13	0.69	0.35
射阳县	190.02	168.36	4.73	2.73	2.00	0.61
建湖县	157.14	122.24	3.88	3.69	0.19	0.38
东台市	290.10	258.77	9.52	8.68	0.85	0.90
扬州市	**1557.03**	**1371.94**	**119.93**	**85.42**	**34.51**	**12.20**
宝应县	181.72	163.48	11.25	8.83	2.42	0.70
仪征市	129.57	113.54	17.08	6.56	10.52	1.40
高邮市	191.15	161.57	4.94	4.48	0.46	0.93
镇江市	**1360.92**	**1174.93**	**118.39**	**79.80**	**38.59**	**8.68**
丹阳市	358.74	318.29	32.06	27.83	4.23	1.62
扬中市	166.52	133.14	7.15	6.23	0.92	1.03
句容市	167.54	148.15	6.88	6.00	0.88	1.10
泰州市	**1282.87**	**1100.09**	**147.30**	**95.31**	**51.99**	**15.07**
兴化市	203.63	42.42	7.31	7.04	0.27	1.12
靖江市	204.07	48.31	28.31	20.11	8.21	0.90
泰兴市	237.05	65.87	52.06	31.35	20.71	3.69
宿迁市	**833.82**	**713.67**	**36.01**	**27.17**	**8.84**	**3.77**
沭阳县	233.54	159.42	7.92	7.04	0.88	0.92
泗阳县	119.00	106.79	4.88	4.69	0.19	0.56
泗洪县	124.67	116.07	2.18	1.71	0.47	0.56

表 14-6 续表 28

（2018 年）

单位：亿元

市　县	一般公共预算收入	# 税收收入	一般公共预算支出	年末金融机构存款余额	# 住户存款	年末金融机构贷款余额
南京市	**1470.02**	**1242.49**	**1532.72**	**33740.63**	**6914.84**	**28402.34**
无锡市	**1012.28**	**860.51**	**1055.94**	**15568.68**	**5511.59**	**11971.55**
江阴市	254.04	223.01	230.48	3594.67	1250.90	3007.56
宜兴市	120.01	102.05	140.70	2068.53	1085.59	1586.91
徐州市	**526.21**	**416.77**	**880.86**	**7107.39**	**3604.84**	**4912.47**
丰　县	28.10	23.57	70.00	440.97	292.42	240.44
沛　县	56.21	43.99	103.34	554.51	368.13	315.57
睢宁县	41.74	32.78	87.19	558.57	338.15	328.21
新沂市	52.38	41.75	99.50	470.98	267.35	332.88
邳州市	58.78	45.89	120.77	644.04	417.24	488.14
常州市	**560.33**	**489.38**	**594.82**	**9798.55**	**3841.90**	**7533.42**
溧阳市	66.29	57.99	87.17	1121.24	542.72	899.92
苏州市	**2119.99**	**1929.54**	**1952.71**	**28560.45**	**9168.45**	**26546.23**
常熟市	211.06	184.32	183.12	3279.58	1341.80	2552.14
张家港市	233.43	210.00	211.99	2928.72	1113.37	2368.85
昆山市	387.89	356.01	318.49	4674.94	1356.05	3441.40
太仓市	155.06	139.52	132.59	1570.01	593.31	1499.35
南通市	**606.19**	**503.98**	**877.18**	**12001.61**	**6287.26**	**8811.69**
如东县	57.55	48.05	119.18	1192.69	698.07	698.82
启东市	72.31	59.64	95.23	1386.69	874.19	943.68
如皋市	70.01	59.20	107.69	1292.72	826.76	883.68
海门市	71.01	56.82	102.71	1515.63	883.29	1066.98
海安市	61.71	51.64	112.49	1386.21	785.50	1059.14
连云港市	**234.31**	**187.45**	**419.57**	**3218.79**	**1420.02**	**2921.36**
东海县	23.00	17.76	66.75	410.40	271.13	333.00
灌云县	22.33	16.42	56.57	320.06	177.02	244.12
灌南县	22.50	18.63	53.41	270.20	133.24	215.51

表 14-6 续表 29　　（2018 年）　　单位:亿元

市　县	一般公共预算收入	# 税收收入	一般公共预算支出	年末金融机构存款余额	# 住户存款	年末金融机构贷款余额
淮安市	**247.27**	**203.49**	**486.77**	**3638.01**	**1605.25**	**3303.44**
涟水县	21.50	18.46	62.98	392.51	215.31	257.17
盱眙县	18.01	14.50	54.97	391.86	212.71	319.79
金湖县	22.03	19.19	40.78	280.71	157.04	236.07
盐城市	**381.00**	**305.06**	**840.08**	**6177.28**	**3171.33**	**4887.74**
响水县	25.35	20.54	61.54	229.27	128.56	195.76
滨海县	28.94	22.58	81.00	376.67	227.90	334.95
阜宁县	27.70	21.62	86.52	470.49	323.39	278.50
射阳县	26.36	21.76	85.11	485.94	339.10	346.07
建湖县	28.32	22.67	87.34	481.12	332.80	339.09
东台市	56.70	45.70	115.34	827.46	593.29	509.08
扬州市	**340.03**	**272.11**	**563.39**	**5997.55**	**2860.65**	**4630.51**
宝应县	27.59	22.06	71.76	561.85	328.52	378.10
仪征市	50.92	44.04	66.03	655.11	331.46	452.44
高邮市	36.80	31.80	74.19	637.67	399.83	429.51
镇江市	**301.50**	**241.24**	**408.41**	**5042.97**	**2161.07**	**4450.60**
丹阳市	61.40	52.80	91.65	1112.43	659.05	1069.03
扬中市	32.77	28.00	42.03	624.92	303.70	489.97
句容市	50.00	44.70	69.80	817.07	353.38	906.04
泰州市	**357.15**	**285.80**	**532.36**	**6119.38**	**2876.63**	**4784.04**
兴化市	39.41	32.24	105.50	867.99	589.98	559.92
靖江市	65.71	54.05	81.15	1023.73	536.82	876.49
泰兴市	74.51	62.69	96.34	1091.14	518.81	840.93
宿迁市	**206.20**	**173.20**	**433.54**	**2746.69**	**1344.78**	**2563.61**
沭阳县	47.00	37.64	109.80	632.53	393.75	552.63
泗阳县	25.46	20.46	67.13	396.36	243.74	426.35
泗洪县	26.03	20.96	74.97	354.11	243.90	363.01

表 14-6 续表 30　　　　（2018 年）

市　　县	专利申请受理量(件)	专利申请授权量(件)	普通中学在校学生(万人)	小　学在校学生(万人)	普通中学专任教师(人)	小　学专任教师(人)
南京市	**99020**	**44081**	**24.52**	**42.21**	**24468**	**27542**
无锡市	**62681**	**35255**	**23.29**	**39.84**	**20905**	**21652**
江阴市	10065	4881	5.94	9.79	5572	4625
宜兴市	7187	3830	4.19	6.37	4249	3850
徐州市	**25951**	**11247**	**45.57**	**95.58**	**36253**	**47692**
丰　县	1703	944	4.69	9.50	4576	4645
沛　县	1279	431	4.92	11.52	3959	5533
睢宁县	2241	1270	5.17	11.31	4206	6210
新沂市	2433	763	5.73	12.07	3790	4621
邳州市	1474	720	9.91	19.08	7059	10742
常州市	**41858**	**23334**	**17.90**	**30.45**	**14982**	**15985**
溧阳市	2050	1285	2.75	3.95	2760	2441
苏州市	**135862**	**75837**	**36.05**	**78.13**	**31301**	**41868**
常熟市	8037	4373	4.82	8.21	3947	4867
张家港市	10958	5658	4.74	8.81	3889	4974
昆山市	24685	16703	5.74	14.80	4136	7008
太仓市	8399	4182	2.35	4.89	1977	2566
南通市	**52799**	**24578**	**24.11**	**34.62**	**24484**	**20793**
如东县	3349	1032	2.39	3.03	2772	2266
启东市	3926	1906	2.84	3.83	3124	2612
如皋市	6776	3707	4.88	6.38	4653	3656
海门市	4804	2965	3.51	4.86	3559	2875
海安市	8243	4552	2.68	3.25	3334	2342
连云港市	**9538**	**5790**	**25.85**	**45.22**	**21911**	**26490**
东海县	1514	1017	6.61	12.37	5671	7370
灌云县	1090	631	4.28	7.06	3020	3361
灌南县	1053	700	3.57	6.48	3102	4030

表 14-6 续表 31　　（2018 年）

市　县	专利申请受理量(件)	专利申请授权量(件)	普通中学在校学生(万人)	小　学在校学生(万人)	普通中学专任教师(人)	小　学专任教师(人)
淮安市	**17644**	**9050**	**24.34**	**35.16**	**21193**	**22563**
涟水县	1364	697	5.25	7.55	4657	3766
盱眙县	1321	754	3.58	5.37	2990	3243
金湖县	1398	802	0.93	1.25	913	979
盐城市	**34078**	**15932**	**30.51**	**45.42**	**27870**	**27431**
响水县	2287	1363	2.86	4.76	2488	3030
滨海县	1366	777	4.90	8.00	3645	4515
阜宁县	3382	1820	3.83	6.91	3227	3904
射阳县	1766	735	3.61	4.60	3034	3006
建湖县	2312	983	2.93	3.76	2831	2464
东台市	3309	1299	2.95	3.61	3524	2527
扬州市	**42792**	**22804**	**17.51**	**21.45**	**16215**	**13369**
宝应县	6013	3171	3.17	3.37	2993	2125
仪征市	5258	3350	1.90	2.36	1825	1593
高邮市	9055	4953	2.45	2.72	2639	1904
镇江市	**29635**	**15348**	**10.29**	**15.35**	**10115**	**9885**
丹阳市	7109	3722	3.53	5.22	3362	3407
扬中市	5021	2476	1.04	1.49	1078	1045
句容市	5395	2022	1.76	2.67	2006	1736
泰州市	**35131**	**15633**	**17.48**	**22.89**	**18769**	**13867**
兴化市	4091	1807	4.04	6.93	4175	4055
靖江市	4290	3761	2.44	2.82	2881	1913
泰兴市	8309	1666	4.24	4.83	4935	2955
宿迁市	**15531**	**8488**	**26.41**	**54.11**	**17920**	**26926**
沭阳县	5183	3420	8.93	18.71	5634	8869
泗阳县	2625	893	5.65	9.61	3317	4784
泗洪县	995	479	5.03	10.64	3770	5464

表 14-6 续表 32 （2018 年）

市　　县	公　共 图书馆 （个）	公共图书馆 图书藏量 （千册）	卫　生 机构数 （个）	卫生机构 床位数 （张）	卫　　生 技术人员 （人）	#执　业 （助理）医师
南京市	**14**	**7528.4**	**2801**	**54992**	**84097**	**31560**
无锡市	**8**	**8526.6**	**2480**	**46970**	**54733**	**21004**
江阴市	1	2796	625	8952	10851	4402
宜兴市	1	758	408	6402	8528	3278
徐州市	**8**	**3864.9**	**4599**	**58588**	**67412**	**25776**
丰　县	1	229.71	551	3927	5017	2233
沛　县	1	386.54	624	5632	5941	2607
睢宁县	1	440.45	594	4471	4860	1922
新沂市	1	491.57	459	3817	5443	2347
邳州市	1	584.03	779	7493	10064	3411
常州市	**7**	**5334.6**	**1401**	**26649**	**34856**	**14087**
溧阳市	1	469	273	3780	4772	2053
苏州市	**11**	**23734.6**	**3380**	**68921**	**85188**	**32852**
常熟市	1	2669	493	8497	9984	4202
张家港市	1	2405	425	9721	9753	3914
昆山市	1	2839	558	7522	12601	5027
太仓市	1	1301	268	4070	4789	1947
南通市	**10**	**6795.7**	**3276**	**44126**	**48041**	**19852**
如东县	1	415	471	4145	4814	2155
启东市	1	542	405	4544	4758	1996
如皋市	2	964	557	6849	6776	3087
海门市	1	1645	395	3910	4631	2006
海安市	1	392	394	5530	4962	2164
连云港市	**8**	**3174.1**	**2700**	**26197**	**28847**	**12102**
东海县	1	702	535	4734	4601	2105
灌云县	1	260	416	3623	4012	1759
灌南县	1	194	366	3851	3709	1615

表 14-6 续表 33

（2018 年）

市　县	公共图书馆（个）	公共图书馆图书藏量（千册）	卫生机构数（个）	卫生机构床位数（张）	卫生技术人员（人）	#执业（助理）医师
淮安市	**9**	**3839**	**2229**	**29417**	**34383**	**13435**
涟水县	1	323	472	4538	4664	1935
盱眙县	1	376	357	4029	4299	1776
金湖县	1	339	131	1512	1700	703
盐城市	**11**	**4615.2**	**3211**	**39879**	**42822**	**18753**
响水县	1	87	230	2756	2821	1104
滨海县	1	223	421	4995	4379	1929
阜宁县	2	398	387	4334	4405	2265
射阳县	1	281	341	4242	4689	2240
建湖县	1	295	317	3336	3579	1708
东台市	1	300	465	5231	5170	2405
扬州市	**7**	**4674.6**	**1813**	**23355**	**27508**	**11209**
宝应县	1	205	337	2833	4091	1591
仪征市	1	452	159	2690	3289	1244
高邮市	1	303	252	3315	4002	1505
镇江市	**9**	**3912.4**	**972**	**15623**	**21080**	**8200**
丹阳市	2	868	248	3548	4880	1998
扬中市	1	463	102	1426	2013	790
句容市	1	364	208	1884	3141	1264
泰州市	**7**	**3406.6**	**1997**	**28275**	**29390**	**12251**
兴化市	1	273	671	5437	6394	2883
靖江市	1	823	306	4830	4897	2130
泰兴市	1	346	369	4954	5135	2115
宿迁市	**6**	**1705**	**2394**	**28530**	**31687**	**12169**
沭阳县	1	200	768	8117	9020	3750
泗阳县	1	360	447	5313	5499	2004
泗洪县	1	99	507	5106	6080	2321

表 14-6 续表 34

（2018 年）

市　　县	居民人均可支配收入(元)	居民人均生活消费支出(元)	# 食品烟酒	居民恩格尔系数（%）	居民人均住房建筑面积(平方米)
南京市	**52916**	**30706**	**7902**	**25.7**	**43.4**
无锡市	**50373**	**31593**	**8716**	**27.6**	**50.5**
江阴市	54281	28873	8008	27.7	64.0
宜兴市	44518	27551	7895	28.7	56.7
徐州市	**27385**	**16818**	**5038**	**30.0**	**50.9**
丰　县	21748	14472	4416	30.5	51.4
沛　县	25513	15712	4427	28.2	45.6
睢宁县	21878	12683	4041	31.9	65.0
新沂市	23482	15072	4952	32.9	50.6
邳州市	25965	14422	4332	30.0	42.7
常州市	**45933**	**26863**	**7324**	**27.3**	**57.1**
溧阳市	39425	22164	6694	30.2	50.1
苏州市	**55476**	**33327**	**8385**	**25.2**	**51.3**
常熟市	53296	31979	8771	27.4	64.0
张家港市	53456	30816	8687	28.2	58.4
昆山市	55081	32248	8896	27.6	44.9
太仓市	52538	32034	9427	29.4	61.3
南通市	**37071**	**23379**	**6589**	**28.2**	**54.5**
如东县	32760	19987	5958	29.8	59.9
启东市	34766	25341	7587	29.9	55.7
如皋市	32580	19625	5592	28.5	61.6
海门市	37620	23956	6803	28.4	55.6
海安市	33659	21938	6403	29.2	57.1
连云港市	**25864**	**16649**	**5253**	**31.6**	**50.2**
东海县	24513	15646	5368	34.3	51.0
灌云县	20802	12795	4300	33.6	47.2
灌南县	21227	13715	4822	35.2	59.8

表 14-6 续表 35　　（2018 年）

市　县	居民人均可支配收入(元)	居民人均生活消费支出(元)	#食品烟酒	居民恩格尔系数(%)	居民人均住房建筑面积(平方米)
淮安市	**27696**	**15634**	**4559**	**29.2**	**49.0**
涟水县	22569	13569	4249	31.3	52.7
盱眙县	26469	13724	4240	30.9	53.1
金湖县	27400	18580	5701	30.7	52.2
盐城市	**29488**	**17580**	**4969**	**28.3**	**45.8**
响水县	23741	11997	3644	30.4	49.5
滨海县	24581	14915	5024	33.7	44.9
阜宁县	24401	16102	5457	33.9	40.8
射阳县	25953	17503	5701	32.6	46.1
建湖县	28258	15405	4948	32.1	44.1
东台市	31817	17387	5518	31.7	59.4
扬州市	**34076**	**20683**	**6315**	**30.5**	**49.7**
宝应县	25864	16153	5318	32.9	45.0
仪征市	32362	19442	6118	31.5	57.0
高邮市	28597	19233	5881	30.6	52.0
镇江市	**40883**	**24359**	**6722**	**27.6**	**51.7**
丹阳市	38859	23685	7449	31.5	52.0
扬中市	43291	23774	6998	29.4	62.5
句容市	35907	21654	6355	29.4	51.9
泰州市	**34642**	**21560**	**6158**	**28.6**	**57.3**
兴化市	29991	17552	5461	31.1	43.3
靖江市	37597	26256	7649	29.1	69.5
泰兴市	33520	20616	5725	27.8	66.3
宿迁市	**22918**	**14350**	**4860**	**33.9**	**46.5**
沭阳县	22664	14675	5332	36.3	47.6
泗阳县	22364	14712	4967	33.8	47.0
泗洪县	21815	13094	4579	35.0	45.6

表 14-6 续表 36

（2018 年）

市　　县	城镇常住居民人均可支配收入（元）	城镇常住居民人均生活消费支出（元）	#食品烟酒	城镇常住居民恩格尔系数（%）	城镇常住居民人均住房建筑面积(平方米)
南京市	**59308**	**33537**	**8489**	**25.3**	**40.1**
无锡市	**56989**	**35016**	**9559**	**27.3**	**47.8**
江阴市	63957	32187	8842	27.5	65.0
宜兴市	53891	32119	9090	28.3	49.1
徐州市	**33586**	**19463**	**5754**	**29.6**	**49.5**
丰　县	27277	18629	5465	29.3	49.4
沛　县	32336	19216	5326	27.7	42.9
睢宁县	27718	14936	4726	31.6	71.0
新沂市	29633	18360	5933	32.3	53.5
邳州市	33796	17521	5276	30.1	43.0
常州市	**54000**	**30351**	**8121**	**26.8**	**48.6**
溧阳市	49489	24221	7823	32.3	41.9
苏州市	**63481**	**37403**	**9406**	**25.2**	**45.9**
常熟市	63712	35848	9867	27.5	58.7
张家港市	64055	35491	10029	28.3	50.8
昆山市	63926	36396	9947	27.3	38.6
太仓市	63076	37187	10841	29.2	53.7
南通市	**46321**	**28259**	**7923**	**28.0**	**48.6**
如东县	43811	24061	7325	30.4	56.5
启东市	44248	32750	9745	29.8	47.5
如皋市	43255	23825	6636	27.9	28.8
海门市	47877	29362	8309	28.3	50.0
海安市	44112	25681	7275	28.3	54.2
连云港市	**32749**	**20445**	**6453**	**31.6**	**48.8**
东海县	32228	20263	6947	34.5	48.1
灌云县	27086	15493	5334	34.4	47.2
灌南县	28819	17843	6099	34.2	53.7

表 14-6 续表 37

（2018 年）

市　　县	城镇常住居民人均可支配收入（元）	城镇常住居民人均生活消费支出（元）	#食品烟酒	城镇常住居民恩格尔系数（%）	城镇常住居民人均住房建筑面积(平方米)
淮安市	**35828**	**19015**	**5450**	**28.7**	**48.0**
涟水县	29781	17557	5489	31.3	48.9
盱眙县	36179	18306	5634	30.8	50.7
金湖县	36391	21835	6623	30.3	47.0
盐城市	**35896**	**19731**	**5534**	**28.1**	**43.7**
响水县	30086	12813	3833	29.9	44.1
滨海县	31234	17131	5516	32.2	40.3
阜宁县	30074	22453	7761	34.6	36.2
射阳县	31254	24315	7728	31.8	43.9
建湖县	34873	17831	5597	31.4	44.4
东台市	38351	19504	6150	31.5	51.5
扬州市	**41999**	**23718**	**7282**	**30.7**	**46.0**
宝应县	31773	18332	6086	33.2	43.0
仪征市	42900	23163	7373	31.8	49.0
高邮市	37071	23169	7021	30.3	46.0
镇江市	**48903**	**27278**	**7537**	**27.6**	**48.6**
丹阳市	48791	25007	8107	32.4	49.0
扬中市	53675	26824	7886	29.4	58.9
句容市	47431	25468	7424	29.2	49.8
泰州市	**43452**	**25488**	**7114**	**27.9**	**54.7**
兴化市	39499	21189	6275	29.6	43.8
靖江市	46777	30329	8674	28.6	63.5
泰兴市	43104	25746	7455	29.0	68.7
宿迁市	**28281**	**17255**	**5791**	**33.6**	**45.5**
沭阳县	27993	17499	6463	36.9	45.7
泗阳县	27681	16775	5626	33.5	47.9
泗洪县	27046	16856	5849	34.7	45.0

表 14-6 续表 38 （2018 年）

市　　县	农村常住居民人均可支配收入（元）	农村常住居民人均生活消费支出（元）	# 食品烟酒	农村常住居民恩格尔系数（%）	农村常住居民人均住房建筑面积(平方米)
南京市	**25263**	**18457**	**5365**	**29.1**	**57.6**
无锡市	**30787**	**21460**	**6222**	**29.0**	**58.1**
江阴市	33136	21632	6187	28.6	63.0
宜兴市	27860	19432	5771	29.7	70.3
徐州市	**18206**	**12902**	**3978**	**30.4**	**52.8**
丰　县	16725	10696	3462	32.4	54.2
沛　县	18799	12263	3542	28.9	48.4
睢宁县	16546	10625	3415	32.1	58.0
新沂市	17325	11781	3968	33.7	47.5
邳州市	18207	11353	3396	29.9	42.0
常州市	**28014**	**19116**	**5686**	**29.8**	**69.1**
溧阳市	25908	19403	6523	33.6	62.4
苏州市	**32420**	**21587**	**5443**	**25.2**	**67.5**
常熟市	32820	24374	6618	27.2	74.2
张家港市	32664	21645	6055	28.0	73.3
昆山市	32916	21851	6261	28.7	63.5
太仓市	32458	22216	6731	30.3	74.9
南通市	**22369**	**15624**	**4468**	**28.6**	**62.0**
如东县	20387	15426	4427	28.7	63.2
启东市	23687	16683	5066	30.4	65.3
如皋市	20166	14741	4378	29.7	64.8
海门市	24654	17121	4899	28.6	66.7
海安市	21473	17575	5386	30.6	61.8
连云港市	**16607**	**11545**	**3639**	**31.5**	**51.9**
东海县	17291	11324	3889	34.3	58.0
灌云县	15493	10515	3427	32.6	47.2
灌南县	14826	10235	3745	36.6	66.3

表 14-6 续表 39

（2018 年）

市　县	农村常住居民人均可支配收入（元）	农村常住居民人均生活消费支出（元）		农村常住居民恩格尔系数（%）	农村常住居民人均住房建筑面积(平方米)
			# 食品烟酒		
淮安市	**17058**	**11210**	**3393**	**30.3**	**50.1**
涟水县	15939	9902	3108	31.4	56.2
盱眙县	17206	9354	2910	31.1	54.2
金湖县	18718	15577	4850	31.1	63.0
盐城市	**20357**	**14515**	**4164**	**28.7**	**49.0**
响水县	17020	11132	3145	28.3	55.2
滨海县	17746	12637	4517	35.7	49.3
阜宁县	18282	9608	3167	33.0	45.1
射阳县	19653	9405	3292	35.0	48.8
建湖县	20184	12443	4155	33.4	43.4
东台市	23317	14632	4695	32.1	68.7
扬州市	**21457**	**15848**	**4776**	**30.1**	**55.6**
宝应县	20119	14036	4571	32.6	47.0
仪征市	20688	15321	4727	30.9	64.0
高邮市	20140	15306	4744	31.0	58.0
镇江市	**24687**	**18463**	**5075**	**27.5**	**57.3**
丹阳市	25633	21925	6534	29.8	56.0
扬中市	28199	19342	5706	29.5	68.6
句容市	22313	17155	5093	29.7	53.5
泰州市	**21219**	**15576**	**4701**	**30.2**	**61.9**
兴化市	20066	13756	4610	33.5	42.8
靖江市	23220	19877	6043	30.4	80.7
泰兴市	21268	14059	3515	25.0	63.2
宿迁市	**16639**	**10948**	**3771**	**34.4**	**47.6**
沭阳县	16877	11608	4102	35.3	49.7
泗阳县	16648	12494	4246	34.0	46.0
泗洪县	16274	9109	3234	35.5	46.2

15

区 域 经 济

首批沿海开放城市主要经济指标

表 15-1

（2018 年）

城　市	地区生产总值		#第一产业		第二产业	
	亿元	增长%	亿元	增长%	亿元	增长%
上海	32679.87	6.6	104.37	-6.9	9732.54	1.8
天津	18809.64	3.6	172.71	0.1	7609.81	1.0
大连	7668.48	6.5	442.70	3.0	3241.58	11.9
秦皇岛	1635.56	7.3	203.26	3.8	542.05	7.0
烟台	7832.58	6.4	510.04	3.2	3844.00	6.2
青岛	12001.50	7.4	386.90	3.5	4850.60	7.3
连云港	2771.70	4.7	325.57	2.6	1207.39	1.9
南通	8427.00	7.2	397.77	2.2	3947.88	6.5
宁波	10745.50	7.0	306.00	2.2	5507.50	6.2
温州	6006.16	7.8	141.75	2.0	2379.53	7.6
福州	7856.81	8.6	494.66	4.3	3204.90	8.4
广州	22859.35	6.2	223.44	2.5	6234.07	5.4
湛江	3008.39	6.0	533.61	4.5	1086.61	5.2
威海	3641.48	6.7	281.21	2.6	1601.20	5.6

表 15-1 续表 1

（2018 年）

城　　市	# 工业增加值		第三产业		规模以上工业增加值
	亿元	增长%	亿元	增长%	增长%
上海	8694.95	1.9	22842.96	8.7	2.0
天津	6962.71	2.6	11027.12	5.9	2.4
大连	2633.02	14.1	3984.20	2.9	15.9
秦皇岛	433.71	8.0	890.26	8.3	8.8
烟台	3442.79	6.7	3478.54	7.0	6.8
青岛	--	--	6764.00	7.7	6.8
连云港	961.89	1.7	1238.74	8.2	-6.7
南通	3283.23	7.4	4081.35	8.4	7.7
宁波	4953.70	6.7	4932.00	8.1	6.3
温州	1921.18	8.6	3484.88	8.2	8.4
福州	2416.16	8.8	4157.26	9.2	9.0
广州	5621.73	5.5	16401.84	6.6	5.5
湛江	937.25	4.8	1388.16	7.2	5.0
威海	--	--	1759.07	8.3	6.0

表 15-1 续表 2

（2018 年）

城　　市	港口货物吞吐量		港口集装箱吞吐量		固定资产投资额
	（万吨）	增长%	万标箱	增长%	增长%
上海	73048	2.7	4201.0	4.4	5.2
天津	50774	1.4	1600.7	6.2	-5.6
大连	46784	2.8	976.7	0.6	10.1
秦皇岛	23116	-5.7	58.5	4.5	4.9
烟台	44308	10.6	300.2	11.1	6.0
青岛	54200	6.1	1932.0	5.5	7.9
连云港	23560	18.9	474.6	0.2	6.7
南通	26702	13.3	96.8	-3.9	8.8
宁波	10.8	7.4	2635.1	7.1	3.6
温州	8239	-7.7	67.4	12.1	8.1
福州	--	--	--	--	11.7
广州	61313	3.9	2192.2	7.6	8.2
湛江	30185	7.0	101.1	11.9	12.8
威海	5570	-28.7	94.6	-5.5	7.5

注：宁波港口货物吞吐量含宁波和舟山港，单位为亿吨。

表 15-1 续表 3

（2018 年）

城市	工业投资	社会消费品零售总额		外商直接投资实际到位金额	
	增长%	亿元	增长%	亿美元	增长%
上海	17.7	12668.69	7.9	173.00	1.7
天津	-5.6	--	1.7	48.51	-54.3
大连	39.5	3880.05	7.8	26.80	-17.6
秦皇岛	12.2	830.64	8.8	11.09	8.5
烟台	5.8	3079.41	7.8	26.23	21.7
青岛	7.4	4842.50	10.0	86.90	10.0
连云港	13.7	1121.31	8.3	6.03	-11.0
南通	8.0	3088.77	9.0	25.80	6.6
宁波	-0.3	4154.90	8.1	43.20	7.2
温州	12.4	3337.11	9.0	5.34	49.2
福州	25.0	4666.46	11.3		
广州	53.8	9256.19	7.6	66.11	5.1
湛江	-10.8	1697.30	10.3	0.85	5.4
威海	-5.7		10.1	8.56	5.5

表 15-1 续表 4

（2018 年）

城市	进出口总额		# 出口总额		一般公共预算收入	
	亿元	增长%	亿元	增长%	亿元	增长%
上海	34009.93	5.5	13666.85	4.2	7108.15	7.0
天津	8077.01	5.6	3207.16	8.6	2106.19	-8.8
大连	4701.41	13.9	1889.60	8.5	703.98	7.0
秦皇岛	353.03	4.4	237.16	10.0	133.43	12.6
烟台	3053.65	-1.2	1773.05	2.0	636.62	6.0
青岛	5321.20	5.7	3172.20	4.7	1231.90	6.5
连云港	629.65	13.2	273.79	3.1	234.31	9.1
南通	2542.90	7.7	1676.88	-0.9	606.19	2.6
宁波	8576.30	12.9	5550.60	11.4	1379.70	10.8
温州	1507.15	13.6	1302.43	12.5	547.58	17.7
福州	2452.75	5.0	1654.82	11.6	680.38	7.3
广州	9810.15	1.0	5607.58	-3.2	1632.30	6.5
湛江	341.42	12.8	183.58	-4.4	121.83	15.4
威海	1391.96	-1.2	913.83	6.8	284.44	4.2

表 15-1 续表 5　　　　　　　　　　　　　　　　（2018 年）

城　　市	一般公共预算支出		金融机构本外币存款余额		金融机构本外币贷款余额	
	亿元	增长%	亿元	增长%	亿元	增长%
上海	8351.54	10.7	121112.33	7.7	73272.35	9.1
天津	3104.53	−5.4	30983.17	0.1	34084.90	7.9
大连	1001.44	8.9	13999.10	−1.0	12006.20	0.2
秦皇岛	290.39	10.6	3260.63	13.0	1947.52	13.2
烟台	755.99	6.8	8211.87	3.5	5550.04	8.8
青岛	1561.20	11.3	16121.00	6.6	16098.00	11.9
连云港	419.23	7.1	3261.64	9.6	2945.04	18.9
南通	877.12	8.1	1221.02	9.6	8878.00	18.9
宁波	1594.10	13.0	19150.00	5.5	19935.90	12.2
温州	874.14	14.8	11966.03	12.6	10050.88	24.5
福州	923.41	−1.6	14204.30	4.5	15364.34	11.6
广州	2505.84	14.6	54788.09	6.7	40749.32	19.0
湛江	477.17	11.9	3343.59	9.2	2164.16	15.8
威海	363.82	1.2	3682.04	8.9	2518.73	13.5

表 15-1 续表 6

（2018 年）

城市	城镇居民人均可支配收入		农村居民人均可支配收入		居民消费价格总指数
	（元）	增长%	（元）	增长%	（%）
上海	68034	8.7	30375	9.2	101.6
天津	42976	6.7	23065	6.0	102.0
大连	43550	7.3	18103	7.3	103.0
秦皇岛	35386	7.9	13719	9.2	102.2
烟台	44875	7.3	19425	7.6	102.1
青岛	50817	7.7	20820	7.5	102.1
连云港	32749	8.1	16607	8.7	102.3
南通	46321	8.3	22369	9.3	102.3
宁波	60134	8.0	33633	8.9	102.2
温州	56097	8.2	27478	9.2	102.3
福州	44457	8.5	19419	8.7	101.5
广州	59982	8.3	26020	10.8	102.4
湛江	29046	7.1	15888	9.7	101.6
威海	45896	7.5	20423	7.7	102.4

淮海经济区主要经济指标

（2018年）

表15-2

指标名称	地区生产总值		社会消费品零售总额		规模以上工业增加值
	亿元	%	亿元	%	%
徐州市	6755.23	4.2	3102.00	7.5	-9.9
连云港市	2771.70	4.7	1121.31	8.3	-6.7
淮安市	3601.25	6.5	1239.66	7.8	4.8
盐城市	5487.08	5.5	1778.74	6.8	4.0
宿迁市	2750.72	6.8	833.82	7.0	7.8
菏泽市	3078.78	8.0	1811.37	9.8	7.2
枣庄市	2402.38	4.3	950.30	8.6	4.0
济宁市	4930.58	5.8	2288.07	8.3	6.1
泰安市	3651. 53	5. 7	1593. 80	8. 8	5.5
日照市	2202.17	7.3	774.10	7.5	8.4
莱芜市	1005. 65	7. 2	373. 16	8.8	8.3
临沂市	4717.80	7.3	2482.20	8.5	8.7
亳州市	1277.19	10.1	590.05	11.6	11.8
蚌埠市	1714.66	8.5	823.50	14.3	10.3
淮北市	985.19	3.6	324.48	11.6	0.3
阜阳市	1759.50	9.5	962.20	14.1	11.6
宿州市	1630.22	8.5	554.34	13.0	10.1
开封市	2002.23	7.0	980.60	11.0	7.7
周口市	2687.22	8.2	1322.57	10.7	8.2
商丘市	2389.04	8.7	1121.49	10.9	8.7

表 15-2 续表 1　　(2018 年)

指标名称	规模以上固定资产投资	一般公共预算收入		进出口总额		出口总额	
	%	亿元	%	亿元	%	亿元	%
徐州市	2.0	526.21	4.9	773.69	46.8	638.35	49.1
连云港市	6.7	234.31	9.1	629.94	13.3	273.41	3.3
淮安市	9.0	247.27	7.2	330.28	5.4	222.12	9.1
盐城市	9.4	381.00	5.8	629.79	7.5	398.31	0.8
宿迁市	7.0	206.20	2.8	237.48	18.9	179.32	21.8
菏泽市	8.0	206.03	10.4	514.56	25.8	153.63	-4.3
枣庄市	-19.8	146.70	1.0	106.07	5.0	99.02	11.2
济宁市	7.1	400.02	3.7	426.59	3.5	221.40	-7.3
泰安市	5.8	219.53	6.0	160.79	5.3	127.57	8.1
日照市	6.3	159.77	13.0	895.39	-1.5	406.15	16.1
莱芜市	7.2	62.57	11.7	111.39	4.1	72.40	2.9
临沂市	7.8	311.84	9.3	680.71	0.6	539.23	7.3
亳州市	18.0	112.00	18.3	8.34	25.4	7.18	19.0
蚌埠市	14.0	152.65	8.2	14.80	-16.4	7.10	-26.4
淮北市	9.2	70.33	16.2	7.18	18.1	6.62	18.7
阜阳市	22.1	187.14	18.7	13.80	24.0	11.90	23.2
宿州市	15.5	175.76	12.3	7.42	28.3	6.49	27.9
开封市	5.8	140.68	14.6	57.62	53.9	50.54	15.9
周口市	9.7	129.34	15.7	93.70	21.6	77.60	43.8
商丘市	11.2	153.66	19.3	23.60	19.50	19.70	7.4

注:安徽省各市进出口、出口总额为美元口径。

表 15-2 续表 2

（2018 年）

指标名称	金融机构人民币存款余额		金融机构人民币贷款余额		全体居民人均可支配收入	
	亿元	%	亿元	%	元	%
徐州市	7107.39	11.1	4912.47	17.7	27385	9.0
连云港市	3218.79	10.3	2921.36	20.1	25864	8.8
淮安市	3638.01	6.0	3303.44	18.4	27696	9.5
盐城市	6177.28	3.3	4887.74	14.4	29488	8.9
宿迁市	2746.69	9.2	2563.61	15.3	22918	9.1
菏泽市	3893.27	11.8	2255.47	13.1	18858	9.5
枣庄市	2028.19	11.4	1342.85	10.8	24334	8.5
济宁市	5444.66	9.6	3488.46	12.1	25902	8.6
泰安市	3647.70	9.7	2354.30	11.7	27389	8.5
日照市	2511.26	9.9	2343.30	6.0	25377	9.0
莱芜市	1028.23	8.4	815.25	12.3	29254	8.3
临沂市	6347..64	8.6	5088.32	13.8	25545	8.6
亳州市	2112.72	14.6	1662.84	24.4	18778	10.2
蚌埠市	2113.60	8.2	1801.95	15.1	24634	9.7
淮北市	1475.40	5.3	937.12	7.9	24143	9.1
阜阳市	4053.60	15.8	2643.10	28.6	18671	10.0
宿州市	2291.94	14.0	1552.26	24.4	18703	10.0
开封市	2059.48	8.1	1498.76	9.6	19985	9.3
周口市	3039.62	13.1	1237.49	12.6	16761	10.1
商丘市	2922.29	8.8	1620.31	13.1	18387	10.2

表 15-2 续表 3

（2018 年）

指标名称	城镇居民人均可支配收入		农村居民人均可支配收入		城市居民消费价格指数
	元	%	元	%	%
徐州市	33586	8.4	18206	9.0	102.3
连云港市	32749	8.1	16607	8.7	102.3
淮安市	35828	8.6	17058	9.3	102.1
盐城市	35896	8.4	20357	8.8	101.9
宿迁市	28281	8.3	16639	9.0	102.1
菏泽市	26176	8.5	12848	9.3	101.5
枣庄市	32001	6.9	15345	8.3	101.7
济宁市	34796	7.3	16055	8.2	102.7
泰安市	35196	7.5	16959	8.2	102.9
日照市	33280	8.1	15785	8.6	102.4
莱芜市	37401	7.2	17468	8.2	101.7
临沂市	35727	7.4	13638	8.1	102.6
亳州市	29711	9.1	12756	10.1	102.0
蚌埠市	33855	8.7	15114	9.8	102.2
淮北市	31959	8.1	12745	9.8	102.2
阜阳市	30113	8.7	11830	10.1	101.9
宿州市	30100	8.7	11941	10.0	101.9
开封市	29094	8.3	13193	8.8	102.8
周口市	26404	8.6	11095	9.1	101.7
商丘市	29996	8.7	11506	9.4	101.9

中国统计出版社有限公司最新图书简目

(仅供参考,以实际出版为准)

统计资料

中国统计年鉴　中国统计摘要　中国第三产业统计年鉴
中国第三次全国农业普查综合资料　国际统计年鉴　金砖国家联合统计手册
中国-东盟国家统计手册　中国农村统计年鉴　中国县域统计年鉴
中国农产品价格调查年鉴　中国城市统计年鉴　中国价格统计年鉴
中国贸易外经统计年鉴　中国零售和餐饮连锁企业统计年鉴　中国商品交易市场统计年鉴
大中型批发零售和住宿餐饮企业统计年鉴　中国住户调查年鉴　中国工业统计年鉴
中国环境统计年鉴　中国能源统计年鉴　中国建筑业统计年鉴
中国房地产统计年鉴　中国固定资产投资统计年鉴　中国对外直接投资统计公报
中国人口和就业统计年鉴　中国劳动统计年鉴　中国社会统计年鉴
中国科技统计年鉴　中国高技术产业统计年鉴　全国企业创新调查年鉴
中国文化及相关产业统计年鉴　2018 年时间利用调查资料　中国妇女儿童状况统计资料
中国基本单位统计年鉴　中国教育统计年鉴　中国教育经费统计年鉴
中国民族统计年鉴　中国残疾人事业统计年鉴　长江经济带发展统计年鉴

省级综合统计年鉴系列

北京 天津 河北 山西 内蒙古 辽宁 吉林 黑龙江 上海 江苏 浙江 安徽 福建 江西 山东 河南 湖北 湖南 广东 广西 海南 重庆 四川 贵州 云南 西藏 陕西 甘肃 青海 宁夏 新疆 新疆生产建设兵团

市(县)级综合统计年鉴系列

滨海新区 石家庄 唐山 邯郸 保定 沧州 邢台 廊坊 承德 衡水 秦皇岛 张家口 太原 大同 阳泉 长治 晋城 朔州 晋中 运城 忻州 临汾 吕梁 呼和浩特 鄂尔多斯 包头 沈阳 大连 长春 延吉 四平 白山 通化 哈尔滨 齐齐哈尔 黑龙江垦区 上海浦东新区 南京 无锡 徐州 常州 苏州 南通 连云港 淮安 盐城 扬州 镇江 泰州 宿迁 江阴 丹阳 海门 张家港 杭州 宁波 温州 嘉兴 湖州 绍兴 金华 衢州 舟山 台州 丽水 合肥 安庆 福州 厦门 宁德 漳州 龙岩 莆田 泉州 三明 南平 南昌 九江 上饶 新余 抚州 赣州 景德镇 济南 青岛 枣庄 潍坊 聊城 郑州 洛阳 平顶山 三门峡 南阳 商丘 信阳 济源 汝州 武汉 十堰 荆州 宜昌 荆门 咸宁 黄冈 长沙 鹰潭 广州 深圳 惠州 东莞 汕尾 湛江 肇庆 南宁 柳州 桂林 贵港 梧州 来宾 河池 防城港 海口 三亚 儋州 成都 内江 贵阳 黔南 毕节 昆明 文山 德宏 西安 延安 安康 铜川 汉中 商洛 银川 兰州 庆阳 乌鲁木齐 昌吉 阿勒泰 兵团一师、二师、三师、四师、六师、七师、八师、十师、十三师、十四师

调查年鉴系列

天津 内蒙古 上海 河南 湖北 湖南 广东 广西 重庆 四川 云南 甘肃 宁夏 南宁 贵港 昆明

统计方法应用/实用手册

Python 数据分析基础(第二版)　医用多元统计分析(第三版)　中华生物统计用表
中国国民经济核算体系(2016)基础知识　国民经济核算初级教程　医学统计学手册
全国统计专业技术资格考试系列考试用书: 统计业务知识(第四版修订版)　统计业务知识学习指导与习题
全国统计专业技术资格考试系列考试用书: 统计相关知识(第四版)　统计相关知识学习指导与习题

统计通俗读物/统计科普图书

领导干部统计知识问答　《防范和惩治统计造假、弄虚作假督察工作规定》辅导读本
统计新媒体运营指南　统计公文知识问答　理解国民账户　中国古代统计史简编

重点图书

辉煌 70 年　第三次全国农业普查农作物面积遥感测量图集　中国第四次经济普查年鉴
新编英汉汉英统计大词典　中国国民经济核算体系 2016　国民经济行业分类注释
挑大学选专业 2019—考研择校指南　挑大学选专业 2019—高考志愿填报指南　中华医学统计百科全书

发行部电话:(010)63376907　63376908　63376909　同楫行书店电话:68783171　68783172
地址:北京市丰台区西三环南路甲 6 号　邮政编码:100073　网址:http://www.zgtjcbs.comcom